Gewidmet allen interessierten und engagierten Studentinnen und Studenten

Peter G. Richter, Jahrgang 1949, Maschinenbauer mit Abitur, Studium der Psychologie an der Technischen Universität Dresden. Promotion (1982) und Habilitation (1989) zu Belastung und Beanspruchung bei geistiger Arbeit. Forschungsaufenthalte an Universitäten in Prag, Moskau und Budapest. Mehrere Jahre bei Designprojekt Dresden. Seit 1990 wissenschaftlicher Mitarbeiter an der TU Dresden. Lehraufträge an den Universitäten Jena, Hamburg und Leipzig, 1993 apl. Professor, Schwerpunkte: Arbeits- und Organisationspsychologie, Wirtschaftspsychologie, Architekturpsychologie.

Peter G. Richter (Hrsg.)

Architekturpsychologie

Eine Einführung

6. Auflage 2022

PABST SCIENCE PUBLISHERS
Lengerich, Berlin, Bremen, Miami,
Riga, Viernheim, Wien, Zagreb

Bibliografische Information Der Deutschen Bibliothek
Die Deutsche Bibliothek verzeichnet diese Publikation in der Deutschen Nationalbibliografie; detaillierte bibliografische Daten sind im Internet über <http://dnb.ddb.de> abrufbar.

Geschützte Warennamen (Warenzeichen) werden nicht besonders kenntlich gemacht. Aus dem Fehlen eines solchen Hinweises kann also nicht geschlossen werden, dass es sich um einen freien Warennamen handelt.
Das Werk, einschließlich aller seiner Teile, ist urheberrechtlich geschützt. Jede Verwertung außerhalb der engen Grenzen des Urheberrechtsgesetzes ist ohne Zustimmung des Verlages unzulässig und strafbar. Das gilt insbesondere für Vervielfältigungen, Übersetzungen, Mikroverfilmungen und die Einspeicherung und Verarbeitung in elektronischen Systemen.

Adresse des Herausgebers:
Prof. Dr. rer. nat. habil. Peter G. Richter
Institut für Arbeits-, Organisations- und Sozialpsychologie
Fakultät Naturwissenschaften und Mathematik
Technische Universität Dresden
D-01062 Dresden
Tel.: 0351 - 46 33 35 87
Fax: 0351 - 46 33 35 89
E-mail: peri@psychologie.tu-dresden.de

© 2013 Pabst Science Publishers, D-49525 Lengerich

5. bearbeitete Auflage 2021

Konvertierung: Armin Vahrenhorst
Druck: KM-Druck2.0, D-64823 Groß Umstadt

ISBN 978-3-89967-449-1

Inhaltsverzeichnis

Vorwort	11
Vorwort zur 3. Auflage	16

TEIL I: DIE ÖKOLOGISCHE PERSPEKTIVE IN DER ARCHITEKTURPSYCHOLOGIE 19

1. Mensch-Umwelt-Einheit(en) als Gegenstand der Architekturpsychologie 21
1.1 Was ist Architekturpsychologie? ...21
1.2 Dialektik von Mensch-Umwelt-Beziehungen ...23
1.3 Fazit ...27
1.4 Literatur ...30

2. Die Feldtheorie (KURT LEWIN) 31
2.1 Einleitung ...31
2.2 Das Psychologische Feld und seine Elemente ...32
2.3 Verhalten von Personen im Psychologischen Feld ...35
2.4 Fazit ...37
2.5 Literatur ...40

3. Der Behavior Setting-Ansatz (ROGER G. BARKER) 41
3.1 Einleitung ...41
3.2 Die Entstehung des Behavior Setting-Konzepts ...42
3.3 Das Behavior Setting Survey (BSS) ...46
3.4 Einsatzmöglichkeiten des Behavior Setting-Konzeptes am Beispiel der Umweltplanung ...47
3.5 Eine wichtige Facette: das Manning-Konzept ...50
3.6 Literatur ...52

4. Das Drei-Ebenen-Konzept der Mensch-Umwelt-Regulation (ALFRED LANG) 53
4.1 Einleitung ...53
4.2 Drei menschliche Speicher ...54
4.3 Drei Ebenen der Regulation ...55
4.3.1 Aktivation ...55
4.3.2 Interaktion ...57
4.3.3 Entwicklung ...58
4.4 Eine Studie: Wie wir unsere Wohnumwelt sprechen lassen ...59
4.5 Fazit ...61
4.6 Literatur ...62

5. *Exkurs:* Theorie der Handlungsregulation nach HACKER und NORMAN 65
5.1 Einleitung ...65
5.2 Prozess und Struktur von Handlungen ...66

5.3	Handlungsspielräume und Handlungsgrenzen	70
5.4	Fazit	74
5.5	Literatur	75

TEIL II: WAHRNEHMEN UND ERLEBEN VON UMWELTEN 77

6.	***Exkurs:* Affordanzkonzept nach G<small>IBSON</small>**	**79**
6.1	Einleitung	79
6.2	Die Theorie der Affordanzen	80
6.3	Kriterien einer affordanzgerechten Umweltgestaltung	82
6.3.1	Kriterium I: pessimale und optimale funktionale Nützlichkeit	82
6.3.2	Kriterium II: Selbsterklärungsfähigkeit	83
6.3.3	Kriterium III: Expressivität	84
6.3.4	Kriterium IV: soziale und Umweltverträglichkeit	86
6.4	Ausblick: Affordanzstrukturmodell und Affordanzkonflikte	87
6.5	Literatur	88

7.	**Prinzipien und Phänomene der Wahrnehmung**	**89**
7.1	Einleitung	89
7.2	Figur-Grund-Prinzip und Maskierungen	90
7.3	Prägnanzprinzip und ausgewählte Gestaltgesetze	94
7.4	Geometrisch-optische Täuschungen und Konstanzprinzip	99
7.5	Mechanismen der Wahrnehmung räumlicher Tiefe	103
7.6	Ein Beispiel: Kontextuelles Bauen	105
7.7	Fazit	108
7.8	Wissens- und Verständnisfragen	108
7.9	Literatur	110

8.	**Kognitive Karten**	**113**
8.1	Einleitung	113
8.2	Definition: kognitives Kartieren, kognitive Karten	114
8.3	Prozess des kognitiven Kartierens	115
8.4	Kognitive Karten und räumliches Verhalten	117
8.4.1	Vorgang der Wegsuche	119
8.5	Zielsetzung beim kognitiven Kartieren	121
8.6	Charakterisierung der kognitiven Karten	122
8.7	Gedächtnispsychologische Aspekte	129
8.8	Rolle der räumlichen Umwelt	131
8.8.1	Bestandteile	131
8.8.2	Ablesbarkeit	134
8.9	Wissens- und Verständnisfragen	139
8.10	Literatur	139

9.	**Raumsymbolik**	**141**
9.1	Einleitung	141
9.2	Begriffe	142

INHALTSVERZEICHNIS

9.3	Symbolische Dimensionen	144
9.3.1	Umweltdimension	144
9.3.2	Individual- und sozialpsychologische Dimension	145
9.3.3	Soziokulturelle Dimension	145
9.4	Genese von Symbolen	146
9.5	Das Zeichenhafte der Form	148
9.6	Der Inhalt: Denotation und Konnotation	151
9.7	Raumsymbolik in Kultur und Gesellschaft	157
9.7.1	Machtsymbolik in der Geschichte	157
9.7.2	Symbolik in zeitgenössischen Gesellschaften	162
9.8	Untersuchungen zur Raumsymbolik	164
9.9	Fazit	169
9.10	Wissens- und Verständnisfragen	170
9.11	Literatur	171
10.	**Ortsidentität und Ortsbindung**	**175**
10.1	Einleitung	175
10.2	Ortsbezogenheit	176
10.3	Ortsverbundenheit	176
10.4	Heimatbindung	178
10.5	Ortsidentität	180
10.5.1	Soziale Identität	180
10.5.2	Identitätsbildung	183
10.5.3	Identifizierung	184
10.6	Nachbarschaft	189
10.7	Wohnzufriedenheit	193
10.8	Empirische Studien	198
10.8.1	Identitätsbildung und Stadtentwicklung	198
10.8.2	Vergleichende Studie zum Image von Stadtteilen	201
10.9	Fazit	204
10.10	Wissens- und Verständnisfragen	204
10.11	Literatur	205
11.	**Raum und Farbe**	**209**
11.1	Einleitung	209
11.2	Mensch und Farbe	210
11.2.1	Prozess der Farbwahrnehmung	210
11.2.2	Bedeutung der Farben	212
11.2.3	Wirkungen von Farben	213
11.3	Gestalten mit Farbe	214
11.3.1	Grundmerkmale der Farbe	214
11.3.2	Farbenkreis und Farbordnungssysteme	215
11.3.3	Farbkontraste	216
11.3.4	Kontrastwirkung im Raum	217
11.4	Farbe im Innenraum	218
11.4.1	Der Mensch im Raum	218
11.4.2	Raumflächen	219
11.4.3	Farbwirkungen im Raum	220

11.4.4	Funktionen von Farben im Raum	222
11.5	Praxis der Farbgestaltung – Beispiel Büro	223
11.5.1	Büroarbeitsplätze	223
11.5.2	Umsetzung der Farbgestaltung	224
11.5.3	Farbergonomie	225
11.6	Zusammenfassung	228
11.7	Wissens- und Verständnisfragen	229
11.8	Literatur	230

TEIL III: HANDELN UND VERHALTEN IN GEBAUTEN UMWELTEN — 233

12. Territorialität und Privatheit — 235

12.1	Einleitung	235
12.2	Territorialität – Instinkt oder kulturelles Erbe	236
12.3	Der Persönliche Raum	244
12.4	Privatheit	248
12.5	Praktische Relevanz für die Gestaltung von Umwelt	252
12.6	Zusammenfassung	255
12.7	Wissens- und Verständnisfragen	257
12.8	Literatur	258

13. Dichte und Enge — 261

13.1	Einleitung	261
13.2	Crowding – ein weiter Begriff für Enge?	262
13.3	Crowdingforschung – die ersten Schritte	264
13.3.1	Historische Forschungsphasen	264
13.3.1.1	Dichte als Kausale Quelle	264
13.3.1.2	Dichte als Mechanismus der Intensivierung	265
13.3.1.3	Differenzierung zwischen Dichte und Beengung	265
13.3.2	Erklärungsmodelle	268
13.3.2.1	Das Überlastungsmodell	269
13.3.2.2	Das Störungsmodell	270
13.3.2.3	Beengung durch Verletzung normativer Erwartungen	272
13.3.2.4	Das Überbesetzungsmodell	275
13.3.2.5	Kontrollverlust	276
13.3.3	Auswirkungen von Beengungsstress	278
13.3.4	Integration	280
13.4	Wirkungen baulicher Bedingungen	281
13.5	Was bringt uns das Wissen für die Praxis	285
13.5.1	Planungsphase	285
13.5.2	Intervention	285
13.6	Wissens- und Verständnisfragen	287
13.7	Literatur	289

INHALTSVERZEICHNIS

14. Aneignung von Raum — 293

- 14.1 Der Raum als gelebter Raum 293
- 14.1.1 Struktur des Raumes 294
- 14.1.2 Merkmale des Raumes 295
- 14.1.2.1 Der orientierte Raum 295
- 14.1.2.2 Der gestimmte Raum 298
- 14.1.3 Bewegung im Raum 298
- 14.2 Kennenlernen des Raumes 302
- 14.2.1 Erkundung und Symbolische Bewertung 302
- 14.2.2 Phasen des Kennenlernens 303
- 14.3 Aneignung des Raumes 304
- 14.3.1 Aneignung durch Markierung 305
- 14.3.2 Geschlechterspezifische Raumaneignung 306
- 14.3.3 Probleme bei der Aneignung des Raumes 308
- 14.3.4 Exkurs 309
- 14.3.4.1 Sozialökologische Sichtweisen der Raumaneignung 309
- 14.3.4.2 Räumliche Aneignung ohne physische Präsenz 311
- 14.3.4.3 Räumliche Aneignung und multilokales Wohnen 312
- 14.4 Wissens- und Verständnisfragen 314
- 14.5 Literatur 315

15. *Exkurs:* Psychologie des Zwischenraumes — 319

- 15.1 Einleitung 319
- 15.2 Der urbane Platz 320
- 15.2.1 Definitionen Raum/Zwischenraum 320
- 15.2.2 Zwischenraum aus Perspektive der Wahrnehmungspsychologie ... 322
- 15.2.3 Typologie von Plätzen 323
- 15.2.3.1 Der Ventrikelplatz 324
- 15.2.3.2 Der Fokusplatz 326
- 15.3 Untersuchungen zum Zwischenraum 329
- 15.3.1 Untersuchungen zur Gestalt des Städtischen Raumes 329
- 15.3.1.1 Theoretischer Hintergrund 330
- 15.3.1.2 Wahrnehmungspsychologische Untersuchung 332
- 15.3.1.3 Schlussfolgerungen 333
- 15.3.2 Untersuchungen zum Abstand zwischen Menschen und Objekten ... 333
- 15.3.2.1 Theoretischer Hintergrund 334
- 15.3.2.2 Ausgewählte Experimente 336
- 15.3.2.3 Schlussfolgerungen 340
- 15.3.3 Untersuchungen zu Flucht und Panik 340
- 15.4 Fazit 342
- 15.5 Literatur 343

ARCHITEKTURPSYCHOLOGIE

TEIL IV: METHODEN DER ARCHITEKTURPSYCHOLOGIE 345

16. *Exkurs:* Konzept der mentalen Modelle nach NORMAN 347
- 16.1 Einführung ...347
- 16.2 Mentale Modelle ...348
- 16.3 Entwicklung mentaler Modelle und ästhetischer Standards ...353
- 16.4 Fazit ...357
- 16.5 Literatur ...357

17. Nutzungsorientierte Planung und Gestaltung gebauter Umwelten 359
- 17.1 Einleitung ...359
- 17.2 Nutzerorientierte Programmentwicklung (PE) ...362
- 17.2.1 Erstellen eines Katalogs bewerteter Ziele ...366
- 17.2.2 Analysieren, Bewerten und Festlegen von Randbedingungen ...366
- 17.2.3 Entwerfen, Bewerten und Bestimmen des Programms ...367
- 17.2.4 Abschätzen und Bewerten von Folgewirkungen ...369
- 17.3 Nutzer-Bedürfnisanalyse (user-needs analysis: UNA) ...370
- 17.4 Nutzerorientierte Evaluation (post-occupancy evaluation: POE) ...375
- 17.5 Probleme der Experten-Laien-Kommunikation ...379
- 17.6 Fazit ...385
- 17.7 Wissens- und Verständnisfragen ...386
- 17.8 Literatur ...386

18. Ausgewählte Studien und Methoden 389
- 18.1 Einleitung und Überblick ...389
- 18.2 Originäre Studien und Methoden ...393
- 18.2.1 SCHRECKENBERG & HEINE (1997):Wahrnehmung von Elementen einer Straße ...393
- 18.2.2 FISCHER (1990): Aneignung von Arbeitsräumen in einer Fabrik ...396
- 18.2.3 DUTKE, SCHÖNPFLUG & WISCHER (1992):Angst im Krankenhaus ...400
- 18.2.4 LANNOCH & LANNOCH (1987): Semantische Analyse und Transfer bei Innenräumen ...405
- 18.2.5 WELTER (1985): Ein Ansatz zur Förderung und Belebung des Wohnens und Betreuens in Heimen ...410
- 18.3 Fazit ...416
- 18.4 Wissens- und Verständnisfragen ...416
- 18.5 Literatur ...418

Vorwort

Sind Sie schon einmal beeindruckt, ja überwältigt gewesen, als Sie in einen Dom eintraten? Haben Sie sich schon einmal Gedanken darüber gemacht, warum das so ist?

Raumsymbolik

Sind Sie beim Überqueren eines Fahrradweges schon einmal mit einem Radfahrer kollidiert, weil er unerwartet aus der falschen Richtung kam?

Territorialität

Standen Sie schon einmal vor einer Tür und konnten Sie sie erst nach einigen Versuchen öffnen, weil Sie diese zunächst an der falschen Seite in die falsche Richtung bewegen wollten?

Mentale Modelle

Haben Sie sich schon einmal gefragt, warum Sie sich in einem wenig gefüllten Bus i.d.R. einen Platz ohne Nachbarn suchen? Haben Sie eine Vorstellung, was die Ursache sein könnte?

Privatheit

ARCHITEKTURPSYCHOLOGIE

Diese – und viele weitere – Beispiele aus der von Menschen gestalteten künstlichen Umwelt, sind Gegenstand dieses Buches zur Architekturpsychologie. Die am Rand aufgeführten Stichworte verweisen auf Themenfelder dieser psychologischen Teildisziplin, die in Kapiteln des folgenden Textes behandelt werden.

Was ist die *Zielgruppe* des folgenden Textes?

Zielgruppen   Das Buch wendet sich vor allem an Menschen, die Umwelten gestalten. Das sind vor allem *Architekten*, die Gebäude bauen und Landschaften (um-)gestalten. Aber das sind auch andere Professionen. Zum Beispiel *Straßenbauer* und *Fabrikplaner*, *Konstrukteure* und *Designer*. Kurz: alle, die künstliche Elemente unserer Umwelt schaffen, seien es Gebäude, Parks, Teiche, Stühle etc.

Gleichzeitig sind auch Human- und Sozialwissenschaftler eine Zielgruppe dieses Buches: Professionen, die sich mit dem Erleben und Verhalten des Menschen in natürlicher und künstlicher Umwelt beschäftigen, wie *Psychologen, Pädagogen, Mediziner...*

Ich denke, beide Zielgruppen – Gestalter und Humanwissenschaftler – können Erkenntnisse beim Lesen der Kapitel, bei der Auseinandersetzung mit Themen der Architekturpsychologie gewinnen.
Mit welchen *Zielen* wurde der folgende Text verfasst?

Ziele   Vor allem soll das Buch *Interesse wecken* an einem spannenden und komplexen Themenfeld, welches letztendlich alle Menschen betrifft. Es soll *sensibilisieren*, die Augen öffnen für Aspekte der Beziehung zwischen Menschen und den von ihnen geschaffenen künstlichen Umwelten. Der Text soll – soweit möglich – auch *Erklärungen liefern* für diese Zusammenhänge. Er soll aus psychologischer Perspektive Mecha-

Nichts ist so praktisch wie eine gute Theorie   nismen und Prozesse beschreiben, die für die enge Wechselbeziehung zwischen Mensch und Umwelt relevant sind. Das grundsätzliche Verständnis für diese Beziehungen ist Voraussetzung für die Anwendung im konkreten Fall.

Da es sich um eine Einführung in die Architekturpsychologie handelt, werden diese Erklärungen allerdings nur ansatzweise erfolgen. Im Grunde genommen sollen unter Bezug auf einige psychologische Basistheorien Denkanregungen zur Auseinandersetzung mit dem Thema gegeben werden und ein Grundverständnis für die Dialektik der Mensch-Umwelt-Einheit erreicht werden.

Last but not least sollen in vielen Kapiteln *praktische Konsequenzen für die Gestaltung* künstlicher Umwelten abgeleitet werden. Dieses

Buch ist vor allem für Praktiker geschrieben, für Mitglieder beider oben genannter Zielgruppen, die sich eher mit der Anwendung von Wissen beschäftigen. Wegen des angestrebten begrenzten Textumfanges kann der Praxisbezug nur ausschnittweise und exemplarisch hergestellt werden.

An dieser Stelle soll darauf verwiesen werden, dass das Buch aus (natur-) *wissenschaftlicher Perspektive* geschrieben ist. Es bezieht sich auf wissenschaftlich fundierte Konzepte und Theorien. Die in den Texten gemachten Aussagen zu praktischen Konsequenzen, sind i. d. R. nach wissenschaftlichen Kriterien empirisch gesichert. *Wissenschaftliche Perspektive*

Damit soll darüber hinausgehendes kumuliertes Wissen der Menschheit, wie es sich in verschiedenen Bereichen findet – so beispielsweise im FENG SHUI – nicht in Frage gestellt werden. Der aufmerksame Leser wird ohnehin einen Teil dieser Erkenntnisse wiederentdecken.

Es soll allerdings nicht unerwähnt bleiben, dass die vorliegende Version des Gesamttextes auch Passagen hat, die weniger konzeptionell oder empirisch gestützt sind. Insofern finden sich im Folgenden durchaus Teile, die eher spekulativ und/oder polemisch sind. Es ist nicht vorgesehen, derartige Passagen zu tilgen, allerdings sollen sie künftig besonders gekennzeichnet werden, um eine direkte Auseinandersetzung mit ihnen besser zu ermöglichen.

Insgesamt setzt der Text aktive Leser voraus. Leser, die bereit sind, mit- und weiterzudenken und die enthaltenen Erkenntnisse in ihre eigene Lebenswelt zu übertragen.

Wie ist das Buch *gegliedert*?

Der Text besteht aus *vier Teilen*.

Im **Teil I** wird mit Fokus auf den *theoretischen Hintergrund* ein heuristischer Rahmen für das Grundverständnis der engen Wechselbeziehung von Mensch und (gebauter) Umwelt *aufgespannt*. Die historisch eingebettete Betrachtung dieses Zusammenhanges im Rahmen einer dialektischen ökologischen Perspektive ist nicht nur für das Verständnis architekturpsychologischer Sachverhalte von Bedeutung. *Gliederung des Buches*

Teil II legt den Fokus auf *Wahrnehmung und Erleben von Umwelten*. Hier wird menschliches Erleben vor allem als von bestimmten Umgebungsmerkmalen abhängig betrachtet. Es wird im Grunde genommen der Frage nachgegangen, inwieweit bestimmte Umweltelemente zu unterschiedlichen Erleben und Interpretationen führt, welche Grundlage diese für die Orientierung und das Handeln in der Umwelt liefern.

Im **Teil III** wird die Perspektive gewechselt. Hier wird in der dialektischen Betrachtung der Fokus auf das *Verhalten von Menschen in der Umwelt* gelegt. Im Kern geht es um die Interaktion von Mensch und gebauter Umwelt. Welchen Verhaltensrahmen bieten in bestimmter Weise gestaltete Umwelten? Wie werden (künstliche) Räume angeeignet? Welche Konsequenzen für die Gestaltung lassen sich aus empirischen Untersuchungen exemplarisch ableiten?

Zwei Exkurse zu wichtigen psychologischen Konzepten (Affordanz, Psychologie des Zwischenraumes) bilden gewissermaßen die Klammer um die beiden Hauptkapitel des Buches, Teil II und III.

Der abschließende **Teil IV** widmet sich noch einmal explizit *methodischen Fragen* der *Architekturpsychologie*.

Auch wenn in den Texten der Teile I bis III bereits auf einzelne Methoden und empirische Studien eingegangen wurde, scheint es vor dem wissenschaftlichen Hintergrund des Buches wichtig, dessen methodische Basis zu beleuchten. Nach einem in diesem Zusammenhang bedeutsamen Exkurs zum Konzept der sogenannten mentalen Modelle werden zunächst Ansätze nutzungsorientierter Planung und Gestaltung künstlicher Umwelten betrachtet und damit verbundene Probleme diskutiert. Eine Auswahl originärer Einzelstudien und Methoden macht abschließend die enorme Vielfalt möglicher Herangehensweisen bei der Analyse und Gestaltung von Umwelten deutlich.

Ein Buch ist ein Buch ist ein Buch

Das Buch ist so aufgebaut, dass die einzelnen Kapitel jeweils getrennt gelesen werden können. Auch wenn sich in den Texten Querverweise zu anderen Kapiteln finden, war und ist damit nicht beabsichtigt, einen Hypertext zu erstellen.

Es gibt verschiedene Gründe, die dafür sprachen, die klassische Buchform beizubehalten. Unabhängigkeit von Energiequellen ist nur einer davon.

Die einzelnen *Hauptkapitel* sollen möglichst eigenständig, unabhängig von den anderen Kapiteln, durchgearbeitet werden können. Sie haben deshalb – abgesehen von den Texten im Teil I – grundsätzlich einen ähnlichen Aufbau:

Aufbau der Hauptkapitel

Sie beginnen in der Regel mit einer kurzen *Einführung* oder einem *Fallbeispiel*.

Anschließend werden wichtige *Begriffe*, *Konzepte* und *Phänome*ne erläutert.

Sofern möglich, wird der Bezug *zu praktischen Aspekten* der Umweltgestaltung hergestellt und ein kurzes *Fazit* gezogen.

Die *Wissens- und Verständnisfragen* sollen weniger der Überprüfung des Wissens dienen. Vielmehr geht es darum, einzelne Aspekte auf dem Hintergrund der eigenen Lebenserfahrung oder des persönlichen Umfeldes zu vertiefen.

Die angegebene *Literatur* ist nicht nur als Quellenangabe gedacht, sie soll dem interessierten Leser Hinweise für ein weiterführendes Selbststudium geben.

Ich möchte an dieser Stelle allen Mitstreitern für ihre Arbeit danken. *Dank und ...*
Vor allem will ich den Autoren und Koautoren der folgenden Ausführungen meinen herzlichen *Dank* aussprechen, ohne deren Engagement und Kompetenz das Buch nicht erstellt worden wäre.

Das vorliegende Buch wäre ohne die tatkräftige Unterstützung von Mitarbeiterinnen und studentischen Hilfskräften am Institut für Arbeits-, Organisations- und Sozialpsychologie nicht entstanden. Dafür ist vor allem Ramona Nitzsche, Kristin Hoffmann und Ute Rieger zu danken.

Das Layout für die Druckfassung wurde von Benjamin Richter entworfen. Dafür herzlichen Dank. Mein Dank gilt ebenso Herrn Wolfgang Pabst und seinen Mitarbeitern im Verlag für die freundliche und unbürokratische Zusammenarbeit.

Zum Schluss noch eine ebenso herzliche *Bitte* an Sie als Leser dieser *... Bitte*
ersten Ausgabe.

Für die Überarbeitung des Textes im Sinne der oben genannten Zielstellungen sind Rückmeldungen, insbesondere kritischer Natur hilfreich. Bei welchen Kapiteln sollten welche Änderungen vorgenommen werden, um die anspruchsvollen Ziele zu erreichen? Was könnte man weglassen, was sollte aus Ihrer Sicht ergänzt werden. Natürlich würden die AutorInnen und ich uns auch über positive Rückäußerungen freuen.

Wenn Sie uns in dieser Hinsicht bei der Weiterarbeit unterstützen wollen, dann wäre es gut, wenn Sie dies per e-mail an die Adresse peri@psychologie.tu-dresden.de tun.

Dresden, im Januar 2004   *Peter G. Richter*

Vorwort zur 3. Auflage

To give psychology a way – give psychology away.
D.M. BELCHER, 1973

Psychologische Erkenntnisse aus der Hand zu geben, Theorien und Methoden der Psychologie denen bekannt zu machen, die unsere Umwelt gestalten, war und ist – ganz in der Tradition von Belcher – das Hauptziel, welches mit dem Buch verfolgt wird.

Sicher kann man solch ein anspruchsvolles Ziel nicht in kurzer Zeit erreichen und schon gar nicht als Einzelperson. Umso erfreulicher ist es für mich festzustellen, dass in den wenigen Jahren seit der ersten Auflage enorme Fortschritte im Feld der Architekturpsychologie zu beobachten waren. Suchte man im Jahr 2000 im Internet nach diesem Stichwort, so hatte man fast keine Treffer. Gegenwärtig beträgt die Trefferzahl etwa 11.000.

Das ist vor allem das Ergebnis der Bemühungen von zahlreichen anderen Fachkolleginnen und -kollegen, die sich in diesem Bereich bereits seit längerer Zeit engagieren. Es ist hier nicht der Ort, diese positive Entwicklung umfassend zu würdigen. Einige wesentliche Punkte für den deutschsprachigen Raum sollen aber erwähnt werden:

Neue Bücher — So sind wichtige *Bücher* neu und wieder erschienen, beispielsweise zur Wahrnehmung (SEYLER, 2004) und zur Psychologie von Lern- und Büroumwelten (WALDEN, 2008) oder des Wohnens (FLADE, 2006).

Intensive Forschung — Gleichzeitig hat sich die einschlägige *Forschung* intensiviert, wie die zum Crowding an der Humboldt Universität Berlin oder die zu demenzfreundlicher Architektur an der TU Dresden. Ein positives

Institutionalisierung — Zeichen ist auch, dass mittlerweile eine *Institutionalisierung* der Disziplin eingesetzt hat. So ist 2004 an der Universität Innsbruck die Österreichische Gesellschaft für Architekturpsychologie (www.architekturpsychologie.at) gegründet worden. Besonders erfreulich ist, dass

Fundierte Lehre — mit dem Masterstudiengang Architekturvermittlung an der TU Cottbus seit dem Jahr 2007 auch ein viersemestriges Vollzeitstudium angeboten wird, welches für Entwicklung fundierter Lehrangebote steht (www.architektur-vermittlung.de).

VORWORT ZUR 3. AUFLAGE

Darüber hinaus haben Erkenntnisse der Architekturpsychologie in die Praxis der Gestaltung Eingang gefunden, so in eine Handreichung zu Städtebau und Kriminalprävention (www.polizei.propk.de) oder zum familiengerechten Bauen von Eigenheimen (REICHL, 2006). *Anwendung in der Praxis*

Last but not least ist auch das *Interesse der Öffentlichkeit* für das Feld gewachsen und es sind einschlägige Beiträge in Publikumszeitschriften wie „Focus" oder „Apotheken-Umschau" erschienen. Möglicherweise ist das steigende Interesse auch dadurch forciert worden, dass in den vergangenen Jahren zwei in Deutschland und darüber hinaus bekannt gewordene Diskussionen stattfanden, bei denen Bauwerke eine wichtige Rolle spielten: Gemeint sind die UNESCO-Entscheidungen um den Weltkulturerbestatus der Stadt Köln (geplante Hochhäuser) und des Dresdner Elbtales (geplante Waldschlösschenbrücke). Diese Entscheidungsprozesse haben schlaglichtartig erhellt, welche *Brisanz* mit dem Bauen in der heutigen Zeit und in einer immer mehr vernetzten Welt verbunden ist. *Interesse der Öffentlichkeit*

Brisanz beim Bauen

Alles das sind Hinweise auf die augenblicklich sehr dynamische Entwicklung der Architekturpsychologie und gleichzeitig positive Signale für deren Zukunft.

Die große Nachfrage nach architekturpsychologischem Wissen und die neuen Erkenntnisse in der Forschung waren Anlass für die vorliegende Überarbeitung des Buches. Mein Ziel war es, nicht nur neuere Arbeiten in diesem Feld aufzunehmen, sondern auch noch mehr illustrierende Beispiele. Deswegen finden sich in den einzelnen Teilkapiteln zahlreiche Bilder und erweiterte Literaturverzeichnisse. Darüber hinaus habe ich ein einfaches *Beispiel* (zwei unterschiedliche Sitzgelegenheiten an einer Haltestelle) aufgenommen, auf welches in verschiedenen Kapiteln eingegangen wird. Damit sollen nicht nur die vielfältigen Facetten der Architekturpsychologie besser veranschaulicht werden. Ziel war es auch, die zahlreichen einschlägigen Theorien besser zu integrieren. *Exkurse zu* weiteren relevanten psychologischen *Theorien* wurden ebenfalls ergänzt, was u. a. zur Aufnahme eines neuen Kapitels zur Theorie der Handlungsregulation führte. *Beispiel Haltestelle*

Exkurse zu Theorien

Ich habe bei der Überarbeitung auch meine Erfahrungen in der Forschung und Lehre einfließen lassen. Aktuelles dazu findet sich auf einer eigenen *Homepage* (www.architekturpsychologie-dresden.de). Auch wenn diese Erfahrungen naturgemäß begrenzt sind, hoffe ich, dass die damit aufgenommenen neuen Teile das Verständnis für die psychologischen Hintergründe des Bauens verbessern. *Homepage*

Insgesamt hat jedes Kapitel des Buches eine Erweiterung erfahren. Sechs wurden grundsätzlich überarbeitet. Allerdings war es mein

Einführung und Grundlagen

Bemühen, das handliche Format der Erstfassungen beizubehalten. Deswegen wurde auch von der ursprünglichen Idee eines neuen Teiles V mit Kapiteln zu speziellen Umwelten (Eigenheimen, Schulen, Kindertagesstätten, Museen, Krankenhäusern, Produktionsstätten, Büros, etc.) Abstand genommen. Derartige Darstellungen haben – wie auch das nur geringfügig modifizierte Kapitel „Ausgewählte Studien und Methoden" – zwar den Vorteil, sehr konkret und anschaulich zu sein, sie sind aber vom Umfang her potentiell unendlich. Der interessierte Leser wird mit geringem Rechercheaufwand einschlägige Veröffentlichungen finden. Wichtiger war mir, den *Einführungs- und Grundlagencharakter* des Buches als Basis für Lehre und Forschung in der Architekturpsychologie beizubehalten.

Eigene Lehre und Forschung sind nicht möglich ohne interessierte Zuhörer und engagierte Studenten. Bei allen, die in den vergangenen Jahren dazu beigetragen haben, die Arbeit voranzutreiben – insbesondere bei den Hauptstudenten, Diplomanden und Doktoranden der Fächer Psychologie und Architektur an der TU Dresden und an anderen Einrichtungen – möchte ich mich bedanken. Ohne deren zahlreiche Anregungen wäre die Überarbeitung und Erweiterung des Buches nicht möglich gewesen. Mein Dank gilt ebenfalls dem Pabst-Verlag für die freundliche Zusammenarbeit und vor allem Herrn Armin Vahrenhorst, der wiederum die aufwändige Konvertierung übernommen hat.

Bitte

Das Ziel der vorliegenden Überarbeitung im engeren Sinne war die Verbesserung des Buches. Sollten Sie als Leser der neuen Auflage anderer Meinung sein oder auch Tipps und Hinweise zu einigen Details haben, wenden Sie sich *bitte* direkt an mich. Meine E-Mail-Anschrift lautet immer noch: peri@psychologie.tu-dresden.de

Dresden, im Januar 2008   *Peter G. Richter*

Literatur

Belcher, D. M. (1973). Giving psychology away. San Francisco: Canfield Press.
Flade, A. (2006). Wohnen psychologisch betrachtet. Bern: Huber (1. Auflage, 1987).
Reichl, H. (2006). Das Familienhaus – 7 Module zum Planen. Ottnang: Eigenverlag.
Seyler, A. (2004). Wahrnehmen und Falschnehmen. Frankfurt/M.: Anabas.
Walden, R. (2008). Architekturpsychologie: Schule, Hochschule und Bürogebäude „der Zukunft". Lengerich: Pabst Science Publishers.
www.architekturpsychologie.at
www.architekturpsychologie-dresden.de
www.architektur-vermittlung.de
www.polizei.propk.de

Teil I

DIE ÖKOLOGISCHE PERSPEKTIVE IN DER ARCHITEKTURPSYCHOLOGIE

1. Mensch-Umwelt-Einheit(en) als Gegenstand der Architekturpsychologie

Peter G. Richter

1.1 Was ist Architekturpsychologie?

Der Gegenstand der Architekturpsychologie ist sehr komplex. Es soll nicht das Ziel dieses kurzen Textes sein, ihn umfassend zu definieren.

> In einer ersten Näherung kann **Architekturpsychologie**, ähnlich wie andere Fachdisziplinen der Psychologie, als Lehre vom **Erleben** und **Verhalten** des Menschen in **gebauten Umwelten** definiert werden. Ziel ist es, menschliches Erleben und Verhalten in diesem Kontext zu beschreiben, zu erklären, vorherzusagen und zu verändern.

Architekturpsychologie

Diese Definition erlaubt eine Einordnung des Faches und bildet auch den Hintergrund für den Aufbau dieses Lehrtextes.

Wenn man die einzelnen Bestimmungsstücke dieser Definition spezifiziert, so sollte zunächst deutlich werden, dass das *Erleben gebauter Umwelt* viele Facetten von Empfindungen, Wahrnehmungen über Bedeutung (Kognitionen) und Gefühle (Emotionen) bis zu stabilen ästhetischen Urteilen aufweisen kann. Darüber hinaus ist von Bedeutung, dass dieses Erleben keineswegs nur bewusste psychische Reaktionen auf bestimmte Architektur enthält, sondern auch teilbewusste und unbewusste Modulationen biologischer und sozialer Prozesse. Ulrich (1984) war einer der ersten Forscher, der diese komplexe Reaktion des Menschen auf gebaute Umwelten empirisch nachweisen konnte *(vgl. Kap. 4. „Das Drei-Ebenen-Konzept der Mensch-Umwelt-Regulation")*.

Erleben gebauter Umwelt

Verhalten in der gebauten Umwelt

Was das *Verhalten* anbelangt, so sind sowohl für das theoretische Verständnis von Architekturpsychologie als auch für den praktischen Umgang mit Architektur wenigstens zwei Perspektiven zu unterscheiden: Auf der einen Seite ist der Mensch als aktiver Gestalter von Umwelten angesprochen, auf der anderen Seite in seiner Rolle als Nutzer vorgefundener Umwelten.

Menschliches Verhalten in Bezug auf Architektur/gebaute Umwelt	
auf Architektur gerichtetes proaktives Verhalten	von Architektur abhängiges reaktives Verhalten
Mensch ist Gestalter von gebauter Umwelt in seiner Rolle als Architekt, Bauherr, Raumgestalter etc.	Mensch ist Nutzer von gebauter Umwelt in seiner Rolle als Mieter, Besucher von öffentlichen Gebäuden etc.
Dies entspricht der *Perspektive* des bewussten, auf die Umsetzung von Gestaltungszielen ausgerichteten *Handelns*.	Dies entspricht der *Perspektive* des teilbewussten gewohnheitsmäßigen Alltagsverhaltens im Sinne des *Behaviorismus*.
vgl. HACKER, 2005	vgl. WATSON, 1913

Tab. 1: zwei Verhaltensperspektiven

Selbstverständlich verfügen alle Menschen über Basiskompetenzen zur Gestaltung von Umgebungsmerkmalen. Allerdings kann prinzipiell davon ausgegangen werden, dass nur wenige Menschen über ausgeprägte professionelle Expertise in dieser Hinsicht verfügen. Das schafft nicht nur praktisch-methodische Probleme in der Experten-Laien-Kommunikation, wie sie im Kapitel zur *Nutzungsorientierten Planung und Gestaltung gebauter Umwelten* angesprochen werden.

Die von RAMBOW (2000) herausgearbeiteten Perspektivenunterschiede zwischen Laien und Experten verweisen darüber hinaus auf wichtige Facetten der Dialektik von Mensch-Umwelt-Beziehungen, wie sie in der Folge skizziert werden.

Zunächst soll aber noch ein Bezug der Architekturpsychologie zu weiteren Fachdisziplinen hergestellt werden, der für die Definition des Gegenstandes von Belang ist.

Umweltpsychologie

Im deutschsprachigen Bereich ist mittlerweile der Begriff der *Umweltpsychologie* eingeführt. Es ist in den letzten Jahren eine Reihe von (Lehr-)Büchern zu diesem Gebiet erschienen, beispielsweise von

MILLER (1998), HOMBURG & MATTHIES (1998) oder HELLBRÜCK & FISCHER (1999).

Hier gilt es zu unterscheiden und abzugrenzen. Umweltpsychologie im engeren Sinn beschäftigt sich mit nachhaltigem ressourcenschonendem Verhalten in Bezug auf *natürliche Umwelten.*

Architekturpsychologie kann davon über den Kerngegenstand *gebauter Umwelt* abgegrenzt werden, obwohl es – beispielsweise bei der Landschaftsarchitektur – viele Überschneidungsbereiche gibt. Aus dem Spannungsfeld zwischen natürlicher und gebauter Umwelt resultiert allerdings auch ein nennenswertes Konfliktpotential, auf welches weiter unten eingegangen wird.

natürliche Umwelt vs. gebaute Umwelt

Wichtig ist, dass es neben der engeren Sicht auch eine Umweltpsychologie im weiteren Sinne gibt. Diese Auffassung findet man insbesondere im englischen Sprachbereich. *Environmental Psychology* in diesem Sinne betrifft die ganzheitliche ökologische Betrachtung von Mensch-Umwelt-Einheiten. Sie stellt insofern eine erkenntnistheoretisch relevante Metaperspektive dar, die sowohl in der Architekturpsychologie als auch für die genannte Umweltpsychologie i. e. S. bedeutsam ist.

Environmental Psychology

Diese Metaperspektive soll im Folgenden mit Fokus auf die Architekturpsychologie skizziert werden.

1.2 Dialektik von Mensch-Umwelt-Beziehungen

Zweifellos existieren zwischen Mensch und Umwelt enge Wechselbeziehungen. In frühen Phasen der Menschwerdung war sicherlich die Determination und Modulation menschlichen Erlebens und Verhaltens durch vorgefundene natürliche Umwelten ausgeprägt. Die Nutzung von Höhlen als Unterschlupf, die Unüberwindlichkeit von Bergzügen und großen Waldgebieten mögen als Beispiel dafür gelten.

Spätestens mit dem Übergang von den Jägern und Sammlern zu den sesshaften Bauern und Viehzüchtern erreichte die Menschheit eine Entwicklungsstufe, die durch immer stärkere Beeinflussung/Umgestaltung natürlicher Umwelten und damit durch selbstgeschaffene/gebaute Umwelt gekennzeichnet ist. Diese dualistische Sicht auf das Wechselverhältnis von Mensch und gebauter Umwelt im Sinne von DESCARTES entspricht jedoch einer reduzierten Perspektive mit zahlreichen Einschränkungen.

Dialektik

> *Dialektik* stand im antiken Griechenland für die Kunst der scharfsinnigen Gesprächsführung.
> Sie wurde von GEORG WILHELM FRIEDRICH HEGEL als Methode der wissenschaftlichen Auseinandersetzung weiterentwickelt.
> Diese integrative ganzheitliche Sicht ist vor allem durch zwei Axiome gekennzeichnet:
> - **Dialektischer Widerspruch: Jede Setzung (These) treibt notwendig ihr Gegenteil (Antithese) aus sich hervor.**
> - **Ein dialektischer Widerspruch ist in der Synthese dreifach aufhebbar: Die Gegensätze werden überwunden, bewahrt und auf eine neue Ebene gehoben**
> vgl. HEGEL, Werke, 1832-1845

Dialektische Beziehung

„We give shape to our buildings, and they, in turn, shape us."
WINSTON CHURCHILL

Gerade in Bezug auf gebaute Umwelt muss man sich die Beziehung wesentlich enger, als *dialektische* transaktionale *Beziehung* vorstellen. Es sei nur angedeutet, dass hier erkenntnistheoretische Bezüge zu Auffassungen, beispielsweise von MARTIN HEIDEGGER (1963) – „Dasein" „in der Welt sein" – hergestellt werden können, oder den Vorstellungen zur so genannten „Werkzeugfunktion" einer selbstgeschaffenen Umwelt, wie sie beispielsweise IVAN ILLICH (1973) vertritt.

Nach diesen Auffassungen kann man annehmen, dass der Mensch nicht nur seine eigene künstliche Umwelt produziert, sondern dass er sich durch die Schaffung künstlicher gebauter Umwelten als menschliches Wesen auch selbst reproduziert.

Dies soll an einem Beispiel von LEVI-STRAUSS erläutert werden. LEVI-STRAUSS beschreibt in seinem Buch „Traurige Tropen" (1955, 1988) die Bororo. Die Bororo waren ein Stamm, der im Amazonasgebiet Südamerikas siedelte und einer Naturreligion anhing. Dieses Glaubenssystem enthielt zahlreiche, für das menschliche Zusammenleben wichtige Regeln (Abb. 1).

Die an der Himmelsrichtung orientierte Grenze innerhalb der ringförmigen Dorfstruktur (gestrichelte Linie) stellte beispielsweise die so genannte Heiratsgrenze dar, die für die Vermeidung inzestuöser Beziehungen innerhalb des Stammes wichtig war. Weitere biologisch, psychologisch und sozial relevante Regeln, wie die Trennung der sozialen Schichten durch das Hüttenlayout, die Zugänglichkeit des zentralen Hauses nur für männliche Mitglieder des Stammes etc. sind gewissermaßen durch die gebaute Umgebung fixiert.

LEVI-STRAUSS beschreibt sehr detailliert die Vorgänge, die bei der Christianisierung des Bororo-Stammes durch niederländische Missionare abliefen. Die Missionare hatten „... schnell begriffen, dass das sicherste Mittel, die Bororo zu bekehren, darin besteht, sie dazu zu bringen, ihr Dorf in ein anderes einzutauschen, in dem die Häuser in parallelen Reihen angebracht sind." (LEVI-STRAUSS, 1988, S. 241).

Diese neue – offensichtlich am europäischen Reihendorf orientierte – Dorfgestalt führte gewollt oder ungewollt dazu, dass die Basis für die traditionellen religiösen Regeln zerstört und der Boden für ein neues religiöses System bereitet wurde.

Aus diesem Beispiel wird nicht nur der enge Zusammenhang zwischen sozialen Systemen und gebauter Umwelt deutlich, sondern auch die Tatsache, dass gebaute Umwelt die Funktion eines *externalen Speichers* übernimmt, auf die im Kapitel zum *Drei-Ebenen-Konzept* noch einmal eingegangen wird.

Umwelt als externaler Speicher

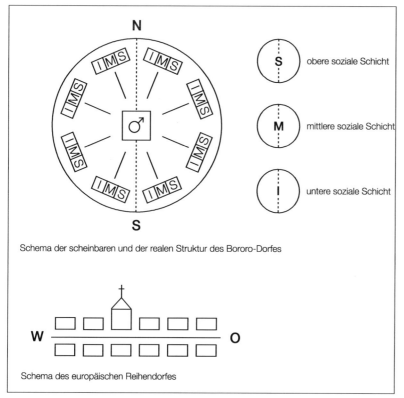

Abb. 1: Dorfstruktur vor (oben) und nach (unten) der Missionierung des Bororo-Stammes (nach LEVI-STRAUSS, 1988, mod.)

Ringstruktur der Tätigkeit

Die vermittelnde Instanz zwischen dem Menschen und der Umwelt ist nach LEONTJEW (1977) die Tätigkeit. LEONTJEW hat mit seinem Konzept von der *Ringstruktur der Tätigkeit* ein Modell entwickelt, welches dem interaktiven Charakter dieser Beziehung gerecht wird (Abb. 2).

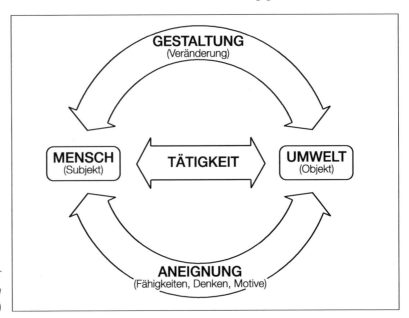

Abb. 2: Ringstruktur der Tätigkeit (nach LEONTJEW, 1977, mod.)

In diesem Modell ist nicht nur die Doppelrolle des Menschen in Bezug auf die Umwelt (Gestalter vs. Nutzer) spezifiziert. Es werden auch die beiden grundsätzlichen Prozesse in dieser engen, transaktionalen Relation deutlich.

Gestaltung

Auf der einen Seite geht es um *Gestaltung* und damit um *Veränderung* der Umwelt im weitesten Sinn. Das kann im einfachsten Fall das jederzeit rückgängig zu machende Umsetzen eines Tisches oder Stuhles in einem Raum sein, im extremen Fall die irreversible Veränderung einer Landschaft durch menschliche Bauten (s. u.).

Aneignung

Auf der anderen Seite geht es um *Aneignung* von (natürlichen und) gebauten Umwelten. Auch hier sind wieder unterschiedlich nachhaltige Prozesse denkbar. Sie reichen vom reversiblen zeitweiligen Besetzen einer Wiese oder einer Bank in einem Park *(vgl. Kapitel Aneignung und Bewegung im Raum)* bis hin zur dauerhaften Anmietung einer Wohnung oder eines Grundstückes *(vgl. Kapitel Ortsidentität und Ortsbindung)*.

Struktur und Prozess der Interaktion zwischen Mensch und Umwelt sind wesentlich komplizierter und komplexer, als die Abbildung 2 nahe legt. Im *Exkurs zur Theorie der Handlungsregulation (Kap. 5)* wird deshalb eine Spezifizierung vorgenommen.

1.3 Fazit

Die dialektische Sicht auf Mensch – Umwelt – Einheit(en) kann mindestens als heuristischer Rahmen für die Betrachtung des komplexen Gegenstandes der Architekturpsychologie gelten. Sie eröffnet den Blick auf zahlreiche Zusammenhänge und Prozesse in diesem Wirkungsgefüge, beispielsweise auf die Dialektik von Stabilität der gebauten Umwelt und Entwicklung des Menschen in der Auseinandersetzung mit ihr.

Führt man derartige Überlegungen bis zur letzten Konsequenz, so wird damit auch die konfliktträchtige Beziehung zwischen sukzessiv immer stärker bebauter Umwelt und der damit immer weiter zurückgedrängten natürlichen Umwelt deutlich (Abb. 3). Damit ist im Grunde genommen ein Teufelskreis beschrieben.

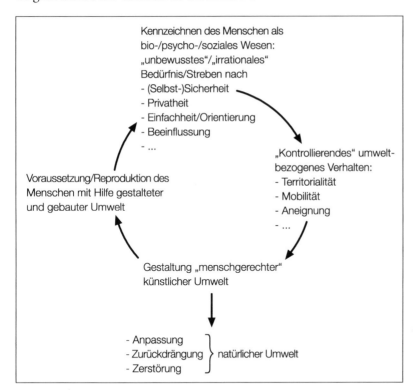

Abb. 3: Teufelskreis umweltbezogenen Verhaltens des Menschen, eigene Darstellung

Das folgende Beispiel soll illustrieren, wie dieser Teufelskreis über längere Zeiträume hinweg funktioniert hat.

Wenn man die Entwicklung der europäischen Städte in den letzten Jahrhunderten betrachtet, so ist diese dadurch gekennzeichnet, dass die im Mittelalter noch vorhandene Integration von Arbeit, Wohnen und Freizeit immer weiter aufgelöst wurde (FUHRER & KAISER, 1994).

„Outside the cancerous city spreads like an illness. It's symptoms in cars that cruise to inevitable destinations..."
ANNE CLARK

Insbesondere die rasanten Veränderungen zum Ende des 19. und Anfang des 20. Jahrhunderts haben dazu geführt, dass immer mehr Mobilität der Stadtbewohner notwendig wurde, um die verschiedenen Lebensbereiche im städtischen Raum zu überwinden.

Schweizer Forscher haben Anfang der 1990er Jahre in verschiedenen Untersuchungen gezeigt, dass moderne Stadtstrukturen die motorisierte individuelle Mobilität in der Freizeit kanalisieren. So sind in Zürich die öffentlich zugänglichen Squash- und Tennisanlagen so verteilt, dass sie zu einer Zunahme des motorisierten Individualverkehrs geführt haben (vgl. Abbildung 4). Dabei ist der Freizeitverkehr nicht nur durch die Lage der einzelnen Lebensbereiche verursacht, sondern auch durch deren Gestaltung, beispielsweise durch die Wohnqualität, wie im *Kap. Aneignung von Raum* erläutert wird.

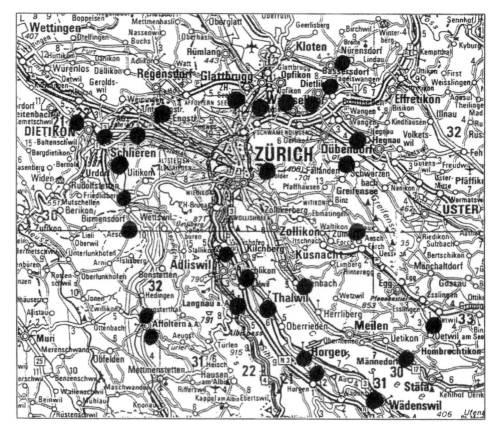

Bemerkung: Nicht erfasst wurden die nicht im Branchenverzeichnis aufgeführten *städtischen* Tennisanlagen, die nur während des Sommers geöffnet sind, sowie private, zumeist unternehmenseigene, Anlagen mit beschränktem allgemeinem Zugang.

Abb. 4: Squash- und Tennisanlagen in der Stadt Zürich (nach EISNER, LAMPRECHT & STAMM 1993)

1. MENSCH-UMWELT-EINHEITEN

Gibt es einen Ausweg aus derartigen Entwicklungen, die unter anderem auch zur Steigerung des CO_2-Ausstoßes geführt haben?

Zumindest in hoch entwickelten Industrienationen gibt es Anzeichen für eine Veränderung, sind Hinweise auf eine Tendenz der Re-Urbanisierung gegeben.

Überlegungen und Projekte zur Umnutzung und zum Rückbau vorhandener Bausubstanz in schrumpfenden Städten bieten solche Ansätze. Beispielsweise ist der Bau der so genannten „Gläsernen Manufaktur" in Dresden zu nennen, der für eine Rückkehr der Arbeit in den städtischen Raum steht (Abb. 5). Seit der Jahrtausendwende werden auch wieder mehr innerstädtische Einkaufsmöglichkeiten geschaffen, als an der Peripherie. So entstehen in mehreren deutschen Städten – unter anderem durch Neubau von Eigenheimen – verdichtete Stadtteilzentren, die ausreichende Infrastrukturen für die Bevölkerung bieten.

Abb. 5:
Fabrik zur Endmontage von PKW im Zentrum der Stadt Dresden, erbaut 1999-2002
Henn-Architekten

Damit werden nicht nur Potentiale für die Verringerung des motorisierten Verkehrs in Ballungszentren geschaffen. Im Sinne HEGEL'S könnten durch derartige Entwicklungen moderne Großstädte entstehen, in denen die kompakte mittelalterliche Stadtstruktur überwunden, bewahrt und auf eine qualitativ neue Ebene gehoben würde.

Dies soll an dieser Stelle nicht weiter vertieft werden, auch wenn es die Verantwortung beider oben genannter Gruppen von Gestaltern und Nutzern gebauter Umwelten verdeutlicht (LAMPUGNANI, 2007).

Die skizzierten Überlegungen sollen beispielhaft die Fruchtbarkeit einer dialektischen Sicht, einer *ökologischen Perspektive* in der Auseinandersetzung mit dieser komplexen Wirkungsbeziehung zwischen Mensch und Umwelt andeuten.

Ökologische Perspektive

ALFRED LANG, ein Berner Psychologe, hat in einem programmatischen Aufsatz von 1988 darauf hingewiesen, dass „die kopernikanische Wende" in der Psychologie generell noch ausstehe. Selbstkritisch bemerkt er an die Adresse der Psychologen gerichtet, dass der größte Teil dieser Humanwissenschaftler nach wie vor auf das Individuum und die Gruppe fokussiert denkt und arbeitet. Damit seien sie einer im Grunde genommen überkommenen Auffassung verpflichtet.

KURT LEWIN war einer der ersten Psychologen, der diese eingeengte Sichtweite verließ und die ökologische Betrachtung von Mensch-Umwelt-Einheiten einführte. Ausgewählte konzeptionelle und methodische Ansätze jener revolutionären Sicht werden in der Folge skizziert.

1.4 Literatur

Bell, P. A. et al. (1996). Environmental Psychology. Orlando: Harcourt Brace.

Eisner, M., Lamprecht, M. & Stamm, H. (1993). Freizeit und Freizeitmobilität in der modernen Gesellschaft. In: Fuhrer, U. (Hrsg.), Wohnen mit dem Auto. Zürich: Chronos.

Fuhrer, U. & Kaiser, F. G. (1994). Multilokales Wohnen – Psychologische Aspekte der Freizeitmobilität. Bern u.a.: Huber.

Hacker, W. (2005). Allgemeine Arbeitspsychologie. Bern, Göttingen, Toronto, Seattle: Huber.

Hegel, G. W. F. (1999). Hauptwerke. 6 Bde. Hamburg: Felix Meiner.

Heidegger, M. (1963). Sein und Zeit. Tübingen.

Hellbrück, J. & Fischer, M. (1999). Umweltpsychologie. Ein Lehrbuch. Göttingen: Hogrefe.

Homburg, A. & Matthies, E. (1998). Umweltpsychologie. Umweltkrise, Gesellschaft und Individuum. Weinheim & München: Juventa.

Illich, I. (1973). Tools for Conviviality. New York: Harper and Row.

Lang, A. (1988). Die kopernikanische Wende steht in der Psychologie noch aus! – Hinweise auf eine ökologische Entwicklungspsychologie. Schweizer Zeitschrift für Psychologie, 47, 2/3, 93-108.

Miller, R. (1998). Umweltpsychologie. Eine Einführung. Stuttgart: Kohlhammer.

Lampugnani, V. M. (2007). Venedig schlägt Los Angeles. Interview mit H. Willenbrock. Brand Eins, 12, 110-121.

Leontjew, A. N. (1977). Tätigkeit, Bewusstsein, Persönlichkeit. Stuttgart: Klett.

Lévi-Strauss, C. (1988). Traurige Tropen. Leipzig: Reclam.

Rambow, R. (2000). Experten-Laien-Kommunikation in der Architektur. Münster: Waxmann.

Watson, J. B. (1913). Psychology as the behaviourist views it. Psychological Review, 20, 158-177.

2. Die Feldtheorie (Kurt Lewin)

Jöran Ehmig & Peter G. Richter

2.1 Einleitung

KURT LEWIN (1890-1947) entwickelte in den 1930ern mit seiner Feldtheorie in der Psychologie eine neuartige verhaltenserklärende Sichtweise. Sie basiert auf der Annahme, dass das Verhalten (Denken, Handeln und Fühlen) von einer Vielzahl *gleichzeitig* vorliegender Faktoren abhängt, die das sogenannte *psychologische Feld* ausmachen. Das Feld ist ein psychologisches Bezugssystem, welches die subjektiv bedeutsamen Faktoren für eine Person zu einem bestimmten Zeitpunkt dar stellt.

LEWIN wählte mit seiner Feldtheorie als einer der ersten Psychologen einen strikt ganzheitlichen Ansatz: Die Analyse des Verhaltens einer Person muss von der Gesamtsituation, dem psychologischen Feld, ausgehen. Eine Erklärung des Verhaltens ist nicht durch nur einen Verhaltensausschnitt möglich.

2.2 Das Psychologische Feld und seine Elemente

> Das **psychologische Feld** ist ein psychologisches Bezugssystem, welches für jeden Menschen zu **einem bestimmten** Zeitpunkt relevant ist. Dieses Feld bildet damit den Lebensraum jedes Einzelnen ab. Es schließt sowohl die innere Situation der Person als auch die äußere Situation ein. Verändert sich ein Teil des Feldes, so ändern sich auch alle anderen Teile des Feldes. Diese Veränderungen können durch interne psychologische, z. B. eine Änderung der Stimmung, und äußere nichtpsychologische Einwirkungen, z. B. einen Lichtstrahl, der auf das Auge trifft, hervorgerufen werden. Weiterhin gibt es fremde Faktoren, die das Feld beeinflussen, ohne selbst Resultat desselben zu sein.

Elemente des psychologischen Feldes

Die *Elemente des psychologischen Feldes* können sein:

- Bedürfnisse, Ziele und Wünsche,
- die Art und Weise der individuellen Sichtweisen auf Vergangenheit und Zukunft,
- die Art und Lage von Schwierigkeiten, Hürden und Hindernissen sowie
- Gruppen, zu denen die Person gehört, Freunde und die eigene Position in der Gruppe.

Ein Teil der Feldtheorie, das so genannte Personmodell lässt sich in der einfachen mathematischen Verhaltensformel abbilden.

$$V = f(P, U) = f(S) = f(S+)$$

$V = $ *Verhalten*
$P = $ *Personenfaktoren*
$U = $ *Umgebungsfaktoren*
$S = $ *Situation*
$S+ = $ *Situation zu einem bestimmten Zeitpunkt*

$V = f(P, U)$ entspricht dem psychologischen Feld, es bildet den Lebensraum einer Person ab. Dabei ist das Verhalten von situativen und personalen Faktoren einer bestimmten Situation sowie der Funktion einer bestimmten Situation zu einem bestimmten Zeitpunkt abhängig.

2. DIE FELDTHEORIE

Diese Sicht eröffnet die Berücksichtigung von komplexen Wirkungszusammenhängen zwischen Person- und Umweltfaktoren.

KURT LEWIN veranschaulichte diese Zusammenhänge u. a. in folgender Weise:

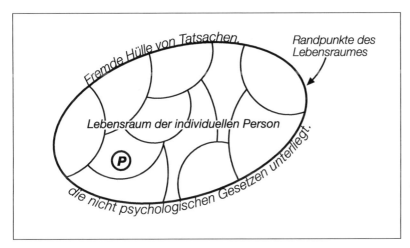

Abb. 1: Lebensraum der individuellen Person, Personenmodell (nach LEWIN, 1936)

Der Lebensraum, das psychologische Feld, wird von einer fremden Hülle von Tatsachen umgeben, die nicht psychologischen Gesetzen unterliegen. Die Grenze wird definiert durch soziale und physikalische Faktoren, die auf die Person Einfluss nehmen.

Mit diesem Modell versucht LEWIN die *Verhaltenssteuerung* zu erklären. Es kann abgeleitet werden, welche möglichen Handlungstendenzen sich in gegebener Situation durchsetzen. Lewin geht davon aus, dass Handlungsziele, so genannte *Quasibedürfnisse*, für eine Handlung verantwortlich sind. Sie entstehen vor allem durch die Vornahme, etwas zu tun, was dem Erreichen eines bestimmten Zieles dient, beispielsweise einen Brief an einen Freund in den Briefkasten zu werfen.

Verhaltenssteuerung

Quasibedürfnisse

Wichtig für die Thematik der Umweltwahrnehmung ist das Umweltmodell.

LEWIN geht in seinem Umweltmodell davon aus, dass Ereignisse und Objekte in der Umwelt *Aufforderungscharakter* bekommen. Es gibt Gelegenheiten, Situationen, die der momentanen Bedürfnisbefriedigung dienen, und diese werden von uns wahrgenommen.

Aufforderungscharakter

So kommt es, dass die uns umgebende Umwelt nie neutral betrachtet wird. Beispielsweise sehen wir in der Stadt nur dann viele Briefkästen, wenn wir gerade einen Brief einwerfen wollen. Die Dinge in der Umwelt fordern uns nach Lewin zu bestimmten Handlungen auf. Viele Menschen nutzen dieses Phänomen absichtlich: Sie legen einen

Brief, der noch weggeschickt werden muss, direkt neben den Ausgang der Wohnung. Wenn sie gehen, erinnert der Brief sie daran, noch am Briefkasten vorbeizugehen und ihn einzuwerfen.

Aufforderungsstärke

Die *Stärke* dieser *Aufforderung* kann unterschiedlich sein. Sie hängt von der Stärke des Bedürfnisses ab und kann vom einfachen Naheliegen einer Handlung bis zu einer unwiderstehlichen Lockung im Sinne einer Sucht reichen.

Auch können Dinge absichtlich gemieden werden und bekommen dadurch einen negativen Aufforderungscharakter. So wird jemand, der Angst vor Hunden hat, sehr auf Hunde in seiner Umwelt achten, um dann z. B. noch rechtzeitig die Straßenseite zu wechseln.

Psychische Konflikte

In der Umwelt wahrgenommene widersprüchliche Aufforderungscharakteristika von Umweltmerkmalen können zu *psychischen Konflikten* führen.

Führen wir die beiden genannten Beispiele zusammen, so wird dies deutlich: Angenommen, es steht ein Hund vor dem Briefkasten, in den der Brief eingesteckt werden soll, so ist die betroffene Person hin- und hergerissen, ob sie zu dem Briefkasten hingehen soll oder nicht. In diesem Fall handelt es sich um einen so genannten Appetenz-Aversions-Konflikt, zwei Quasibedürfnisse (Motive) stehen im Widerstreit. Andere Möglichkeiten sind z. B. Appetenz-Appetenz-Konflikte, wenn gleichzeitig mehrere Handlungsziele mit positiver Valenz verfolgt werden. Auch Aversions-Aversions-Konflikte sind denkbar, in diesem Fall muss sich die Person für das kleinere Übel von zwei oder mehreren Alternativen entscheiden.

Der Aufforderungscharakter von Gegenständen ist ein zentrales Element der Feldtheorie. Er steht immer in einem Gesamtzusammenhang mit dem psychischen Feld und ist damit in ein Handlungsganzes eingebettet.

2. DIE FELDTHEORIE

2.3 Verhalten von Personen im Psychologischen Feld

Es stellt sich die Frage, wie ein psychologisches Umweltmodell wirksam wird.

LEWIN hat dies in seinen frühen Aufzeichnungen (Kriegslandschaften, 1917) zu Erfahrungen als Soldat im Ersten Weltkrieg beschrieben.

Abb. 2: *Kriegslandschaft in den Ardennen (1. Weltkrieg)*

In der Frontlinie wurde der geografisch kürzeste Weg selten als solcher erlebt. Musste man an der Front geografisch nahe Orte erreichen, wurden alle leicht begehbaren Wegstücke zu unüberwindlichen Hindernissen und fielen als Handlungsoption aus. Unter der Bedingung von Feldeinsätzen wird nur der Weg, der Deckung ermöglicht, als zielführend erlebt. Dabei ist es egal, wie verschlungen dieser Weg auch sein mag. Dieser Weg ist dann der psychologisch kürzeste und wird auch als solcher erlebt, unabhängig von seiner tatsächlichen Länge. Ein Umweg wurde nicht als solcher erlebt.

Das Umweltmodell liefert Vorstellungen über Richtungen von möglichen bzw. ablaufenden Handlungen innerhalb eines *psychologischen Raumes*. Dabei steht „Raum" nicht im buchstäblichen Sinn, sondern stellt Bereiche dar, die Möglichkeiten von Handlungen und Ereignissen für eine Person abbilden. Einzelne Bereiche stehen für mögliche positive oder auch negative Ereignisse. Es gibt Zielregionen mit Aufforderungscharakter, dies entspricht positiver Valenz (in der Abb. 3 Z), und Abschreckungsregionen mit negativer Valenz. Alle übrigen Bereiche repräsentieren instrumentelle Handlungsmöglichkeiten (A-J), die an eine Zielregion heranführen oder von Abschreckungsregionen weg-

Psychologischer Raum

führen. In einem Bereich ist die Person (P) lokalisiert, um die Zielregion zu erreichen.

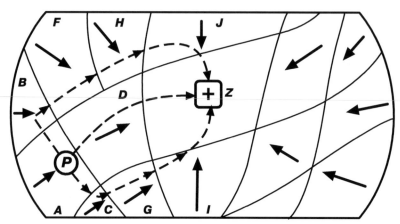

Abb. 3: Umweltmodell mit verschiedenen Wegen zum Ziel (nach LEWIN 1936)

Um eine Handlung abzuschließen, müssen verschiedene Wege durchlaufen werden, will man z. B. ein Haus bauen, muss ein Grundstück gefunden werden, muss Geld gespart und die Finanzierung gesichert werden und zuletzt muss das Haus dann physisch erstellt werden. Lewin nimmt an, das jeder den psychologisch kürzesten Pfad wählt. Dieser ist aus Sicht der Person *einfach, nicht gefährlich* und bedarf nur *geringer Anstrengung*.

Diese komplexen Wirkungszusammenhänge sollen abschließend an einem weiteren Beispiel (Abb. 3) erläutert werden:

Ein Kleinkind (P) befindet sich in der Krabbelkiste und möchte das Spielzeug (Z) zurückhaben, welches es aus der Kiste geworfen hat. Das Kind ist noch zu klein, um die Kiste zu verlassen, der psychologisch kürzeste, direkte Weg (D) ist also durch eine Barriere versperrt.

Barrieren   *Barrieren* sind alle objektiven und subjektiven Hindernisse, die der Erreichung eines Zieles entgegenstehen.

Es bieten sich aber noch alternative Handlungsfolgen, die als indirekte Wege bezeichnet werden: Eine könnte sein (A, C, G, I), so lange zu schreien, bis die Mutter kommt und das Spielzeug zurück in die Krabbelkiste legt. Eine andere (A, B, F, H, J) wäre, sich aus der Kiste heben zu lassen und selbst das Spielzeug zu holen.

In einer einfacheren Darstellung (Abb. 4 links) ist verdeutlicht, dass die Krabbelkiste als Barriere das psychologische Feld des Krabbelkindes (K) einschränkt. Falls das Kind mit seinen kurzen Armen das gewünschte Spielzeug (S 1) nicht direkt erreichen kann, sind nur zwei Handlungen möglich, der Ruf nach der Mutter (M) oder das Erreichen eines anderen Spielzeugs innerhalb der Krabbelkiste (S2).

Letzteres wäre nach Lewin eine so genannte *Ersatzhandlung*. Ersatzhandlungen werden dann ausgeführt, wenn das eigentliche Handlungsziel nicht erreicht werden kann. Um dennoch eine Bedürfnisbefriedigung zu erreichen, werden ähnliche Ziele angestrebt.

Ersatzhandlung

Für ein größeres Kind (Abb. 4 rechts) stellt sich die Situation anders dar. Es kann selbstständig aus der Kiste herausklettern. Die Krabbelkiste ist keine Barriere mehr und das Kind kann sich das erwünschte Spielzeug selbst holen.

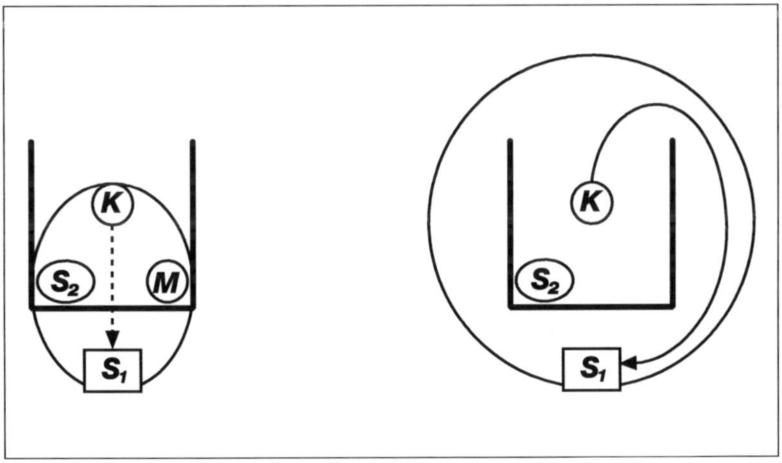

Abb. 4: Psychologisches Feld aus Sicht eines Krabbelkindes (links) und eines älteren Kindes (rechts), eigene Darstellung

Aus diesen Erläuterungen wird deutlich, dass sich das psychologische Feld und seine Elemente im Laufe der individuellen *Entwicklung* ständig verändern. Der Handlungsrahmen für menschliches Verhalten bekommt damit eine im Grunde das gesamte Leben anhaltende Dynamik.

Entwicklung

2.4 Fazit

LEWIN wird die im Vorwort genannte Aussage zugeschrieben: „*Nichts ist so praktisch wie eine gute Theorie.*" Auch wenn dieser Satz schon älter ist (1873) und von einem Pädagogen stammt, passt er gut auf die Feldtheorie von KURT LEWIN.

Nichts ist so praktisch wie eine gute Theorie

Im folgenden Beispiel soll nicht nur der praktische Bezug der Überlegungen von KURT LEWIN illustriert werden. Es soll gleichzeitig deutlich gemacht werden, dass diese Theorie ein grundsätzliches Dilemma zwischen Gestaltungsexperten und Nutzern erklären kann *(vgl. Kap. Nutzungsorientierte Planung und Gestaltung gebauter Umwelt)*.

In Abbildung 5 ist ein Verhalten dokumentiert, welches man häufig beobachten kann. Menschen wählen – gut erklärbar nach der oben

ARCHITEKTURPSYCHOLOGIE

Abb. 5:
Der abgekürzte Weg

skizzierten Feldtheorie – den direkteren kürzeren Weg, wenn diesen keine Barrieren verhindern. Dadurch minimieren sie den Aufwand bis zur Erreichung ihres Ziels.

Wenn man aufmerksam durch eine Stadt geht, dann fallen einem viele derartige Abkürzungen, Trampelpfade, etc. auf.

Haben Sie sich schon einmal gefragt, was die Ursache dafür sein könnte, dass solche Wege immer wieder entstehen?

Ein wesentlicher Grund könnte sein, dass die Gestalter – ganz im Sinne KURT LEWINS – beim Entwurf ebenfalls aufwandsarm vorgehen, wenn sie beispielsweise eine Straßenkreuzung entwerfen. Das führt dann dazu, dass sie die einfachste Variante wählen (vgl. Abb. 6, links) und nicht die aufwändigere (Abb. 6, rechts).

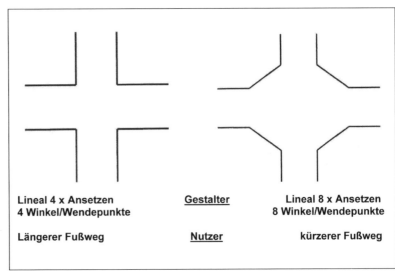

Abb. 6:
Zwei Kreuzungen

Selbstverständlich werden in der heutigen Zeit Straßenkreuzungen nicht mehr von Hand mit dem Lineal entworfen. Dennoch ist auch beim softwaregestützten Entwurf (CAAD) die rechte Variante der Kreuzung – die man übrigens in vielen Bereichen der spanischen Stadt Barcelona findet – mit etwas größerem Aufwand zu erstellen, und sei es nur mit einem Mausklick mehr. LÖMKER (2005) verweist bei seinen Überlegungen zum Potential von computergestützten Entwürfen darauf: Computer können den Lösungsraum für architektonische Entwürfe erweitern. Voraussetzung dafür ist allerdings die genaue Kenntnis der relevanten Rahmenbedingungen und die Definition der Zielvorgaben. Dies wiederum ist nur durch eine aufwendige Modellbildung zu erreichen, die fünf anspruchsvolle Grundelemente (von der parametrischen Geometrie über Optimierungsalgorithmen bis zu Performance-Messungen) enthält.

Bei der linken Kreuzungsvariante entstehen – egal ob mit Lineal oder CAAD erstellt – für den Fußgänger längere aufwändigere Wege, wenn er nicht geradeaus gehen will. An derartigen Kreuzungen besteht somit die Gefahr, dass sich abkürzende Trampelpfade bilden.

Auf dem Hintergrund der Überlegungen von KURT LEWIN könnte man verallgemeinernd von einem *Aufwand-Aufwand-Dilemma* sprechen, welches nicht nur für die Gestaltung von Straßenkreuzungen gilt, sondern generell für die Gestaltung von Gebäuden und Produkten:

Aufwand-Aufwand-Dilemma

   In dem Moment, wo der Entwerfende (verstärkt durch harte Terminvorgaben, Zeitdruck, o. Ä.) die für ihn einfachere Lösung wählt, entstehen gebaute Strukturen und Produkte, bei denen der Aufwand auf Seiten der Nutzer erhöht wird. Schwierigkeiten bei der Wegsuche in Gebäuden *(vgl. Kap. Kognitive Karten)* sind dann genauso vorprogrammiert wie Schwierigkeiten beim Umgang mit Türen und anderen Elementen der gestalteten Umwelt *(vgl. Exkurs zu mentalen Modellen)*.

Die Feldtheorie bildet eine Klammer, die verschiedene psychologische Bereiche verknüpft. Sie war eine der ersten Theorien, die den Menschen aus ganzheitlicher Sicht betrachtet hat, Mensch-Umwelt-Einheiten in den Blick nahm. Sie bietet einen guten heuristischen Rahmen für die Architekturpsychologie.

   LEWIN hat damit entscheidende Impulse für die Entwicklung der ökologischen Perspektive innerhalb der Psychologie gegeben, die eine Reihe von Nachfolgern aufgriffen und weiterentwickelten.

   In der Folge soll auf zwei weitere wichtige Vertreter dieser Perspektive eingegangen werden.

2.5 Literatur

Heckhausen, H. (1989). Motivation und Handeln. Berlin, Heidelberg, New York: Springer.

Lewin, K. (1917). Kriegslandschaft. Zeitschrift für angewandte Psychologie, 12, 212-247.

Lewin, K. (1936). Principles of topological psychology. New York: McGraw-Hill.

Lewin, K. (1981ff.). Kurt-Lewin-Werkausgabe, hrsg. von C.-F. Graumann. Bern: Huber/Stuttgart: Klett-Cotta.

Lück, H. E. (1999). Kurt Lewin. In: Lück, H. E. & Miller, R. (Hrsg.), Illustrierte Geschichte der Psychologie. Weinheim: Psychologische Verlags Union.

Lömker, T. M. (2005). Formt CAAD die Architektur? Möglichkeiten der Einflussnahme von CAAD auf die Bauwerksgestalt. In: Weber, R. & Amann, M.A. (Eds.), Aesthetics and Architectural Composition. Proceedings of the Dresden International Symposium of Architecture 2004. Mammendorf: pro Literatur Verlag.

3. Der Behavior Setting-Ansatz
(ROGER G. BARKER)

Berit Schulze

3.1 Einleitung

Viele psychologische Erkenntnisse stehen unter Kritik, weil sie in streng kontrollierten Experimenten und manchmal auch nur mit wenigen Probanden gewonnen wurden. So hört man dann oft auch, dass die Übertragbarkeit in die Realität nicht gegeben sei. Ein Forscher, der in diese Richtung dachte, war ROGER G. BARKER. Er hatte das Ziel, analog zur biologischen Ökologie, das Verhalten von Menschen in seiner Ganzheit und in ihrer natürlichen Umgebung zu beobachten, beschreiben und analysieren. Man könnte BARKER, welcher auch den Begriff der *Psychologischen Ökologie* bzw. der *Ökologischen Psychologie* prägte (SAUP, 1986), also ohne weiteres als den „wahren Ökologen" in der umweltpsychologischen Tradition bezeichnen.

Psychologische Ökologie oder Ökologische Psychologie

3.2 Die Entstehung des Behavior Setting-Konzepts

Seine Pläne setzte er in die Tat um, als er gemeinsam mit einigen ambitionierten Kollegen (darunter auch andere namhafte Psychologen, wie WRIGHT, GUMP, SCHOGGEN, BECHTEL, WICKER, WILLEMS sowie seine Frau Louise, eine Biologin) während eines Vierteljahrhunderts (1947-72) in der Kleinstadt Oskaloosa (Kansas, USA, auch: „Forschungsstation Midwest") das wohl größte *Feldforschungsprojekt* bis dato betrieb. Besonders imposant war die durchgängige Aufzeichnung des Alltagsgeschehens in Oskaloosa über ein Jahr hinweg (1951/52) und dessen Wirkung primär auf die kindliche Sozialisation. Doch damit nicht genug. Um eine kulturelle Vergleichbarkeit zu erzielen, untersuchte man 1954 die Stadt Leyburn (auch: *„Yordale"*) in England sowie die Langzeitveränderungen in beiden Städten 10 Jahre später (1963/64).

Ökologische Feldforschung

Nun kann man sich vorstellen, dass das Geschehen in einer Kleinstadt und dessen Wirkungen auf die kindliche Entwicklung, wenn man es nach den Ansprüchen der biologischen Ökologie aufzeichnen möchte, ein fast unmögliches Unterfangen ist. So suchten BARKER und dessen Mitarbeiter nach einem theoretischen Rahmen, wie man das Verhalten der Einwohner zur Erleichterung der Beobachtung vororganisieren könnte. Als Forschungsassistent bei KURT LEWIN hatte Barker bereits umfangreiche Erfahrungen bei der Beobachtung und alltagssprachlichen Beschreibung von *Verhaltensepisoden* von Kindern sammeln können. So wurden zunächst zahlreiche Episoden aus dem „*Verhaltensstrom*" über Tage hinweg von kleineren Beobachterteams untersucht und in Alltagssprache beschrieben (*specimen records;* SAUP, 1968).

Verhaltensbeobachtungen

Aus diesen Verhaltensbeobachtungen wurde ersichtlich, dass einerseits wiederholt ähnliche Verhaltensepisoden bei verschiedenen Personen zu beobachten waren und sich andererseits das Verhalten einer Person je nach Kontext erstaunlich stark änderte. Dies bedeutet, die intraindividuellen Verhaltensunterschiede, z. B. zwischen den beiden Kontexten „Unterricht" und „Pause", sind größer als die interindividuellen Verhaltensunterschiede der Kinder innerhalb des Kontextes „Unterricht" oder „Pause". So zeigen Kinder in einer Unterrichtsstunde durchschnittlich ähnliche Verhaltensweisen (zuhören, sich melden, vorlesen, Antworten geben, mitschreiben), verhalten sich jedoch in der Pause verständlicherweise vollkommen anders.

Um diese Beobachtungen zu erklären, führten BARKER und seine Mitarbeiter einige wesentliche Begriffe ein:

3. DER BEHAVIOR SETTING-ANSATZ

standing patterns of Behavior	Ein interindividuell konstantes (kollektives) Verhaltensmuster, welches an bestimmte Kontexte gebunden ist.
Milieu	Der mit den Verhaltensmustern einhergehende soziale und materielle Kontext (Orte, Zeiten, Menschen, Objekte ...).
Synomorphie und Synomorphe	Es besteht eine Angemessenheit bzw. Passung zwischen Milieu und den zu erwartenden Verhaltensmustern. Die entstehenden stabilen Verknüpfungen werden als Synomorphe bezeichnet.
Behavior Setting	Ein oder mehrere Synomorphe bilden schließlich ein Behavior Setting (vom Sonntagsfrühstück im Familienkreis über eine Party, einen Laden bis hin zu größeren Systemen, wie Institutionen oder Gemeinden).
Behavior Setting-Programm	Die synchronisiert ablaufenden Verhaltensmuster und damit geordneten Abfolgen von Ereignissen innerhalb eines Behavior Settings ähneln einem (sich selbsterhaltenden) Programm.

Tab. 1: Wichtige Begriffe des Behavior Setting-Konzeptes (in Anlehnung an KOCH, 1986)

Dass wir tatsächlich je nach Kontext passende Verhaltensmuster generieren, soll im Beispiel gezeigt werden:

Was würden Sie in den folgenden beiden Milieus wohl gerade tun?
- Ein größerer Raum, viele Sitz- und Schreibgelegenheiten, eine Tafel, ein Overhead-Projektor, ein Beamer und ein Mikrofon.
- Ein Tisch, einige Sitzgelegenheiten, mehrere Schränke, ein Kühlschrank, ein Herd, eine Spüle.

Beispiele für Behavior Settings

Sicher ist Ihnen auf Anhieb etwas eingefallen, was Sie so alles in einem Hörsaal und in einer Küche tun könnten. Nun überlegen Sie noch einmal: Was würden Sie an den beiden Orten eher nicht tun?

ARCHITEKTURPSYCHOLOGIE

Abb. 1: Weitere Beispiele für Behavior Settings. (1.1) Bahnhof, (1.2) Ein Weinfest

Synomorphe bzw. Behavior Settings sind nicht nur durch eine Passung von Verhaltensmustern und Milieu beschreibbar, sondern bedingen ebenso eine Abgrenzung nichtkonformer Elemente. So weiß jeder, welche Verhaltensmuster in einem Hörsaal angebracht sind. Im Gegenzug würde man kaum auf die Idee kommen, in einem Hörsaal z. B. eine Familienfeier abzuhalten.

In Verbindung damit steht auch ein weiteres Merkmal: Ein Behavior Setting ist kein feststehendes System, und ähnlich einem technologischen System *reguliert* es sich selbst, um ein optimales, quasistationäres Niveau beizubehalten. Nach einem Ist-Soll-Vergleich der jeweiligen Situation wird entschieden, ob diese für den Erhalt des Behavior Settings optimal oder bedrohlich ist, und dementsprechend gehandelt.

Um die Programmausführung zu gewährleisten, kann es anschließend seine einzelnen Elemente korrigieren, z. B. Objekte oder auch

Regulatorische Prozesse

Teilnehmer austauschen oder sich bei Versagen der Regulation im Extremfall „abschalten". Ein Beispiel einer solchen Regulation wäre es, einen die Vorlesung störenden Studenten der Veranstaltung zu verweisen. Die einzelnen materiellen und sozialen Elemente eines Settings sind so streng genommen bei Bedarf beliebig austauschbar. Dagegen ist der einem Behavior Setting zugrunde liegende Prozess, das Behavior Setting-Programm, (z. B. der konventionelle Ablauf einer Vorlesung) nicht änderbar. Was bei Barkers Überlegungen leider fehlt, ist eine Konkretisierung, was unter einem optimalen Zustand genau zu verstehen ist und damit ebenfalls, wie man diesen sowie die dynamischen Regulationsprozesse messen kann (SAUP, 1986).

Auch die *Genese* von Settings und Programmen wird durch BARKER bedauerlicher Weise kaum spezifiziert. Es ist anzunehmen, dass Umgebungskomponenten bestimmte Verhaltensmuster fordern oder verhindern (vgl. auch GIBSON, in diesem Buch) und zusätzlich soziale Regeln, Normen und Lernprozesse eine Rolle spielen. Wahrscheinlich sind für den Erwerb dieser Verhaltensmuster implizite teilbewusste Prozesse von besonderer Bedeutung. BANDURA (1979) hat in seiner sozial-kognitiven Lerntheorie derartige Prozesse beschrieben, die durch die Beobachtung von anderen Menschen angestoßen werden. Diese Theorie ist geeignet, die Entstehung von komplexen Verhaltensmustern zu erklären, wie sie die hier betrachteten „standing patterns of behavior" darstellen. Offen ist, wie nachhaltig diese Prozesse des Modelllernens in den unterschiedlichen Phasen menschlicher Sozialisation wirken.

Genese

Auch eine selektive Passung – Individuen mit bestimmtem Verhaltensrepertoire suchen sich passende Settings – könnte hier mit hineinspielen (SAUP, 1986). Barker beschränkt sich in seinem Konzept weitgehend auf objektiv beobachtbares Verhalten, intraindividuelle Prozesse existieren, sind aber unwesentlich. Diese streng technologisch-mechanische Vorstellung der Dynamik eines Settings weicht Barker später etwas auf, indem er einerseits die Vorstellung von einer absoluten Austauschbarkeit und Uniformität der Mitglieder aufgibt und eventuelle Diskrepanzen zwischen unterschiedlichen Handlungsinteressen von Menschen und dem Behavior Setting anerkennt. Was folgt, ist, dass die Mitglieder das Setting Programm auch in einem bestimmten Grad formen können.

Zum Abschluss soll die Definition von KOCH die begriffliche Einordnung des Behavior Settings noch einmal zusammenfassen (s. Abb. 2).

> **Ein Behavior Setting ist ein...**
>
> „... geschlossenes (umgrenztes), geordnetes und sich selbst regulierendes System mit menschlichen und nonhumanen Komponenten (beide sind jeweils weitgehend austauschbar), die synchronisiert interagieren und geordnete Abfolgen von Ereignissen produzieren: eben das Programm." (KOCH, 1986, S.36)

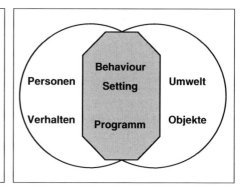

Abb. 2: Zusammenfassende Darstellung

3.3 Das Behavior Setting Survey (BSS)

Ablauf und Inhalt des Surveys

Zur transparenten und objektiven Erfassung der diversen Behavior Settings wurde ein kategorisierender *Behavior Setting Survey* (1968) entwickelt. Nach der Bestimmung räumlicher Einheiten (Orte, Ereignisse) werden die vorhandenen Settings (bzw. Synomorphe) zusammengetragen und mehrfach nach Überschneidungen überarbeitet, bis ein erschöpfendes und sich nicht überschneidendes (redundantes) System entsteht. Hierfür wurde von BARKER und WRIGHT zusätzlich ein Test auf Interdependenzen zwischen einzelnen Settings (K-21; KOCH, 1968) entworfen. Anschließend werden die Behavior Settings durch

Genotypen

verschiedene quantitative und qualitative Attribute gekennzeichnet (43 Variablen in der Originalversion). Je nach Fragestellung können hier Auftretensdauer und -häufigkeit, Teilnehmeranzahl und -art, prozentuelle Anteile von Handlungsmustern und Verhaltensmechanismen sowie Rollen der Teilnehmer spezifiziert werden. Auch höhere Zuordnungen sind möglich: Mehrere zusammengesetzte Settings bilden spezielle Genotypen (z. B. Blumenladen, Tennisverein) und diese lassen

> **Behavior Settings im Vergleich (nach KOCH, 1986)**
>
> Mit besonderem Augenmerk auf Wohlergehen von Kindern und Jugendlichen untersuchte man alle öffentlich zugänglichen Behavior Settings und deren Dynamik (Zuwachs und Erosion) in den beiden Kleinstädten „Yordale" und „Midwest". Man fand u. a. heraus, dass 14% der Settings in Yordale und 7% in Midwest Kinder als Akteure benötigten, 14% vs. 19% schlossen dagegen Kinder aus.
>
> Es bestanden Unterschiede im Verhalten und den Erfahrungen der Kinder, welche nicht durch Unterschiede in den psychologischen Merkmalen der Kleinstadtbewohner erklärt werden konnten, sondern eindeutig auf die Kraft der verschiedenen Umwelten verwiesen!

Kasten 1: Vergleich von Behavior Settings

sich wiederum bestimmten Autoritätssystemen (z. B. Bildung, Wirtschaft, Religion) zuordnen.

Um den Umfang und die Verhaltensvielfalt verschiedener Lebensumwelten zu vergleichen, lässt sich einerseits die Anzahl von Settings oder Genotypen heranziehen (siehe *Kasten*). Ferner ermittelte Barker das Maß „urb" (gemittelte Messungen der beiden Städte Oskaloosa und Leyburn als die Standardgemeinde urb) und das Maß „centiurb", welches die Behavior Setting-Werte einer Gemeinde relativ zu denen der Standardgemeinde wiedergibt (HARLOFF, 1986).

Kritisch anzumerken ist die aufgrund begrifflicher Überschneidungen meist eher willkürliche Zuordnung zu den einzelnen Kategorien des Surveys (HARLOFF, 1986) und dass interessanterweise kaum eine konkrete Aufzeichnung der im Behavior Setting-Konzept so wichtigen Umweltgegebenheiten erfolgt (SAUP, 1986). Daneben führte der hohe methodische und ressourcenbezogene Aufwand des Surveys dazu, dass es außerhalb der Barker'schen Schule kaum realisiert wurde und es zu zahlreichen vereinfachenden Modifikationen und Aktualisierungsversuchen kam (KAMINSKI, 1999).

3.4 Einsatzmöglichkeiten des Behavior Setting-Konzeptes am Beispiel der Umweltplanung

Wer sich nach den bisherigen Ausführungen fragt, was das Behavior Setting-Konzept nun eigentlich zur Architekturpsychologie beitragen kann, der wird die Antwort (zumindest einführend) in diesem Kapitel finden können.

Traditionelle Planungsprozesse würden selten die Wirkungen von Baumaßnahmen auf die Betroffenen beachten – von Beteiligung ganz zu schweigen, so ZIMMERMANN (1986). Daher betont er drei für ihn wichtige Aspekte des Behavior Setting-Ansatzes, die für progressive Planungen bedeutsam sind *(vgl. Kap. 16 Nutzerorientierte Planung und Gestaltung gebauter Umwelten)*: Wesentlich sei die Einsicht einer Relation von Verhalten und Umwelt und die damit in den Blick tretende Bedeutung des Verhaltens. Des Weiteren ermögliche die Behavior Setting-Analyse in einer erweiterten Form die Beachtung gegenständlicher, institutioneller und sozio-ökonomischer Rahmenbedingungen, was gerade bei der heutigen Knappheit an Siedlungsgebieten zu einem verantwortungsvollen Planungsprozess gehöre. Er schildert in diesem Zusammenhang ein gescheitertes Umsiedlungsvorhaben in der überfüllten Metropole Kairo, wobei Bewohner aus den übersiedelten

Probleme traditioneller Planungsprozesse

fruchtbaren Zonen in „Nichtfruchtland" in der Wüste ziehen sollten. Es schlug fehl, weil Traditionen und Lebensbedingungen der Umzusiedelnden nicht beachtet wurden (Kairo als Arbeitsmittelpunkt und die Wüste als natürlicher Feind).

Lebensqualität und Behavior Settings

Ein weiterer, eng damit verbundener Begriff – der *Lebensstandard* oder die *Lebensqualität* – taucht gerade in den wohlhabenderen Industrieländern immer häufiger auf. HARLOFF (1986) schafft einen direkten Bezug zwischen Lebensqualität und Behavior Settings, da beide Begriffe die Befriedigung individueller biologischer und sozialer Bedürfnisse widerspiegeln. Je höher der Wert „centriurb" (=Umfang) und die Anzahl von Genotypen (=Vielfalt) sei, desto höher dürfte auch die Lebensqualität sein. Eine erfolgreiche Umweltplanung führe zu einer Verbesserung der beiden Indizes. Derartige Untersuchungen seien sowohl für Bestandsaufnahme als auch für Kontrolluntersuchungen

---

Ein eindrucksvolles Beispiel für den tatsächlichen Nutzen von Setting-Analysen für derartige Planungs- und Kontrollvorhaben lieferte Barker eher zufällig. In den 60er Jahren wurde in Jefferson County, Kansas, USA ein 5000ha großer Staudamm mit Überflutungsflächen angelegt (Perry Dam) – genau in dem Gebiet, in dem Barker forschte. Ein Vergleich der neuen mit den zehn Jahre vorher erhobenen Behavior Setting-Daten konnte somit als retrospektive Planungsbewertung genutzt werden. Man hatte sechs Orte (direkt bis hin zu 27 km entfernt, siehe Abb. 3) untersucht und konnte eindeutige Auswirkungen auf das öffentliche Leben finden.

Je näher sich die Ortschaften am See befanden, desto geringer fiel die Zunahme des Umfangs in „centriurb" aus. Besonders die seenächste Stadt Ozawkie hatte nach einer Umsiedlung auf das Westufer wirtschaftliche und soziale Einbußen hinzunehmen.

Andererseits kam es hier aber zu einer stärkeren Zunahme des Artenreichtums (neue Genotypen als Kompensation?). Besonders der Artenreichtum in den seenahen größeren Orten Oskaloosa und Valley Falls stieg (Hotels, Trailer Courts, Immobilien-Makler, Wassersportgeschäft). Andere wassersportbezogene Vereine und damit verbundene Settings (Reparatur, Restaurant, Motel) entstanden dennoch eher im Umland der seenahen Städte und wurden von den untersuchten Gemeinden kaum genutzt.

Die negativen Auswirkungen gerade auf Ozawkie waren absehbar, und wären die Setting-Analysen einbezogen worden, hätte sich das Planungsvorhaben sicher geändert oder man hätte Vorkehrungen gegen die Nebenwirkungen treffen können.

Die Auswirkungen eines Staudammbaus (nach HARLOFF, 1986)

geeignet und bei einem hohen Ausmaß möglicher negativer Planungswirkungen durchaus gerechtfertigt *(social impact assessment)*. Für solch eine *Social Impact-Analyse* ist natürlich eine vergleichbare Kontrollgruppe nötig (eine nicht betroffene, aber vergleichbare Stadt), welche generell schwer zu finden sei. Wer sich jetzt fragt, ob sich ein derartiger Aufwand dann wirklich lohnt, der sollte beachten, dass Barker den Anspruch hatte alles komplett zu erfassen. Öffentliche Behavior Settings lassen sich oft schnell und leicht über Dokumentenanalysen erheben. Schwieriger wird es für einmalige Vereinigungen oder private Settings, wobei diese für eine Analyse sozialer Rahmenbedingungen meist auch nicht in einer solchen Tiefe eine Rolle spielen müssen.

Social Impact Assessment

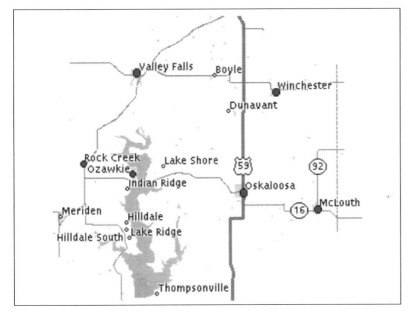

Abb. 3: Perry Dam und die umliegenden Ortschaften (www.mapquets.com, 2002)

Im obigen Beispiel zeigt sich unverkennbar, dass die Behavior Setting-Analyse zweifellos ein wichtiges Instrument in der Umweltplanung darstellen kann. Und auch HARLOFF kommt zu einem insgesamt positiven Fazit, welches als Abschluss dienen soll:

> **Behavior Setting- Surveys sind ...**
> „... ein ausgezeichnetes Instrument, den Ist-Zustand des öffentlichen Lebens von Gemeinschaften festzustellen. Umfang, Artenreichtum und das Vertretensein der fünf Grundarten, kurz der Qualität des öffentlichen Lebens, werden mit einem einzigen Erhebungsinstrument und -vorgang sichtbar gemacht" (HARLOFF, 1986, S.245)

3.5 Eine wichtige Facette: das Manning-Konzept

BARKERS Arbeit konzentrierte sich später auf die personale Ausgestattetheit eines Behavior Settings und dessen psychologische Wirkung. Dieses sogenannte *Manning* oder *Staffing* bildet über das Verhältnis von Personen zu vorgesehenen Funktionen des Programms den Grad für Funktionieren resp. Nichtfunktionieren von Behavior Settings ab. BARKER spezialisierte sich besonders auf den Teilaspekt der personalen Unterbesetztheit, das Undermanning. Hierbei sind zentrale Funktionen nicht oder nur eingeschränkt durchführbar und es entsteht ein instabiler Zustand des Behavior Settings. Ziel dagegen ist die ein Behavior Setting stabilisierende moderate Unterbesetztheit – z. B. eine angemessene Zahl der Kinder in einer Schulklasse.

Management und Staffing

Bei einer personellen Unterbesetzung müssen die wenigen Personen häufiger und in unterschiedlicheren Funktionen aktiv werden, zeigen größere Anstrengungsbereitschaft, stärkere Partizipation und Verantwortung bei schwierigen Aufgaben. Die Beziehung zwischen sinkender Mitgliederzahl und steigender Partizipation sowie steigenden Gefühlen der Herausforderung konnte in Schulen und Kirchengemeinden verschiedener Größe untersucht und bestätigt werden (SAUP, 1986).

BARKER konzentrierte sich hier jedoch nur auf die Begriffe Undermanning und adäquates Manning und übersah die eigentlich nötige Abgrenzung zur personalen Überbesetztheit. Zudem wurde der Grad des Mannings nur indirekt ermittelt über die Anzahl von Behavior Settings einer Institution im Vergleich zu deren Gesamt-Mitgliederzahl. So wurden kleine Organisationen an sich gleich als undermanned abgetan und nicht beachtet, dass hier eventuell einzelne Mitglieder in mehreren verschiedenen Settings agierten und damit die Behavior Settings nicht undermanned waren. So genommen untersuchte BARKER also weniger Behavior Settings an sich, sondern mehr den Einfluss der Organisationsgröße auf die Mitglieder (SAUP, 1986).

Manning nach WICKER

Erst WICKER (1973) präzisierte und erweiterte das Manning-Konzept zu einem Kontinuum zwischen den Poolen *Under- und Overmanning* (siehe Abb. 4). Manning definiert sich in dieser präzisierten Vorstellung über die Anzahl der Bewerber bzw. Teilnehmer an einem Setting verglichen mit dem Erhaltensminimum für die Funktionstüchtigkeit des Settings und der maximalen Aufnahmekapazität.

3. DER BEHAVIOR SETTING-ANSATZ

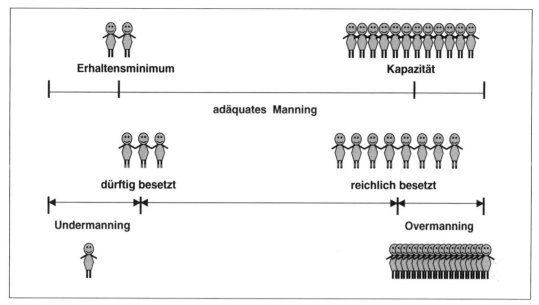

Abb. 4: Das Manning-Konzept gemäß WICKER (nach SAUP, 1986)

Adäquates Manning erstreckt sich demzufolge zwischen diesen beiden Werten. Daneben lassen sich noch zusätzlich Werte für eine eher dürftige Besetzung und darüber hinaus auch Werte für eine eher reichliche Besetzung des Settings bestimmen.

Anwendung in der baulichen Gestaltung

Gerade bei Großraumveranstaltungen, wie etwa in Ausstellungen oder Freizeitparks, besteht oft die Gefahr von Overmanning. Um dessen Folgen vorzubeugen, muss also gemäß der erwarteten Mitgliederzahl dieser Veranstaltungen eine vernünftige Raumgestaltung realisiert werden. Anlagen zur so genannten „Trichterung" haben sich hier besonders bewährt. Aber auch nachträglich nachrüstbare Raumteiler eignen sich, um eine gewisse Gliederung in Unterstrukturen zu schaffen (z. B. Trennwände in der Krankenhausnotaufnahme).

Abb. 5: Anlage zur Trichterung

Es sei darauf verwiesen, dass diese Zustände je nach Funktionsträger unterschiedlich ausfallen können. So ist z. B. ein Lehrer für 30 Schüler bei einer Exkursion eindeutig undermanned, die Schüler dagegen sind overmanned.

Wie bei anderen Merkmalen eines Behavior Settings streben die Mitglieder auch hier die Regulation auf einen optimalen Zustand an (siehe auch Kasten oben). Andernfalls sind Beeinträchtigungen zu erwarten, wie auch Wicker in Kleingruppenversuchen bestätigen konnte: Bei Overmanning erfolgte zwar eine stärkere Aufgabenspezialisierung, die Leistungen wurden aber nachlässiger und gleichgültiger erfüllt. Bei Undermanning stiegen hingegen Engagement und Kompetenzerleben.

3.6 Literatur

Bandura, A. (1979). Sozial-Kognitive Lerntheorie. Stuttgart: Klett-Cotta.

Barker et al. (1978). Habitats, environments, and human behaviour: Studies in ecological psychology and eco-behavioural science from the Midwest Psychological Field Station 1947-1972. San Francisco: Jossey-Bass.

Barker (1987). Prospecting in environmental psychology, Oskaloosa revisited. In: Stokols, D. & Altman, I. (Eds.), Handbook of environmental psychology, Vol. 2 (pp. 1413-1432). New York: Wiley.

Kaminski, G. (1976). Behavior Setting-Analyse. In: Kaminski, G. (Hrsg.), Umweltpsychologie: Perspektiven – Probleme – Praxis). Stuttgart: Klett.

Kaminski, G. (1999). Roger G. Barker. In: Luck, H. E. & Miller, R. (Hrsg.), Illustrierte Geschichte der Psychologie. Weinheim: PVU.

Harloff, H.-J. (1986). Das Behavior Setting-Konzept Barkers im Dienste der Umweltgestaltung. In: Kaminski, G. (Hrsg.), Ordnung und Variabilität im Alltagsgeschehen. Göttingen: Hogrefe.

Koch, J.-J. (1986). Behavior Setting und Forschungsmethodik Barkers: Einleitende Orientierung und einige kritische Anmerkungen. In: Kaminski, G. (Hrsg.), Ordnung und Variabilität im Alltagsgeschehen. Göttingen: Hogrefe.

Saup, W. (1986). Weiterentwicklungen des Behavior Setting-Konzeptes im Rahmen der Barker-Schule. In: Kaminski, G. (Hrsg.), Ordnung und Variabilität im Alltagsgeschehen. Göttingen: Hogrefe.

Wicker, A. W. (1973). Undermanning Theory and Research: implications for the Study of Psychological and Behavioral Effects of Excess Human Population. Representative Research in Social Psychology, 4, 185-206.

Zimmermann, J.-J. (1986). Über die Bedeutung des Behavior Setting-Konzeptes im Rahmen der Siedlungsplanung. In: Kaminski, G. (Hrsg.), Ordnung und Variabilität im Alltagsgeschehen. Göttingen: Hogrefe.

Abb. 4: http://www.mapquest.com/ ©2002 MapQuest.com, ©Inc.; 2002 GDT Inc.

4. Das Drei-Ebenen-Konzept
der Mensch-Umwelt-Regulation
(ALFRED LANG)

Berit Schulze & Peter G. Richter

4.1 Einleitung

Der Schweizer Psychologe ALFRED LANG beschreibt seine gesamte wissenschaftliche Tätigkeit als geprägt von der, wie er es nennt, *Semiotischen Ökologie*. In vielen seiner Arbeiten bezieht er sich dabei auf KURT LEWIN. Danach erkannte er schon früh die zu enge Menschzentrierung der Psychologie und die notwendige Erweiterung der Vorstellung vom Menschen als eine abgeschlossene Einheit in Richtung einer dialektischen Mensch-Umwelt-Interaktion. Der handelnde Mensch interagiert mit seiner Umwelt auf zweierlei Weise: erstens durch deren Gestaltung und zweitens durch deren Aneignung.

Semiotische Ökologie

Der von LANG an anderer Stelle (1988) ebenfalls verwendete Begriff der Mensch-Umwelt-Einheit spiegelt – wie bereits erwähnt – eine ganzheitliche Auffassung wider, wie sie u. a. auch HEIDEGGER (1927) vertritt.

Diese Mensch-Umwelt-Einheiten durchlaufen nach ihrer Entstehung einen fortlaufenden Prozess der (Re-) Formierung bzw. Aktualisierung. Die fortwährende Schaffung von (neuen) Bedeutungsinhalten in diesem Entwicklungsprozess nennt LANG *Semiose* (Lang, 1992).

Semiose

4.2 Drei menschliche Speicher

Bedingungen und Wirkungen menschlichen Handelns

Betrachten wir die Welt als eine Ansammlung derartiger Mensch-Umwelt-Einheiten, so ist menschliches Verhalten immer intern (biologisch und psychisch-kognitiv) und extern (materiell und sozial-kulturell) bedingt. Darüber hinaus hinterlässt unser Handeln interne Spuren in unserem Gedächtnis und externe Spuren in der Umwelt, welche dann in einem Regelkreis wiederum das weitere eigene und auch fremdes Handeln mitbedingen können. So lässt sich nach Lang die Welt um uns herum, ebenso wie unser individuelles Gedächtnis, begreifen als ein geordnetes (materielles) System angefüllt mit Bedeutungsinhalten.

Das Genom als phylogenetisch angelegter und überdauernder Träger unserer organischen Form.

Das Gedächtnis als sich ontogenetisch entwickelnder Träger unserer internen psychischen Organisation

Das Gebaute bzw. alle durch den Menschen gestalteten Räume oder Objekte als extern zugänglicher kultureller Speicher bzw. unser *konkretes Gedächtnis* (concrete mind, LANG, 1992)

*Abb. 1:
Die drei menschlichen Speicher
(nach LANG, 1992)*

Mensch als bio-psycho-soziale Einheit

Der Mensch ist folglich als eine *bio-psycho-soziale Einheit* (HOLLITSCHER, 1969) zu verstehen, dessen Erfahrungsgeschichte in dreierlei Form niedergeschrieben ist: in seinem Genom, in seinem Gedächtnis und in den gestalteten physischen Objekten in unserer Lebensumwelt.

Bei den ersten beiden Speicherorten mag es keine Verständnisprobleme geben. Das Gebaute bzw. unsere Umwelt als einen externen Speicherort zu sehen, bedarf jedoch einigen Umdenkens.

Vielleicht lässt sich dies erleichtern, wenn man den Begriff der „Sprache" einführt, denn so spricht Lang auch dem Gebauten die drei Leistungen von Sprache zu: Es repräsentiert etwas für uns, es drückt für uns etwas aus und es bewirkt ebenso bei jedem etwas. So repräsentiert z. B. eine Mauer eine Abgrenzung, drückt z. B. eine Tür aus: „wer befugt ist, darf hier eintreten" und bewirkt eine Nische, dass man sich ungestört fühlt. Um es jetzt noch einmal mit Langs Worten zu sagen, birgt Gebautes, vermittelt über dessen „Sprache", externales Wissen

Externale Erkenntnis- und Handlungsstruktur

bzw. eine externe Erkenntnis- und Handlungsstruktur (LANG, BÜHLMANN, & OBERLI, 1987, *siehe auch Kap. Raumsymbolik*).

4.3 Drei Ebenen der Regulation

In den obigen Ausführungen wurde deutlich, dass Gebautes nicht nur ein Träger individueller psychischer und sozialer Strukturen und Prozesse ist, sondern durch diese innewohnende Sprache wiederum Träger sozialer Regulationsprozesse werden kann. Lang schlägt besonders in Bezug auf das Wohnen drei individuell und auch sozial-regulatorisch bedeutsame Dimensionen vor, welche folgendermaßen beschrieben werden können:

4.3.1 Aktivation

Unsere physische Umwelt besitzt die Kraft, in einer Spielbreite zwischen Anregung und Beruhigung auf unsere aktuelle Befindenslage (Aktivationsniveau) einzuwirken. Die regulatorischen Wirkungen erfahren wir oft eher unbewusst oder teilbewusst, aber keiner kann sich dessen entziehen. Wer kennt nicht die manchmal überwältigenden, manchmal auch bedrückenden Gefühle, wenn man eine imposante Kirche oder ein historisches Gebäude betritt, oder im Gegenzug das Gefühl der Entspannung bei einem Waldspaziergang *(vgl. Kap. Raumsymbolik)*.

Aktivation vs. Entspannung

Doch auch im persönlichen Wohnbereich finden wir aktivierende und beruhigende Zonen: eine Küche, die zum bunten Miteinander mit anderen auffordert, ein Arbeitsplatz, an dem das Arbeiten Spaß macht, oder auch ein liebevoll eingerichteter Schlaf- und Wohnbereich, der Ruhe und Geborgenheit vermittelt.

Wichtig ist, dass wir uns dem Einfluss der in einer bestimmten Weise gestalteten Umwelt nicht entziehen können, da er teil- oder unbewusst wirksam ist. Wie subtil derartige Einflüsse sein können, zeigen psychologische Untersuchungen zum so genannten *Bodyfeedback*. Körperhaltung, Mimik und Gestik haben danach eine Auswirkung auf Informationsverarbeitung und Gefühle des Menschen (vgl. WERTH, 2004). Beispielsweise konnten STEPPER & STRACK (1993) zeigen, dass die durch die Auslegung des Mobiliars beeinflusste Körperhaltung das Erleben der eigenen Leistung signifikant modulieren kann: Indem die Tischhöhe verändert wurde, ließen sie ihre Untersuchungsteilnehmer entweder in gebückter oder in aufrechter Haltung schreiben. Die aufrecht sitzenden Teilnehmer berichteten anschließend mehr Stolz in Bezug auf die Lösung ihrer Aufgabe als jene, die in gebückter Haltung

Bodyfeedback

geschrieben hatten. Eine ähnliche Untersuchung führten Riskind & Gotay durch. Sie konnten zeigen, dass die für acht Minuten eingenommene Körperhaltung (gebücktes vs. aufrechtes Sitzen) die Leistung in einer nachfolgenden Puzzleaufgabe beeinflusst. Das heißt, Personen, die aufrecht gesessen hatten, erreichten gegenüber der Vergleichsgruppe die 1,6fache Leistung (zit. n. Storch, 2006).

Es wird deutlich, dass bereits die Gestaltung kleiner Details in der gebauten Umwelt das Erleben und damit die biopsychologische Aktivierung des Menschen verändern kann.

Aktivation und Gesundheit

Im privaten Wohnbereich fällt es uns leicht, vielfältige Zonen zu schaffen und uns je nach Stimmung zurückzuziehen oder anregen zu lassen. In der „äußeren" Welt dagegen sind wir diesen Einflüssen mitunter hilflos ausgeliefert: Lärmbelastung ist hierfür ein exemplarischer Fall. Dass auch eine unzweckmäßige bauliche Gestaltung unseres Lebensumfeldes negative Effekte auf die Gesundheit bzw. Gesundung haben kann, zeigte eine berühmt gewordene Untersuchung von ULRICH (1984, siehe *Abb. 1*).

Krankenzimmerausblick und Gesundung

ULRICH (1984) konnte in einer quasi experimentellen Studie zeigen, dass der Blick aus dem Fenster eines Krankenzimmers unterschiedliche Effekte auf den Heilungsprozess erzeugte. So führte ein Blick auf eine parkähnliche Landschaft im Gegensatz zum Blick auf eine Mauer eines gegenüberliegenden Hauses zu einer schnelleren Gesundung der Patienten bzw. zu einer kürzeren Aufenthaltsdauer nach der Operation. Zudem benötigten die Patienten mit dem Parkblick weniger Medikamente (Schmerzmittel) und wurden vom Pflegepersonal als umgänglicher und freundlicher geschildert.

Abb. 2: Verschiedene Krankenzimmerausblicke (nach ULRICH, 1984)

Es gibt weitere empirische Belege dafür, dass Elemente einer natürlichen Umgebung protektive körperliche Wirkungen haben können. So konnten bereits WATSON & BURLINGAME (1960) belegen, dass die bloße Anwesenheit von Blumen in einem Krankenzimmer die Patienten in einen positiven psychischen Zustand versetzen und deren Genesung verbessern kann. Neuere Untersuchungen zeigen diese Wirkungen auch für die Arbeitswelt. Nach einer Studie des norwegischen Institutes für Pflanzen- und Umweltforschung im Jahr 1994 mindern Pflanzen im Büro Beschwerden der Mitarbeiter in signifikanter Weise. So gehen Kopfschmerzen um 45%, Müdigkeit um 30% und Husten um 38% zurück.

Einen Erklärungsansatz bietet die *Savannenhypothese,* die im Rahmen der Evolutionären Psychologie Beachtung findet (vgl. BUSS, 2004). Danach werden von allen Menschen der Erde Landschaften bevorzugt, die der afrikanischen Savanne ähneln. Die Wiege der Menschheit bot nicht nur reichliche Ressourcen zur Ernährung und mit ihren schattigen Bäumen Schutz für die nackte menschliche Haut. In ihrer Vegetationsstruktur bot sie auch Schutzzonen und weite Ausblicke, die dem nomadischen Lebensstil der Menschen vor mehreren Millionen Jahren entgegenkamen.

4.3.2 Interaktion

Wie schon angeklungen ist, besitzt Gebautes bzw. unsere Wohnumwelt zugleich eine wichtige sozial-regulative Funktion: Durch bestimmte räumliche Merkmale regelt es das Involviertsein von Individuen in Gruppen und im Gegenzug den Rückzug auf sich selbst in die persönliche Sphäre. Im Grunde bewegen wir uns natürlich auf einem Kontinuum zwischen den beiden Polen der *Interaktion und Autonomie,* denn niemand kann sich vollkommen aus- noch andere total eingrenzen.

Interaktion vs. Autonomie

Diese soziale Regulationsfunktion wirkt sich damit auch auf die Quantität und Qualität menschlicher Kooperation und Kommunikation aus. Früher nutzten Menschen natürliche Gegebenheiten, wie Erdwälle o. Ä., heute dient die Tür als Grenze für Austauschbeziehungen *(vgl. die Kapitel Territorialität und Dichte und Enge).*

Die von BAUM und VALINS (1977) vorgelegten Ergebnisse bestätigen, dass Räume und Objekte als externe Handlungs- und Erkenntnisstruktur Regeln des sozialen Zusammenlebens speichern und man sich bei der Gestaltung von Umwelten bewusst machen muss, welche sozialen Bedeutungen transportiert werden sollen und welche nicht.

Wohnheimgestaltung und Interaktion

ARCHITEKTURPSYCHOLOGIE

> **Wohnheimgestaltung und Interaktion**
>
> In den 70er Jahren konnten Baum und Valins eindrucksvoll in verschiedenen Untersuchungen den Einfluss der Wohnheimgestaltung auf soziale Faktoren nachweisen. Studenten, die auf linearen Korridoren in Einzelzimmern wohnten, zeigten im Vergleich zu Studenten in familienähnlich zentral arrangierten Suiten nach wenigen Wochen ein absolut verschiedenes Sozialverhalten. Bei Korridor-Anwohnern war nicht nur ausgeprägtes Stresserleben zu beobachten, sie waren auch sozial defensiv, interaktionsscheu und misstrauisch. Neben teilnehmenden Beobachtungen erbrachten auch objektive Messungen (z. B. gewählter Sitzplatzabstand in einer Wartesituation) eindeutige Ergebnisse (BAUM & VALINS, 1977).

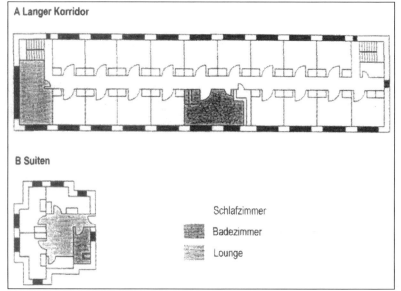

Abb. 3:
Gegenüberstellung von
Wohnheimsituationen
(nach BREHM et al., 2002)

So wird man die Essecke im heimischen Wohnzimmer sicher anders gestalten müssen als die Sitzgelegenheiten in einer Bar, den Lesebereich in einer öffentlichen Bibliothek anders als den in einem Club oder einem Kaffeehaus.

4.3.3 Entwicklung

Der Begriff der Entwicklung beinhaltet im Gegensatz zu den ersteren Konzepten zusätzlich eine dynamische Komponente. Es handelt sich um eine längerfristige Regulation der personalen und sozialen Identität, um die wechselseitige Beeinflussung von Mensch und Umwelt über längere Zeiträume, wie es sich in der Entwicklung von Städten oder auch in der Wohnumwelt widerspiegelt.

Die Dynamik der physikalischen Umwelt korreliert folglich mit Aspekten der Persönlichkeitsentwicklung. Hier hinein fallen Konzepte, wie:

- Selbstkonzept
- Selbstausdruck
- Selbstpflege oder (Selbst-)Kultivation

Zusammenfassend kann man diese Konzepte mit dem Wunsch beschreiben, sich in seinem (veränderlichen) Selbstverständnis nach außen darzustellen, sich als bestimmten Gruppen oder Einstellungen zugehörig zu zeigen, aber auch von anderen abzuheben *(vgl. Kap. Ortsbindung und Ortsidentität)*. Unsere Besitztümer als externe Bedeutungsträger und deren Arrangement eröffnen uns hier eine erweiterte Kommunikationsmöglichkeit, um unser Innerstes nach außen zu tragen und unsere Mitmenschen zu beeinflussen. Gerade Zimmer von Jugendlichen strotzen oft von dieser Kommunikation: Poster der angesagtesten Bands, diverse Kuscheltiere und Spiele, ein schneller Computer und Jugend-Zeitschriften oder auch das eigenständige Umräumen der Einrichtung erzeugen Identität und Zugehörigkeit und vermitteln uns die Dialektik von Stabilität und Veränderung der jungen Persönlichkeit in eindrucksvoller Weise. Es ist aber auch ein Kommunikationsmittel, welches uns selbst wieder beeinflussen kann: Es erinnert uns an unsere Einstellungen und Verhaltensregeln, aber auch die positiven und negativen Reaktionen anderer wirken auf uns zurück.

4.4 Eine Studie: Wie wir unsere Wohnumwelt sprechen lassen

Ein Versuch, die regulatorische Rolle des Gebauten im Zuge des menschlichen Entwicklungsprozesses abzubilden, ist die Beschreibung des sich verändernden Zusammenwirkens von Mensch und (Wohn-)Umwelt, wie die folgende exemplarische Studie zeigen soll. Um die Wirkungen auf der regulatorischen Ebene erfassen zu können, beschäftigte man sich in diversen Forschungs- und Diplomarbeiten damit, die Artefakte unserer Wohnumwelt „sprechen" zu lassen und deren Bedeutung zu erfahren.

ARCHITEKTURPSYCHOLOGIE

In den nebenstehenden Abbildungen sehen wir die Grundrisse der beiden Wohnumwelten. Gepunktete Linien (nur im derzeitigen Zimmer) verdeutlichen die Beziehungen der einzelnen wichtigen Elemente der Wohnumwelt und gestrichelte Linien umspannen den Bedeutungsbereich der fünf für ihn wichtigen Dinge.

Bett:
Es nimmt in beiden Wohnumwelten eine sehr persönliche Stelle in einer geschützten Ecke als Symbol von Ruhe, Regeneration und Sicherheit ein, befindet sich jetzt aber näher an der Tür.

Violine und Notenständer:
Seit seiner Kindheit spielt er Violine. Die Utensilien sind in der neuen Wohnumwelt eindeutig stärker in die private Ecke sowie den Arbeitsbereich (Schreibtisch) integriert und nicht mehr über den Raum verteilt. Dem kommt entgegen, dass er auch im Gespräch das Violinenspiel nun nicht mehr in Widerspruch zu seinem Beruf empfindet, sondern als wichtig für seine Identitätsfindung bezeichnet.

Zimmerpflanzen:
Aus Liebe zur Natur faszinierten ihn Pflanzen schon immer. Früher besaß er nur eine kleinere Kakteensammlung und seine Mutter sorgte für die Pflanzen. Jetzt besitzt er eine reichhaltige Sammlung diverser Pflanzen.

Neu: Bild
Das Bild zeigt ein schlafendes Paar und hat einen sehr persönlichen Bezug: Er fühlt sich einsam und ist auf der Suche nach einer festen Beziehung.

Neu: Kruzifix
Es hängt beabsichtigter Weise über dem Bett und er sieht es als Abbild für sein spirituelles Engagement und die Verbundenheit zu seinen religiösen Familien-Vorfahren. Aber auf der anderen Seite steht es für ihn auch für die Distanzierung zur Kirche als Institution.

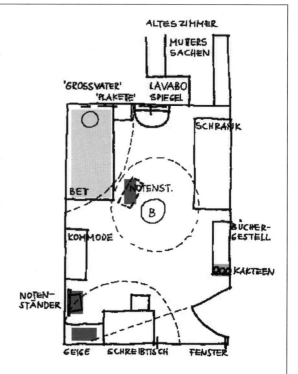
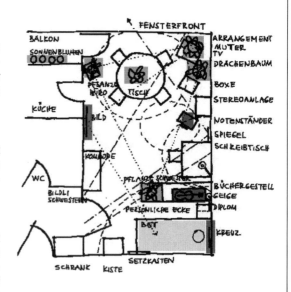

Altes Zimmer (oben) und neuer Wohnbereich (unten)

Abb. 4: Dialog eines jungen Mannes mit Dingen in seinem Zimmer (FAMOS, 1989; nach LANG, 1992)

Als Illustration sollen die Veränderungen in der Wohnumwelt eines 25-jährigen Maschinenbauingenieurs dienen, welcher nach dem Tod seiner Mutter sein Elternhaus verlässt und in eine andere Stadt in ein eigenes Apartment zieht.

In einem strukturierten Interview wurden als Abbild der dynamischen Entwicklung der Mensch-Umwelt-Beziehungen fünf wichtige Dinge, deren Standort und relative Beziehungen im Raum erfasst. Was sich ergibt, ist ein komplexes Abbild der sich ändernden psychosozialen Identität des jungen Mannes (siehe Abb. 4).

Die wichtigen Dinge zeigen in der neuen Wohnumgebung ein noch reichhaltigeres Beziehungsgeflecht untereinander. Das Bett als Heimatsymbol, die Geige als Zeichen der Selbsterfüllung und der Arbeitsbereich als Symbol für den Beruf sind im neuen Wohnbereich sicher ineinander eingebunden. Die Bedeutungsträger für soziale Bedürfnisse (Pflanzen, auch: Tisch), Suche nach Partnerschaft (Bild) und Religion (Kreuz) bilden erwartungsgemäß separate Zonen im Raum. Die Elemente Soziales und Partnerschaft stehen jetzt im Vergleich zur Jugend auch wesentlich stärker im Vordergrund.

4.5 Fazit

Tabelle 1 zeigt noch einmal die Einordnung der drei Konzepte Aktivation, Interaktion und Entwicklung. Wie sich erkennen lässt, plädiert LANG (1991) in dieser Überlegung für eine zusätzliche Aufspaltung des Faktors Entwicklung in eine individuelle und soziale Regulationskomponente.

Zu Beginn dieses Kapitels ist bereits angesprochen worden, dass der Mensch mit seiner Umwelt dialektisch auf zweierlei Weise interagiert: durch die Gestaltung der Umwelt und andererseits durch deren Aneignung. Der semiotische Ansatz von Alfred Lang betont explizit den Prozesscharakter dieser Interaktion.

Regulationsbereiche	Aktuelle Prozesse	Entwicklungsprozesse
Individuelle Regulation	Aktivation	(Selbst-)Kultivation
Soziale Regulation	Interaktion	Kommunikation (individuelle und soziale Selbstdarstellung)

Tab. 1. Regulationsprozesse nach LANG (1991)

Tätigkeit Hier schließt sich der Kreis zum Konzept der menschlichen *Tätigkeit* nach LEONTJEW (1977). Sie ist die vermittelnde Instanz zwischen den zirkulär verbundenen Prozessen der Gestaltung der Umwelt und der Aneignung dieser Umwelt durch den Menschen *(vgl. Kap. 1 Mensch-Umwelt-Einheiten)*. Die über die Tätigkeit vermittelte dialektische Beziehung von Mensch und Umwelt scheint nach den Überlegungen und empirischen Untersuchungen von Lang ebenfalls von zentraler Bedeutung.

Der Prozess der Aneignung ist ein entscheidender Eckpfeiler für die Persönlichkeitsentwicklung des Menschen, denn nur die ständige Auseinandersetzung mit der Umwelt führt zur Entfaltung von Fähigkeiten, Denken und Motiven. Umgekehrt sollte deutlich geworden sein, dass die Gestaltung der Umwelt in ihren zahlreichen Facetten menschliches Erleben und Verhalten unter Umständen nachhaltig modulieren kann.

In welch vielfältiger und teilweise verblüffender Weise diese transaktionale Beziehung zwischen Mensch und gebauter Umwelt funktioniert, soll in den folgenden Teilen dieses Buches deutlich werden.

4.6 Literatur

Baum, A. & Valins, S. (1977). Architecture and social behaviour: psychological studies of density. Hillsdale, NY: Erlbaum.

Brehm, S. S. et. al. (2002). Social Psychology. Boston, New York: Houghton Mifflin Company.

Buss, D. M. (2004). Evolutionäre Psychologie. München u.a.: Pearson.

Heidegger, M. (1927). Sein und Zeit. Halle a. S.: Niemeyer.

Hollitscher, W. (1969). Der Mensch im Weltbild der Wissenschaft. Wien: Globus.

Lang, A. (1992). On the knowledge in Things and Places. In: v. Cranach, M., Doise, W. & Mugny, G. (Eds.), Social representations and the social basis of knowledge. Swiss Monographs in Psychology, Vol. 1. Bern: Huber.

Lang, A. & Slongo, D. (1991). Psychology of the Dwelling Activity: People with their Things in their Rooms. Reports from the Institute of Psychology, Univ. Bern, Group for Environmental and Cultural Psychology, 1991-3.

Lang, A. (1988). Das Ökosystem Wohnen – Familie und Wohnung. In: Lüscher, K., Schultheis, F. & Wehrspaun, M. (Hrsg.), Die 'postmoderne' Familie: familiale Strategien und Familienpolitik in einer Übergangszeit. Konstanz: Universitätsverlag.

Lang, A., Bühlmann, K. & Oberli, E. (1987). Gemeinschaft und Vereinsamung im strukturierten Raum: psychologische Architekturkritik am Beispiel Altersheim. Schweizerische Zeitschrift für Psychologie, 46 (3/4), 277-289.

Lang, A. (1982). Zum Problem der Gestaltungsqualität im Wohnbereich aus psychologischer Sicht. Strukturierungsstudie im Auftrag des Bundesamtes für Wohnungswesen. (F-8071 - 1982).

Leontjew, A. N. (1977). Tätigkeit, Bewusstsein, Persönlichkeit. Stuttgart: Klett.

Stepper, S. & Strack, F. (1993). Proprioceptive determinants of emotional and nonemotional feelings. Journal of Personality and Social Psychology, 64, 211-220.

Storch, M. (2006). Der vernachlässigte Körper. Psychologie Heute, 6, 20-24.

Ulrich, R. S. (1984). View trough a window may influence recovery from surgery. Science, 224, 420-421.

Watson, D. & Burlingame, A.W. (1960). Therapy through horticulture. New York: Macmillan.

Werth, L. (2004). Psychologie für die Wirtschaft. Heidelberg, Berlin: Spektrum.

5. *Exkurs:*
Theorie der Handlungsregulation
nach HACKER und NORMAN

Peter G. Richter

5.1 Einleitung

Die von der Kybernetik (WIENER, 1958, 1963) beeinflusste Theorie der Handlungsregulation hat viel zum Verständnis der komplexen Prozesse und Strukturen der Interaktion von Mensch und Umwelt beigetragen. MILLER, GALANTER & PRIBRAM (1960) gehören zu den ersten Psychologen, die die Idee des kybernetischen Regelkreises auf menschliches Verhalten anwandten. Ihre Arbeiten beeinflussten zahlreiche Forscher.

In der Folge soll nur auf zwei Bezug genommen werden. WINFRIED HACKER (1973, 2005) entwickelte die Theorie der Handlungsregulation für den Bereich der Arbeit. DONALD A. NORMAN (1988,1989) wandte sie bei der Gestaltung von Alltagsgegenständen an.

Die Theorie untersetzt und differenziert das Konzept der Tätigkeit nach LEONTJEW (1977) und macht es damit tauglich für praktische Anwendungen *(vgl. Kap. Mensch-Umwelt-Einheiten)*. Orientiert man sich an den Überlegungen von Leontjew, dann können Handlungen Tätigkeiten zu- und untergeordnet werden. Tätigkeiten sind danach unterscheidbar anhand der Motive, von denen sie ausgehen. Diese oft wenig bewussten Bedürfnislagen werden in einzelne bewusstseinspflichtige Ziele untersetzt, die handlungsleitend werden. Deren Realisierung erfolgt mittels Operationen, die auf die Veränderung und/oder Assimilation gegenständlicher Bedingungen gerichtet sind.

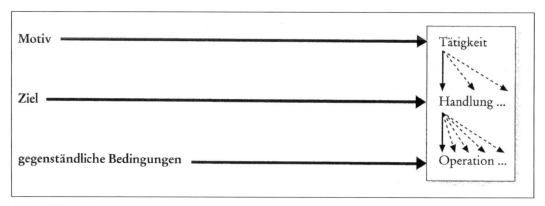

Abb. 1: Hierarchisches Tätigkeitskonzept nach LEONTJEW, aus: FREI, DUELL & BAITSCH (1984)

Diese hierarchische Relation ist in Abbildung 1 dargestellt (vgl. ULICH, 2005).

Zwischen Motiv und Tätigkeit bestehen demnach ebensolche Wechselbeziehungen, wie zwischen Ziel und Handlung. Es gibt weder eine Tätigkeit ohne Motiv, noch eine Handlung ohne Ziel.

Allerdings gibt es keine eindeutige Relation innerhalb dieser Hierarchie, m. a. W. ein und dieselbe Handlung kann unterschiedlichen Tätigkeiten zugeordnet werden, ein und dieselbe Operation kann innerhalb verschiedener Handlungen ausgeführt werden. In Abhängigkeit von dieser Zuordnung – so FRIELING & SONNTAG (1999) – ändert sich dann auch der Charakter von Handlungen und/oder Operationen.

HACKER und NORMAN haben innerhalb dieses Rahmens Spezifizierungen insbesondere in Bezug auf die Handlung vorgenommen. Diese sollen hier skizziert werden.

5.2 Prozess und Struktur von Handlungen

Zunächst einmal kann in Anlehnung an NORMAN (1989) festgehalten werden, dass eine vollständige Handlung wenigstens sieben Stadien enthält, die in einem Regelkreis verbunden sind (Abb. 2). Um etwas zu verrichten/verändern geht man in der Regel von einem bewussten gedanklich vorweggenommen Ziel aus.

Handlungsziele

Die besondere Eigenart und Flexibilität der *Handlungsziele* unterscheidet Mensch und Tier in wesentlicher Weise. Vergleicht man einen Baumeister mit einer Biene, wird das deutlich. Beide bauen Häuser. Allerdings kann die Biene durch genetisch fixierte Mechanismen nur immer den gleichen Haustyp, nämlich sechseckige Waben, bauen. Der

Baumeister kann dagegen Gebäude unterschiedlichster Art errichten, da er diese in seiner Vorstellung vorwegnehmen kann.

Diese Vorstellung ist oft vage formuliert und muss in spezifische Intentionen und Vornahmen zu einer konkreten Handlung untersetzt werden. Beispielsweise kann das Ziel darin bestehen, das eigene Wohnzimmer zu verschönern *(Gestaltung)*. Eine daraus abgeleitete konkrete Intention wäre die Absicht, ein Bild aufzuhängen. Diese wäre dann in die Planung einer Handlungssequenz zu untersetzen. Im vorliegenden Fall könnte das etwa heißen: Bild kaufen, Bilderhaken besorgen, Bilderhaken einschlagen und Bild aufhängen. Diese Sequenz müsste dann ausgeführt werden.

Gestaltung

Die spezifischen Handlungen überbrücken die Kluft zwischen unseren Vornahmen (Zielen und Intentionen) und deren Realisierung. Wichtig ist dabei, dass ein Ziel durch verschiedene Handlungen erreicht werden kann. Beispielsweise könnte das Wohnzimmer auch dadurch verschönert werden, dass eine Vase mit Blumen auf den Tisch gestellt wird. Das verweist auch darauf, dass verschiedene Verrichtungen mehr oder weniger parallel durchgeführt werden können.

Neben der verändernden Gestaltung der Umwelt gibt es – wie oben erwähnt – noch eine zweite Strategie zum Erreichen des Handlungszieles Verschönerung meines Wohnzimmers. Diese wäre vielleicht dann zu wählen, wenn Verschönerungsversuche des Wohnzimmers wiederholt misslungen sind, oder wenn das Wohnzimmer keinen ausreichenden (Handlungs-)Spielraum zur Verschönerung aufweist *(s. u.)*. In diesem Fall könnte man eine schönere Wohnung suchen und anmieten, mit anderen Worten: *Auswahl und Aneignung* einer neuen Umwelt würden zum Erfolg führen *(vgl. Kap. Ortsidentität und Ortsbindung)*.

Auswahl und Aneignung

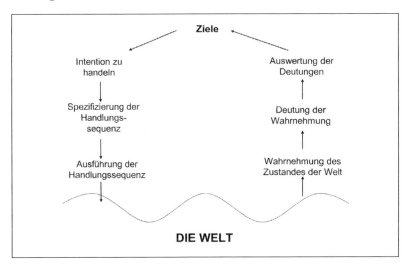

Abb. 2: Die sieben Stadien des Handelns (nach NORMAN, 1989, mod.)

Ziele können jedoch nur erreicht werden, wenn ein permanenter Vergleich zwischen dem, was passiert, und dem, was wir verrichtet haben wollen, möglich ist. Deshalb ist die Wahrnehmung des sich verändernden Zustandes der Welt sowie deren Bewertung notwendig. Insbesondere ist zu prüfen, ob die ausgeführte Handlungssequenz wirklich zur Annäherung an das Ziel führt oder nicht. In unserem Beispiel wäre denkbar, dass das gewählte Bild aufgrund seiner Eigenart (Größe, Farbigkeit, Gegenständlichkeit der Darstellung, etc.) nicht zur Verschönerung beiträgt, die Blumenvase auf dem Tisch aber schon.

Dieses zyklische Modell des Handlungsablaufes bietet allerdings nur eine unvollständige Theorie der Handlung. Insbesondere ist zu beachten, dass die einzelnen Stadien keine eigenständigen Einheiten sind, die immer schrittweise durchlaufen werden. Es sind zahlreiche Modifikationen möglich. Ziele können zu Nebenzielen führen, sie können neu formuliert und/oder im Verlauf längerer Handlungen vergessen werden.

Schließlich ist zu beachten, dass sich Menschen auch reaktiv und gewohnheitsmäßig verhalten können. Mit anderen Worten, unter bestimmten Umständen ist nicht ein gedanklich vorweggenommenes Ziel der Handlungsanlass, sondern die Wahrnehmung und Bewertung einer Umweltveränderung. Dieses reaktive Verhalten entspricht der behavioristischen Perspektive *(vgl. Kap. Mensch-Umwelt-Einheiten)* und ist insbesondere bei den Prozessen der Aneignung von Umwelt relevant.

Das Modell einer hierarchischen Regulation von Handlungen, wie es von HACKER (2005) entwickelt wurde, trägt wesentlich zum Verständnis der Interaktion zwischen Mensch und Umwelt bei. Danach laufen sowohl vorbereitende als auch ausführende Prozesse auf drei unterscheidbaren „Ebenen" ab (Abb. 3).

Bewusstseinspflichtige intellektuelle Vorgänge sind für die oberste Hierarchiestufe kennzeichnend. Auf dieser Stufe werden Ziele und Intentionen analysiert und in Strategien und Pläne zur Ausführung von Handlungssequenzen umgesetzt. Das setzt im Verlauf des Handlungszyklus auch die Auswertung von Umweltwahrnehmungen voraus und damit die immer wieder neue reflektierte Beantwortung der Frage, ob ein Handlungsziel oder wenigstens eine Annäherung erreicht wurde. Hier ist das oben genannte Ziel „Verschönerung des Wohnzimmers" und dessen Untersetzung in eine zielführende Handlungssequenz einzuordnen.

Bewusstseinsfähige Urteilsprozesse spielen auf der mittleren Hierarchiestufe eine Rolle. Orientiert am akkumulierten Wissen über Reiz-

5. THEORIE DER HANDLUNGSREGULATION

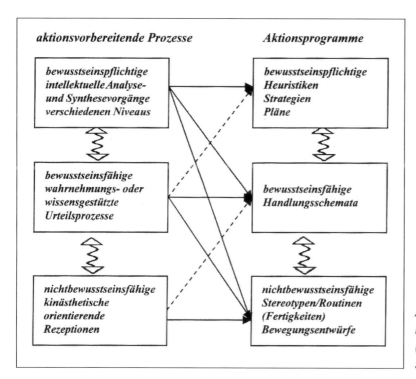

Abb. 3: „Ebenen" der Handlungsregulation (nach HACKER, 2005, S. 247)

und Situationsmerkmale werden diese beurteilt und klassifiziert. Diese bewusstseinsfähigen, aber nicht bewusstseinspflichtigen Vorgänge sind in der Regel begrifflich überformt. Dadurch ist ein rasches Abrufen von ebenfalls im Gedächtnis gespeicherten Handlungsschemata möglich. Das ist die Voraussetzung für den zügigen Abruf von kognitiven Routinen und Bewegungsstereotypien und ermöglicht eine flüssige Ausführung der Sequenzen von Teilhandlungen in der geplanten Abfolge. In unserem Fall beispielsweise der Handlungsschritte: Füllen der Vase mit Wasser, Arrangieren der Blumen, Aufstellen der Vase in der Tischmitte, etc.

Die Umsetzung der einzelnen unselbständigen Operationen ist nicht bewusstseinsfähig und automatisiert. Auf dieser sensumotorischen Ebene spielen bewegungsorientierte kinästhetische Empfindungen sowie frühzeitig erworbene Fertigkeiten bei der Bewegungssteuerung eine bedeutsame Rolle. Diese abrufbaren Bewegungsstereotypien verhindern beispielsweise eine Kollision der Vase mit der Tischkante. Sie werden uns erst bewusst, wenn eine Störung der Ausführung eintritt und beispielsweise Wasser ausläuft, weil wir die Vase nicht senkrecht halten. Angeborene Bewegungsreflexe, die auf dieser Ebene ablaufen, werden in Notfallsituationen aktiviert. Das könnte eine rasche Fangbewegung sein, falls die Vase aus der Hand gleitet *(vgl. Exkurs zur Psychologie des Zwischenraumes).*

Auch hier ist zu sagen, dass die drei Stufen der Handlungsregulation zwar qualitativ unterscheidbar, aber durchaus überlappend sind. Insofern ist auch diese Vorstellung mit gewissen Einschränkungen zu betrachten.

Dieses Modell von der Verschachtelung dreier „Ebenen" wurde zunächst im Sinne einer von oben nach unten wirkenden Hierarchie entwickelt. In Abbildung 3 ist aber auch erkennbar, dass bei Routinehandlungen ein Abruf von unten nach oben möglich ist. Diese Erweiterung nimmt wiederum Bezug auf die reaktive Steuerung des Verhaltens unter bestimmten Voraussetzungen, wie sie vor allem bei Aneignungsprozessen relevant sind. Hierbei handelt es sich um Prozesse der unmittelbaren und unbewussten Modulation von Erleben und Verhalten getriggert durch Umweltmerkmale.

Möglicherweise haben Sie bereits selbst einmal beim längeren Sitzen im Wartezimmer oder einer Gaststätte festgestellt, dass Sie sich spontan einen Sitzplatz mit dem Rücken zur Wand gesucht hatten. Bei derartigen Vorgängen sind offenbar biopsychologische Mechanismen wirksam, die unserem Bewusstsein nur sehr eingeschränkt zugänglich sind *(vgl. die Kapitel Das Drei-Ebenen-Konzept der Mensch-Umweltregulation, Raumsymbolik sowie Raum und Farbe).*

5.3 Handlungsspielräume und Handlungsgrenzen

Die Handlungsregulationstheorie ist nicht nur dazu geeignet, ein besseres Verständnis für die komplexe transaktionale Beziehung zwischen Umwelt und Mensch zu schaffen. Sie ist auch von großer praktischer Relevanz für die Gestaltung gebauter Umgebungen.

Es gibt in verschiedenen Bereichen Ansätze zu deren Anwendung. Sie fand beispielsweise Berücksichtigung bei der Gestaltung von Kraftwerkswarten (RICHTER & SCHMIDT, 1994) oder Patientenzimmern (OBENAUS & RICHTER, 1999). VOLPERT (1994) greift auf sie zurück, wenn er Ansätze einer allgemeinen interdisziplinären Gestaltungswissenschaft entwickelt. Einschlägige Überlegungen und Beispielsammlungen in Bezug auf die Gestaltung von Umwelten in Produktion und Verwaltung gibt es in besonderem Umfang bei FRIELING & SONNTAG (1999), aber auch RICHTER (1995) und ULICH (2005). Eine systematische Anwendung der Handlungsregulationstheorie bei der Umweltgestaltung steht allerdings noch aus.

5. THEORIE DER HANDLUNGSREGULATION

Abgesehen vom Design für Alltagsgegenstände (NORMAN, 1989) und der Förderung von Wohnen und Betreuen in Heimen (WELTER, 1985), gibt es bis dato keine profunden Arbeiten in der Umweltgestaltung, die explizit Bezug auf die Handlungsregulationstheorie nehmen. Das ist umso verwunderlicher, als diese Theorie eine wichtige Facette enthält, die bei der Gestaltung und Bewertung unmittelbar herangezogen werden kann. Gemeint ist die Vorstellung, dass jede Umwelt in ihrer konkreten Ausprägung einerseits Handlungsspielräume (Freiheitsgrade, HACKER) und andererseits Handlungsgrenzen (constraints, NORMAN) bietet.

Auch wenn es hier eine verwirrende Begriffsvielfalt gibt (beispielsweise Freiheitsgrade, Entscheidungsspielräume, Autonomie, Kontrolle, etc.) verbirgt sich hinter der Idee der Handlungsspielräume vor allem eines: Große *Handlungsspielräume* lassen die Verwirklichung vieler Handlungsziele und -intentionen zu.   *Handlungsspielräume*

Als Orientierungshilfe kann dabei die Dreiteilung nach WELTER (1985) dienen, die auch einen Bezug zum Drei-Ebenen-Konzept nach LANG u. a. (1987) hat. Danach kann man drei fundamentale Dimensionen unterscheiden:
– Tätigkeits- und Aktivierungsspielraum
– Bewegungs- und Beziehungsspielraum
– Entscheidungs- und Kontrollspielraum.

Allgemein kann man annehmen, dass eine Umgebung dann besonders positiv zu bewerten ist, wenn sie möglichst große Handlungsspielräume für viele Nutzergruppen bietet *(vgl. Kap. Affordanzkonzept nach Gibson sowie Ausgewählte Studien und Methoden).*

Daneben setzt jede Umgebung immer auch physische *Handlungsgrenzen*. Mit anderen Worten: Sie bietet mehr oder weniger Einschränkungen, die die Verwirklichung von Zielen und Intentionen der Nutzer verhindert *(vgl. Kap. Mentale Modelle nach NORMAN).*   *Handlungsgrenzen*

Derartige Begrenzungen sind nicht von vornherein negativ zu bewerten. Begrenzungen sind vor allem dann sinnvoll, wenn damit Handeln ausgeschlossen werden kann, welches die handelnde Person oder andere Nutzergruppen schädigen würde. Sie bieten dann einen Handlungsrahmen und damit auch die Grundlage für ein Gefühl der Sicherheit.

Zentral für die Bewertung einer Umgebung sind damit die Handlungsziele von Nutzern und die Beantwortung der Frage, ob diese erreicht werden können.

Der folgende Vergleich von zwei einfachen Elementen städtischer Umwelt soll – ganz im Sinne LEWINS – die Anwendbarkeit der Handlungsregulationstheorie bei der Beantwortung praktischer Fragen demonstrieren.

Beispiel Haltestelle

Eine kleine Übung

Welche Sitzgelegenheit an einer Haltestelle ist besser?

Überlegen Sie, was man in einer Wartesituation alles tun kann? Welche Handlungsziele und Intentionen kann man neben dem Sitzen noch verfolgen? Welche der Sitzflächen ist dafür besser oder schlechter geeignet? Welche Handlungen, welches Verhalten wird durch die Gestaltung der Sitzgelegenheiten ausgeschlossen?

---

5. THEORIE DER HANDLUNGSREGULATION

Es gibt keine erschöpfenden Antworten auf die gestellten Fragen, weil die Anzahl der möglichen Handlungsziele – auch in der sehr überschaubaren Wartesituation – de facto unendlich ist. Dies vor allem dann, wenn man die Ziele und Intentionen verschiedener Nutzergruppen sehr differenziert betrachtet *(s. u.)*.

Zweifellos kann man an beiden Haltestellen sitzen und auf Bus oder Bahn warten. Aber stellen Sie sich vor, Sie kommen körperlich erschöpft von einem Einkauf im Supermarkt oder der Bus ist gerade weggefahren und Sie müssen eine längere Wartezeit in Kauf nehmen. Auf welcher Sitzgelegenheit sitzen Sie bequemer und entspannter? Wahrscheinlich sind die Sitzschalen im rechten Wartehäuschen besser geeignet, Ihre Entspannung, d.h. die notwendige Deaktivierung zu fördern *(Aktivierungsspielraum)*. *Aktivierungsspielraum*

Das sieht anders aus, wenn Sie sich vorstellen, dass Sie im angeregten Gespräch mit einer anderen Person sind. Hier erlaubt die Fläche der linken Bank nicht nur, dass Sie Ihren Sitzabstand zum Nachbarn flexibel wählen können, sondern auch, dass Sie sich ihm durch Drehung des Körpers besser zuwenden können *(Bewegungs- und Beziehungsspielraum)*. *Bewegungs- und Beziehungsspielraum*

Wenn Sie sich vorstellen, dass Sie nach einem Einkauf oder auf dem Arbeitsweg etwas abstellen möchten, dann bieten Ihnen beide Sitze unterschiedliche Möglichkeiten *(Tätigkeitsspielraum)*. Auf der linken Bank lassen sich eine Laptoptragetasche oder ein eckiger Hartschalenkoffer besser abstellen oder ablegen. Ein kleiner Praxistest des Autors zeigte dagegen, dass flexible Einkaufsbeutel, die mit Lebensmitteln oder Kleidungsstücken gefüllt sind, besser auf den rechten Sitzschalen abgestellt werden können, ohne umzufallen. *Tätigkeitsspielraum*

Die Frage nach den *Handlungsgrenzen* kann beim Vergleich ebenfalls beantwortet werden. Sicher ist Ihnen bekannt, dass von Kommunen und anderen Institutionen die Länge derartiger Sitzmöglichkeiten bewusst knapp gehalten wird um beispielsweise kein Nachtlager für Obdachlose zu bieten. Liegen soll also mit der Gestaltung in diesem Falle generell ausgeschlossen werden. Dennoch ist vorstellbar, dass Kinder oder kleine Erwachsene die linke Bank relativ problemlos zum Liegen benutzen können. Das ist bei der rechten Lösung nur sehr eingeschränkt möglich. *Handlungsgrenzen*

Last but not least können beim Vergleich der beiden Sitzgelegenheiten hinsichtlich der Handlungsspielräume und -grenzen Überlegungen zu alternativen Lösungen angestellt werden. Allerdings wäre nur sinnvoll, sich näher damit zu befassen, wenn ausreichender *Entscheidungs- und* *Entscheidungs- und Kontrollspielraum*

Kontrollspielraum vorhanden ist. Solche Fälle sind selten, aber vorstellbar, beispielsweise dann, wenn Architekten mit Aufträgen zu Stadtmöblierung befasst sind, oder wenn in Projekten mit Bürgerbeteiligung eine Neu- oder Umgestaltung angezielt ist *(vgl. Kap. Nutzungsorientierte Planung und Gestaltung gebauter Umwelten).*

5.4 Fazit

Bislang existiert keine umfassende psychologische Theorie, die alle Facetten und Elemente der komplexen Mensch-Umwelt-Interaktion beinhaltet. Vielmehr ist der gegenwärtige Zustand als noch nicht vollkommen fertiges Theorie-Gebäude zu bezeichnen, welches viele einzelne Bausteine enthält. Einige besonders relevante Theorien wurden im Teil I dieses Buches dargestellt, weitere finden sich in den folgenden Abschnitten.

Der Theorie der Handlungsregulation sollte ein prominenter Platz in diesem Theorie-Gebäude zugeordnet werden. Sie ist geeignet, besonders wichtige Prozesse und Mechanismen der Interaktion zwischen Mensch und (gebauter) Umwelt zu beschreiben und zu erklären. Sie enthält darüber hinaus auch Elemente, die von unmittelbarer praktischer Bedeutung für die Bewertung und Gestaltung von Umwelten sind.

Mit Hilfe der Übung konnte für einen Umweltausschnitt exemplarisch gezeigt werden, welche Aspekte aus handlungstheoretischer Perspektive eine besondere Rolle spielen. Von besonderer Bedeutung sind dabei, die *Handlungsziele*, die von verschiedenen Nutzern verfolgt werden können. Bereits in der Feldtheorie von KURT LEWIN ist die Auffassung angelegt, dass zielorientierte Handlungen die Wahrnehmung der Umwelt determinieren. Orientiert an diesen verschiedenen Handlungszielen erschließt sich die physische Umwelt in ganz unterschiedlicher Weise. JACOB JOHANN VON UEXKÜLL bringt das 1962 – allerdings bezogen auf einen Bestandteil der natürlichen Umwelt – auf den Punkt:

Handlungsziele

„Den Wald als objektiv bestimmten Ort gibt es nicht; es gibt einen Wald für den Förster, einen anderen für den Jäger, noch einen anderen für den Botaniker, den Spaziergänger, den Naturliebhaber, die Person, die Beeren und Holz sammelt, und einen Wald für die Legenden." (JACOB JOHANN VON UEXKÜLL, 1962, zit. nach FERRIER, 2001, S. 108-109).

Mit dieser Beschreibung wird ansatzweise deutlich, welche zahlreichen Facetten allein im *Wahrnehmen und Erleben von Umwelten* enthalten sein können. Einige davon werden im folgenden Teil II des Buches vertiefend behandelt.

Darüber hinaus ist der Vergleich der beiden Sitzgelegenheiten auch geeignet, weitere theoretische und praktische Aspekte der Architekturpsychologie zu veranschaulichen, die im Teil III *Handeln und Verhalten in gebauten Umwelten* betrachtet werden.

In den folgenden Kapiteln wird deswegen an geeigneter Stelle auf das Beispiel Haltestelle rückverwiesen. Allerdings ist im Rahmen dieses Textes keine erschöpfende Behandlung aller Facetten und Aspekte möglich. Der interessierte Leser wird bei intensiverer Auseinandersetzung mit dem Verhaltensmuster des Wartens – z. B. als Ausschnitt aus dem umfassenderen *Behavior Setting* Bahnhof (s.o.) – ergänzende Bezüge herstellen, die aus Platzgründen hier nicht verfolgt werden können.

Beispiel Haltestelle

5.5 Literatur

Ferrier, J.-L. (2001). Paul Klee. Paris: Edition Pierre Terrial.

Frei, F., Duell, W. & Baitsch, C. (1984). Arbeit und Kompetenzentwicklung. Theoretische Konzepte zur Psychologie arbeitsimmanenter Qualifizierung. In: Ulich, E. (Hrsg.), Schriften zur Arbeitspsychologie. Bd. 39. Bern: Huber.

Frieling, E. & Sonntag, K. (1999). Arbeitspsychologie. Bern: Huber.

Hacker, W. (1973). Allgemeine Arbeits- und Ingenieurpsychologie. Berlin: Verlag der Wissenschaften.

Hacker, W. (2005). Allgemeine Arbeitspsychologie – Psychische Regulation von Wissens-, Denk- und körperlicher Arbeit. Bern: Huber.

Leontjew, A. N. (1977). Tätigkeit, Bewusstsein, Persönlichkeit. Stuttgart: Klett.

Miller, G. A., Galanter, E. & Pribram, K.-H. (1960). Plans and the Structure of Behavior. New York: Holt.

Norman, D. A. (1988). The Psychology of Everyday Things. New York: Basis Books.

Norman, D. A. (1989). Dinge des Alltags. Gutes Design und Psychologie für Gebrauchsgegenstände. Frankfurt/M., New York: Campus.

Obenaus, M. & Richter, P. G. (1999). Gestaltung von Patientenzimmern in Kliniken. Wiss. Z. TU Dresden, 48, 5/6, 73-78.

Richter, P. G. (1995). IM AUGE DIE AUG oder DIE AUG IM AUGE – Ein pointiertes Hilfsmittel für den heuristisch orientierten partizipativen Prozess der Arbeitsumweltgestaltung. Dresden: TU Dresden.

Richter, P. G. & Schmidt, P. (1994). Entwicklung in der Arbeit – Ansätze für flexible Tätigkeitsgestaltung durch Arbeitsumweltdesign. Wiss. Z. TU Dresden, 43, 1, 35-39.

Uexküll, J. J. von (1962). Streifzüge durch die Umwelten von Tieren und Menschen. Hamburg: Rowohlt.

Ulich, E. (2005). Arbeitspsychologie. Stuttgart: Schäffer-Poeschel.

Volpert, W. (1994). Arbeitsinformatik und Gestaltungswissenschaft als neue Gebiete der interdisziplinären Arbeitswissenschaft. In: Richter, P. & Bergmann, B. (Hrsg.), Die Handlungsregulationstheorie – Von der Praxis einer Theorie. Göttingen u.a.: Hogrefe.

Wiener, N. (1958). Mensch und Mensch-Maschine. Frankfurt/M.: Ullstein.

Wiener, N. (1963). Kybernetik – Regelung und Nachrichtenübertragung im Lebewesen und in der Maschine. Düsseldorf: VDI.

Welter, R. (1985). Anregungen zur Förderung und Belebung des Wohnens und Betreuens in Heimen. Ein Arbeitsbuch. Rüschlikon, Zürich: Gottlieb Duttweiler Institut.

Welter, R., Sinnen, R. & Helwing, K. (1996). Anders alt werden. Mitreden – Mitplanen. Heidelberg: Carl Auer.

Teil II

WAHRNEHMEN UND ERLEBEN VON UMWELTEN

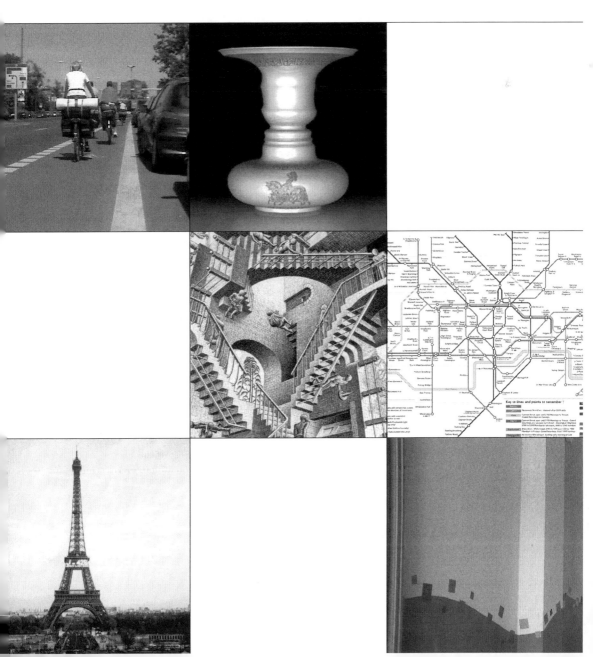

6. *Exkurs:* Affordanzkonzept nach GIBSON

Berit Schulze

6.1 Einleitung

Auch JAMES J. GIBSON (1973, 1982) steht in der Tradition des ökologischen Ansatzes und vertritt die Annahme eines Beziehungsgeflechtes von Mensch und Umwelt *(vgl. Teil I)*. Durch sein Interesse an den Gesetzen der menschlichen Wahrnehmung schafft GIBSON jedoch einen besonderen Zugang zum Problem der Mensch-Umwelt-Beziehung. Er schafft ihn über den wohl wichtigsten Sinn des Menschen: das Sehen.

Der Fokus von Gibsons *Theorie der ökologischen visuellen Wahrnehmung* liegt auf den Eigenschaften externer Reize und nicht auf den Mechanismen, mit denen wir diese wahrnehmen *(vgl. Kap. Prinzipien und Phänomene der Wahrnehmung)*. Damit betont er, dass es sich beim Wahrnehmen um einen aktiven Prozess des Explorierens der Umwelt handelt *(vgl. Kap. Aneignung von Raum)*. Wenn sich ein Mensch in der Umwelt bewegt, dann verändert sich das optisch gebrochene Reizmuster auf der Netzhaut beständig. Wahrnehmung ist nach dieser Auffassung unmittelbar und direkt. Obwohl sich die Netzhautabbildung eines Gegenstandes je nach Entfernung, Blickwinkel, Beleuchtung, etc. ständig ändert, sind diese Änderungen nicht zufällig. Sie sind vielmehr systematisch und die Relationen zwischen einzelnen Umweltelementen bleiben konstant. Unser visuelles System ist darauf abge-

Theorie der ökologischen visuellen Wahrnehmung

stimmt, solche Invarianzen zu entdecken, um die Gegenstände in einer stabilen Welt wieder erkennen zu können. Basis dafür sind nach Gibsons Meinung nicht einzelne Elemente unserer Umgebung sondern ganze Reizmuster höherer Ordnung, in die diese Elemente eingelagert sind. Diese Reizmuster werden als *Textur* bezeichnet. Nur unter der Voraussetzung von übergeordneten komplexen Reizkonfigurationen können viele Phänomene und Prinzipien der menschlichen Wahrnehmung erklärt werden, beispielsweise das Konstanzprinzip (s. u.).

Textur

Die uns umgebende Welt der Objekte und Subjekte sieht Gibson als eine Anordnung verschiedenster Oberflächen. So unterscheidet er zwischen festen und halbfesten Substanzen und einem Medium. Das Medium – unsere Atmosphäre – fungiert dabei als Träger der zahlreichen *Informationen*, die uns die Oberflächenanordnungen der Substanzen geben. Sie vermitteln Informationen über beständige strukturelle Merkmale, wie Farbe, Form und Struktur sowie über veränderliche (transformale) Merkmale, wie die Beziehungen von Objekten zueinander. Aber auch Informationen für die Wahrnehmung von Eigen- und Fremdbewegungen und die Steuerung unserer Bewegungen sind enthalten. Diese Reizinformationen der Oberflächen sind nach GIBSON tatsächlich extern existent und müssen nicht erst durch den Wahrnehmenden konstruiert werden (HEINE & GUSKI, 1994).

Informationsgehalt von Oberflächen

6.2 Die Theorie der Affordanzen

Somit werden für Gibson bei menschlichen Wahrnehmungsprozessen die impliziten Informationen der Oberflächenanordnungen relevanter als kognitive Prozesse. Die Wahrnehmung an sich gestaltet sich als ein aktiver sensorischer und motorischer Suchprozess nach verhaltensrelevanten Informationen, welcher selbst wieder durch eben diese Umweltinformationen geleitet wird (HEINE & GUSKI, 1994). In einem reziproken Prozess von Wahrnehmen und Handeln – wahrnehmen, um zu handeln, und handeln, um neue Informationen zu erhalten – erschließen wir uns unsere Lebensumwelt.

Hier wird klar, dass sich das Augenmerk bei der optimalen Gestaltung von Umwelten demzufolge auf die Vermittlung dieser potentiellen Information für Wahrnehmung und Handeln richten sollte. GIBSON geht sogar noch einen Schritt weiter: Die Anordnungen von Oberflächen legen fest, was mit ihnen gemacht werden kann und was nicht. Diese Handlungsmöglichkeiten oder -einschränkungen nennt Gibson *Affordanz* (affordance, auch: *funktionale Nützlichkeit*, HEINE & GUSKI, 1994).

6. EXKURS: AFFORDANZKONZEPT

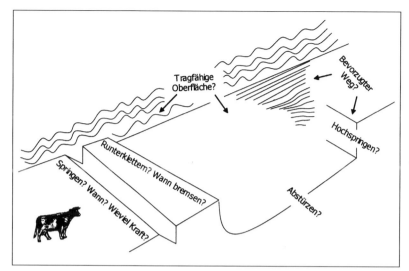

Abb. 1: Landtiere und ihre Probleme bei der Fortbewegung, welche mithilfe der Wahrnehmung gelöst werden müssen (nach TURVEY & CARELLO, 1986 (nach GUSKI, 1989))

Die Affordanz entwickelt ihre Bedeutung aber erst in Relation zur anatomisch-physiologischen Verhaltensausstattung einer Person bzw. einer homogenen Personengruppe. So sind beispielsweise dieselben Küchenmöbel, Stühle und Tische mit den objektiv gleichen Merkmalen in Höhe, Breite und Tiefe für Kinder, Erwachsene oder Körperbehinderte in Relation zu deren Körpergröße bzw. anderen physiologischen Unterschieden mehr oder weniger geeignet. Unsere Wahrnehmung ist es, die uns die Informationen über die Erreichbarkeit der Türgriffe und Möbel oder über die Sitzmöglichkeit auf Stuhl und Tisch liefert. Zahlreiche Untersuchungen zur Besteigbarkeit von Treppen, Besitzbarkeit von Stühlen, Erreichbarkeit von Gegenständen oder auch im Verkehrsbereich belegen die Wirkung von Affordanzen für Wahrnehmung und Handeln.

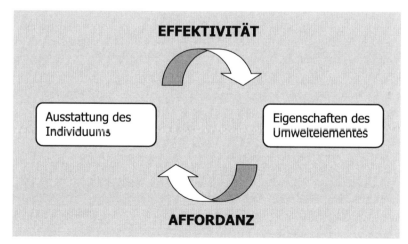

Abb. 2: Beziehung der Begriffe Affordanz und Effektivität

Aufgrund der Relation von Affordanz und physiologischen Voraussetzungen schlagen HEINE und GUSKI (1994) komplementär zum eher gegenstandsbezogenen Begriff der Affordanz auch einen personengerichteten Begriff vor:

Effektivität   Die *Effektivität* einer Person als die Passung der Verhaltensausstattung des Individuums relativ zur Umwelt. So können die oben beschriebenen verschiedenartigen Voraussetzungen von Kindern, körperlich Behinderten und Erwachsenen auch als unterschiedliche Effektivität bezeichnet werden.

6.3 Kriterien einer affordanzgerechten Umweltgestaltung

Aus den bisherigen Ausführungen wird ersichtlich, dass die Beachtung von Affordanzen wesentlich zur Optimierung von Objekten des Alltags beitragen kann. Wie lassen sich aber gemäß Gibsons Affordanzkonzept die von uns geschaffenen Objekte und Umwelten so gestalten, dass sie uns auch „sagen", was wir mit ihnen anfangen können?

Die folgenden vier aufeinander aufbauenden Kriterien sollen dies ermöglichen:

6.3.1 Kriterium I: pessimale und optimale funktionale Nützlichkeit

Bei der Gestaltung eines Umweltbestandteiles muss also zunächst die Passung zur Verhaltensausstattung der Nutzer oder Nutzergruppe beachtet werden. So muss z.B. ein Radweg breit genug sein, um darauf ohne Behinderungen fahren zu können (siehe Kasten) oder eine behindertengerechte Wohnung auf die Bedürfnisse der jeweiligen Behinderung zugeschnitten sein.

Intrinsische Metrik   Die so genannte *intrinsische Metrik* (HEINE, 1994) hat zum Ziel, die funktionale Nützlichkeit der Umwelt relativ zum Individuum zu bestimmen und Werte mit möglichst breiter Geltung für die jeweilige Nutzergruppe zu erhalten.

Zunächst werden Werte für eine pessimale funktionale Nützlichkeit ermittelt. Erhoben wird dieser Wert über eine aufgabenrelevante Handlungsvariable als Maßstab (z.B. Eigenbewegungen) in Relation zur Umwelt (z.B. Radwegbreite). Das so ermittelte Verhältnis von

Pessimale Passung   Umwelt- und Handlungsvariable ist ein Abbild der *pessimalen Passung*

6. EXKURS: AFFORDANZKONZEPT

von Person und Umwelt. Der Ausdruck pessimal wird benutzt, da er den kritischen Punkt markiert, bei dem der Übergang in andere (unerwünschte) Handlungen des Nutzers nötig wird. Die Breite eines Radweges muss also mindestens ausreichen, damit man darauf fahren kann und nicht vom Fahrrad absteigen oder gar umkippen muss.

Besser noch eignen sich jedoch *optimale Passungsmaße*. Hier muss zusätzlich mithilfe eines adäquaten Beanspruchungsmaßes (z.B. biochemische Reaktionen oder Befragung) erhoben werden, welche Gestaltung des Umweltbestandteils für die Nutzer mit den niedrigsten Werten von individueller Beanspruchung einhergeht.

Optimale Passung

6.3.2 Kriterium II: Selbsterklärungsfähigkeit

Was nützt ein pessimal oder gar optimal gestalteter Umweltbestandteil (z.B. der Radweg), wenn die ausführungsbezogene Handlungsoption für den Nutzer nicht erkennbar ist? Es müssen für die Nutzergruppe wahrnehmbare Informationen bereitgestellt werden, welche selbsterklärend und intuitiv die Affordanz des Umweltbestandteiles erkennen lassen *(vgl. Kap. Mentale Modelle nach NORMAN)*. Man könnte auch sagen, über die Gestaltung des Objektes werden die damit möglichen Handlungen angeboten (Abb. 3).

Aber welche Strukturmerkmale „informieren" uns in geeigneter Weise über die Affordanzen?

Methodisch gesehen, bedeutet dies eine aufwendige, aber lukrative Suche nach veränderlichen und beständigen Unterschieden (Invarianten) in den Oberflächenanordnungen, welche die Nutzer als Informa-

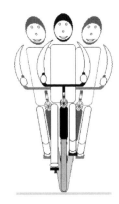

Abb. 3: Eigenbewegungen eines Radfahrers

> **Radweggestaltung (nach HEINE, 1994)**
>
> Einem Radfahrer muss aufgrund seiner unwillkürlichen Eigenbewegungen (seitlich bei Start und Stopp sowie rotierend während des Fahrens) eine entsprechend große Fahrbahn zur Verfügung stehen. Für die Bestimmung pessimaler Werte der funktionalen Nützlichkeit von Radwegen sollten Maße der Eigenbewegungen beim Radfahren an den entscheidenden Punkten, wie Schulter und abgewinkelten Ellenbogen, gemessen werden. Wurden entsprechende Maße an einer größeren Population empirisch erhoben, steht ein Mindestmaß für die Befahrbarkeit zur Verfügung.
>
> Zur zusätzlichen Bestimmung optimaler Werte könnte noch ein Abgleich der pessimalen Werte mit subjektiven Beurteilungen erfolgen und auch die beim Fahren erlebte Beanspruchung auf Radwegen verschiedener Breite erhoben werden.

ARCHITEKTURPSYCHOLOGIE

Abb. 4: Selbsterklärende Radweggestaltung. Wissen Sie, wie Sie sich hier verhalten müssen?

tionen verwenden können. So könnten im Radweg-Beispiel eine zum Fußweg unterschiedliche Farbe, Struktur und Materialfestigkeit oder auch eine konkrete Radwegbegrenzung die nötigen Informationen liefern.

6.3.3 Kriterium III: Expressivität

Da die Wahrnehmung und das Verständnis unserer Umwelt jedoch nicht nur über eine kognitive Verarbeitung der uns umgebenden Informationen erfolgt, sondern auch eine emotionale Verarbeitung und Reaktion stattfindet, müssen wir das Affordanzkonzept zusätzlich in diese Richtung interpretieren. So lässt sich davon ausgehen, dass unsere Umwelt ebenfalls Emotionen bei der Interaktion mit dem Nutzer „transportiert" (*Expressivität* nach HEINE, 1994).

Dies können positive, aber auch bewusst negative Emotionen sein: So sollte ein Radweg oder auch eine verkehrsberuhigte Zone bei Radfahrern bzw. den spielenden Kinder Gefühle der Sicherheit und des Wohlbefindens hervorrufen. Beim Autofahrer und im ersteren Fall auch beim Fußgänger jedoch sollten Gefühle der Deplatziertheit entstehen (*vgl. Kap. Die Feldtheorie* und den Hinweis auf den so genann-

Aufforderungscharakter ten *Aufforderungscharakter von Objekten*).

Beispiel Haltestelle Das sehr universelle Kriterium der Expressivität kann auf alle Umweltelemente angewandt werden, so auch auf das *Beispiel*, welches im

6. EXKURS: AFFORDANZKONZEPT

Abb. 5: Radweggestaltung und Expressivität. So schön kann Radfahren sein!

Exkurs zur Theorie der Handlungsregulation dargestellt wurde. Welche der beiden Sitzgelegenheiten an der Haltestelle hat größeren Aufforderungscharakter? Für die meisten Menschen wahrscheinlich die rechte, weil die Sitzschalen dem menschlichen Gesäß angepasst sind. Darüber hinaus sind sie mit einem Plastbelag beschichtet, der eine bessere Temperaturisolation gewährleistet. Diese – und weitere Eigenschaften – sind schon bei der Annäherung visuell wahrnehmbar, auch wenn das häufig nicht oder nur teilweise bewusst geschieht. Es ist dennoch leicht vorzustellen, dass über die Bewertung solcher expressiven Eindrücke im konkreten Fall die Entscheidung beeinflusst wird, ob ich mich setze oder nicht.

Die Umsetzung dieses dritten Kriteriums steckt noch in den Kinderschuhen. Einen möglichen Ansatz bietet wieder die Invarianzforschung (HEINE, 1994). Der relevante Umweltbestandteil wird solange geändert, bis ein bestimmter emotionaler Reiz erzielt wird und sich die Affordanzen i.S. der Handlungsmöglichkeiten und auch der Einschränkungen dementsprechend affektiv „färben".

Bei der Produktgestaltung wird in diesem Zusammenhang häufig von emotionalem Design gesprochen, welches nicht nur die visuell zugänglichen Komponenten betrifft. Beispielsweise wird bei Autos und Haushaltgeräten, in jüngster Zeit sogar bei Lebensmitteln wie Würsten oder Keksen, den Geräuschen eine bestimmte Charakteristik gegeben, um sie anziehender zu machen (BRÖDER, 2006). Bei der Gestaltung attraktiver Kaufumgebungen wird ebenfalls die Wirkung von Musik berücksichtigt (GUÉGUEN, 2006). In diesem Bereich spielen aber auch Gerüche eine zunehmende Rolle. Selbstverständlich

ARCHITEKTURPSYCHOLOGIE

können architekturrelevante formale Merkmale der Gestaltung von Verkaufsräumen, beispielsweise Geschäftsfassaden, das Annäherungsverhalten von Menschen positiv oder negativ beeinflussen (vgl. Kap. Raumsymbolik).

6.3.4 Kriterium IV: soziale und Umweltverträglichkeit

Schaut man sich die ersten drei Kriterien etwas genauer an, so wird klar, dass es sich hier um rein wertneutrale Aspekte handelt. Genau dies hat auch HEINE (1994) im Auge, wenn er vorschlägt ein viertes Kriterium einzuführen, welches korrektiv mögliche negative Konsequenzen der ersten drei Kriterien beachtet. Die wertneutrale Handhabung wird so durch die folgende *normative Forderung* ergänzt: Eine Affordanz muss sozial- und umweltverträglich gestaltet sein.

Normative Forderung

So genügt es nicht, wenn eine Schnellstraße rein affordanztheoretisch für den Autofahrer optimal gestaltet ist und dennoch mitten durch ein dicht besiedeltes Wohngebiet führt. Ein Beispiel für Umweltverträglichkeit ist die verantwortungsvolle Planung von (Rad-)Wegen in Naturschutzgebieten, aber auch im Stadtraum. Wichtige zu beachtende Auswirkungen ökologischer und sozialer Natur sind hier die Versiegelung von Boden, Schadstoffemission sowie Geruchs- und Lärmbelästigung.

Abb. 6: Sozialverträglichkeit von Radwegen. Der sozialverträgliche Radweg links kann problemlos von anderen Nutzergruppen überquert werden, rechts bereiten die Bordkanten Probleme, beispielsweise für Rollstuhlfahrer oder gehbehinderte Fußgänger

Das vierte Kriterium stellt noch eine enorme Herausforderung an Planungsprozesse dar, sollte aber im Sinne einer (Neben-)Folgenabschätzung von wichtigen Umweltgestaltungsmaßnahmen zunehmend an Bedeutung zu gewinnen.

6.4 Ausblick: Affordanzstrukturmodell und Affordanzkonflikte

Im Kriterium IV ist bereits angeklungen, dass die Einbeziehung übergreifender Faktoren sozialer Art in das Affordanzkonzept bedeutsam sein kann. Ein ähnlich holistisches Gesamtkonzept liefert das Affordanzstrukturmodell, indem es versucht, die Bedürfnisse aller Nutzergruppen zu beachten. Denn die Nische „Verkehrsumwelt" lässt sich genau genommen nur über einen komplex ineinander geschachtelten Satz von Affordanzen beschreiben – die *Affordanzstruktur*.   *Affordanzstruktur*

Im Bereich der Verkehrsplanung wird es besonders gut deutlich: Hier gibt es nicht nur je nach Nutzergruppe (Autofahrer, Radfahrer, Nutzer öffentlicher Verkehrsmittel, Fußgänger) verschiedene Affordanzen, sondern aufgrund verschiedener Effektivitäten auch unterschiedliche Affordanzen innerhalb einer Nutzergruppe (z.B. Kinder vs. Erwachsene vs. ältere Menschen). Aufgrund unterschiedlicher Bedürfnisse zwischen einzelnen Nutzergruppen, aber auch innerhalb einer Nutzergruppe können regelrechte *Affordanzkonflikte* entstehen *(Bei-*   *Affordanzkonflikte*
spiel, siehe Kasten, vgl. auch Kapitel Territorialität und Privatheit; Verkehrswege als Territorium verschiedener Nutzergruppen).

Beispiel: Radwegbenutzungspflicht und Affordanzstrukturkonflikte
(nach HEINE, 1994; HEINE & GUSKI, 1994)

Befürworter einer Radwegbenutzungspflicht stützen sich meist auf Argumente wie eine sinnvolle Entmischung des Verkehrs und erhöhte Sicherheit für Rad- und Autofahrer. Gegner bringen dagegen teils affordanztheoretisch begründete Gegenargumente: Wie ermöglicht man eine optimale Befahrbarkeit und Bauausführung sowie verständliche Beschilderung und Radfahrerampeln?

Stützt man sich auf das *Affordanzstrukturmodell,* tun sich zusätzlich *Affordanzkonflikte* auf. Nutzungspflichtige Radwege bevorteilen oft Autofahrer und benachteiligen dagegen andere Verkehrsteilnehmer. Denn eine „freie" Straße verleitet zu erhöhtem Tempo und führt damit zu niedrigerer Sicherheit der anderen Verkehrsteilnehmer sowie erhöhter Umweltbelastung. Auch am Knotenpunkt Ampel muss ein Radwegnutzer gerade beim Linksabbiegen gegenüber einem Automobil Umwege in Kauf nehmen. Verläuft der Radweg dagegen direkt fahrbahnbegleitend, aber abgegrenzt, wird ein Radfahrer an Ampelanlagen manchmal nicht als gleichberechtigter Teilnehmer wahrgenommen und man weiß oft nicht, wer tatsächlich das Vorrecht inne hat.

An diesem Beispiel zeigt sich eindeutig, dass nur, wenn Affordanzen für alle Verkehrsteilnehmer beachtet werden, sich derartige Konflikte erkennen und vermeiden lassen. Die *Affordanzanalyse* bzw. die Affordanzstrukturforschung macht es sich daher zur Aufgabe, Umweltaffordanzen in Relation zu den Nutzergruppen zu differenzieren, Defizite aufzudecken und eine größtmögliche Verteilungsgerechtigkeit zu schaffen.

Affordanzanalyse

6.5 Literatur

Bröder, S. (2006). Das Ohr kauft mit. Psychologie heute, 4, 30-34.

Gibson, J. J. (1979). The Ecological Approach to Visual Perception. Boston: Houghton Mifflin.

Gibson, J. J. (1982). Wahrnehmung und Umwelt: der ökologische Ansatz in der visuellen Wahrnehmung. München: Urban und Schwarzenberg.

Guéguen, N. (2005). Der Mozart-Effekt. Gehirn & Geist, 5, 41-42.

Guski, R. (1989). Wahrnehmung: eine Einführung in die Psychologie der menschlichen Informationsaufnahme. (Grundriss der Psychologie, Bd. 7) Stuttgart: Kohlhammer.

Heine, W.-D. (1994). Der Mensch hat keine Wurzeln, aber auch keine vier Räder. Zur ökologischen Perspektive im Verkehr. In Pawlik, K. (Hrsg.), Abstracts zum 39. Kongress der Deutschen Gesellschaft für Psychologie. Hamburg: Psychologisches Institut der Universität.

Heine, W.-D. & Guski, R. (1994). Aspekte des Verkehrsverhaltens aus Sicht des ökologischen Ansatzes von J. J. Gibson. In: Flade (Hrsg.), Mobilitätsverhalten. Bedingungen und Veränderungsmöglichkeiten aus umweltpsychologischer Sicht. Weinheim: Beltz PVU.

Turvey, M. T. & Carello, C. (1986). The ecological approach to perceiving-acting: a pictorial essay. Acta Psychologica, 63, 133-155.

7. Prinzipien und Phänomene der Wahrnehmung

Peter G. Richter & Antje Schramm

7.1 Einleitung

Vielleicht haben Sie sich auch schon einmal gefragt, wie es denn passiert, dass wir bestimmte Dinge als zusammengehörig ansehen. So geschieht es oft, dass wir viele Menschen auf einer Stelle als Gruppe von Personen wahrnehmen, einfach nur deswegen, weil sie nahe beieinander stehen. Auch sehen wir in einer Straße die Häuser auf der einen Straßenseite als eine Einheit an und diejenigen auf der gegenüberliegenden Seite bilden wiederum eine andere. Im Supermarkt erkennen wir so auch die Produkte als zusammengehörig, die eine gleiche Verpackung zum Beispiel hinsichtlich von Form und Farbe haben, auch wenn sie nicht unmittelbar nebeneinander stehen. Alle diese Phänomene, die uns im Alltag begegnen, ohne dass wir darüber bewusst nachdenken, sind Beispiele für die im folgenden Kapitel beschriebenen Prinzipien und Phänomene der Wahrnehmung.

Bestimmt haben Sie auch schon einmal von Wahrnehmungstäuschungen gehört, wie sie im vierten Abschnitt des Kapitels behandelt werden. Auch wenn Sie vielleicht die korrekte Antwort wissen, kennen Sie die psychologischen Erklärungen dafür? Eine Antwort darauf bekommen Sie in diesem Kapitel.

Gerade weil diese Prinzipien und Phänomene so allumfassend in unserem Leben sind, soll darauf im Folgenden eingegangen werden. Allerdings können wir das nicht umfassend und erschöpfend tun, denn die Welt der Wahrnehmung ist viel zu groß, als dass sie in einem kurzen Buchkapitel dargestellt werden kann. Umfangreiche Darstellungen findet man in Einführungsbüchern in das Fach Psychologie, beispielsweise bei ZIMBARDO & GERRIG (2004). Für die Anwendung in der Architektur ist auch das Buch von SEYLER (2004) zu empfehlen.

An dieser Stelle soll nur auf wenige ausgewählte Prinzipien eingegangen werden, die von fundamentaler Bedeutung für die Wahrnehmung sind. Diese finden sich u. a. in den so genannten Gestaltgesetzen, wie sie in der Psychologie zu Beginn des 20. Jahrhunderts erstmals beschrieben wurden. Um das Verständnis für die dahinter stehenden Mechanismen zu fördern, werden diese Grundprinzipien bestimmten Phänomenen gegenübergestellt, für die sie Erklärungsansätze liefern. Gleichzeitig sollen Beispiele aus der Architektur deren Anwendung illustrieren.

Im folgenden Text ist – wie auch bei vielen anderen Darstellungen – eine generelle Begrenzung auf optische Wahrnehmung zu beachten. ROLOFF & MEINHOLD (2002) haben die damit verbundenen Probleme für Architekturentwürfe auf den Punkt gebracht.

> „In den Skizzen und Zeichnungen der Architekten kann sich allerdings nur die optische Raumcharakteristik widerspiegeln. Dies liegt daran, dass Skizzen, Zeichnungen und Modelle ebenfalls nur optisch aufgenommen werden. Es gibt keinen Entwurf, in dem gefühlt werden kann, wie warm es im Sommer wird, wie laut es ist, wenn das Fenster geöffnet werden muss, um Strahlungsgewinne abzuführen, oder wie verbrauchte Luft riecht, weil die Lüftung des Raumes nicht gewährleistet ist, oder welches Gefühl sich ausbreitet, wenn Energie- und Wartungskosten für die Räume zu begleichen sind."
>
> ROLOFF & MEINHOLD, 2002, S. 108-109

Die Wahrnehmung realer (gebauter) Umwelten geschieht jedoch immer mit all unseren Sinnen und beinhaltet in der Regel auch emotionale Bewertungen *(vgl. den Exkurs zum Affordanzkonzept)*.

7.2 Figur-Grund-Prinzip und Maskierungen

Gestaltgesetze Die *Gestaltgesetze* umfassen Regeln, nach denen wir Einzelteile, die wir wahrnehmen, zu ganzen Gestalten zusammenfügen. Dieser Satz von Regeln beschreibt, welche Wahrnehmungen entstehen, wenn bestimmte Reizbedingungen gegeben sind.

Gestalt = Ganzheitliche Auffassung Die deutsche Schule der Gestaltpsychologie um MAX WERTHEIMER (1923) entwickelte eine *ganzheitliche Auffassung* von der menschlichen Wahrnehmung. Psychische Phänomene können nur verstanden werden, wenn man sie als organisiertes und strukturiertes Ganzes wahrnimmt und nicht in einfache Elemente zerlegt. Die Wahrnehmung der *Gestalt* (auch Form, Figur, Kern) kann man sich in einem Gedanken-

7. PRINZIPIEN UND PHÄNOMENE DER WAHRNEHMUNG

> **Ein Gedankenexperiment**
>
> „Ich sehe zwei dunkelbraune, etwa 3 cm breite und 20 cm lange Rechtecke, parallel zueinander in 40 cm Entfernung, sowie zwei weitere dunkelbraune Rechtecke etwa 3 x 40 cm. Die kurzen und die langen Rechtecke treffen sich an den Enden und bilden zusammen jeweils einen rechten Winkel."
>
> Der Unterschied wird deutlich, wenn die strukturierte Beschreibung des gleichen Gegenstandes erfolgt.
>
> „ Ich sehe einen braunen Bilderrahmen, Größe 20 x 40 cm, 3 cm dick."

experiment verdeutlichen, welches einzelne elementare Sinneseindrücke einer solchen ganzheitlichen Interpretation gegenübergestellt.

Voraussetzung ist, dass die einzelnen Elemente eines Gegenstandes als abgehoben vom Hintergrund wahrgenommen werden. Das so genannte *Figur-Grund-Prinzip* beschreibt damit eine zentrale Wahrnehmungsbasis *(vgl. Kap. Psychologie des Zwischenraumes)*.

Figur-Grund-Prinzip

Ist die Abhebung vom Hintergrund nicht gegeben, entstehen Kippfiguren. Der dänische Psychologe EDGAR RUBIN verwendete Kippfiguren, wie in Abbildung 1, um die Figur-Grund-Trennung zu untersuchen. Bei dieser Figur ist es möglich, eine weiße Vase vor einem schwarzen Hintergrund zu sehen oder zwei einander zugewandte schwarze Gesichter vor einem weißen Hinter-

Abb. 1:
RUBIN'sche Kippfigur

grund. Es ist schwierig, vielleicht gar unmöglich, die beiden Gesichter und die Vase gleichzeitig wahrzunehmen. Der Grund dafür ist die Tatsache, dass ein Hintergrund immer als „ungeformtes Material" gesehen wird. Sobald man sich beispielsweise auf die weißen Areale konzentriert und diese als Figur sieht, werden die schwarzen Flächen automatisch zu „ungeformtem Material" und erscheinen als Hintergrund.

Es gibt auch bestimmte Eigenschaften der Reize, die beeinflussen, welche Bereiche als Grund und welche als Figur gesehen werden. So neigen wir dazu, eher symmetrisch geformte Bereiche als Figur wahrzunehmen wie in Abbildung 2. Gleiches gilt auch für konvexe, d.h. nach außen gewölbte Formen, die sich gegenüber symmetrischen sogar durchsetzen, was Abbildung 3 verdeutlicht.

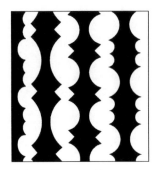

Abb. 2: Symmetrische Formen werden bevorzugt gesehen

Abb. 3: Konvexe Formen werden bevorzugt gesehen

Als Figur bevorzugen wir auch Reizmuster mit kleineren Flächen. Vorteilhaft sind hierbei vertikale und horizontale Orientierungen sowie bedeutungshaltige Gegenstände.

Es ist deutlich geworden, dass jedes Bauwerk, jedes Gebäude in der Regel solche Merkmale aufweist, die es zur Figur im gestaltpsychologischen Sinn machen. Vor allem dann, wenn in natürlicher Umgebung gebaut wurde, heben sich architektonische Gebilde vom Hintergrund ab.

Maskierung

Allerdings kann eine Figur auch im Hintergrund verschwinden, wenn deren Elemente mit Teilen anderer Figuren zusammengefasst werden, oder in ihnen aufgehen. Dieses Phänomen wird *Maskierung* genannt (Rock, 1987). In der Abbildung 4 ist der dahinter stehende Mechanismus verdeutlicht: Die links dargestellte Ziffer „4" ist in der Überlagerung von Dreieck und zwei Quadraten rechts nur schwer zu erkennen.

Dieses Phänomen kann vor allem bei der Tarnung im Tierreich beobachtet werden, es ist aber auch in der Architektur zu finden. Seine Anwendung sollte aber nicht dazu führen, dass wichtige Elemente in der gebauten Umgebung nicht mehr erkennbar sind. So war in einem Cafehaus die Tür zu den Toiletten in einer Panelwand so gut

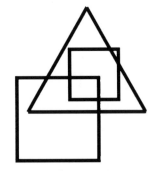

Abb. 4: Maskierung einer Figur im Kontext

7. PRINZIPIEN UND PHÄNOMENE DER WAHRNEHMUNG

Beispiel aus der Architektur

Größere Bauwerke, wie Schornsteine, Masten für Windmotoren, Hochregallager oder dieser Kühlturm können durch farbige Verkleidungen oder Anstriche an den natürlichen Hintergrund angepasst werden.

Im Beispiel gelingt das durch Unterteilung der ehemals uniformen grauen Betonfläche in einzelne Farbfelder. Die Farbabstufungen – von Grüntönen im unteren Bereich zu Blautönen im oberen – lassen den Turm besser in der Umgebung aufgehen. Gleichzeitig wird durch die Streifen- und Bogenstruktur der Bemalung die Großform des Kühlturmes aufgelöst.
(Farbgestaltung: F. E. von Garnier)

versteckt, dass sich das Personal gezwungen sah, ein spezielles Hinweisschild anzubringen *(vgl. Exkurs zum Konzept der mentalen Modelle).*

Das Phänomen der Maskierung kann auch unter Bezug auf ein (spezielles) Gestaltgesetz erklärt werden, dem „Gesetz der Einstellung". Dieses besagt, dass wir ein und dasselbe Reizmuster je nach Umgebung unterschiedlich wahrnehmen, d.h. wir weisen ihm verschiedene Bedeutungen zu, so zum Beispiel in Abbildung 5. Lesen wir waagerecht die Zeile der Zahlen, so nehmen wir in der Mitte eine Zahl „13" wahr. Wenn wir jedoch senkrecht die Spalte der Buchstaben lesen, „verwandelt" sich die Zahl „13" in den Buchstaben „B".

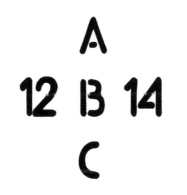

Abb. 5:
Gesetz der Einstellung

ARCHITEKTURPSYCHOLOGIE

7.3 Prägnanzprinzip und ausgewählte Gestaltgesetze

Prägnanzprinzip Das *Prägnanzprinzip* (auch als „Gesetz der Einfachheit" bezeichnet) ist ein weiterer Basismechanismus, der bei der Objektwahrnehmung von Bedeutung ist. Nach Auffassung der Gestaltpsychologen haben insbesondere einfache und regelmäßige geometrische Figuren die Tendenz zur „guten Gestalt".

Das Gesetz der Einfachheit besagt, dass Reizmuster so wahrgenommen werden, dass die daraus resultierende Struktur so einfach wie möglich ist. Die Figur in Abbildung 6 (a) kann auf unterschiedliche Weise interpretiert werden, wie beispielsweise Abbildung 6 (b) zeigt. Wir neigen jedoch prinzipiell dazu, die komplexe Figur aus Abbildung 6 (a) in zwei einfache geometrische Formen aufzugliedern wie in Abbildung 6 (c) veranschaulicht.

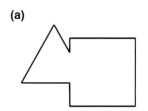
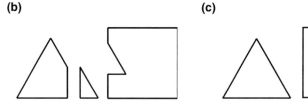

Abb. 6: Die Vorlagen (b) und (c) zeigen mögliche Wahrnehmungen der Vorlage (a). Wir bevorzugen Vorlage (c)

Die guten Gestalten heben sich nicht nur besonders vom (unstrukturierten) Untergrund ab, sondern sie werden auch in ästhetischer Hinsicht positiv beurteilt.

> „Architektur ist das weise, richtige und wundervolle Spiel der Körper im Licht .... Würfel, Kegel, Kugeln, Zylinder oder Pyramiden sind die großen Grundformen, die das Licht vorteilhaft enthüllt, (sie) sind schöne Formen, die schönsten Formen."
> LE CORBUSIER, 1963, S. 52

7. PRINZIPIEN UND PHÄNOMENE DER WAHRNEHMUNG

Beispiel aus der Architektur

Am Beispiel einer Kirche soll das Prägnanzprinzip illustriert werden. Wenn wir das Foto betrachten, sehen wir geometrische Formen gemäß dem Gesetz der Einfachheit. So nehmen wir das Kirchengebäude selbst wahr als Quader, ebenso den Turm. Dieser kann jedoch entsprechend der Bauart auch als Röhre betrachtet werden. Das Dach des Turmes wird dementsprechend als Kegel oder Pyramide gesehen. Letztlich nehmen wir das Dach des Kirchenschiffes als Rhombus wahr. Bezüglich der Fenster werden diese einzeln entsprechend ihrer Form gesehen und nicht als Löcher in den geometrischen Formen der Kirchenbestandteile.

Über den Mechanismus der prägnanten Hervorhebung einzelner Objekte des Wahrnehmungsfeldes wird dieses gegliedert und (besser) durchschaubar. Diese allgemeinen Tendenzen zur Vereinfachung und Strukturierung finden sich in zahlreichen (speziellen) Gestaltgesetzen wieder, die in der Folge skizziert werden. Hintergrund für die Auswahl war vor allem deren Relevanz für die architektonische Gestaltung von Gebäude- und Stadtstrukturen.

Nach dem *„Gesetz der Ähnlichkeit"* werden Dinge, die ähnlich sind, als zusammengehörig, d.h. als Gruppe betrachtet. Diese Gruppierung aufgrund von Ähnlichkeit erfolgt aber nicht ausschließlich anhand der Form bzw. äußeren Gestalt, sondern auch aufgrund von Ähnlichkeit bei Helligkeit, beim Farbton, der Orientierung oder der Größe (Abb. 7).

Gesetz der Ähnlichkeit

Abb. 7: Aufgrund von Ähnlichkeit nehmen wir Spalten aus Kreisen und Quadraten wahr

ARCHITEKTURPSYCHOLOGIE

Beispiel aus der Architektur

Im Stadtbild von Dresden trifft man sehr oft auf Gruppen von gleich aussehenden Gebäuden. Darunter stechen vor allem die Studentenwohnheime der TU Dresden rund um den Campus ins Auge. So stellten die Wohnheime in der Hochschulstraße noch eine einheitliche Gebäudegruppe durch ihre Ähnlichkeit in Form und Farbe dar, wie sie die Abbildung oben zeigt. Zunehmend wird auf eine Differenzierung der Hochhäuser gesetzt, unter anderem anhand von unterschiedlicher Fassadengestaltung und Farbe wie in der Abbildung unten zu sehen.

Wie aus dem Beispiel hervorgeht, ist das Gesetz der Ähnlichkeit nicht allein auf Aspekte der Wahrnehmung zu beschränken. Die fortschreitende Differenzierung bei den Dresdner Studentenwohnheimen ist Ausdruck gesellschaftlicher Veränderungen nach der politischen Wende in Deutschland zu Beginn der 1990er Jahre. Damit wird etwas überwunden, was BRIGITTE REIMANN (1963) in Bezug auf die sozialistische Stadt beschrieben hat: „Wir leben in einer Stadt aus dem Baukasten: Eine schnurgerade Magistrale, schnurgrade Nebenstraßen, standardisierte Häuser, standardisierte Lokale (man ist nie ganz sicher, in welchem man gerade sitzt), standardisierte Kaufhallen ... Eine Stadt der *Typenbauten* kann zum Problem werden, denn die Umgebung, die Architektur, prägt das Lebensgefühl des Menschen im gleichen Maße wie Literatur, Malerei, Musik, ...". (Reimann, 17.8.1963, Hervorhebung v. d. A.)

Typenbauten

Es wird deutlich, dass die in diesem Kapitel behandelten reizbezogenen Merkmale von Architektur sehr weitgehende politische und gesellschaftliche Implikationen haben können, auf die im Kapitel *Raumsymbolik* noch einmal eingegangen wird.

Gesetz der Nähe

7. PRINZIPIEN UND PHÄNOMENE DER WAHRNEHMUNG

Eng verbunden mit dem Gesetz der Ähnlichkeit ist das *„Gesetz der Nähe"*. Dies postuliert, dass Dinge, die sich räumlich nah beieinander befinden, als zusammengehörig, d.h. als Gruppe angesehen werden. So nehmen wir die Kreise in Abbildung 8 (a) als Reihen und nicht als Spalten wahr, da die Kreise in der Reihe näher zueinander stehen.

Betrachten wir zusätzlich Abbildung 8 (b), fällt auf, dass wir trotz unterschiedlicher Formen die Kreise und Quadrate als Reihe wahrnehmen, obwohl dies gegen das Gesetz der Ähnlichkeit spricht. Hieraus

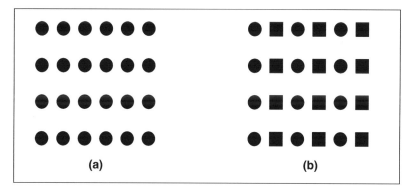

Abb. 8: Illustration des Gesetzes der Nähe (a) in Interaktion mit dem Gesetz der Ähnlichkeit (b)

Beispiel aus der Architektur

Anhand der Fensterfront eines Hauses wird deutlich, wie sich das Gesetz der Nähe in der Architektur darstellt. Die unterschiedlichen Abstände der einzelnen Fenster zueinander bestimmen, welche der Betrachter als zusammengehörige Einheit wahrnimmt. So stehen die mittleren drei Fenster jeweils abgegrenzt zu den beiden äußeren. Diese haben einen größeren Abstand zu den drei Fenstern in der Mitte, als die beiden danebenliegenden Fenster untereinander. Auch nehmen wir vorrangig drei Spalten von Fenstern wahr und nicht fünf Reihen, was sich ebenfalls durch den Abstand erklärt.

lässt sich schlussfolgern, dass das Gesetz der Nähe über die Ähnlichkeit dominiert.

PAHL & JACOBSEN (2005) haben in einem Experiment zur Beurteilung von Fassaden, an dem 172 Personen teilnahmen, belegen können, dass die ästhetische Beurteilung von der Anwendung dieser Gestaltprinzipien abhängt. Fassaden, in denen die Elemente innerhalb eines Rasters *Gesetz der Kontinuität* gruppiert sind, werden schöner empfunden als weniger strukturierte.

Synonym für das *„Gesetz der Kontinuität"* werden auch die Bezeichnungen „Gesetz der fortgesetzt durchgehenden Linie" oder „Gesetz der guten Fortsetzung" verwendet. Demnach werden Linien meist so gesehen, als folgten sie dem einfachsten Weg. Das heißt, Linien werden nach dem Prinzip der Einfachheit fortgesetzt. So nehmen wir die beiden Linien in Abbildung 9 (a) als eine durchgehende Gerade A und als geschwungene Linie B wahr, wie in Abbildung 9 (b) dargestellt. Es ist

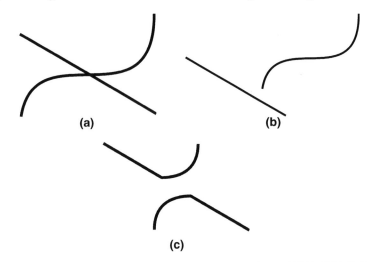

Abb. 9:
Illustration des Gesetzes der Kontinuität oder der guten Fortsetzung

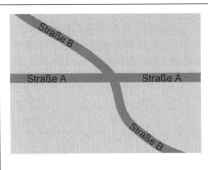

Beispiel aus der Architektur
Wenn wir einen Stadtplan betrachten (Abbildung), nehmen wir die Tatsache, dass sich Straßen nach einer Kreuzung weiter in die gleiche Richtung fortsetzen, nicht als Besonderheit war. Für uns ist es normal, dass sich die Straßen A und B – meist unter den gleichen Namen – fortsetzen. Offen ist, bei welcher Konfiguration einer Kreuzung diese Fortsetzungen nicht mehr eindeutig erkennbar sind. Dabei muss man beachten, dass wir bei der Fortbewegung in der Stadt aus einer Froschperspektive wahrnehmen.

unwahrscheinlich, dass wir zwei zusammengefügte „Fähnchen" wie in Abbildung 9 (c) wahrnehmen.

7.4 Geometrisch-optische Täuschungen und Konstanzprinzip

Geometrisch-optische Täuschungen

Geometrische Figuren werden oft anders wahrgenommen, als sie wirklich sind. Unter diesem Phänomen verstehen wir *geometrisch-optische Täuschungen*.

Die Ursache liegt darin, dass Informationen über die Größe und Größenverhältnisse der Gegenstände in ihrer normalen Umwelt sowie die lineare Perspektive und perspektivische Verkürzungen in die Wahrnehmung eingehen. Dabei gibt es eine auslösende Komponente und eine Test-Komponente, über die man sich täuscht. Am Beispiel der MÜLLER-LYERSCHEN *Täuschung* (siehe Abbildung 10) sind die auslösenden Komponenten die verschiedenen Pfeilspitzen. Die Test-Komponenten sind die beiden Linien. Sie sind ohne die Pfeilspitzen exakt gleich lang.

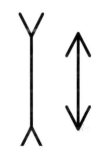

Abb. 10: MÜLLER-LYERSCHE Täuschung

Die verschiedenen Erklärungen über die Ursachen der optischen Täuschungen, auf die in diesem Kapitel nicht näher eingegangen werden soll, stimmen in folgenden drei Punkten überein:

Erstens: Eine optische Täuschung bezieht sich nicht auf das Denken, sondern auf die Wahrnehmung. So verschwindet eine Täuschung nicht, wenn man weiß, dass der Eindruck, den man hat, falsch ist.

Zweitens: Eine Täuschung entsteht nicht durch Vorgänge in der Netzhaut, sie ist in höheren zentralnervösen Verarbeitungsprozessen begründet.

Drittens: Augenbewegungen haben keinen Anteil am Zustandekommen einer optischen Täuschung.

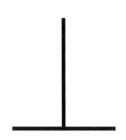

Abb. 11: Vertikalentäuschung

Prinzipiell kann jede optische Täuschung bei Objekten architektonischer Gestaltung von Bedeutung sein. In der Folge soll nur auf sehr wenige, besonders relevante eingegangen werden:

Die Wahrnehmung von Gebäuden wird häufig durch die so genannte *Vertikalentäuschung* moduliert (Abb. 11). Danach nehmen wir senkrechte Linien als länger wahr als waagerechte. Entsprechend erscheinen würfelförmige Gebäude schlanker und höher, als sie es nach ihren geometrischen Maßen sollten.

Abb. 12: Schrumpfung der leeren Strecke

Im Zusammenhang damit ist eine Täuschung zu beachten, die erstmals von Oppel und Hering (zit. nach Metzger, 1953) beschrieben wurde, das Phänomen der *„Schrumpfung der leeren Strecke"* (Abb. 12). Hierbei scheint die untergliederte Strecke län-

ARCHITEKTURPSYCHOLOGIE

Beispiel aus der Architektur

Vertikalentäuschung und *Schrumpfung der leeren Strecke* waren der Hintergrund für eine Untersuchung von HOFFMANN & HÖHNOW (2006), welche sich dem Einfluss der Fassadenstruktur auf die Höhenwahrnehmung von Gebäuden widmete.

Die Hypothese, dass stärker strukturierte Fassaden die Wahrnehmung der Höhe verstärken, konnte für unterschiedliche quaderförmige Gebäude bestätigt werden, nicht jedoch für Häuser mit Satteldach.

Bei der quantitativen Abschätzung der Effekte zeigte sich, dass Gebäude mit Fassaden mittlerer Strukturierung oder starker Strukturierung signifikant höher geschätzt werden als Gebäude mit gering strukturierter Fassade. Die Unterschiede zwischen mittlerer und starker Strukturierung waren dagegen deutlich geringer (vgl. Abbildungen). Für eine weiterführende Untersuchung wäre interessant, genauer zu überprüfen, bei welcher Art und ab welchem Grad der Fassadenstrukturierung der gezeigte Verzerrungseffekt in Bezug auf die Höhenwahrnehmung auftritt.

geringe   mittlere   starke Strukturierung

BAUAKADEMIE

HÖHENSCHÄTZUNG BAUAKADEMIE

KUNSTHAUS

HÖHENSCHÄTZUNG KUNSTHAUS

ger zu sein als die „leere" Strecke. Das ist offenbar unabhängig davon, ob es sich um eine waagerechte oder senkrechte Linie handelt.

Für die Wahrnehmung von Raumstrukturen *(vgl. Exkurs zur Psychologie des Zwischenraumes)* ist eine spezielle Art der Täuschung von Belang, die erstmals im Jahr 1900 beschrieben wurde: die Wahrnehmung von *Scheinkonturen*.

Wie Abbildung 13 zeigt, nehmen wir anhand der weißen Ecken in den schwarzen Kreisen ein weißes Dreieck wahr. Die Seiten des Dreiecks stellen Scheinkonturen dar, denn sie sind im physikalischen Reizmuster nicht wirklich vorhanden.

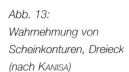

Abb. 13:
Wahrnehmung von Scheinkonturen, Dreieck (nach KANISA)

Die Tatsache, dass wir die skizzierten geometrisch-optischen Täuschungen und auch Scheinkonturen wahrnehmen, lässt sich mit den Thesen der Elementenpsychologie nicht erklären. Sie ist vielmehr ein weiterer Beleg dafür, dass die Wahrnehmung der einzelnen Teile eines Reizmusters von dessen gesamter Zusammensetzung abhängt und nicht lediglich von der bloßen Wahrnehmung der einzelnen Teile einer Konfiguration. In diesem Zusammenhang wird ein Leitsatz der Wahrnehmung aus gestaltpsychologischer Perspektive bedeutsam: „Das Ganze ist mehr als die Summe seiner Teile." Die Essenz dieser Auffassung wird in der Folge noch deutlicher.

Für die Wahrnehmung der räumlichen Tiefe ist eine weitere optisch-geometrische Täuschung von Belang, die als letzte dargestellt werden soll.

Die Ponzo-Täuschung besteht darin, dass wir die obere Linie länger wahrnehmen als die untere (Abb. 14).

Abb. 14:
PONZO-Täuschung

Innerhalb der so genannten statischen Perspektive resp. dem Texturgradienten *(vgl. Punkt 7.5)* wird erklärbar, wieso es zu dieser Verzerrung kommen kann. Die in Abbildung 14 dargestellte Reizkonstellation setzt das außer Kraft, was bei der Wahrnehmung in realen Umgebungen die Regel ist, nämlich *Größenkonstanz*.

Gegenstände in größerer Entfernung vom Betrachter verursachen entsprechend des Strahlensatzes der Optik und in Relation zur Verdichtung der in größerer Entfernung zu sehenden Hintergrundstrukturen ein

Abb. 15:
Größenkonstanz (nach GUSKI 2000, S. 66)

Konstanzprinzip kleineres Bild auf der Netzhaut. Dadurch erkennen wir die Gegenstände als gleich groß wieder (Abb. 15).

Das *Konstanzprinzip* (Wahrnehmungskonstanz) ist von universeller Bedeutung. Trotz teilweise extremer Veränderung der Netzhautbilder beim Wechsel des Beobachtungsstandortes, sind wir in der Lage, Objekte hinsichtlich der Größe, der Form, der Orientierung, der Helligkeit, der Farbe, etc. wieder zu erkennen. Das ist darin begründet, dass sich in der realen Welt meist die gesamte Reizkonstellation ändert und damit die Relationen zwischen den einzelnen Elementen gewahrt werden. Beispielsweise verändert sich die Leuchtstärke von Kohle und Papier zwischen Dämmerung und Mittagslicht enorm, dennoch können wir unter allen Beleuchtungsbedingungen beides unterscheiden, da die Leuchtstärkeunterschiede zwischen beiden erhalten bleiben *(vgl. Exkurs zum Affordanzkonzept)*.

Bei komplexen Objekten – wie sie architektonische i. d. R. darstellen – wird dieser Mechanismus offenbar dadurch unterstützt, dass

Beispiel aus der Architektur
Wirkung des *Konstanzprinzip:* Weil bei allen Änderungen des Beobachterstandpunktes in der komplexen Umwelt die Relationen erhalten bleiben, erkennen wir – gestützt auf unser Gedächtnis – die Invarianten und somit, dass es sich bei den beiden Häusern im linken und rechten Bild jeweils um dieselben handelt.

wir verschiedene Ansichten in unserem Gedächtnis speichern (TARR, 1994). Zur Illustration ist das folgende Beispiel gedacht.

Interessanterweise lassen sich auch bei komplexen Reizkonfigurationen vielfältige Täuschungen herbeiführen. Ein prominentes Beispiel ist der Ames'sche Raum. Er wurde so konstruiert, dass die Oberflächen nicht rechteckig sind und alle Winkel schief in Höhe und Tiefe. Betrachtet man diesen Raum von einem bestimmten Standpunkt aus, so wird er vom visuellen System als normaler Raum mit rechten Winkeln inter-

7. PRINZIPIEN UND PHÄNOMENE DER WAHRNEHMUNG

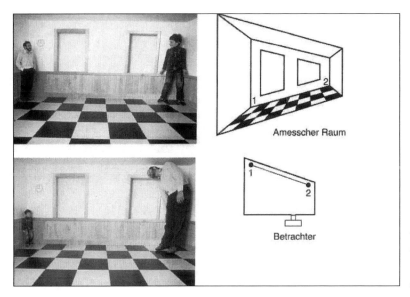

Abb. 16:
Ames'scher Raum
(nach ZIMBARDO & GERRIG, 2004, S.190)

pretiert. Das führt zu verblüffenden Täuschungseffekten, beispielsweise in Bezug auf die Größe der darin befindlichen Personen (Abb. 16). Stattet man einen derartigen Raum mit schiefwinkligem Mobiliar aus, so beziehen sich diese Täuschungen auch auf die darin befindlichen Gegenstände, beispielsweise auf das Kaffeeservice auf dem Tisch. Beim Eingießen scheint dann der Kaffee nicht senkrecht zu fließen.

Aus der Perspektive der Architektur wäre zu überlegen, ob derartige Effekte unter bestimmten Umständen genutzt werden können und/oder gar angezielt werden sollen.

7.5 Mechanismen der Wahrnehmung räumlicher Tiefe

Für die Wahrnehmung von Raum und Tiefe sind zwei Basismechanismen von Bedeutung: *Binokulares und monokulares Sehen*.

Binokulares und monokulares Sehen

In Abbildung 17 sind wesentliche binokulare und monokulare Tiefenkriterien der visuellen Wahrnehmung dargestellt.

Das wichtigste Tiefenkriterium ist die so genannte Querdisparation (Abb. 17 a). Bei der binokularen Wahrnehmung entfernter Gegenstände werden die Abweichungen der gereizten Netzhautpunkte beider Augen verarbeitet und interpretiert. Aus der Größe des Vergenzwinkels kann damit auf die Entfernung von Gegenständen in der Umgebung geschlossen werden.

Aus differenzierten wahrnehmungspsychologischen Untersuchungen kann abgeleitet werden, dass die binokulare Wahrnehmung von Tiefe

ARCHITEKTURPSYCHOLOGIE

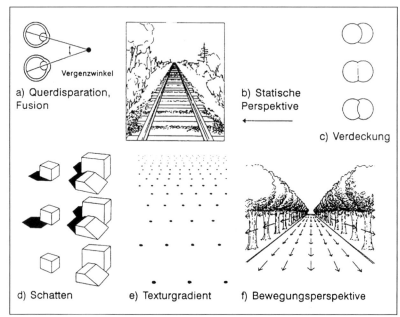

Abb. 17:
Binokulare und monokulare Kriterien des Tiefensehens (nach EBERLEH u. a., 1994, S. 29)

vor der Wahrnehmung der Form von Gegenständen erfolgt (JULESZ, 1987). Damit wird aus der Perspektive von Landlebewesen offenbar die Frage danach, wohin eine Bewegung möglich ist und wohin nicht, *zuerst* beantwortet. Erst in einem zweiten Schritt wird eine detaillierte Abbildung der Form von einzelnen Gegenständen vorgenommen *(vgl. Kap. Affordanzkonzept)*.

Die Wahrnehmung von Raum und Tiefe wird darüber hinaus auch von monokularen Tiefenkriterien unterstützt (Abb.17, b ... e).

GIBSON (1982) hat als einer der ersten Psychologen erkannt, dass der *Texturgradient* in amorphen natürlichen Umgebungen von entscheidender Bedeutung ist. Daneben sind Verdeckungen und Schattenwurf von Gegenständen relevant. In gebauten künstlichen Umwelten ist darüber hinaus die *statische Perspektive* (trapezförmige Muster aus geraden Linien, Abb.17 b) offenbar von besonderem Belang.

Last but not least ist auf weitere Kriterien der Tiefenwahrnehmung hinzuweisen, die mit den Phänomenen der so genannten Luftperspektive sowie der Farbperspektive verbunden sind.

Luftperspektive

Der Gestaltpsychologe W. METZGER (1953) hat die Wirkung der *Luftperspektive* schematisch veranschaulicht. In Abbildung 18 wird ersichtlich, dass das rechte Haus mit den deutlichsten Konturen als am weitesten vorn erscheint.Gleichzeitig erscheint das scheinbar fernste linke Haus vergrößert. Dies kann als Effekt der so genannten Größenkonstanz interpretiert werden (s.o. PONZO'SCHE Täuschung).

7. PRINZIPIEN UND PHÄNOMENE DER WAHRNEHMUNG

Abb. 18:
Schematische Darstellung der Luftperspektive (nach METZGER, 1953, S. 366)

Die *Farbperspektive* unterstützt die Tiefenwahrnehmung nicht nur durch die Abnahme von Farb- und Helligkeitskontrasten mit wachsender Entfernung von Gegenständen. Mit ihr gehen auch eine Abnahme der Brillanz/Sättigung von Farben sowie eine Verschiebung von Farbtönen in Richtung Blau und Grau einher *(vgl. Kap. Raum und Farbe)*.

Farbperspektive

7.6 Ein Beispiel: Kontextuelles Bauen

Abschließend soll an einem Beispiel etwas ausführlicher auf die Bedeutung von Wahrnehmungsprinzipien für die Architektur eingegangen werden.

Eine Untersuchung von STAMPS (1994) beschäftigte sich mit der Beurteilung von Straßenzügen. Dabei wurden drei Kontextvariablen untersucht, welche mit *replication, diversity* und *degree of development* bezeichnet wurden. Unter *replication* wird erfasst, inwieweit Gebäude gleiche oder ähnliche Merkmale aufzeigen wie die restlichen Häuser in einer Straße. *Diversity* umfasst die Anzahl der sich unterscheidenden Gebäude in einer Straße. Der Begriff *degree of development* (Entwicklungsgrad) wird bestimmt durch die Anzahl größerer Gebäude innerhalb eines Straßenzuges. Denn Straßenzüge mit größeren Gebäuden gelten als höher entwickelt.

replication, diversity, degree of development

Die Ergebnisse der Untersuchung verdeutlichen, dass Gebäude bevorzugt werden, die sich in den bestehenden Kontext einfügen, sowohl in ihrem Maßstab wie auch Charakter. Außerdem werden homogenere Straßenzüge gegenüber heterogenen besser beurteilt. Dies veranschaulicht Abbildung 19.

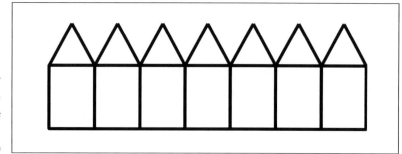

Abb. 19: Darstellung eines homogenen Straßenzuges (nach STAMPS 1994, mod.)

Die Ergebnisse lassen sich gemäß den Prinzipien der Gestaltpsychologie interpretieren. Die Kontinuität in der Gesamtcharakteristik der Gebäudereihe veranschaulicht sehr schön die Prinzipien der Ähnlichkeit, Geschlossenheit oder guten Fortsetzung.

Jedoch konnte die Untersuchung nicht bestätigen, dass wenig entwickelte Straßenzüge gegenüber höher entwickelten besser beurteilt werden.

Beispielsweise stellte ein Straßenzug aus kleinen Häusern mit einem großen Haus dazwischen wie in Abbildung 20 die am wenigsten bevorzugte Variante dar.

Lückenbebauung Beziehen wir diese Ergebnisse auf die *Lückenbebauung* in Straßenzügen, so ist Folgendes zu beachten: Das Urteil von Personen bezüglich einer Lückenbebauung ist umso negativer, je deutlicher das neue Gebäude in seinen Merkmalen von den historisch gewachsenen kontextuellen Bedingungen abweicht. Denn diese Abweichung von den gegebenen Merkmalen der umstehenden Gebäude bedeutet einen Verstoß gegen die zu Anfang in diesem Kapitel beschriebenen Gestaltgesetze.

Dies haben RICHTER & WEBER (1998) in einer Untersuchung bestätigt. Im Gegensatz zu Stamps wurde dabei auf eine sehr realitätsnahe Wahrnehmung geachtet. So konnten die Probanden einen virtuellen

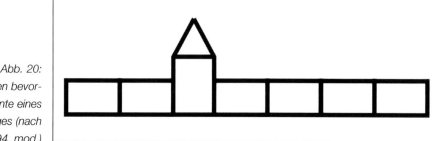

Abb. 20: Die am wenigsten bevorzugte Variante eines Straßenzuges (nach STAMPS, 1994, mod.)

Spaziergang durch eine Straße unternehmen, während bei STAMPS lediglich Fotomontagen mit der Frontalansicht von den Gebäuden Verwendung fanden. Mittels Computersimulationen wurde die originale Straßenfassade manipuliert, um die Situation einer Lückenbebauung zu schaffen. Variablen waren die Breite des Gebäudes (von einfach bis dreifach) und die Anzahl seiner Stockwerke (von drei bis fünf Etagen). Das Hauptinteresse der Autoren lag einerseits in der Frage, wie sich die Beurteilungen des Straßenzuges verändern, wenn die einzelnen Merkmale des Gebäudes manipuliert werden. Andererseits waren die Forscher daran interessiert, welchen Einfluss Merkmale der Urteiler auf ihre Beurteilung des Straßenzuges haben könnten. Hierbei wurde Wert gelegt auf einen Vergleich von Experten gegenüber Laien sowie auf die Vorerfahrung der Probanden mit vergleichbaren Architektursituationen. Vor der Ergebnisdarstellung eine Bemerkung zur Originalbebauung: Wie in Abbildung 21 ersichtlich, handelt es sich hierbei um so genannte Gründerzeitbauten mit drei Geschossen, die zu Beginn des 20. Jahrhunderts entstanden.

Abb. 21: Originalbebauung (nach RICHTER & WEBER, 1999)

Die Beurteilung der computeranimierten Lückenbebauung durch die 42 Untersuchungsteilnehmer zeigte, dass ein Urteil umso negativer ausfiel, je stärker die Gebäudemerkmale – in Abweichung vom Originalzustand – verändert wurden. Die am negativsten beurteilte Lückenbebauung ist in Abbildung 22 dargestellt. Es handelt sich um ein Gebäude in dreifacher Breite mit fünf Etagen.

Bezüglich der Unterschiede zwischen Experten- und Laienbewertung ist zu sagen, dass die

Abb. 22: Simulierte Lückenbebauung: dreifach breites Gebäude mit fünf Stockwerken (nach RICHTER & WEBER, 1999)

angehenden Architekten die Originalbebauung deutlich als besser einschätzten als die Nichtarchitekten. Jedoch sind die mittleren Urteilstendenzen bei beiden Gruppen vergleichbar. Beide beurteilten die Straßenzüge in gleicher Weise, wobei aber die Experten die einzelnen Bedingungen stärker unterschieden. Auch die frühere Wohnumgebung der Probanden bzw. ihre Vorerfahrung hatte Einfluss auf die Bewertung. So schätzen diejenigen Teilnehmer das Original besser ein, die in neueren Häusern aufgewachsen sind.

Letztendlich lassen sich auch in dieser Untersuchung die bereits erläuterten Bezüge zu den Gestaltgesetzen sowie deren Verletzung wiederfinden. Dennoch bleiben eine Reihe von Fragen offen, beispielsweise die nach einem optimalen Verhältnis zwischen Prägnanz von einzelnen Gebäuden und kontextueller Bebauung von Straßenzügen und Stadtgebieten (vgl. RICHTER, 2005).

7.7 Fazit

Insgesamt ist deutlich geworden, dass Wahrnehmung ein aktiver hypothesengeleiteter Prozess der Verarbeitung von Reizen aus der Umwelt ist. Alle Sinneseindrücke werden auf dem Hintergrund von Erfahrungen und Erwartungen verarbeitet. Dadurch gelingt es uns, auch Abweichungen und Fehler in einzelnen Elementen einer Reizkonfiguration zu korrigieren und zu einem ganzheitlichen, sinnvollen und interpretierbaren Gesamteindruck der Umwelt zu kommen.

Zu welch verblüffenden Leistungen wir über die skizzierten Mechanismen fähig sind, lässt sich an einem abschließenden kleinen Experiment demonstrieren.

Ein kleines Experiment

Verstehen Sie den folgenden Text?

Afugrnud enier Sduite an enier elingshcen Unvirestiät ist es eagl, in wlehcer Rienhnelfoge die Bcuhtsbaen in eniem Wrot sethen, das enizg wcihitge dbaei ist, dsas der estre und lzete Bcuhtsbae am rcihgiten Paltz snid. Der Rset knan ttolaer Bölsdinn sien, und man knasn es torztedm onhe Porbelme lseen. Das ghet dsaehlb, wiel wir nciht Bcuhtsbae für Bcuhtsbae enizlen leesn, snodren Wröetr als Gnaezs.

7.8 Wissens- und Verständnisfragen

1. Welches sind für die Wahrnehmung von Architektur besonders wichtige Gestaltgesetze? Erläutern Sie diese kurz anhand von Beispielen!

2. Was verbirgt sich hinter dem Phänomen der Maskierung? Unter welchen Umständen ist es in der Architektur sinnvoll, es anzuwenden, unter welchen Umständen nicht? Erläutern Sie dies an je einem Beispiel.

3. In diesem Kapitel haben wir uns mit geometrisch-optischen Täuschungen befasst. Welcher der erwähnten Täuschungen entspricht das Bild der in der Ferne konvergierenden Eisenbahnschienen und den anscheinend unterschiedlich langen Schwellen (Abbildung 23)? Wie lässt sich dieses erklären?

Abb. 23: Konvergierende Eisenbahnschienen mit scheinbar unterschiedlich langen Schwellen

4. Worin besteht das Konstanzprinzip? Warum ist es für die Wahrnehmung so bedeutsam? Erläutern Sie das anhand eines Beispiels aus der Architektur?

5. Welches sind die wichtigsten binokularen und monokularen Kriterien für die Wahrnehmung von Raum und Tiefe? Welche sind vor allem bei gebauten künstlichen Umwelten bedeutsam? Analysieren Sie Ihnen bekannte Beispiele der Architektur, bei denen diese beachtet oder missachtet wurden.

6. Welche drei Kontextvariablen unterschied Stamps (1994) in seiner Untersuchung zur Beurteilung von Straßenzügen und wie definiert er diese? Welche Schlüsse können aus den Untersuchungen von Stamps (1994) sowie Richter & Weber (1999) für die Lückenbebauung von Straßenzügen unter Berücksichtigung der Gestaltgesetze gezogen werden?

7.9 Literatur

Eberleh, H. u. a. (1994). Einführung in die Software-Ergonomie. Berlin, New York: de Gruyter.

Gibson, J. J. (1982). Wahrnehmung und Umwelt. München, Wien, Baltimore: Urban & Schwarzenberg. 1. Auflage 1979 (engl.).

Gillam, B. (1987). Geometrisch-optische Täuschungen. Wahrnehmung und visuelles System. Heidelberg: Spektrum der Wissenschaft Verlagsgesellschaft. 104-112.

Goldstein, E. B. (1997). Wahrnehmungspsychologie, eine Einführung. Heidelberg: Spektrum Akademischer Verlag.

Guski, R. (2000). Wahrnehmung. Eine Einführung in die Psychologie der menschlichen Informationsaufnahme. Stuttgart, Berlin, Köln: Kohlhammer.

Hoffmann, K. & Höhnow, J. (2006). Auswirkungen der Fassadenstruktur auf die Höhenwahrnehmung. Bericht Forschungsorientierte Vertiefung Architekturpsychologie. Dresden: TU Dresden.

Julesz, B. (1987). Texturwahrnehmung. Wahrnehmung und visuelles System. Heidelberg: Spektrum der Wissenschaft Verlagsgesellschaft. 48-57.

Le Corbusier (1963). Ausblick auf eine Architektur. (Vers une architecture). Berlin, Frankfurt/M., Wien: Ullstein.

Metzger, W. (1953). Gesetze des Sehens. Frankfurt/M.: W. Kramer, 1.Auflage 1936.

Pahl, K. & Jacobsen, T. (2005). Fassadendesign – Die Auswirkungen von Gruppierung und Raster auf die Ästhetische Beurteilung von Fassaden. In: Weber, R. & Amann, M. A. (Eds.), Aesthetics and Architectural Composition. Proceedings of the Dresden International Symposium of Architecture 2004. Mammendorf: pro Literatur Verlag.

Reimann, B. (1963). Bemerkungen zu einer neuen Stadt. Lausitzer Rundschau, 17.08.1963

Richter, P. G. (2005). Konsequenzen vermutlich – Zur Reaktion von Menschen auf mutige Architektur. In: Ohlhauser, G. (Hrsg.), mut.mass – denk.werkstatt 2004. Darmstadt: Resopal Verlag.

Richter, P . G. & Weber, R. (1999). Subjektive Beurteilung von Straßenzügen. Der Architekt, 10, 32-38.

Rock, I. (1987). Figuren, die man wahrnimmt, ohne sie zu sehen. In: Wahrnehmung und visuelles System. Heidelberg: Spektrum der Wissenschaft Verlagsgesellschaft. 158-167.

Roloff, J. & Meinhold, U. (2002). Raumklima als Entwurfsaufgabe für Architekten. Wiss. Z. d. TU Dresden, 51, 4-5, 107-112.

Seyler, A. (2004). Wahrnehmen und Falschnehmen. Frankfurt/M.: Anabas.

Stamps, A. E. (1994). A Study in Scale and Character: Contextual Effects on Environmental Preferences. Journal of Environmental Management, 42, 225-245.

Tarr, M. J. (1994). Visual representation: From features to objects. In: Ramachandran, V. S. (Ed.), The encyclopedia of human behaviour. San Diego: Academic Press.

Wertheimer, M. (1923). Untersuchungen zur Lehre von der Gestalt, II. Psychologische Forschung, 4, 301-350.

Zimbardo, Ph. G. & Gerrig, R. J. (2004). Psychologie. München u.a.: Pearson Studium.

8. Kognitive Karten
Manuela Stöhr

8.1 Einleitung

Denken Sie nur in Worten oder denken Sie gelegentlich in Bildern und räumlichen Beziehungen?

Um einige Ihrer kognitiven Landkarten zu erkunden, beantworten Sie bitte die folgenden Fragen:

1. Welches ist der kürzeste Weg von Ihrem Arbeitsplatz zu Ihrer Wohnung?
2. Was liegt weiter südlich Frankfurt oder Leipzig?
3. Wie komme ich am schnellsten zum nächsten Supermarkt?

Um Antworten auf diese Fragen zu finden, müssen Sie über eine kognitive Repräsentation der räumlichen Umwelt verfügen, wie sie diese erfahren haben, aufgrund einer Landkarte erinnern oder aus verfügbaren Bestandteilen von Informationen erschließen.

Indem Sie kognitive Landkarten nutzen, schaffen Sie es, auch mit geschlossenen Augen in Ihr Badezimmer zu gehen oder einen Weg zum Arbeitsplatz zu finden, wenn Ihre gewohnte Strecke gesperrt ist.

Sie hilft Ihnen auch, anderen entsprechende Anweisungen zu geben bzw. einen Weg zu beschreiben. Ihre kognitive Karte hilft Ihnen, sich effektiv dorthin zu bewegen, wo Sie hingehen wollen.

8.2 Definition: kognitives Kartieren, kognitive Karten

Kognitives Kartieren

Unter *kognitivem Kartieren (cognitive mapping)* versteht man kognitive oder geistige Fähigkeiten, die es dem Menschen ermöglichen, Informationen über die räumliche Umwelt zu sammeln, zu ordnen, zu speichern, abzurufen und zu verarbeiten.

Kognitives Kartieren ist ein Handlungsprozess bzw. eine Tätigkeit, die wir ausführen. Es ist die Art und Weise, wie wir uns mit der Welt um uns herum auseinandersetzen und wie wir sie verstehen, z.B. wie Kinder ihren neuen Schulweg lernen oder wie Menschen mit einer neuen Stadt vertraut werden.

Das kognitive Kartieren ist ein Informationsverarbeitungsprozess, welcher die Aufnahme, die Speicherung und den Abruf von Informationen über die räumliche Außenwelt umfasst.

Kognitive Karte cognitive map

Die *kognitive Karte (cognitive map)* ist das Produkt dieses Prozesses, d.h. sie ist die strukturelle Abbildung der räumlichen Umwelt. Die kognitive Karte ist ein Querschnitt, der die Welt zu einem bestimmten Zeitpunkt zeigt. Sie spiegelt die Welt so wider, wie ein Mensch glaubt, dass sie ist. Sie muss nicht korrekt sein, tatsächlich sind Verzerrungen sehr wahrscheinlich. Sie gibt unser spezielles Verständnis der Welt wieder, und sie ist vielleicht nur im geringen Maß der Welt ähnlich, wie sie auf topographischen Karten oder Photos gezeigt wird.

Räumliche Umwelt

Im Zusammenhang mit kognitivem Kartieren bzw. kognitiven Karten versteht man unter *räumlicher Umwelt,* dass es die Welt ist, mit der wir regelmäßig in Berührung kommen und die den normalen Hintergrund für unser Handeln bildet. Sie umfasst Schulen, das Zuhause, das örtliche Einkaufszentrum, die Wohnung von Freunden, Straßen- und Wegenetze, Parks, Restaurants, Kinos, Parkplätze usw. Das alles ergibt den Hintergrund oder den Kontext für einen Großteil unseres täglichen Verhaltens. Dies sind Orte, die wir benutzen, über die wir Bescheid wissen müssen und von denen uns daher ein Abbild geistig gegenwärtig sein muss.

8.3 Prozess des kognitiven Kartierens

Der Kartierungsvorgang umfasst zwei Teile, das Kartenherstellen und das Kartenlesen. Die erste Stufe des Kartierungsvorgangs umfasst die Kartenherstellung oder das *Enkodieren*. Das Produkt der Kartenherstellung ist die strukturelle Abbildung, die intern oder extern gespeichert werden kann. Die zweite Stufe bildet das Kartenlesen oder *Dekodieren*.

Enkodierung
Dekodierung

Die Frage ist nun, wie wir Karten herstellen und wie wir sie lesen. Dabei gibt es bestimmte Regeln bzw. Richtlinien, die dem Kartierungsvorgang zugrunde liegen. Dabei sind vier Fragen wichtig:

1. Was soll abgebildet werden?
2. Welcher Blickwinkel oder welche Perspektive soll gewählt werden?
3. Welcher Maßstab soll für die Abbildung genommen werden?
4. Woraus soll die Abbildung bestehen?

Es muss also (1) das *Ziel* festgelegt werden, (2) die *Perspektive*, (3) der *Maßstab* und (4) *Symbole* müssen ausgewählt werden.

Ziel
Perspektive
Maßstab
Symbol

Dies führt uns zu einer Reihe von Regeln für die Kartenherstellung, aber auch für das Lesen bzw. Enkodieren von bestimmten Abbildungen müssen wir diese Regeln kennen. Wenn wir einen Plan herstellen wollen, müssen wir zunächst einmal seinen Zweck kennen. Es ist wichtig, für wen der Plan gedacht ist, entweder für Fußgänger oder Autofahrer, für Besucher oder Einwohner einer Stadt, aber auch welcher Zweck dahintersteht, ob er z.B. zur Besichtigung oder für den alltäglichen Gebrauch dienen soll (siehe Abb.1).

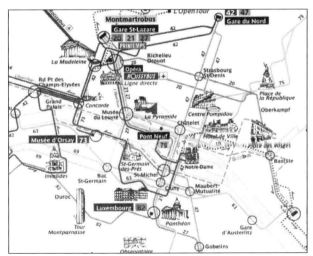
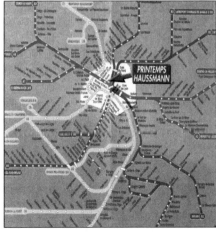

Abb.1: Stadtpläne von Paris

Anhand der zwei Stadtpläne von Paris wird deutlich, dass es vom Zweck abhängig ist, wie ein Plan bzw. eine Karte aussieht. Wie an diesem Beispiel ersichtlich, ist die rechte Karte für einen Metrofahrer gedacht und die linke Karte für einen Fußgänger oder einen Besucher dieser Stadt.

Auch die anderen drei Fragen werden zweckgerichtet gelöst. Bei Wahl der Perspektive ist ebenfalls der Zweck entscheidend, so wird beim Ortsplan meist die Vogelperspektive verwendet.

Eng verbunden mit der Zielsetzung und der Perspektive ist die Entscheidung über den Maßstab eines Ortsplans. Der Maßstab ist ein Messwert hinsichtlich der Größe der Abbildungen im Verhältnis zur Größe des dargestellten Raumes und hängt davon ab, welcher Ausschnitt der räumlichen Umwelt von Interesse ist.

Die Wahl des Maßstabes bedeutet ein Abwägen zwischen Detail und Gebietsumfang. Zum Beispiel können wir beim Stadtplan in einem bestimmten Maßstab noch einzelne Häuser darstellen, während wir bei der Wahl eines kleineren Maßstabes zwar ein größeres Gebiet zeigen können, aber dann keine einzelnen Häuser mehr unterscheiden können. Der Zweck und Maßstab sind offensichtlich eng miteinander verbunden.

Des Weiteren müssen wir uns noch für eine Legende entscheiden. Diese Phase der Kartenherstellung umfasst die Auswahl von Symbolen, die anstelle des wirklichen Gegenstandes in seiner räumlichen Umwelt stehen. Diese können eine bildliche, aber auch sprachliche Form besitzen.

Somit sind die Regeln, die in beiden Phasen der Umweltabbildungen (Kartenherstellen und Kartenlesen) anzuwenden sind, das Ergebnis von vier Entscheidungen: über Zweck, Perspektive, Maßstab und Legende. Alle Abbildungen weisen diese gemeinsamen Merkmale auf, wobei die jeweiligen Entscheidungen zusammen der Abbildung ihre spezifische Form verleihen.

Jede Abbildung hat damit ihre eigene Signatur. Diese ist der Regelapparat für die Kartenherstellung und -interpretation. Wir verarbeiten und speichern räumliche Informationen auf funktionale Art und Weise. Dabei können wir eine Vielzahl von Signaturen der Informationsspeicherung (Kartenherstellen) und Informationsverarbeitung (Kartenlesen und Herstellen eines Handlungsplanes) verwenden.

Zur Kartenherstellung stehen uns verschiedene Möglichkeiten zu Verfügung, wie z.B. Photos, Bücher, Straßenkarten, eigene Erfahrungen mit der räumlichen Umwelt usw.

Auch die Ergebnisse der Informationsverarbeitung kann man in unterschiedlicher Form darstellen, z. B. als Kartenskizzen, als eine verbale Wegbeschreibung oder als eine Beschreibung von Sehenswürdigkeiten. Kognitives Kartieren ist ein sehr wirkungsvolle und flexible Fähigkeit, die ein breites Spektrum von Signaturen verwendet, um mit räumlichen Informationen zurechtzukommen.

8.4 Kognitive Karten und räumliches Verhalten

TOLMAN (1948) prägt den Begriff *„cognitive map"* bei seinen Untersuchungen der Orientierung von Ratten-Labyrinthen.

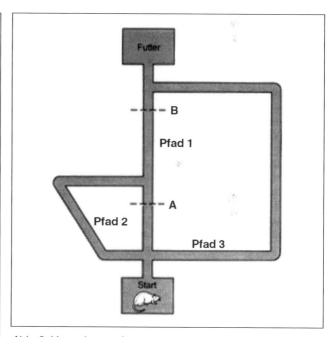

Abb. 2: Versuchsanordnung:
Die Tiere bevorzugten Pfad 1, wenn er geöffnet war. Wenn er bei A blockiert war, so bevorzugten sie den Pfad 2.
Wurde bei B blockiert, so nahmen die Ratten üblicherweise den längeren Pfad 3

Um zu zeigen, dass Tiere wie Menschen mehr als eine feste Reaktion, die durch Verstärkung eingeprägt wird, lernen können, führten TOLMAN und seine Schüler eine Reihe von Experimenten zum Ortlernen durch.

TOLMAN et al. gelang es damit zu zeigen, dass ein Tier, wenn ein ursprünglicher Weg zurzeit blockiert ist, den kürzesten Umweg um die Barriere nimmt, auch wenn diese besondere Reaktion niemals zuvor verstärkt worden ist.

TOLMAN behauptete, was gelernt werde, müsse eher etwas wie eine kognitive Karte sein, eine interne Repräsentation der Lernsituation insgesamt und eine Erwartung über die Ergebnisse unterschiedlicher Reaktionsalternativen, und nicht einfach ein spezifischer Pfad, der in der Vergangenheit zur Erreichung von Zielen geführt hatte.

Neuere Experimente über kognitive Karten bei Ratten, Schimpansen und Menschen haben TOLMANS Ergebnisse bestätigt (MENZEL, 1978, MOAR, 1980).

ARCHITEKTURPSYCHOLOGIE

Individuen lernen den allgemeinen Aufbau ihrer Umgebung durch Erkundung, selbst wenn das Lernen bestimmter Wege nicht verstärkt wird *(vgl. Kap. Aneignung von Raum)*.

Individuen scheinen fähig, was sie wissen bei unterschiedlichen Gelegenheiten auszudrücken oder zurückzuhalten, und sie scheinen sogar die wahrscheinlichen Erträge gegen die Kosten abzuwägen zu können.

Sie zeigen eine Flexibilität und Angemessenheit des Reagierens, die nicht möglich wären, wenn sie nur spezifische Reaktionen gelernt hätten und nur über feste Assoziationen verfügen, um etwas zu tun.

Gehen wir zum Menschen über. Stellen wir uns vor, jemand beschließt Nahrungsmittel einzukaufen.

Räumliche Probleme — Die Person muss also eine Strecke auswählen, die ihr Zuhause mit dem Einkaufszentrum verbindet, sie hat ein *räumliches Problem* zu lösen. Sie muss zum Einkaufszentrum kommen, im Supermarkt die Lebensmittel, auf dem Parkplatz das Auto finden und wieder nach Hause zurückkehren. Im täglichen Leben werden wir mit derartigen räumlichen Problemen konfrontiert, die wir lösen müssen und auch erfolgreich lösen können. Räumliche Probleme haben heißt z.B. darüber entscheiden, wo man neue Schuhe bekommt, wie man zum Supermarkt kommt usw.

Wir müssen unsere Welt kennen lernen, unser Wissen über sie ordnen und dazu einsetzen, um uns zurechtzufinden. Wir müssen Supermärkte für Nahrung, Geschäfte für Kleidung, Ärzte zur medizinischen Versorgung usw. finden. Wir müssen wissen, wo sich diese lebensnotwendigen Dingen befinden. Aber wir müssen auch wissen, wie wir dort hinkommen, am besten schnell und einfach.

Die leistungsfähigste, flexibelste und zuverlässigste Methode, räumliche Probleme zu lösen, ist das kognitive Kartieren. Die Grundlage für einen großen Teil unseres räumlichen Verhaltens ist unser Bild von der Welt, deswegen ist es wichtig zu verstehen, wie kognitives Kartieren funktioniert.

8.4.1 Vorgang der Wegsuche

Einen Weg finden heißt, durch einen Prozess ein bestimmtes räumliches Problem zu lösen. Diesen Vorgang kann man in fünf aufeinanderfolgende und miteinander verbundene Schritte zerlegen.

1. Orientierung
2. Ziel definieren
3. Wahl der Route
4. Beibehalten des richtigen Weges
5. Entdeckung des Ziels

Der erste Schritt bei der Suche nach dem Weg ist auch der entscheidendste – die *Orientierung*. *Orientierung*

Zunächst müssen wir wissen, wo wir uns in Bezug auf einige ausgewählte Orte der Erdoberfläche befinden. Ohne dieses Wissen sind wir orientierungslos. Zu wissen, wo wir sind, bedeutet also die Fähigkeit, unsere kognitive Karte und die uns umgebende Umwelt zur Deckung zu bringen, um sagen zu können: „Wenn ich hier bin, dann heißt das, dass X dort drüben rechts liegt und Y direkt hinter mir".

Die Verbindung zwischen kognitiver Karte und wahrgenommener Umwelt erfolgt über bestimmte Orte, die als Markierungspunkte dienen. Wir können unseren Standort in Bezug auf diese Markierungspunkte im Geist bestimmen und den augenblicklichen Standpunkt feststellen.

Der zweite, mit der Orientierung verbundene Schritt ist die Entwicklung des Vorhabens. Hier sind bewusstseinspflichtige Prozesse notwendig, die anhand unserer Bedürfnislage zur *Definition des Zieles* führen. *Definition des Zieles*
Zunächst mehr oder weniger vage Intentionen werden in konkrete Motive übersetzt, deren Realisierung an einen konkreten Ort in der Umwelt möglich ist *(vgl. Exkurs zur Theorie der Handlungsregulation)*.

Der dritte Schritt ist die *Routenwahl*, dies verlangt von uns eine kognitive Verbindung zwischen momentanem Standort und angestrebtem Ziel. Soll diese Verbindung sinnvoll sein, muss man sie in einen Handlungsplan umsetzen, gewöhnlich eine Sequenz zielgerichteter Bewegungen, die einer Reihe von Markierungspunkten folgen. Jeder Markierungspunkt ist ein Entscheidungspunkt. Ein solcher Wegeplan ist eine komplexe Hierarchie von Handlungen, die schließlich jemanden von A nach B bringen. *Routenwahl*

Beibehalten des richtigen Weges Durch den vierten Schritt, nämlich das *Beibehalten des richtigen Weges*, wird die Ausführung des Routenplans überwacht. Auf dem richtigen Weg bleiben gelingt dadurch, dass wir die kognitive Karte ständig zur wahrgenommenen Umwelt in Bezug setzen und so an jeder Wegscheidung die richtige Wahl treffen.

Wir lernen die Umwelt zu lesen, um Informationen für die Wegsuche zu erhalten. Deshalb ist es ein Ziel der Umweltgestaltung, lesbare Hinweise in die Struktur der physischen Umwelt einzubauen.

Entdecken des Ziels Der letzte entscheidende Schritt ist das *Entdecken des Ziels*. Man muss erst einmal erkannt haben, dass man dort angekommen ist, wo man hinwollte. Diese Erkenntnis hängt wiederum ab von der Verbindung der kognitiven Karte mit der wahrgenommenen Umwelt, die – wenn sie gelingt – uns normalerweise mit Erleichterung erfüllt.

Wann immer wir das Problem haben, einen bestimmten Weg zu finden, setzen wir einen Teil unsere Fähigkeiten zum kognitiven Kartieren ein. Jede Lösung kann als Leistung betrachtet werden, und jede Leistung führt zu einem Lerneffekt. Wir erlernen den angemessenen Aktionsplan für räumliches Verhalten, um von A nach B zu gelangen. Der Plan nimmt genauere Umrisse an, wenn wir den gleichen Weg mehrfach wiederholen. Er wird dadurch schließlich zu einer folgerichtig aufgebauten Routenkarte.

Zwei Orte werden im Geiste durch einen Pfad verbunden, der durch eine Reihe von markanten Punkten akzentuiert ist. Die markanten Punkte sind das Hilfsmittel zur Anbindung der kognitiven Karte an die wahrgenommene Umwelt. Sie helfen, unsere Bewegung im Raum zu überwachen und auf dem richtigen Weg zu bleiben. Wir können allmählich Karten von verschiedenen Streckenabschnitten miteinander verbinden. Die Interpretation ergibt sich aus gemeinsamen Endzielen und markanten Punkten, wobei wir eine räumliche Streckenkarte entwickeln. Erfahrungen durch räumliche Streckenkarten werden miteinander verbunden, somit sind sie keine unverbundenen Bruchstücke mehr. Das Ergebnis der geistigen Synthese kommt dann einer traditionellen topographischen Karte recht nahe, d.h. man kann Neues hinzufügen und sie verbessern, wenn sich die Bedürfnisse und die räumliche Umwelt ändern.

Die kognitiven Abbildungen von räumlichen Gegebenheiten überwinden dann die unsystematische Art und Weise, mit der wir unsere Umwelt kennen lernen.

Offensichtlich ermöglichen räumliche Wegekarten uns Flexibilität bei der Problemlösung. Wir können bei der Verbindung von Standorten Alternativen entdecken. Wir können bestimmte Plätze so miteinander in Beziehung setzen, dass sich ein Wegeplan für Orte ergibt, die wir zuvor nie in dieser räumlichen Abfolge aufgesucht haben. Diese Karten sind die räumlichen Bezugsnetze, die sowohl Ergebnis als auch Grundlage für das Zurechtfinden sind. Das Grundgerüst dieser Bezugssysteme stammt aus räumlichen Erfahrungen, die sich aus der erfolgreichen Suche nach einem Weg ergeben.

Die beschriebenen Prozesse der Orientierung und Wegsuche sind bei Demenzkranken in starkem Maße eingeschränkt. Deshalb ist es besonders wichtig, solchen Menschen in dieser Hinsicht Unterstützung zu geben. SCHMIEG & MARQUARDT (2007) haben auf dem Hintergrund umfangreicher empirischer Erhebungen in 30 entsprechenden Einrichtungen einen *Kriterienkatalog Demenzfreundliche Architektur* entwickelt, der bei der Gestaltung von Alten-, Pflegeheimen und darüber hinaus angewandt werden kann.

Kriterienkatalog Demenzfreundliche Architektur

8.5 Zielsetzung beim kognitiven Kartieren

Kognitives Kartieren ist eine zielgerichtete Tätigkeit, Zielsetzungen sind immer ein Bestandteil des Kartierungsvorgangs. Das erstrebte Ergebnis kann zwei Formen annehmen.

Einmal werden *Handlungspläne* zur Lösung von spezifischen räumlichen Problemen erstellt, die in Handlungsanweisungen übersetzt werden und ein gewisses Muster räumlichen Verhaltens mit sich bringen.

Handlungspläne und Bezugssysteme

Eine zweite und ebenso wichtige Zielsetzung ist es, *Bezugssysteme* für das Verständnis und die Interpretation unserer räumlichen Umwelt bereitzustellen.

Kognitives Kartieren wird als zweckdienlich und zielgerichtete Betätigung verstanden. Um uns zurechtzufinden, brauchen wir die Fertigkeit des kognitiven Kartierens, auch wenn uns das oft nicht bewusst ist. Obwohl wir nicht in jeder Situation kompetent und erfolgreich handeln, greifen wir doch immer auf diese Fertigkeit zurück.

Kognitives Kartieren kann auch mit einer vorübergehenden oder bleibenden Veränderung der Umwelt zurechtkommen. Unsere kognitive Kartierfähigkeit ist flexibel genug, um sich schnell auf zeitweilige Veränderungen in der Umwelt einzustellen.

Die Aufgabe des kognitiven Kartierens ist es räumliche Probleme zu lösen. Dieser Vorgang reicht von automatischen, *unbewussten Aktionen* bis hin zu *bewussten Handlungen*.

Wir sind zum Beispiel in der Lage über ein persönliches Problem nachzudenken, während wir nach Hause gehen oder fahren, ohne dass uns dabei bewusst wird, wie wir das räumliche Problem, nach Hause zu finden, gelöst haben. Eine solche unbewusste Problemlösung ist einfach ein Lernergebnis aufgrund der Erfahrungen vieler ähnlicher früherer Fahrten.

Diese Lernerfahrungen und frühere Erlebnisse werden von der gleichen kognitiven Fähigkeit strukturiert, die auch unser räumliches Verhalten auf dem Heimweg bestimmt.

Im Gegensatz zu unbewussten Lösungen ist bewusstes Problemlösen ein aktiver Vorgang, der unser Denken beherrscht. Wir suchen bewusst in unserem Gedächtnis (unseren inneren Abbildungen) und allen uns zugänglichen äußeren Quellen nach Informationen, dabei produzieren und bewerten wir alternative Problemlösungen.

Ein Beispiel dafür wäre, wenn wir auf dem Heimweg auf eine Straßensperrung treffen, können wir entweder aufgrund unserer Erfahrungen bzw. mit der inneren Abbildung dieses Gebietes uns eine alternative Strecke überlegen oder, wenn uns dies nicht möglich ist, auf Straßenkarten zurückgreifen oder einfach jemanden um Hilfe bitten, um auf diese Weise den schnellstmöglichsten und einfachsten Weg nach Hause zu finden.

Beim bewussten wie auch beim unbewussten Problemlösen lernen wir. Wir erweitern und bestätigen unser Wissen über die räumliche Umwelt.

Des Weiteren entwickeln und erweitern wir auch unsere Strategien zum Lösen der räumlichen Probleme. Diese Strategien lassen sich von einem Fall auf einen anderen übertragen oder verallgemeinern, dadurch wächst unsere Problemlösungsfähigkeit und wird flexibler.

8.6 Charakterisierung der kognitiven Karten

Kognitives Kartieren als interaktiver Prozess

Kognitives Kartieren hat drei Haupteigenschaften, es ist ein interaktiver, selektiver und strukturierender Prozess.

Informationsrückkopplung

Sowohl die Problemlösung als auch die Entwicklung der Fähigkeit dazu entstehen aus ständiger Interaktion mit der räumlichen Umwelt, die kartiert wird. Kernpunkt dieser Annahme ist die Vorstellung von einem Vorgang der *Informationsrückkopplung*, bei dem Lernen durch Handeln entscheidend ist. Eine der Aufgaben kognitiven Kartierens ist die Entwicklung von Bezugsrahmen, in die wir Umweltinformationen einpassen können. Direkte Interaktion mit der Umwelt ist ein wichtiges Element für die Entwicklung und den erfolgreichen Einsatz unserer kognitiven Kartierfähigkeit zur Lösung von Aufgaben. Sogar die besondere Art und Weise direkter Interaktion kann sich auf Form und

8. KOGNITIVE KARTEN

Inhalt unserer kognitiven Abbildungen der Welt auswirken. Es gibt große Unterschiede, ob man einen Ort aktiv oder passiv erkundet.

Eine Umwelt, die ein Fußgänger oder ein Radfahrer erfährt, unterscheidet sich stark von der eines Straßenbahn- oder Autofahrers. Wichtig ist dabei nicht nur die Fortbewegungsart, sondern auch die Möglichkeit, die räumliche Aufeinanderfolge und Ablaufgeschwindigkeit einer Erfahrung zu kontrollieren. Eine Zunahme der Eigenaktivität

---

Hauptergebnisse aus der Studie „Fortbewegung und kognitive Karten" (A. DREESSEN, 2001)

1. Fortbewegung

Aus der vorliegenden Studie geht hervor, dass es einen signifikanten Zusammenhang zwischen Aktivitätsgrad der Fortbewegung und Detailliertheit der kognitiven Karten gibt. Das bedeutet, je aktiver sich eine Person fortbewegt, desto differenzierter ist die Vorstellung von der räumlichen Umwelt. Anhand des Vergleichs zwischen Radfahrern und Fahrgästen der Straßenbahn wird dieser Zusammenhang deutlich, denn sie unterscheiden sich signifikant in der Anzahl der reproduzierten Elemente. Die Radfahrer konnten im Durchschnitt 7 Elemente mehr wiedergeben als die Fahrgäste (Abb.3).

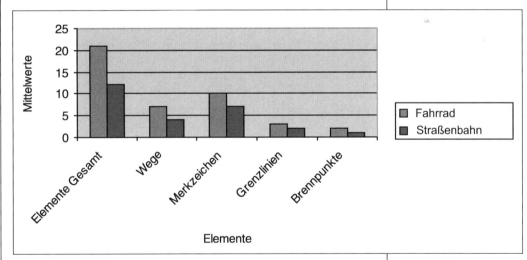

Abb 3: Fortbewegung und Anzahl reproduzierter Elemente

Radfahrer konnten durchschnittlich 2 Wege und 4 Merkzeichen mehr angeben. Das bedeutet also, dass Personen sich in Abhängigkeit von der Fortbewegungsart in der Fähigkeit, eine detaillierte kognitive Karte zu zeichnen, unterscheiden.

ARCHITEKTURPSYCHOLOGIE

2. Vertrautheit

Die Vertrautheit mit einem Gebiet und die Detailliertheit der kognitiven Karten von diesem Gebiet korrelieren signifikant miteinander. Das bedeutet, dass die Vertrautheit mit der Anzahl der reproduzierten Elemente korreliert (Abb.4).

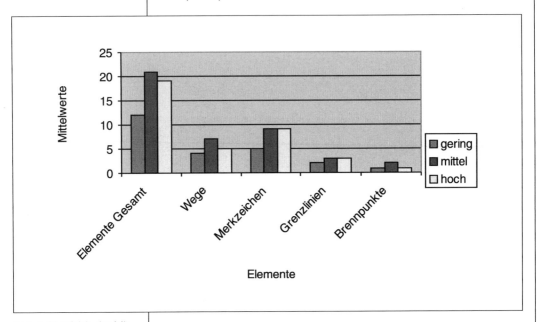

Abb 4: Vergleich der Mittelwerte zwischen gering, mittel und hoch Vertrauten

Aus der Abbildung wird ersichtlich, dass mittel Vertraute signifikant mehr Wege wiedergeben konnten als gering und hoch Vertraute. Weiterhin unterscheiden sich die 3 Gruppen signifikant in der Reproduktion von Merkzeichen, wobei mittel und hoch Vertraute den gering Vertrauten überlegen sind. Bei der Reproduktion von Grenzlinien und Brennpunkten unterscheiden sich die 3 Gruppen nicht signifikant voneinander.

Insgesamt wird dadurch deutlich, dass sich gering, mittel und hoch Vertraute signifikant in der Anzahl reproduzierter Elemente unterscheiden, wobei mittel und hoch Vertraute den gering Vertrauten überlegen sind.

Ein weiteres Ergebnis dieser Studie ist, dass Personen mit geringem Aktivitätsgrad und geringer Vertrautheit die wenigsten Elemente reproduzierten (Abb.5)

Die meisten Elemente werden von Personen mit einem hohen Aktivitätsgrad und einer hohen Vertrautheit reproduziert. Jedoch sind sie Personen mit geringer Vertrautheit und hohem Aktivitätsgrad wie hoch Vertrauten mit geringem Aktivitätsgrad nur geringfügig überlegen.

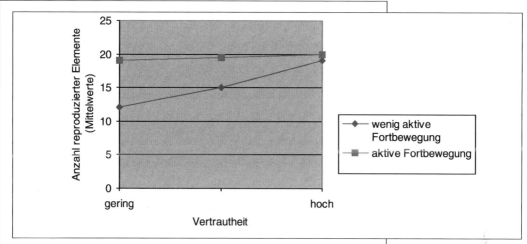

Abb. 5: Anzahl reproduzierter Elemente in Abhängigkeit von Aktivitätsgrad und Vertrautheit

Weiterhin konnte gezeigt werden, dass Personen mit hohem Aktivitätsgrad und geringer Vertrautheit sich nicht signifikant von Personen mit geringem Aktivitätsgrad und hoher Vertrautheit unterscheiden. Das bedeutet, dass eine geringe Vertrautheit durch eine aktive Fortbewegung ausgeglichen werden kann. Für neue Stadtbewohner bedeutet dies, dass sie sich durch ihre Verkehrsmittelwahl, ohne mehr Zeit auf den betreffenden Strecken zu verbringen, ein detaillierteres Vorstellungsbild aneignen können.

Es ist also nicht allein die Ablesbarkeit einer Stadt (siehe LYNCH, 1964) entscheidend dafür, wie gut sich Menschen in einer Stadt zurechtfinden, sondern auch ihre eigenen Verhaltensweisen bzw. ihre Fortbewegungsart.

führt zu einer Differenziertheit der kognitiven Karten. Eine aktive Bewegung führt zu einer tieferen Verarbeitung von Umweltinformationen und damit zu einer höheren Detailliertheit der kognitiven Karten (MOORE, 1979).

Auch mit zunehmender Vertrautheit eines Gebietes nimmt die Detailliertheit der kognitiven Karten zu. Moore konnte in seinen Untersuchungen zeigen, dass die kognitiven Karten unvertrauter Stadtgebiete nicht so genau wie die von vertrauten Teilen der Stadt waren. Jedoch zeigte sich auch in anderen Untersuchungen, dass sich gering Vertraute mit hohem Aktivitätsgrad nicht von hoch Vertrauten mit geringen Aktivitätsgrad unterscheiden, d.h. geringe Vertrautheit mit einem bestimmten Gebiet der räumlichen Umwelt kann durch die aktive Fortbewegung ausgeglichen werden (DREESSEN, 1998).

Die zweite wichtige Eigenschaft des kognitiven Kartierens ist die *Selektivität*. Wir gehen beim kognitiven Kartieren selektiv vor.

Selektivität

Funktionale Bedeutung   Ein anderes Verhalten wäre auch gar nicht möglich. Wir müssen angesichts des großen Umfangs möglicher Umweltinformationen eine Auswahl treffen. Zunächst müssen wir auswählen, welche räumlichen Informationen wir speichern wollen, welche Legende wir verwenden, wie wir sie ordnen und welchen Wert bzw. Bedeutung wir ihr beimessen wollen. Sodann muss bei der Entschlüsselung bzw. Dekodierung dieser Karten auch eine Auswahl unter den Informationen, die wir aufrufen, und den Verarbeitungstechniken, die wir anwenden wollen, getroffen werden.

Wie sehen solche Selektionskriterien aus?

Zwei von ihnen sind besonders wichtig. Zum einen die funktionale Bedeutung und zum anderen die Vorstellbarkeit bzw. Unterscheidbarkeit.

Unter *funktionaler Bedeutung* versteht man, dass wir das am ehesten oder am besten behalten, was normalerweise bei unserem alltäglichen Verhalten hilft. Wir erinnern uns an wichtige Stellen auf unserem Weg, wie z.B. Stoppzeichen, Ampeln, Wegkreuzungen usw., wo wir Entscheidungen treffen müssen, wo wir als nächstes hingehen wollen, und nicht an jedes Detail unseres Weges. Unsere kognitiven Karten spiegeln also funktionale Bedeutung wider. Die funktionale Bedeutung wird besonders offensichtlich, wenn man sich die graphischen Abbildungen betrachtet, die Menschen von ihrer räumlichen Umwelt angefertigt haben. Dabei zeigt sich, dass Menschen dazu neigen, vertraute oder positiv bewertete Gebiete und markante Punkte proportional größer als andere zu zeichnen. Das heißt, Örtlichkeiten und Gebäude werden in einem Maßstab gezeichnet, der die relative Bedeutung wiedergibt.

Auch anhand von Straßenbahnkarten wird ersichtlich, dass wichtige Plätze oder Haltepunkte proportional größer dargestellt werden im Vergleich zu anderen Haltestellen oder Orten (Abb. 6).

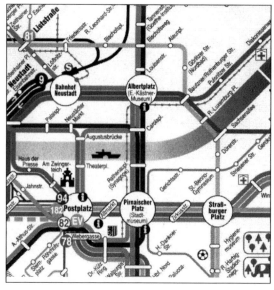

Abb. 6: Liniennetzplan der Stadt Dresden

Der Begriff *Vorstellbarkeit* oder Unterscheidbarkeit bezieht sich auf die Kontraste und die Anordnung der räumlichen Umwelt. Dabei spielen drei Eigenschaften eine besonders wichtige Rolle: Form, Sichtbarkeit und Nutzung (APPLEYARD, 1961).

Vorstellbarkeit

Die Nutzung ist das Äquivalent zur funktionalen Bedeutung und deswegen ein Beispiel für das erstgenannte Kriterium der Selektivität.

Form und Sichtbarkeit sind Charakteristika, welche die Orientierung, aber auch die Einprägsamkeit beeinflussen können. Dabei wird die Frage der Selektivität besonders interessant, wenn man Gebiete betrachtet, die wenig Anregungen für die Wahrnehmung bieten *(vgl. Kap. Prinzipien und Phänomene der Wahrnehmung)*.

Form und Sichtbarkeit

> DE JONGE (1962) hat sich deswegen bei seiner Untersuchung auf ein Gebiet mit monotonen, ungegliederten Wohnblocks in einer holländischen Stadt konzentriert. Er fand heraus, dass Leute bewusst nach Unterscheidungsmerkmalen, wie z.B. freundliche, bunte Vorhänge oder geschmückte Fensterkästen suchen, als Orientierungshilfe für ihre Wegfindungsprobleme.

Eine andere Form der Selektivität ist die *Ergänzung*, das selektive Hinzufügen von Elementen, die eigentlich da sein müssten. Menschen neigen dazu, Elemente in die kognitiven Abbildungen von ihrer räumlichen Umwelt hinzuzufügen. Informationen über die Umwelt werden also so miteinander verbunden, dass typische Abbildungen über diese Ausschnitte entstehen. Diese Abbildungen werden stark von früheren Erfahrungen, aber auch von Erwartungen geprägt. Sie nehmen normalerweise folgende Form an: „... dieses sollte man an einer bestimmten Stelle erwarten (oder nicht erwarten)".

Ergänzung

Zum Beispiel befinden sich Tante Emma-Läden an Straßenecken in älteren Teilen der Stadt, Tankstellen mit ganztägiger Öffnungszeit an einer Ausfallstraße, dagegen erwarten wir keine Bauernhäuser im Stadtzentrum usw. Kognitives Kartieren ist ein aktiver und konstruktiver Prozess, der oft über die vorgefundenen Informationen hinausgeht.

Ein drittes wichtiges Charakteristikum des kognitiven Kartierens ist die *Strukturierung*.

Strukturierung

Man muss unzählige Teilchen von Informationen über die räumliche Umwelt sammeln, ordnen und in einen Zusammenhang bringen. Ohne eine gewisse Fähigkeit zur Neustrukturierung wären unsere Erfahrungen in der räumlichen Umwelt überhaupt nicht fassbar. Durch die Reduktion und Vereinfachung müssen wir unsere Erfahrungen in sinnvolle und deshalb auch nutzbare Formen geordneten Wissens umwandeln. Das erfolgt durch einen Strukturierungsvorgang, der sowohl die Informationsspeicherung im Gedächtnis beeinflusst als auch deren Wiederabruf in einer entsprechenden Situation ermöglicht. Strukturierung besteht im Bemühen, in den Dingen einen Sinn zu erkennen. Der Sinn (die Struktur) liegt nicht allein in der Umwelt selbst *(vgl. Kap. Raumsymbolik)*.

Struktur hängt nur zum Teil von den immanenten Eigenschaften der räumlichen Umwelt selber ab, und zwar in dem Ausmaß, in dem die Welt, in KEVIN LYCHNS Worten, lesbar oder in sich geordnet ist, so dass wir ein leicht verfügbares Begriffssystem für unsere Erfahrungen erhalten. Eine Umwelt mit kontinuierlichen Mustern und mit einer Anzahl unterscheidbarer und trotzdem deutlich miteinander verbundener Teile ist für uns lesbar. Dennoch stellt solch eine lesbare Anordnung nur eine mögliche Form der Strukturierung dar.

Diese Grundstruktur muss darüber hinaus mit persönlicher Bedeutung angereichert werden. Die Umwelt ist voller persönlicher Bedeutung für uns und die Abbildungen, die wir davon haben, werden selbst auch bedeutungsvoll.

Wissenspotential

Kognitive Abbildungen sind keine statischen Gebilde, die in unserem Kopf wie Postkarten oder Dias abgelegt sind. Kognitive Karten können als *Wissenspotential* angesehen werden, aus dem Lösungen für räumliche Probleme generiert werden. Sie sind Strukturen, die wir bei Bedarf leicht abrufen und uns vergegenwärtigen können.

Das Ergebnis dieses Rekonstruktionsprozesses ist eine kognitive Struktur oder kognitive Karte über einen Ausschnitt der räumlichen Umwelt. Sie sind das Ergebnis von Interaktions-, Selektions- und Strukturierungsvorgängen, die miteinander verbunden und gleichzeitig stattfinden. Sie sind ein notwendiger Schritt auf dem Weg, der Welt einen Sinn abzugewinnen.

Kognitive Strukturen oder Karten dienen als Bezugssysteme, als Interpretationsgrundlage, als Quelle von Verhaltensvorhersagen und als Mittel, mit denen man Ausdruck und Verständigung verkürzen kann. Räumliche Informationen werden so verarbeitet (ausgewählt und strukturiert), dass sie zu jeder Zeit für unsere Zwecke wieder abrufbar und verwendbar bleiben. Damit entspricht sie unserem Bedürfnis, räumliche Probleme schnell und einfach, verlässlich und flexibel zu lösen. Wir müssen fähig sein, uns räumliche Gegebenheiten von verschiedenen Standorten aus vorzustellen, z.B. wenn wir Hin- und Rückfahrt zu einem bestimmten Ort planen. Wir müssen imstande sein, sie über einen Zeitraum hinweg zu speichern, so dass wir nicht jeden Tag aufs Neue lernen müssen, wie unser Weg zur Arbeit oder zum Supermarkt aussieht.

8.7 Gedächtnispsychologische Aspekte

Es gibt zwei Sichtweisen, wie kognitive Karten repräsentiert werden.

Zum einen weisen empirische Befunde darauf hin, dass die räumlichen Informationen in einer aussagenartigen Repräsentation vorliegen, d.h. in einer *propositionalen Repräsentation*. Dies bedeutet, dass die Informationen bedeutungsmäßig in hierarchische und assoziative Netzwerke gespeichert werden, also eine hierarchische Informationsspeicherung erfolgt.

Propositionale Repräsentation

> STEVE und COUPE (1978) konnten in ihrem Experiment zeigen, dass sich bei kognitiven Karten Informationen „höherer Ordnung" auf das Urteil über die relative Lage zweier geographischer Einheiten auswirken. Dieses Sich-Verlassen auf Informationen „höherer Ordnung", z.B. die Lage zweier Länder oder die von Gebietsgrenzen, führt zu Fehlurteilen. Steve und Coupe haben eine Reihe solcher falschen Vorstellungen über die nordamerikanische Geographie dokumentiert. Zum Beispiel wurde gefragt „Was liegt weiter östlich San Diego oder Reno?" Die richtige Antwort wäre San Diego, doch die meisten Probanden waren anderer Ansicht. Reno wird weiter im Osten vermutet, weil Nevada östlich von Kalifornien liegt, doch diese Schlussfolgerung berücksichtigt nicht die Krümmung der kalifornischen Küstenlinie. Die Probanden greifen auf abstrakte Fakten über die relative Lage großer Einheiten (wie Kalifornien und Nevada) zurück, um Urteile über Orte (wie San Diego und Reno) zu treffen.

Eine andere Art der Repräsentation ist die *analoge*, d.h. kartenisomorphe *Repräsentation*. Hierbei entsprechen die Gedächtnisinhalte den physischen Gegebenheiten.

Analoge Repräsentation

ARCHITEKTURPSYCHOLOGIE

Ein Experiment von KOSSLYN, BALL und REISER (1978) zeigt, dass das Scannen einer visuellen Vorstellung bzw. einer kognitiven Karte zwischen zwei Zielorten entsprechend Zeit benötigt.

Sie arbeiteten mit einer Landkarte einer fiktiven Insel (Abb. 7), die eine Hütte, einen Felsen, einen Brunnen, einen See, Sand und Gras enthielt. Diese fiktive Landkarte wurde zum Aufbau eines mentalen Bildes benutzt. Erhoben wurden die Reaktionszeitunterschiede in Abhängigkeit von der Entfernung zwischen den Objekten.

Die Probanden sollten sich diese Karte einprägen und sie dann in ihrer Vorstellung von Punkt zu Punkt absuchen.

Je weiter die beiden Objekte auseinander liegen, desto größer war die Reaktionszeit (Abb. 8). Die Zeit, die zum Scannen zwischen zwei Objekten eines kognitives Bildes benötigt wird, ist eine Funktion der Entfernung zwischen diesen Objekten. Wenn man also Operationen an kognitiven Bildern ausführt, so scheinen diese Prozesse analog zu den Operationen an den physikalischen Objekten zu verlaufen.

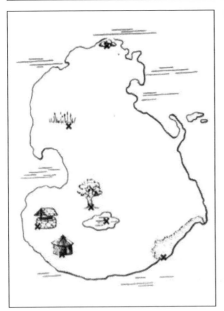 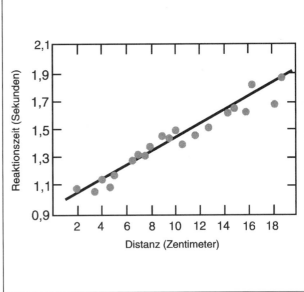

Abb. 7: Landkarte einer fiktiven Insel

Abb. 8: Reaktionszeiten zum Scannen zwischen zwei vorgegebenen Punkten auf der Karte als Funktion des Abstandes zwischen diesen Punkten

Auch in weiteren Experimenten (BAUM & JONIDES, 1979) konnte gezeigt werden, dass bei der Distanzschätzung in der Erinnerung die Reaktionsdauer proportional zur Realdistanz in der Umwelt ist.

Zusammenfassend ist zu sagen, dass kognitive Karten teilweise in propositionaler und teilweiser in analoger Weise repräsentiert werden. Welche der beiden Repräsentationen bevorzugt wird, hängt von verschiedenen Einflussvariablen, wie z.B. Gebietsgröße, Art und Ausmaß der Erfahrungen, ab.

8.8 Rolle der räumlichen Umwelt

8.8.1 Bestandteile

Das kognitive Bild der räumlichen Umwelt ist das Ergebnis eines Interaktionsprozesses, der zwischen dem Beobachter und seiner Umwelt stattfindet. Der Beobachter wählt und fügt mit großer Anpassungsfähigkeit zusammen und gibt dem, was er sieht, eine Bedeutung.

Die Vorstellungsbilder der Umwelt enthalten drei Komponenten: *Identität, Struktur* und *Bedeutung*. Identität bedeutet, dass man Gegenstände identifizieren kann. Sie ermöglicht die Unterscheidung von Gegenständen. Auch muss das Bild eine räumliche oder strukturelle Beziehung des Gegenstandes zum Beobachter und zu anderen Gegenständen haben. Das Vorstellungsbild muss also eine gewisse Struktur besitzen. Das dritte Element ist die Bedeutung, dies heißt nichts anderes, als dass der Gegenstand für den Beobachter auch einen praktischen oder gefühlsmäßigen Sinn haben muss *(vgl. Kapitel Raumsymbolik)*. *Identität Struktur Bedeutung*

Soll ein Bild im Hinblick auf die Orientierung innerhalb des Lebensraumes auch einen bestimmten Wert haben, so muss es über bestimmte Qualitäten verfügen. Es muss zweckmäßig und zuverlässig sein und es dem Individuum gestatten sich in seiner Umgebung nach Wunsch zu bewegen. Es muss flexibel sein, d.h. es muss angepasst werden können, wenn sich die räumliche Umwelt verändert und dem Individuum die Möglichkeit belassen eigene Erkundungen anzustellen.

Gestalt und Anordnung der Umwelt haben einen bedeutenden Einfluss darauf, dass unsere Bemühungen, die Welt kennen zu lernen, erfolgreich verlaufen. Manche Orte lassen sich leichter überschauen, schneller kennen lernen, besser in Erinnerung behalten, und es ist weniger schwer, sich dort zurechtzufinden.

Wo liegen die Ursachen für diese Unterschiede?

Diese Frage führt uns zu dem sozialen Vorrang von Umweltgestaltung und Umweltplanung.

Dieses Thema bildet des Kernstück von KEVIN LYNCHS Buch „Das Bild der Stadt" (1989). Die Pionierarbeit KEVIN LYNCHS von 1960 begann mit der Suche über die kognitiven Repräsentationen von den drei Städten Boston, Jersey City und Los Angeles. Er benutzte neben der Anfertigung der Kartenskizzen die verbalen Beschreibungen, um Vorstellungsbilder der Städte zu erhalten.

LYNCH behauptete, dass sich die Inhalte dieser Vorstellungsbilder in fünf Elementklassen einteilen lassen: Wege, Grenzlinien, markante Punkte, Knotenpunkte und Bezirke. Lynch hat dabei Folgendes festgestellt:

> „Unsere Analyse beschränkt sich auf die Wirkung physischer, wahrnehmbarer Gegenstände. Es gibt auch noch andere Faktoren, von denen die Vorstellung beeinflusst wird: zum Beispiel die soziale Bedeutung eines Gebietes, seine Funktionen, seine Geschichte – ja sogar sein Name. Auf diese Einflüsse soll nicht näher eingegangen werden, da es unsere Absicht ist, die Rolle der Form selbst zu ergründen." KEVIN LYNCH: „Das Bild der Stadt", 1989, Seite 60

Wenn man sich diese Beschränkung vor Augen hält, lassen Lynchs Elemente vermuten, dass kognitive Karten aus allgemeinen Bausteinen zusammengesetzt werden. Mit Hilfe von Wegen, Kreuzungspunkten und Merkzeichen werden die Pläne gemacht, mit denen man Wege findet, und es ist nur logisch, dass die Welt in unseren Köpfen entsprechend geordnet ist.

LYNCH behauptet, dass dieser zugrunde liegenden linienhaften Struktur andere Umweltelemente zugeordnet und auf sie bezogen werden. Die bei der Wegesuche entstandenen räumlichen Abbildungen stellen ein Grundgerüst zur Verfügung, mit dessen Hilfe Erfahrungen geordnet werden können.

8. KOGNITIVE KARTEN

Fünf Elemente des Stadtbildes (nach Lynch, 1989)

Das erste Element sind die Wege (Abb. 9). Dies sind Kanäle, durch die sich Menschen bewegen, z.B. Straßen, Spazierwege, Eisenbahnlinien, Wasserwege usw. Sie sind oft die vorherrschenden Elemente im Umgebungsbild.

Abb. 9: Die Wege

Das zweite Element sind die Grenzlinien (Abb. 10). Dies sind Linearelemente, die nicht als Wege benutzt werden, z. B. Grenzen zwischen zwei Gebieten, Küsten, Eisenbahnstrecken, Mauern. Diese Randelemente sind seitliche Richtmarken, die für viele Menschen eine wichtige Rolle spielen.

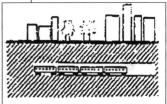

Abb. 10: Die Grenzlinien

Das dritte Element sind die Bereiche (Abb. 11). Dies sind mittlere bis große Abschnitte einer Stadt. Sie werden als zweidimensionale Gebiete wahrgenommen, in die der Mensch hineingeht. Sie werden von außen als Referenz genutzt und von innen sind sie erkennbar. Bereiche sind Abschnitte einer Stadt, die eine eigene Identität besitzen. Die meisten Menschen gliedern ihre Stadt auf diese Weise.

Abb. 11: Die Bereiche

Das vierte Element sind die Brennpunkte (Abb. 12). Dies sind die strategischen Punkte einer Stadt. Es können Ziel- und Anfangspunkte sein oder intensiv genutzte Zentralpunkte, wie z.B. Knotenpunkte, Kreuzungen, Konzentrationspunkte usw.

Abb. 12: Die Brennpunkte

Das letzte Element sind die Merkzeichen (Abb. 13). Dies sind äußere Merkmale, wie z.B. Türme, Schilder, Tore oder Denkmäler, die aus einer Menge herausstechen. Hier findet sich das Prägnanzprinzip der Gestaltpsychologie wieder *(vgl. Prinzipien und Phänomene der Wahrnehmung)*.

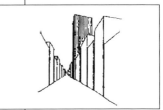

Abb. 13: Die Merkzeichen

Die Gesamtheit dieser Elemente definiert die Struktur des kognitiven Bildes. Diese fünf Elemente dürfen jedoch nicht isoliert betrachtet werden, denn sie stehen miteinander in Beziehung und in diesem Ganzen sollten sie auch betrachtet werden. Innerhalb der Gesamtstruktur haben die Wege die Funktion, die Brennpunkte miteinander zu verbinden, Zugang und Einblick in die Bereiche zu ermöglichen und auf dieses Erlebnis vorzubereiten. Die Brennpunkte verknüpfen und beenden die Wege, während die Grenzlinien die Bereiche begrenzen und die Merkzeichen die Zentren dieser Bereiche andeuten müssen.

Bei der Gestaltung der Stadt ist darauf zu achten, dass diese Elemente aufeinander abgestimmt werden, denn erst dann würde sich ein dichtes und lebendiges Bild über die Weiträumigkeit einer modernen Metropolis ergeben. Es ist wichtig, eine gewisse große Form durchzuhalten: attraktive Brennpunkte, Hauptwege oder weitläufige, homogene Gebiete. Aber innerhalb dieses großen Rahmens sollte eine gewisse Flexibilität, ein Reichtum von Gliederungs- und Orientierungsmöglichkeiten erhalten bleiben, so dass sich der Einzelne sein eigenes Bild formen kann. Dies ist erforderlich, weil die Stadt nicht von jedem Menschen gleich wahrgenommen wird. Es gibt beträchtliche Unterschiede, wie Menschen ihre Stadt sehen, welche Elemente ihnen am meisten bedeuten und welche formalen Qualitäten sie am meisten ansprechen.

8.8.2 Ablesbarkeit

Unter Ablesbarkeit versteht Lynch die Leichtigkeit, mit der einzelne Teile erkannt und zu einem zusammenhängenden Muster aneinandergefügt werden.

In der Ablesbarkeit einer Stadt sieht Lynch den wichtigsten Einflussfaktor auf das Orientierungsvermögen und das Wohlbefinden. Dies lässt sich durch eine Reihe von Eigenschaften der physischen Formen verändern, wie z.B. Klarheit der Form, Kontinuität, Dominanz, Klarheit der Verbindungsglieder, Richtungsdifferenzierung, Umfang des Sichtbereiches, Bewegungsbewusstsein, zeitliche Reihenfolge, Namen und Bedeutung *(vgl. Kap. Prinzipien und Phänomene der Wahrnehmung).* Diese Kategorien sind für den Entwerfer einer Stadt von direktem Interesse, denn diese Eigenschaften kann der Gestalter beeinflussen.

Im Folgenden sollen diese Eigenschaften einer genaueren Betrachtung unterzogen werden:

8. KOGNITIVE KARTEN

Einmaligkeit (Abb. 14)
Einmaligkeit oder Figur-Hintergrund-Schärfe kann man z. B. durch Einschließungen (umschlossenen Platz), durch Grenzlinienschärfe (abruptes Abreißen der Bebauung), Kontrast von Oberflächen, Form, Intensität, Vielfalt, Dimension, Nutzung oder räumliche Anordnungen (leuchtende Zeichen oder prächtige Verzierungen) erreichen. Diese Eigenschaften kennzeichnen ein Element und machen es lebendig und erkennbar. Der Gegensatz kann sich auf die direkte Umgebung oder aber auf das Erlebnis des Betrachters beziehen. Je mehr Menschen mit ihrer Umgebung vertraut werden, desto weniger orientieren sie sich an den groben physischen Formen der Umwelt und können sich mehr am Kontrast und an der Einmaligkeit erfreuen.

Abb. 14: Einmaligkeit

Klarheit der Form (Abb. 15)
Klare und einfache Formen im geometrischen Sinne, wie z.B. Rechtecke oder eine Kuppel, können leichter in die Vorstellung aufgenommen werden. Der Betrachter neigt dazu komplizierte Situationen zu verzerren, um dadurch die Form zu vereinfachen.

Abb. 15: Klarheit der Form

Kontinuität (Abb. 16)
Kontinuität erreicht man zum Beispiel durch Ähnlichkeit bzw. Gleichartigkeit von Oberfläche, Form oder Nutzung (gemeinsames Baumaterial, Benutzung einheitlicher Zeichen, Ähnlichkeit des Markttreibens), das nahe Beieinander von Teilen (wie bei einer Gebäudegruppe) oder durch Wiederholung von rhythmischen Zwischenräumen (wie die Abfolge von Ecke – Straße – Ecke – (usw.)) Das sind Eigenschaften, welche die Wahrnehmung einer komplexen physischen Realität erleichtern und einer vielschichtigen Erscheinung eine einzige Identität verleihen.

Abb. 16: Kontinuität

Dominanz (Abb. 17)
Dies erreicht man z.B. durch die Vorherrschaft eines Teiles über andere mit Hilfe von Dimension, Intensität oder Interesse, was dahin führt, dass das Ganze als Hauptteil mit beigeordneten Gruppen empfunden wird. Diese Eigenschaft erlaubt ebenso wie die Kontinuität, das Bild durch Weglassen und Unterordnen von Einzelelementen zu vereinfachen.

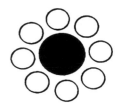
Abb. 17: Dominanz

Klarheit der Verbindungsglieder (Abb. 18)
Dies erreicht man, indem man Nahtlinien und Gelenke (wie bei wichtigen Straßenkreuzungen oder bei einer Küstenlinie) deutlich erkennbar macht oder klare Beziehungen und Querverbindungen (wie von einem Gebäude zu Gelände oder wie von einer Untergrundbahnstati-

Abb. 18: Klarheit der Verbindungsglieder

on zur Straße darüber) herstellt. Diese Gelenke sind die strategischen Punkte des Gefüges und sollten deswegen besonders gut erfassbar sein.

Richtungsdifferenzierung (Abb. 19)
Dies können Asymmetrien, Steigungen und Kurven sein, die ein Ende vom anderen unterscheiden (wie bei einem Weg, der bergauf, landeinwärts oder zur Stadtmitte führt) oder eine Seite von der anderen trennen (wie bei Häusern am Parkrand). Diese Eigenschaften sind für die Strukturierung im großen Maßstab besonders wichtig.

Abb. 19: Richtungs-
differenzierung

Umfang des Sichtbereiches (Abb. 20)
Dies sind Eigenschaften, die tatsächlich oder in symbolischer Weise Blickfeld und Durchsichttiefe vergrößern. Dazu gehören Durchsichten, Aussichten und Panoramen, die das Blickfeld in die Tiefe verlängern (wie bei breiten offenen Räumen, Überblicken), aber auch gliedernde Elemente (Blickpunkte, hervorstehende Objekte), die den Raum visuell definieren. Durch Konkavität (wie bei einem Berg im Hintergrund oder einer gekurvten Straße) werden Dinge in das Gesichtsfeld gerückt und Zeichen, die auf an sich nicht sichtbare Elemente hindeuten. Alle diese miteinander verwandten Eigenschaften erleichtern das Erfassen eines weiträumigen und in sich verwobenen Ganzen, indem sie sozusagen die Wirksamkeit des Gesichtssinnes erhöhen.

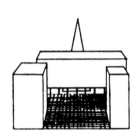

Abb. 20: Umfang des
Sichtbereiches

Bewegungsbewusstsein (Abb. 21)
Dies sind Eigenschaften, die dem Betrachter über den Gesichts- und Muskelsinn seine tatsächliche und mögliche Bewegung fühlbar machen. Dazu gehören Gestaltungsmittel, welche die Klarheit von Steigungen, Kurven und Wegdurchdringungen verbessern, die das Erlebnis von Bewegungsparallaxe und -perspektive vermitteln und die für Eindeutigkeit von Richtung oder Richtungswechsel sorgen. Weil eine Stadt aus seiner Bewegung heraus empfunden wird, sind diese Eigenschaften von fundamentaler Bedeutung. Sie werden zur Gliederung und, wenn es der Zusammenhang ermöglicht, sogar zur Kennzeichnung benutzt. Diese Eigenschaften helfen dem Betrachter, Richtung und Entfernung besser zu beurteilen und die formale Qualität der Bewegung selbst zu erfassen.

Abb. 21: Bewegungs-
bewusstsein

Zeitliche Reihenfolge

Zeitliche Reihenfolge
Dies sind Reihen, die in zeitlicher Abfolge empfunden werden. Hierzu gehören simple „*Eins-nach-dem-anderen*-Verknüpfungen", bei denen jedes Element in einfacher Weise mit den beiden Elementen vor und hinter ihm verbunden ist (wie bei einer zufälligen Folge von

Merkzeichen), ebenso gehören dazu die wirklich auf eine zeitliche Entwicklung hingestalteten Reihenfolgen. Eine einfache Reihenfolge wird besonders entlang vertrauter Wege sehr häufig empfunden und benutzt, dabei prägt sich das ablaufende Zusammenspiel der Elemente wahrscheinlich eher ein als das einzelne Element.

Namen und Bedeutungen
Dies sind abstrakte Eigenschaften, welche die Einprägsamkeit eines Elementes steigern können. Namen sind zum Beispiel wichtig zur Identitätsanreicherung. Gelegentlich geben sie Hinweise auf die Lage (Südbahnhof). Benennungssysteme (wie alphabetische Straßenfolgen) erleichtern ebenso die Einordnung der Elemente. Bedeutungen und Assoziationen sozialer, historischer, funktioneller, wirtschaftlicher oder individueller Art bilden eine Welt, die außerhalb der hier erörterten äußeren Erscheinung liegt. Aber sie unterstützen jene Aussage über Identität und Struktur, die schon in der äußeren Form eines Elementes angedeutet sein können *(vgl. die Kapitel Raumsymbolik sowie Ortsidentität und Ortsbindung).*

Namen und Bedeutungen

Wie bei den fünf Elementen ist es auch bei diesen zehn Eigenschaften wichtig sie nicht isoliert zu betrachten. Wenn nur eine dieser Eigenschaften auftritt, z.B. nur der gemeinsame Baustoff, oder wo die Eigenschaften miteinander in Konflikt stehen, z. B. bei zwei Gebieten gleicher Bauweise, aber unterschiedlicher Funktion, ist der Gesamteindruck schwach und auch die Identifizierung und die gedankliche Strukturierung bereiten Schwierigkeiten. Deswegen ist es wichtig bzw. empfehlenswert bestimmte Eigenschaften miteinander zu kombinieren und dass diese in wiederholtem Maße zusammen auftreten. Denn ein Gebiet wird erst dann zu einem unverwechselbaren, wenn es eine einfache Form und eine Kontinuität der Bauweise und Nutzung besitzt, die in einer Stadt einzigartig ist, sodass sie von anderen Gebieten genau zu unterscheiden bzw. zu identifizieren ist.

Hinter LYNCHS Arbeit steht die Absicht, die architektonischen Bedingungen zu verbessern und Städte zu bauen, an denen sich eine große Anzahl von Menschen erfreuen kann. Für die Planer ist es deswegen wichtig darauf zu achten, die Stadt so zu gestalten, dass sie so reich wie möglich mit Wegen, Grenzlinien, Merkzeichen, Brennpunkten und Bereichen ausgestattet ist und dass in ihr alle formalen Eigenschaften zum Ausdruck kommen. Denn erst so haben die verschiedenen Betrachter genug Material, um die Welt so zu betrachten, wie es ihrer Art entspricht. Der eine mag die Straße an ihrem Ziegelpflaster erkennen, während sich ein anderer an ihren schwingenden Kurven und ein dritter an kleineren Merkzeichen entlang des Weges orientiert. So hat jeder die Möglichkeit, sich sein eigenes Bild zu formen. Dieses Bild sollte mitteilbar oder übertragbar sein, eine gewisse Stabilität und Reichhaltigkeit aufweisen und flexibel den jeweils eigenen Ansprüchen entsprechen. Auch wenn sich die städtische Szene ständig und rasch ändert, können diese Entwurfstechniken dazu beitragen, die Klarheit der Struktur und ein Gefühl der Kontinuität zu wahren.

Visueller Plan

Deswegen schlägt LYNCH vor, die Gestaltung bzw. Umgestaltung für eine Stadt oder Stadtregion nach einem *visuellen Plan* zu machen. Dieser Plan sollte aus einer Reihe von Empfehlungen und Bestimmungen für die äußere Gestalt im städtischen Maßstab bestehen. Die Vorbereitung zu diesem Plan würde mit einer Untersuchung der bestehenden Form und mit dem Vorstellungsbild beginnen und auf dessen Grundlage könnten die Planer einen visuellen Plan der Stadt entwerfen, dessen Ziel die Festigung des Vorstellungsbildes wäre. Der Plan könnte Anordnungen oder Erhaltung von Merkzeichen, die Entwicklung einer Hierarchie von Wegen, die Bildung von thematischen Einheiten für die einzelnen Bereiche oder die Schaffung oder Bereinigung von Brennpunkten vorschreiben. Insbesondere würde dieser Plan sich mit den Beziehungen der Elemente untereinander, mit ihrer Erfassung aus der Bewegung heraus und mit der Vorstellung einer ablesbaren Gesamtstruktur beschäftigen.

Probleme der Ablesbarkeit spielen natürlich auch bei der Gestaltung von Gebäuden und dem *Layout von Innenräumen* eine wesentliche Rolle.

Layout von Gebäudegrundrissen und Innenräumen

So belegten BASKAYA, WILSON & ÖZCAN (2004) bei einer Untersuchung in zwei Polikliniken, dass symmetrische *Gebäudegrundrisse* die Orientierung der Nutzer erschweren. Nur knapp 12% der 68 Befragten wussten danach genau, wo sie sich im Gebäude mit symmetrischem Wegenetz befanden. Im asymmetrisch angelegten Klinikgebäude waren es zum Zeitpunkt der Befragung dagegen 74%, die eine genaue Orientierung hatten.

NORMAN zeigte bereits 1988 an einem illustrativen Beispiel, wie die räumliche Information bei der Gestaltung eines Lichtschalters für mehrere Lampen in einem Zimmer mit ungewöhnlichem L-förmigen Grundriss berücksichtigt werden kann. Im Gegensatz zum Original, welches fünf in einfacher Reihe angeordnete Schalter enthielt, kommt es bei einem Schalter, der die Raumform aufgreift, immer zur richtigen Bedienung *(vgl. Exkurs zum Konzept der mentalen Modelle).*

8.9 Wissens- und Verständnisfragen

1. Auf welche Art und Weise werden kognitive Karten vom Menschen gespeichert?

2. Welche Charakteristika besitzen kognitive Karten?

3. Wie wirkt sich die Art der Fortbewegung auf die kognitiven Karten aus?
   Vergleichen Sie Ihr Wissen (z.B. Anzahl der Läden, Verkehrszeichen, Straßenkreuzungen, etc.) über eine Straße, die Sie häufig zu Fuß benutzen, mit einer, die Sie nur aus öffentlichen Verkehrsmitteln kennen.

4. Welche fünf Elemente sind nach Lynch Bestandteil der kognitiven Karten? Setzen Sie seine Überlegungen in Bezug zu den so genannten Gestaltgesetzen *(Kap. Prinzipien und Phänomene der Wahrnehmung)*.

5. Analysieren Sie Ihnen bekannte Beispiele gut lesbarer und weniger gut lesbarer Städte. Welche Elemente und Eigenschaften im Sinne von Lynch sind im einen Fall besonders ausgeprägt oder fehlen im anderen Fall?

8.10 Literatur

Appleyard, D. (1961). Styles and methods of Structuring a city. Environment and Behavior, 2(1), Jun. 1970, 100-117.
Anderson, J. R. (1980). Cognitive Psychology and its Implication. San Francisco: Freemann.
Baskaya, A., Wilson, Ch. & Özcan, Y. (2004). Wayfinding in an Unfamiliar Environment – Different Spatial Settings of Two Polyclinics. Environment and Behavior, 36, 6, 839-867.
Dreessen, A. (2001). Fortbewegung und kognitive Karten. Forschungsbericht zur FOV Architekturpsychologie. TU Dresden.
Fischer, G. (1990). Psychologie des Arbeitsraumes. Frankfurt, N.Y.: Campus.
Goldstein, B. (1996). Sensation and Perception. Brooks /Cole Publishing Company.
Kruse, L., Graumann, C. F. & Lantermann (Hrsg.) (1990). Ökologische Psychologie – Ein Handbuch in Schlüsselbegriffen. München: PVU.

Kosslyn, S. M., Ball, T. M. & Reiser, B. J. (1978). Visual images preserve metric spatial information: Evidence from studies of image scanning. Journal of Experimental Psychology: Human Perception and Performance, 4, 47-60.

Lynch, K. (1989, 2. Aufl). Das Bild der Stadt. F. Vieweg & Sohn Verlagsgesellschaft mbH, Braunschweig / Wiesbaden.

Menzel, E. M. (1978). Cognitive Mapping in chimpanzees. In: Hulse, S. H., Fowler, H. & Honzig, W.K. (Eds), Cognitive process in animal behavior. Hillsdale, NJ: Erlbaum.

Moar, I. (1980). The nature and acquisition of cognitive maps. In: Cantor, D. & Lee, T. (Eds.), Proceedings of the international conference on environmental psychology. London: Architectural Press.

Moore, G. T. (1979). The development of spatial cognition: A review.

Norman, D. A. (1988). The Psychology of Everyday Things. New York: Basic Books.

Schmig, P. & Marquardt, G. (2007). Kriterienkatalog Demenzfreundliche Architektur – Möglichkeiten der Unterstützung der räumlichen Orientierung in stationären Altenpflegeeinrichtungen. Berlin: Logos.

Stevens, A. & Coupe, P. (1978). Distortions in judged spatial relations. Cognitive Psychology, 10, 422-437.

Tolman, E. (1948). Cognitive maps in rats and men. Psychological Review, 55, 189-208.

9. Raumsymbolik

Peter G. Richter & Katrin Goller

9.1 Einleitung

Sie sind unterwegs, eine große Kirche etwas außerhalb zu besuchen.

Endlose Baumalleen säumen den Weg dorthin, offene weite Felder, ab und zu ein einsames Gehöft. Hinter dem nächsten Hügel tauchen die beiden Kirchturmspitzen auf. Die Straße scheint direkt auf diese hinzuführen.

Dort angekommen, bewundern Sie das aufwändig verzierte Eingangsportal. Wie gewaltig wirkt das Bauwerk erst aus der Nähe. Beim Eintreten wandert ihr Blick unwillkürlich nach oben.

Sie sind ergriffen ...

„Tritt ein in den Dom durch das herrliche Portal ..."
Electra / Demmler

Wenn wir uns mit dem Thema Raumsymbolik auseinandersetzen, begeben wir uns auf eine Ebene der Wahrnehmung und des Erlebens der Umwelten, die über das rein dinglich-physikalisch Materielle hinaus und auf das „Dahinterstehende", die Bedeutung eingeht. Mit großer Wahrscheinlichkeit sind bei diesen Prozessen auch unbewusste und/oder teilbewusste biopsychologische Mechanismen beteiligt, die der Ebene der Aktivation nach LANG entsprechen *(vgl. Kap. Das Drei-Ebenen-Konzept)*. Diese basalen Mechanismen sind noch wenig untersucht und sollen im Folgenden nicht weiter betrachtet werden, da dies den Rahmen des Buches sprengen würde.

Nach einführenden Begriffsdefinitionen und Klassifikationen wollen wir uns mit zahlreichen theoretischen Aspekten der Raumsymbolik als „Sprache" und Ausdruck der Architektur auseinandersetzen. Eingefügte Beispiele und Untersuchungsergebnisse sollen das Dargestellte erläutern und einen Anwendungsbezug herstellen. Ein in diesem Zusammenhang relevanter Ansatz zu semantischer Analyse und Transfer von LANNOCH & LANNOCH (1987) wird später dargestellt *(vgl. Kap. Ausgewählte Studien und Methoden)*.

ARCHITEKTURPSYCHOLOGIE

Den Abschluss des vorliegenden Kapitels bildet eine Passage, welche anhand weiterer Beispiele auf allgemeine kulturelle Aspekte (Geschichte, Religion, Alltag, etc.) Bezug nimmt.

9.2 Begriffe

Darstellung aus
MICHEL 1997

Im Lexikon finden wir unter dem Begriff *Raum* mehrere Stichworte.

Einmal den rein physischen Raum, als Zimmer oder Platz im engeren Sinne, und Raum als Weltraum oder Weltall im weiteren Sinne. Weiterhin ist der Begriff definiert als Ausdehnung und Weite. In diesem Sinne bedeutet Räumlichkeit nicht nur Zimmer, Raum oder Örtlichkeit, sondern impliziert Dreidimensionalität, also Struktur.

Der Begriff *Symbol* oder *Zeichen* ist definiert als Informationsträger, der vermittels seiner Bedeutung für das steht, was er symbolisiert oder bezeichnet. Er ist Repräsentant für das verborgene Wesen oder den Sinn eines Gegenstandes *(s. u.)*.

Es gibt eine Vielzahl von Formen und Arten des Symbolisierens. Hier ist der enge Bezug zwischen Symbolik und Räumlichkeit bedeutsam, wie er in der Definition von Fischer (1990) zum Ausdruck kommt.

Symbolischer Raum

> **Symbolischer Raum**
>
> In der Anthropologie gilt der symbolische Raum als materieller Bedeutungsträger, der auf die Werte einer Gruppe hinweist. Ein physisches Element, in dem die Gruppe ihre Werte darstellt und gleichzeitig Verkörperung dieser Werte ist. Der symbolische Raum stellt die Übersetzung des sozialen Systems ins Räumliche dar.
>
> (nach FISCHER, 1990)

9. RAUMSYMBOLIK

Exkurs Quelle und Wirkung von Symbolen

Symbole haben ihre Quellen meist in Natur und Technik. So kann die in der folgenden Abbildung sehr häufig zu findende Kreisform ihre Wurzeln in der Sonne oder im Rad haben. Wie am Kreis ebenfalls ersichtlich, haben Symbole meist Qualitäten einer so genannten guten Gestalt *(vgl. Prinzipien und Phänomene der Wahrnehmung).*

Exkurs:
Quellen und Wirkung
von Symbolen

Symbole aus einer
Untersuchung von
THAYER, 1988
(zit. n. MOSER, 1990)

Symbole sind so genannte Superzeichen, m. a. W. sie können gleichzeitig viele Inhalte transportieren. So sind mit der gelben Farbe der Sonne, beispielsweise Assoziationen mit (gelber) Lößerde, dem Reich der Mitte (China), Gottheiten, Reichtum (Gold), Neid, Intuition, der Kleidung des Judas, dem Stein der Weisen, etc. verbunden (vgl. Biedermann, 1989).

Symbole sind nur in ihrem historischen Kontext interpretierbar. So stellte das Hakenkreuz ursprünglich ein Sonnen- oder Ewigkeitssymbol in den Religionen des Orients dar. Seine negative Bedeutung bekam es Mitte des 20. Jahrhunderts durch den faschistischen Missbrauch während des so genannten 3. Deutschen Reiches (vgl. Pkt. Zur Machtsymbolik in der Geschichte).

Last but not least ist die Wirkung von Symbolen emotional basiert und meist teil- und/oder unbewusst. Das konnten Sie vielleicht an sich beobachten, als Sie diese Buchseite aufschlugen und in der obigen Abbildung das Hakenkreuz erblickten (vgl. Reich, 1979).

Diese Sonne schmückte
einst die Fassade eines
Dresdener Barockhauses

9.3 Symbolische Dimensionen

Es wurden in der Literatur verschiedene Versuche unternommen, Symbole und symbolische Dimensionen einzuordnen oder zu kategorisieren.

9.3.1 Umweltdimension

SCHNEIDER (1990) weist in Anlehnung an BOESCH (1980) auf drei psychologisch interessante Unterscheidungen innerhalb dieser Dimension hin.

Auf einer ersten Ebene gibt es materielle und immaterielle Relationen der Ideen und Werte, der sozio-historischen oder privaten biographischen Ereignisse. Auf einer zweiten Ebene unterscheidet er zwischen analoger und kontingenter Symbolbildung. Auf der dritten Ebene, der Funktionsebene, wird der Bezug zu unterschiedlichen sozialen Gruppen hergestellt.

Umweltpsychologische Klassifikation von symbolischen Ebenen

Umweltpsychologische Klassifikation symbolischer Ebenen
(BOESCH)

Erste Ebene
Ideen und Werte
sozio-historische biographische Ereignisse
private biographische Ereignisse

Zweite Ebene
Kontingente Symbolik = Symbolbildung aufgrund „äußerer" Kontingenz
analoge Symbolik = Symbolbildung aufgrund „innerer" Ähnlichkeit

Dritte Ebene (Funktionsebene)
Partikuläre Symbole
kollektiv-allgemeine Symbole
Universelle Symbole

nach SCHNEIDER, 1990

Die Ebene der Ideen und Werte, unserer privaten und soziohistorischen biografischen Ereignisse wird symbolisiert durch Denkmäler, spezielle Bauten, Andenken und so weiter. Ein Beispiel hierfür wäre der Eifelturm, der als Urlaubsmitbringsel als Wahrzeichen und Stellvertreter fürs Ganze in Miniaturausgabe in mancher Andenkensammlung zu finden ist.

Auf der zweiten Ebene unterscheidet BOESCH zwischen kontingenter und analoger Symbolik: ob also Symbolbildung aufgrund „äußerer" Wenn-Dann-Beziehung vor sich geht (beispielsweise könnte ein Tennisschläger ein positiveres Kompetenzgefühl basierend auf höherer körperlicher Gewandtheit vermitteln) oder ob „innere" Ähnlichkeit zur Symbolbildung führt (zum Beispiel kann das Meer für Unendlichkeit stehen).

Auf einer dritten umweltpsychologischen Ebene teilt Boesch Symbole auf der Funktionsebene in partikuläre, kollektiv-allgemeine sowie universelle Symbole. Hiermit ist auf die unterschiedliche soziale Reichweite symbolischer Wirkung Bezug genommen, wie sie zum Beispiel in der Unterscheidung zwischen Wimpel für einen Verein, Fahne eines Bundeslandes und Nationalflagge zum Ausdruck kommt.

9.3.2 Individual- und sozialpsychologische Dimension

Sozialpsychologisch betrachtet kann bei Raumsymbolik zwischen *individueller Perspektive* und *sozialer Identität* unterschieden werden.

Individuum vs. Soziale Identität

Auf der individuellen Ebene sind sehr spezifische, an die persönliche Lebensgeschichte und Assoziationen gebundene Objekt-Bedeutung-Relationen relevant. Auf der andern Seite stehen die Betrachtung der Gruppenzugehörigkeit sowie deren räumlich-dingliche Korrelate und Statussymbole *(vgl. Kap. Ortsidentität und Ortsbindung)*.

9.3.3 Soziokulturelle Dimension

Auf der soziokulturellen Dimension findet man Zugang zur Raumsymbolik im Sinne allgemeiner gesellschaftlich geteilter Werte: beispielsweise für Gebäude als Symbol für Wert-Orientierung und damit verbundene *Bilder*, wie sie WEBER (1994) beleuchtet.

ARCHITEKTURPSYCHOLOGIE

Das Bildhafte in der Architektur

*Universitätshochhaus in Leipzig in Form eines Buches
(aus WEBER, 1994)*

> **Das Bildhafte in der Architektur**
>
> Der Symbolismus in der Architektur hat viele Gesichter. Vor allem ist interessant, auf welch unterschiedliche Weise sich das Bildhafte in den Symbolismus mischt.
>
> Die Palette des Ikonischen zum Beispiel reicht von der *figürlichen Darstellung* bis zur *abstrakten Liniensymbolik*. Vor allem der Kirchenbau war stets ein bevorzugter Ort architektonischer Symbolik. Im Mittelalter war die Basilika eine Enzyklopädie des gesamten Wissens und eine Symbolform des Glaubens. Der kreuzförmige *Grundriss* war ikonisches, die *Ausrichtung* nach Osten indexikalisches Symbol. Die *Doppeltürmigkeit*, die von einer späteren Reformbewegung abgeschafft wurde, symbolisierte die doppelte, die weltliche und geistliche Macht usw. Viele Symbolwerte wurden im Laufe der Rezeptionsgeschichte eines Bauwerkes oder eines ganzen Stiles übersteigert.
>
> Aber auch weltliche Bauten erhielten und enthalten alle Arten von Symbolformen: Der Dresdner Zwinger und Schloss Pillnitz sind voller politischer Anspielungen – besonders im Zusammenhang mit der polnischen Krone des Sächsischen Königs. Die Prunkräume der feudalen Absolutisten waren nicht deshalb im Zentrum ihrer Schlossanlagen angeordnet (Ludwig XIV stellte das Prunkbett in den Mittelpunkt von Versailles), um die Untertanen besser beaufsichtigen zu können, sondern um als Symbol ihrer uneingeschränkten Macht zu wirken.
>
> Die *Symbolbauten* der sechziger Jahre in der DDR entsprachen dem Architekturverständnis des Auftraggebers. Sie sollten in einfacher Weise ihren Zweck anzeigen oder als ikonographisches Zeichen eine lokale Unverwechselbarkeit erzeugen. Zum Beispiel versuchte Hermann Henselmann in der DDR der 60er Jahre, einigen Städten durch ikonographische Zeichen eine neue Unverwechselbarkeit zu geben. So erhielt Oberhof ein Hotel in Form einer Sprungschanze, in Leipzig will das Universitätshochhaus einem aufgeschlagenen Buch ähneln, für andere Städte waren stadttypische Verweise auf Segel, Schrauben, Blumen und dgl. vorgesehen.
>
> nach WEBER, 1994

9.4 Genese von Symbolen

Unsere gewohnte Raumvorstellung mit ihren Objekten, Markierungen und Distanzen ist nicht angeboren, sie ist Produkt eines langwierigen individuellen Sozialisations- und Lernprozesses, eines komplexen Vorgangs, bei dem verschiedene Hirnregionen beteiligt sind und bei dem mentale Karten der Umwelt angelegt werden, die die Mustererkennung sichern *(vgl. Kap. Kognitive Karten)*. Nach der Theorie der sozial-räumlichen Schemata (LEE, 1973) ist die Symbolbildung in diesen umfassenden Lernprozess integriert.

Wie geht dieser *Lernprozess* vor sich? *Lernprozess*

Der menschliche Organismus lebt in ständiger Wechselwirkung mit seiner Umwelt. Dabei muss er zwei grundsätzliche Erfahrungen machen:

Er muss den Wert der verschiedenen Objekte, auf die er trifft, beurteilen und ihre Lage im Raum abschätzen lernen. Es ist dabei so gut wie unmöglich, sich einen Gegenstand vorzustellen, der nicht gleichzeitig einen festen Platz im Raum hat. Dabei ist Raum ‚Nicht-Objekt‘, man kann ihn nicht berühren, ausgießen, sehen, hören, brechen, biegen oder durchbohren. Er kann nur mittelbar, als Intervall zwischen Gegenständen erfahren werden.

Verarbeitung, Verdichtung, Speicherung von Informationen

Die dabei zu verarbeitende Fülle von *Informationen* wird allerdings nicht in der Reihenfolge, wie sie ankommt, gestapelt oder statistisch angehäuft. Die Informationen werden offensichtlich in entsprechenden Gedächtnisstrukturen abgelegt und, wenn nötig, mehrmals vervielfältigt und an eine Fülle verschiedener Strukturen verteilt.

Auf diese Weise besitzt jeder von uns einzigartige Informationspakete von verschiedenen Bereichen der Umwelt. Mit fortschreitender Entwicklung werden diese inneren Darstellungen der äußerer Objekte einer bewussten Kontrolle immer mehr zugänglich, und zwar in Abwesenheit der äußeren, realen Objekte.

Mit anderen Worten: Die Objekte erzeugen Bilder, so genannte *Schemata*, die jederzeit überprüft und überarbeitet werden können. Diese Bilder haben auch die Funktion, dem neuen Input einen Sinn, einen bekannten Bezugspunkt zu geben. Sobald dieser Prozess in Gang gekommen ist, wird jede neue Wahrnehmung zu einem Akt von Begriffsbildung, der dem bereits hergestellten Bezug folgt.

Bildung von Schemata

Und jeder Akt dieser Art verändert den Organismus bis zu einem gewissen Grade. Die Umwelt – und zwar die natürliche, die soziale und die gebaute – findet also eine individuelle, einzigartige Darstellung im Nervensystem jedes Einzelnen, der sie wahrnimmt.

Räumliche wie auch andere Schemata sind mehrdimensionale Strukturen, die für besondere Zwecke organisiert werden. Wir entwickeln zunächst ein Grundschema und legen dann die aufeinander folgenden Schichten fest, von denen jede die vorhergehende enthält. Dabei kann es sich zum Beispiel um Innenräume, Häuser, Straßen, Nachbarschaften, Städte, Regionen, Länder, die Welt, das Universum etc. handeln.

Alle zusammen genommen machen den Raum aus, den wir bewohnen und den Bildervorrat, aus dem wir auswählen, um einen Plan zu

Bilder und Symbole entwickeln. Dieser abschließende Schritt der mentalen Informationsverarbeitung führt dazu, *Bilder* realer Objekte in *Symbole* zu verwandeln und in unsere Vorstellungen von der Welt zu integrieren.

Schritte der Symbolbildung

Schritte der Symbolbildung
1. Lokalisation von „etwas" – WO
2. Identifizierung von „etwas" – WAS
3. Bildung von Informationspaketen, (gebündelte Information)
4. Bildung von Schemata (in Abwesenheit „realer" Objekte)
5. mehrdimensionale Organisation der Schemata in einem Plan
6. Symbolbildung
nach LEE, 1973

Gemäß dieser Theorie kann die äußere Symbolbildung „nur dazu dienen, innere Schemata zu erzeugen, zu beleben oder zu bekräftigen – oder sie von einer Person auf eine andere zu übertragen.", also sie kommunizierbar zu machen. „Äußere Symbole können nicht von sich aus eine Handlungsfolge programmieren, das gelingt nur den Schemata." (WEBER, 1994, S. 49)

Funktionen von Symbolen Symbole dienen damit also der *Kommunikation* und der *Handlungsfolgeregulation*. Ein großer Vorzug der Symbolbildung liegt wahrscheinlich in der Möglichkeit, auf diese Weise räumliche *Informationen* in größeren Mengen *speichern* zu können *(vgl. die Exkurse zur Handlungstheorie sowie im ersten Punkt dieses Kapitels)*.

9.5 Das Zeichenhafte der Form

Die Architektur besteht für den Wahrnehmenden aus spezifischen bedeutungstragenden Formen. Gestaltung, sei es als reine Form oder in der gesamten Architektur, ist zunächst Gestaltung des Sichtbaren.

Architektur hat neben ihrer unmittelbaren Funktionalität immer aber auch Verweis- und Symbolfunktion. Und das ist möglicherweise viel bedeutsamer als die sie repräsentierende Form selbst, so dass die Oberfläche hinter ihrem Inhalt zurücktritt.

Andererseits wird die Form als Form wahrgenommen und nicht lediglich als Repräsentant eines Inhalts, nicht bloß als Stellvertreter für ein bezeichnetes Objekt oder für einen Gefühlsausdruck, so dass Formen und ihre Anordnung, ihre Bedeutung, ihre äußere und innere Form eigenes Gewicht und eigenen Wert erlangen.

Die Kombination eines materiellen Trägers mit einer Bedeutung ist in seiner entwickelten Form ein Zeichen. Zeichen sind explizite Bedeutungsträger.

9. RAUMSYMBOLIK

Zeichen

> **Zeichen**
>
> Ein Zeichen präsentiert sich und repräsentiert etwas *anderes*.
>
> Es ist etwas Wahrnehmbares, das in Kommunikationshandlungen etwas nicht Wahrnehmbares vertritt.
>
> Es ist ein Signal, das eine Bedeutung trägt.
>
> nach WEBER, 1994

Wie WEBER in seinem Ausführungen über die Funktion der Form feststellt, ist die „ideelle Wirkung einer Form [...] doppelt. [..] Im Verhältnis von Präsentation und Repräsentation ist die erste der beiden Zeichenkomponenten beobachtbar, die zweite denk- oder fühlbar, die erste ist der Anstoß für die ideelle Aktualisierung der zweiten, die erste Komponente ist Signal und Auslöser, die zweite ist Bedeutung und Aussage." (WEBER, 1994, S. 164)

Wenn wir uns den Weg der Form über das Auge in das Bewusstsein der Wahrnehmenden in folgendem Schema ansehen, haben wir es also mit den Verhältnissen zweier Gegenstände und zweier psychischer Elemente zu tun.

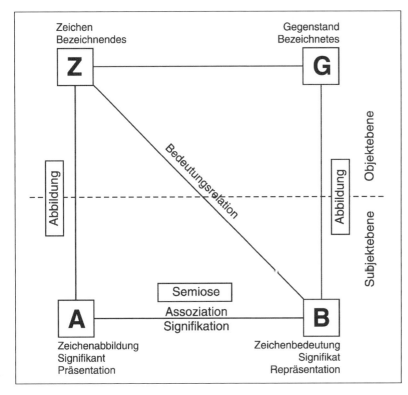

Das Prinzip des Zeichens (nach WEBER, 1994, S. 165)

Wir haben einmal den Gegenstand an sich (G) und das ihn bezeichnende Zeichen (Z) auf der Objektebene und die subjektive Ebene mit der Unterscheidung Abbildung (A) und Bedeutung (B).

Das Schema bildet aber nicht nur ab, in welchem Verhältnis Zeichen, Gegenstand, Abbildung und Bedeutung zueinander stehen, es verdeutlicht ebenfalls die verschiedenen zugrunde liegenden Assoziationsprozesse.

Eine Form kann auf *drei Arten* auf etwas anderes als sich selbst verweisen, d. h. einen über sich selbst hinausweisenden Inhalt bekommen: durch Ähnlichkeit mit einer anderen Form, durch logisches Schließen und durch eine Gewohnheit resp. Vereinbarung.

Wie kommen diese *Assoziationen* zustande?

Logische Verknüpfung   Sie entstehen einmal durch *logische Verknüpfung* im Sinne von „wenn A dann B"; z. B. aus der Wegeführung wird die Lage des Schlosses gefolgert, die Enge der Treppe sagt mir, dass es ein Nebenaufgang ist, die schmale Fensterform verweist auf Sanitärbereiche usw.

Ähnlichkeit   Eine weitere Möglichkeit wäre Assoziation durch *Ähnlichkeit*; das Zeichen verweist als Bild (Ikon) auf etwas Analoges. Ähnlichkeit ist eine historisch und psychisch abhängige Größe, kann sich also historisch, inter- und intraindividuell unterscheiden.

Assoziationen können aber auch beim Fehlen jeder realen Beziehung zwischen Zeichen und Bezeichnetem zustande kommen, durch rein gesellschaftliche, gruppenspezifische oder individuelle Vereinbarung,

Konvention   d.h. *Konvention*.

Häufig steht ein Symbol als Zeichen für mehr als nur eine Sache. Durch explizite oder implizite Vereinbarung kommt zu der ursprünglichen (zum Beispiel ✶ für „Stern") eine neue, aus einer anderen Sinnwelt übertragene Bedeutung dazu (✶✶✶ kann dann heißen: „In diesem Hause isst man besonders gut").

An dieser Stelle ist anzumerken, dass über die genannten assoziativen Brücken Unschärfen und Mehrdeutigkeiten entstehen, die die Interpretationen von Symbolen erschweren und/oder zu Missverständnissen führen können. Deswegen haben Aussagen in diesem Kontext häufig spekulativen Charakter und sind mit großer Vorsicht zu treffen. Das trifft auch auf die folgenden Ausführungen zu.

9.6 Der Inhalt: Denotation und Konnotation

Bisher haben wir festgestellt: Ein Zeichen steht immer für etwas anderes. Das heißt: Es gibt ein Bezeichnendes, welches für etwas Bezeichnetes steht. Und erst wenn der Bezug zu diesem Bezeichneten hergestellt werden kann, erfüllt das Zeichen seine Funktion.

Architektur ist immer auch Kommunikation. Um im Rahmen dieser zwischenmenschlichen Kommunikation funktionell zu sein, muss ein Zeichen dabei für mehr als nur eine Person (dieselbe) Bedeutung erlangen. Zeichengebrauch muss damit erlernt werden. Dieses Lesenlernen von Zeichen – im Rahmen von mündlicher und schriftlicher Verständigung, aber eben auch von bildhafter Verständigung über Architektur, Zeichnungen, Malerei oder audiovisuelle Medien – ist ein kultureller Akt, ein sozialer Lernprozess, der expliziten oder impliziten Charakter haben kann (s. o.).

Auch nach MICHEL (1997) wäre ein *„Symbolischer Ort"* oder symbolträchtiger Ort ein Ort, dem unterschiedliche Personen (innerhalb einer Gemeinschaft) oder unterschiedliche Gemeinschaften (innerhalb eines Kulturkreises) oder sogar unterschiedliche Kulturkreise bestimmte und zumindest vergleichbare Bedeutungen zumessen. Konnotationen setzen also Kulturkompetenz voraus. Das verweist auf den engen Bezug zu *Ortsidentität und Ortsbindung,* die im nächsten Kapitel behandelt werden.

Die Ruine der Dresdener Frauenkirche entwickelte sich als symbolischer Ort, der zu bestimmten Anlässen (nicht nur zur Erinnerung an den 13. Februar 1945) aufgesucht wurde, vgl. RICHTER, 2005

ARCHITEKTURPSYCHOLOGIE

Architektur ist Ausdruck. Und Ausdruck wird laut Weber nur dann „Wirkungsbestandteil der Architektur, also Funktion, wenn er nicht nur die materiellen Funktionen mechanisch begleitet, sondern wenn die Form einen eigenen ästhetischen Funktionsraum ausfüllt, […] Im Gegensatz zu der „engen" Auslegung des Inhalts, […], bedeutet die weite Interpretation, dass das unendliche Repräsentationsvermögen von Zeichen und die Fähigkeit ihrer Formen, breitgefächerte Assoziationsprozesse auszulösen, auch der Architektur zugesprochen werden." (WEBER, 1994, S. 191)

Der architektonische Inhalt besteht offenbar aus mehreren Dimensionen oder Schichten. So wird Architektur auch als allgemeines Kommunikationsmittel, als Zeichensystem, als Kunst gehandelt. Bauwerke können aber nicht – ohne ihr Wesen zu verleugnen – Aussagen vermitteln, die gegenüber den Bau- und nutzertechnologischen Momenten beziehungslos sind. Sie vermitteln, indem ihre Formen etwas anderes bezeichnen, immer zugleich sich selbst.

Die Baumaterialien lassen ein Haus beispielsweise als heiter, verspielt etc. erscheinen

Im Erleben empfindet man ein Haus vielleicht als reich oder arm, es wirkt finster, heiter, brutal, rational oder lakonisch. Wir sprechen ihm Eigenschaften zu, die eigentlich den Lebewesen oder nur dem Menschen zukommen, ein Haus kann nicht heiter sein, wohl aber so aussehen, exakter: so wahrgenommen werden. Hier hat eine Bezeichnungsübertragung auf Architektur stattgefunden, der Sinn ist durch diese Analogie ein anderer geworden.

Wie weit dieser Einfluss gehen kann und wie subtil die Wirkung sehr einfacher Elemente von Gebäuden, nämlich die verwendeten Baumaterialien, sein kann, zeigt das folgende Beispiel. SADALLA & SHEETS (1993) gingen in der auf der nächsten Seite ausführlich dargestellten Studie unter anderem der Frage nach, ob die verwendeten Baumaterialien in ihrer Symbolik auf die Identität der Besitzer schließen lassen.

BENZ (2008) legt eine aktuelle Studie vor, die sich verschiedenen Facetten der Symbolik von Sichtbeton widmet. Sie kann zeigen, dass sich Architekten und Nichtarchitekten sehr deutlich in der Bewertung dieses Baumaterials unterscheiden *(vgl. Kap. Nutzungsorientierte Planung und Gestaltung gebauter Umwelten).*

9. RAUMSYMBOLIK

Symbolik von Baumaterialien

In ihrer Arbeit über die symbolische Signifikanz von Baumaterialien versuchten SADALLA und SHEETS (1993) einen Zusammenhang zu finden zwischen verschiedenen Materialien an der Außenseite des Hauses, wie zum Beispiel *Ziegelstein, Zement, Holz* usw. und der *sozialen Identität des Hausbesitzers.*

Sie gingen den Fragen nach, ob die symbolische Bedeutung eines Objekts automatisch die Identität beeinflusst und ob der Einfluss eines Objekts auf die Identität seines Benutzers von einfachen Assoziationsprozessen abhängig ist, oder von kognitiven Prozessen.

Die Daten ihrer ersten beiden Studien unterstützten einen **symbolischen Interaktionismus**. Die Präsenz von verschiedenen Materialien an der Außenseite des Hauses vermittelt Informationen über die soziale Identität des Hausbesitzers auf den drei orthogonalen Faktoren *kreativer Ausdruck, interpersonaler Stil und soziale Klasse.*

Die in den Studien gefunden Resultate legen ebenfalls nahe, dass jedes Baumaterial mit einem einzigartigen Charakter assoziiert wird, welcher allerdings nur dann auf den Besitzer attribuiert werden könne, wenn dieser das Material *aktiv* ausgewählt habe.

Eine generelle symbolische Bedeutung von Materialien scheint vom Prozess abzuhängen, durch welchen ein spezifisches Material soziale Signifikanz erwirbt. Dabei ist interessant, dass die symbolische Bedeutung, die Objekten angehängt wird, für willkürlich gehalten wird – *„ein kulturspezifisches Sprachsystem".*

So kann ein Hausmaterial zum Beispiel „Gemeinschaftszugehörigkeit" in einer geographischen Region bedeuten und „relativer sozialer Status" in einer anderen. Weiterhin kann das gleiche Material in einer Region „hohen sozialen Status", z.B. wenn das Material importiert werden muss, oder „geringen sozialen Status", z.B. wenn das Material in der Gegend produziert wird, anzeigen.

Die Studien unterstützen ebenfalls die Annahme, dass Materialien einschließlich einer *„persönlichen Charakteristik"* wahrgenommen werden, was auf grundlegende Wahrnehmungsprozesse zurückzuführen ist. Zum Beispiel werden Blockholz und Holzschindeln als wärmer, mehr emotional, weicher, zärtlicher, femininer und delikater als Ziegelstein, Beton oder Schiefer gesehen. Emotionalität, Zartheit und Weiblichkeit wiederum sind semantisch verbunden mit Wärme und können abgeleitet werden aus „relativen Wahrnehmungsqualitäten" von Holz und Stein.

Können wir also festhalten, dass einige Komponenten der „Persönlichkeit eines Materials" assoziiert sind mit seinen überdauernden wahrgenommenen Qualitäten.

Letztendlich stellten SADALLA und SHEETS fest, dass einfache assoziative Modelle nicht ausreichend sind, um symbolische Identitätsverbindungen zu erklären. Die Daten unterstützten nach Meinung der Autoren eher Selbstrepräsentations- oder nonverbale Kommunikationsmodelle, in welchen Präferenzen für Baumaterialen als Teil eines aktiven Prozesses von symbolischer Kommunikation gesehen werden.

Es wird weiterhin Forschung nötig sein, um den Umfang des symbolischen Werts von Materialien abzuschätzen und die Prozesse zu beschreiben, über die Baumaterial einzelne Personen, Gruppen oder soziale Identität zu definieren in der Lage ist.

nach SADALLA & SHEETS, 1993

Der architektonische Inhalt besteht – wie bereits mehrfach angedeutet – aus vielen Dimensionen oder Schichten und sein Ausdruck hat etwas mit Sprache zu tun.

Lassen Sie uns daher einen kurzen Exkurs in die Linguistik unternehmen:

> **Denotation und Konnotation** sind zwei Bedeutungsebenen der *Sprache*, die sich in einer Reihe von Eigenschaften unterscheiden.
>
> Die Denotation (Bedeutung) ist die Basis, sie wird oftmals als die *Lexikonbedeutung* eines Wortes bezeichnet, sie ist relativ *objektiv* im Sinne von allgemeingültig und rational. Denotative Aspekte entsprechen *sachlich funktionalen Attributen*.
>
> Die Konnotation (Sinn) interpretiert auf eine stärker *subjektive und emotionale* Weise die denotativen Kodes. Konnotative Aspekte entsprechen emotionalen und ästhetischen *Anmutungsqualitäten*, verbunden mit ihrer Wertschätzung. Ihre *Bedeutung* **kann** *konventionell festgelegt sein* wie zum Beispiel bei Verkehrszeichen (s. o.).
>
> nach WEBER 1994

Für die Raumsymbolik ist insbesondere die konnotative Ebene relevant. Konnotationen leben von einem „Sinnüberschuss" des Sprachmaterials, „...den weder Wörterbuch noch Grammatik enthalten." (WEBER, 1994, S. 191)

Das lässt sich – um auf das Eingangsbeispiel zurückzukommen – an einem Sakralbau erläutern:

Ihre Bauweise, der Stil, die Ausstattung und religiöse Funktion, betrifft den denotativen Aspekt. Konnotativ wird dieselbe Kathedrale erlebt als großartig, niederdrückend oder Geborgenheit vermittelnd. Dies ist die erste abgeschlossene Betrachtung der Kathedrale selbst, „konkret-individuell" betrachtet, also hierarchisch gesehen auf der „allgemeinen Ebene".

Darüber hinaus, vermittelt diese Kathedrale auch eine symbolische Bedeutung, also sie steht für etwas, was „über sie hinausweist", zum Beispiel „Transzendenz oder Vollkommenheit."

Für manche Menschen bedeutet „Kathedrale" lichteres Säkulum, für andere „...finsteres Mittelalter, für den einen ist sie Symbol für Macht für den anderen: Unterdrückung." (SCHNEIDER in KRUSE et. al. 1990, S. 283)

Zur Verdeutlichung des zuletzt Gesagten dient die nachfolgende Abbildung:

9. RAUMSYMBOLIK

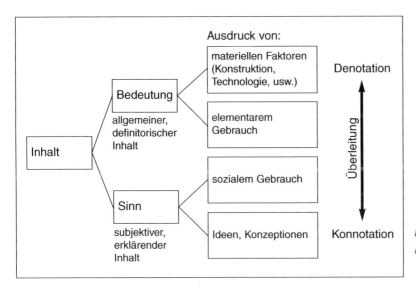

Denotation und Konnotation (nach WEBER 1994, S. 191)

WEBER stellt heraus, dass sich der Unterschied zwischen Bedeutung und Sinn architektonischer Formen auch im Gebrauch widerspiegelt.

Was kann man sich unter elementarem und sozialem Gebrauch vorstellen?

Hierzu ein Beispiel aus dem Bereich der Innenarchitektur: UMBERTO ECO, der in diesem Sinne die architektonische Funktionalität in „erste" und „zweite" Funktionen klassifiziert, demonstriert die Erweiterung des engeren zum weiteren Gebrauchswert mit Hilfe von Konnotationen für ein Sitzmöbel.

„Ein Stuhl sagt mir vor allem, dass ich mich drauf setzen kann." (ECO, zit. n. WEBER, 1994) Diese elementare Funktion wird denotiert.

Wenn der Stuhl aber ein Thron ist, so zeigen entsprechende Insignien der Macht die „majestätische Würde" (ECO, zit. n. WEBER, 1994). Diese Würde auszustrahlen, ist natürlich auch eine Gebrauchs-

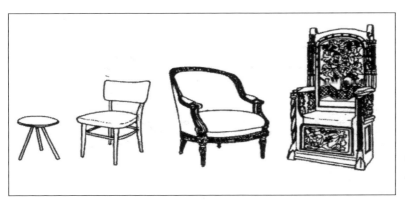

Sitzmöbel: Vom Schemel zum Thron (nach WEBER 1994, S. 198)

155

funktion des Sitzmöbels, aber eine, die durch Konnotationen lebt. In vielen Fällen nahm der Herrscher sogar unbequemes Sitzen in Kauf, um die Bequemlichkeiten seiner Macht durch solche Symbole zu stützen. Im Vergleich zwischen einem Schaukelstuhl, einem Melkerschemel oder einem Direktorensessel ist der unterschiedliche Gebrauch in den Formen abzulesen.

Sie unterscheiden sich nicht nur durch eine unterschiedliche physiologische Anpassung an das Sitzen, sondern auch durch viele Merkmale der Form, der Verarbeitung des Materials, der Farbe und der Beifügungen, welche die Funktionen haben, ein bestimmtes soziales Verhalten zu stimulieren.

Selbstverständlich lassen sich diese Überlegungen auch auf die Sitzgelegenheiten an der Haltestelle *(Exkurs zur Theorie der Handlungsregulation)* übertragen. Beispielsweise wäre zu fragen, ob deren spezielle Ausprägung eine unterschiedliche Sitzhaltung nahe legt. Man könnte vermuten, dass die scharfkantige Metallbank mit ihrer geraden Sitzfläche zu einer aufrechteren Sitzhaltung führt als die beschichteten – eher Gemütlichkeit ausstrahlenden – Sitzschalen.

Beispiel Haltestelle

Derartige unbewusste oder teilbewusste Prozesse sind auch beim Umgang mit anderen architektonischen Elementen, beispielsweise bei Eingängen wahrscheinlich: Die nonverbale Wirkung von Größe, Material, Form und Farbe einer Tür ist methodisch sicher schwierig zu erfassen. Dennoch kann man vermuten, dass das Erleben und Verhalten von Menschen durch deren konkrete Auslegung moduliert wird. So kann man annehmen, dass viele Menschen beeindruckt und voll Demut durch das Portal einer gotischen Kathedrale schreiten, wie zum Beginn dieses Kapitels angedeutet.

Eingänge: Von der Pforte zum Portal (nach WEBER 1994, S. 199)

9.7 Raumsymbolik in Kultur und Gesellschaft

Unabhängig davon hat die Symbolik in der Architektur Menschen schon immer fasziniert und sie haben sich über viele Jahrhunderte damit auseinandergesetzt. Ein Themenfeld, welches für öffentliche Bauten immer wieder beleuchtet wurde, ist die Symbolik der Macht. Es gibt zahlreiche Arbeiten zur so genannten Herrschaftsarchitektur. GEORG SIMMEL (1896) war einer der ersten Autoren, der sich damit auseinandersetzte. Das ist sicher auch darin begründet, dass autokratische Gesellschaften wesentlich länger existieren als demokratische. Erst in neuester Zeit sind Arbeiten zum Bauen für die Demokratie und der damit verbundenen Symbolik erschienen, beispielsweise von SCHÄFERS (2003).

Gemälde von ZDZISLAW BEKSINSKI, Ausschnitt

In der Folge wollen wir die Symbolik der Macht etwas systematischer und differenzierter beschreiben, um im Anschluss – zumindest ansatzweise – für deren Verwendung im Alltag zeitgenössischer Gesellschaften zu sensibilisieren.

9.7.1 Machtsymbolik in der Geschichte

Zur historisch ältesten *Herrschaftsarchitektur* zählt die Architektur von Tempeln, als Gebäude religiöser Macht. Vieles, was bei zeitgenössischen Gebäuden zu beobachten ist, geht auf Merkmale griechischer und römischer Sakralbauten zurück, es findet sich aber auch bei jüngeren Kirchenbauten in Europa. Darüber hinaus sind auch die Schlösser weltlicher Herrscher Quellen dieser Symbolik. Beispielsweise in Hinsicht auf die ausgeprägte Symmetrie *(s. o.)* oder das Fokusprinzip *(vgl. Exkurs zur Psychologie des Zwischenraumes).*

Herrschaftsarchitektur

Ein unrühmliches Beispiel für den Versuch, Herrschaftssymbolik mehr oder weniger direkt zu nutzen, ist die faschistische Architektur in der Zeit des Nationalsozialismus in Deutschland. Der Versuch bestand darin, die Machtverhältnisse des 3. Reiches baulich und strukturell zu zementieren. Diese Gebäude einer vergangenen Gesellschaftsform blieben teilweise als inhaltslose Formen bestehen und können zum Denk- oder Mahnmal werden (DONATH, 2007).

Der nationalsozialistische Stil versuchte, sich durch Schaffung einheitsstiftender Monumente zum eigenständigen Monumentalstil zu entwickeln. Kennzeichen waren, auch in Anlehnung an Formen der Antike und der Gotik, eher starres gradliniges Aussehen, unterstrichen

Merkmale von Herrschaftsarchitektur nach
SIMMEL, 1896;
WEBER, 1994;
SCHÄFERS, 2003;
SEYLER, 2004;
DONATH, 2007

Merkmale von Herrschaftsarchitektur

Historische Bauten (Tempel, Kirchen, Schlösser, etc.)
- Größe
  - Überdimensionierung, extreme Höhe, etc.
  - Lange Wege, Schranken, Vorzimmer, etc.
- Symmetrie
  - Klapp- oder Ebenensymmetrie
  - Rotations- oder Punktsymmetrie
- Betonung der Senkrechten
  - Gebäude-/Fensterform
  - Pfeiler, Säulen, etc.
- Betonung Eingangsbereiche
  - Pfeilervorbauten
  - mehrfache Geschosshöhen bei Vorbauten
- Reihungen
  - uniforme Elemente
  - gleichförmige Anordnungen
- ...

Zeitgenössische Bauten (Regierungsbauten, Firmensitze, Kaufhäuser, etc.)
- Reduktion auf wesentliche Grundformen
  - Quader, Zylinder, Kegel, etc.
  - scharfkantige Abgrenzungen
- Glatte Fassaden ohne Dekor
  - betonte Flächigkeit
  - sachliche Einfachheit
- ...

---

durch die schweren Horizontalen der Simse, monumentale Symmetrien der Fassaden durch endlos erscheinende Fensterreihen mit tief eingeschnittenen Rahmen. Schmale Fenster in Wänden aus grob gehauenem Stein sollten den Eindruck einer Festung vermitteln und das Gebäude undurchdringlich erscheinen lassen. Die Front sollte beeindrucken und Respekt einflößen. Auch hier wurde Baumaterial nach seinem symbolischen Gehalt ausgewählt.

Die Architektur galt als Propagandamittel. Der Stil dieser Gebäude musste dem Willen entsprechen, der sie formte. So sollte die geplante und geschaffene Architektur Geschlossenheit, Einheit, Kraft und Größe des Staates vor Augen führen. Der Mensch sollte sich herabgewürdigt fühlen, angesichts der monumentalen Ausmaße der Gebäude, Plätze und Straßenzüge.

9. RAUMSYMBOLIK

Selten haben sich Repräsentanten eines Staates so unverhohlen und öffentlich über die Instrumentalisierung der Architektur geäußert.

Die nachstehenden Zitate und Fotografien aus Adams (1992) illustrieren dies. Weiteres findet sich u. a. in Museen der Stadt Nürnberg (2006) und Donath (2007).

„Jede große Zeit findet ihren abschließenden Wertausdruck in ihren Bauwerken. Wenn Völker große Zeiten innerlich erleben, so gestalten sie diese Zeiten auch äußerlich. Ihr Wort ist dann überzeugender als das gesprochene Wort: Es ist das Wort aus Stein!" (A. Hitler, Eröffnungsrede der Deutschen Architektur- und Kunstausstellung, 1938)

Entwurf Turmbau der „Hohen Schule" der NSDAP am Chiemsee, welche spezialisiert sein sollte auf „arische Wissenschaften" und „arische Kunst", um 1940
Architekt: Hermann Giesler

„Hier bin ich Repräsentant des deutschen Volkes! Und wenn ich jemanden in der Reichskanzlei empfange, dann empfängt den Betreffenden nicht der Privatmann Adolf Hitler, sondern der Führer der deutschen Nation – und damit nicht ich ihn, sondern durch mich empfängt ihn Deutschland. Und ich will daher, dass diese Räume dieser Aufgabe entsprechen. Jeder Einzelne hat mitgeholfen an einem Bauwerk, das viele Jahrhunderte überdauern wird und das von unserer Zeit sprechen wird. Das erste Bauwerk des neuen großen deutschen Reiches." (A. Hitler)

Kartentisch im Arbeitszimmer Hitlers in der Neuen Reichskanzlei in Berlin.
Architekt: Albert Speer

ARCHITEKTURPSYCHOLOGIE

*Reichsparteitagsgelände Nürnberg, Zeppelinfeld.
Architekt: Albert Speer*

Herrschaftsarchitektur findet man in der zweiten Hälfte des 20. Jahrhunderts aber auch in anderen Ländern. Ein Beispiel ist die Stalinistische Architektur (TARCHANOW & KAWTARADSE, 1992). Sie ist Ausdruck des Personenkults und des Machtbestrebens während der Regierungszeit Stalins in Sowjetrussland.

*Ministerium für Auswärtige Angelegenheiten, Moskau, 1952
Architekten: Wladimir Gelfreich, Michail Minkus, Gennadi Limanowski*

Dieser Architekturstil breitete sich in der Periode nach dem zweiten Weltkrieg in den Staaten aus, die unter sowjetischem Einfluss standen, beispielsweise gleicht der Palast der Kultur und Wissenschaften im Zentrum von Polens Hauptstadt Warschau in verblüffender Weise dem dargestellten Moskauer Gebäude.

In den autokratischen Regimen Osteuropas wurde allerdings nicht mehr offen über die Instrumentalisierung der Architektur geredet. Dennoch waren diese Ideen auch hier von Einfluss. Das soll an zwei Beispielen aus der DDR illustriert werden.

9. RAUMSYMBOLIK

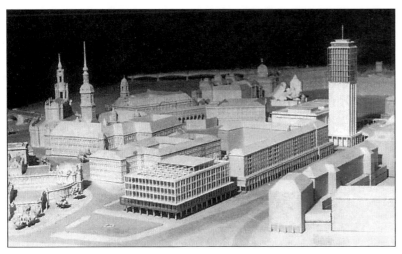

„... das „Haus der sozialistischen Kultur" soll auf jeden Fall die angrenzenden Wohngebäude überragen, in der Silhouette und am Platz dominieren..." (Internes Papier der SED-Bezirksleitung Dresden, um 1960) nach LERM, 1993

Stadtmodell Dresden mit Entwurf mit Kaufhaus anstelle der Sophienkirche (links) und Kulturhochhaus (rechts), um 1960 Architekten: unbekannt

Obwohl sich die Entwürfe für die Neubauten in Dresden nicht an dem Formenkanon stalinistischer Architektur orientierten, ist an der geplanten Entwicklung zweierlei bemerkenswert:

Das neue Regime reißt die Gebäude der religiösen Macht ab und errichtet eigene dominante Bauten an diesen Orten. Beispielsweise wurde in Leipzig die Pauluskirche zugunsten des Neubaus eines Hochhauses und angrenzender Gebäude der Karl-Marx-Universität abgerissen *(vgl. Exkurs Das Bildhafte in der Architektur)*. Für Dresden wurden an fünf zentralen Plätzen dreißigstöckige Hochhäuser geplant, die die „sozialistische Großstadt" wie eine Krone einrahmen sollten.

Last but not least findet man auch bei Machtdemonstrationen der Einheitspartei in der DDR Merkmale von Herrschaftsarchitektur, wie sie schon bei den Reichsparteitagen der NSDAP zu beobachten waren *(s. o.)*.

„Es überwiegt in der Ausgestaltung des Tagungsortes von nun an eine silbergraue, symmetrisch-akkurate, flächige Monumentalität. Sie soll möglicherweise Ausdruck einer gefestigten Parteimacht sein." (DROMMER, 1999, S. 49)

IX. Parteitag der SED im großen Saal des Palastes der Republik, 1976 Innenarchitekten: unbekannt

9.7.2 Symbolik in zeitgenössischen Gesellschaften

Auch in zeitgenössischen Gesellschaften sind in vielerlei Hinsicht Gebäude und Stadtstrukturen zu beobachten, die Merkmale von Herrschaftsarchitektur aufweisen. Dabei ist nicht nur an die Architektur der Nachkriegsperiode in Mittel- und Osteuropa zu denken. Zu denken ist auch an die Regierungsbauten und die privaten Paläste der Regierungschefs weltweit. Viele weisen die in der obigen Zusammenstellung genannten Details auf (YORK, 2006).

Gleichzeitig sind in Südamerika und Afrika riesige Kirchenbauten errichtet worden, die sich beispielsweise am katholischen Petersdom in Rom orientieren.

Allerdings gibt es bei zeitgenössischen Kirchenbauten auch Entwicklungen hin zu weniger dominanter menschbezogener Architektur. So haben viele der in den letzten Jahren in Deutschland neu errichteten Kirchen unterschiedlicher Konfession keine Türme mehr. Wenn Türme gebaut werden, dann sind sie deutlich niedriger als in früheren Zeiten (vgl. LUDWIG & MAWICK, 2007).

Kirche Christus König Radebeul, 2001 Gebäude mit dreieckigem Grundriss, ohne Glockenturm Architekten: Günther Behnisch, Gerald Staib

Darüber hinaus werden auch Anordnungen von Sitzgelegenheiten im Kirchenraum gewählt, die nicht nur die Verkündigung von Gottes Wort aus der Kanzel – sozusagen „von oben herab" – zulassen.

9. RAUMSYMBOLIK

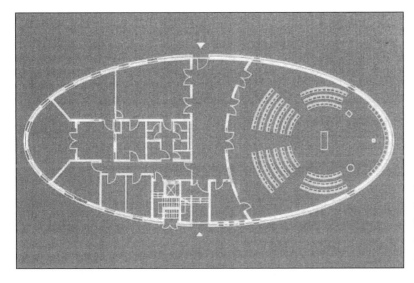

*Grundriss der evangelischen Kirche Berlin-Wartenberg, 2000
Architekten: Meyer, Ernst und Partner*

In demokratisch verfassten zeitgenössischen Gesellschaften sind mittlerweile auch Bauten entstanden, die im Gegensatz dazu durch Merkmale einer *„demokratischen Architektur"* zu kennzeichnen sind, beispielsweise offene Eingansbereiche, transparente Fassaden, kreisförmige Anordnung der Sitzreihen, Besuchertribünen, etc., wie im Kanzleramt oder in den Bundestagsgebäuden in Bonn und Berlin (Schäfers, 2003). Auch wenn der Begriff einer „demokratischen Architektur" bis dato nicht existiert, beginnt sich offenbar ein Formenkanon für Bauten der Demokratie zu entwickeln.

Das Kanzleramt in Berlin: ein Beispiel für „demokratische Architektur"?

Folgt man den Überlegungen von HANS VORLÄNDER (2003), sind damit allerdings sehr große Herausforderungen verbunden: „Die Demokratie lebt nicht mehr von Repräsentationen der Einheit, wie es der Monarch, die Nation, der Staat gewesen sind oder zumindest zu fingieren vermochten. Das Volk als Souverän in der Demokratie lässt sich kaum angemessen repräsentieren." (VORLÄNDER, 2003, S. 23).

Begleitet wird dieser Trend zu einer qualitativ neuen Architektur allerdings dadurch, dass nach wie vor Herrschaftsbauten entstehen. Die Zentren der Macht haben sich in modernen Industrienationen in den Bereich von Produktion und Verwaltung sowie des Konsums verlagert. *Firmensitze* und Kaufhäuser weisen mittlerweile die Insignien der

ARCHITEKTURPSYCHOLOGIE

Firmensitze und Konsumtempel sind die neuen Gebäude der Macht

Macht auf, wie sie oben beschrieben wurden. ALFRED LANG hat bereits 1987 auf den Begriff des *Konsumtempels* verwiesen, der unter anderem dafür steht *(vgl. Exkurs zu Psychologie des Zwischenraumes)*.

Bemerkenswert ist, dass vor allem in den wirtschaftlich besonders dynamischen Staaten Nordamerikas, des Orients und Südostasiens immer höhere Gebäude errichtet wurden, die städtebauliche Dominanten darstellen. Ob es sich um die Zwillingstürme des Petronas Tower in Kuala Lumpur (379 m) handelt, den Sears Tower in Chicago (442 m) oder Taipei 101 in Taipei (448 m), sie werden bald durch noch höhere Gebäude übertroffen worden sein.

9.8 Untersuchungen zur Raumsymbolik

Es ist schwierig, die symbolischen Wirkungen von Räumen und Gebäuden wissenschaftlich exakt nachzuweisen. So gelang es einer Befragungsstudie zur Büroumwelt (VILNAI-YAVETZ et. al., 2005) zwar, den Einfluss von Funktionalität und ästhetischer Bewertung auf Wohlbefinden und Effektivität der Arbeit zu zeigen, nicht aber für die symbolische Ebene.

Auch wenn im Rahmen einer psychologischen Ästhetik viele empirische Studien durchgeführt wurden, waren diese vor allem auf die Wahrnehmung und Bewertung von Kunstgegenständen beschränkt (vgl. LEDER et. al., 2004; ALLESCH, 2006). Wissenschaftlich fundierte systematische Untersuchungen zur Raumsymbolik sind in der Psychologie noch wenig verbreitet.

Neben psychologischen Befragungen sind aus unserer Sicht besonders biopsychologische Methoden geeignet diese zu untersuchen. Erste Entwicklungen in diese Richtung sind festzustellen und einzelne Untersuchungen im Bereich der Architektur existieren dazu, beispielsweise zur Analyse von Blickbewegungen bei der Wahrnehmung von Fassaden (vgl. JACOBI u. a., 2002, www.applied-cognition.de). Allerdings sind derartige Methoden noch wenig verbreitet, weil schwer zu handhaben. Darüber hinaus gibt es bei der Anwendung biopsychologischer Methoden grundsätzliche Probleme der inhaltlichen Interpretation, da in der Regel nur quantitative Daten anfallen. Die Analyse symbolischer Wirkung ist jedoch an qualitative Aussagen gebunden.

In der Folge werden drei Untersuchungen zur Wirkung von Raumsymbolik etwas ausführlicher dargestellt, bei denen Methoden der Befragung, der Beobachtung und der qualitativen Inhaltsanalyse angewandt wurden. Damit soll illustriert werden, dass auch diese „klassi-

9. RAUMSYMBOLIK

schen" psychologischen Methoden geeignet sind, symbolische Wirkungen wissenschaftlich fundiert und differenziert zu beschreiben.

Symbolische Wirkungen gehen nicht nur – wie oben dargestellt – von öffentlichen Monumentalbauten aus. Sie sind auch bei Profanbauten relevant und damit Bestandteil unseres Alltags. Das konnte – zumindest für das Erleben – in einer Untersuchung gezeigt werden, die sich der Wirkung von Gebäudehüllen widmete. SCHWANZER (1986) erfasste die u. a. Wirkung von zwei ausgewählten Geschäftsfassaden mit der Methode des Semantischen Differentials *(vgl. Kap. Ausgewählte Studien und Methoden)*.

Im Vergleich der Urteile für die Fassaden „Portal" und „Nurglas" ergab sich folgendes Bild: Die Fassade vom Typ „Nurglas" wurde fortschrittlicher eingeschätzt, als die vom Typ „Portal". Allerdings wurde die Fassade vom Typ „Portal" als sympathischer bewertet.

Ein ähnliches Untersuchungsergebnis könnte man bei den Sitzgelegenheiten an der Haltestelle *(Exkurs zur Theorie der Handlungsregulation)* erwarten. In der subjektiven Bewertung mag die linke Metallbank moderner und fortschrittlicher eingeschätzt werden, die rechte dagegen als gemütlicher und sympathischer, etc. Das entscheidende Kriterium zur Prüfung der symbolischen Wirkung wäre, ob sich diese

Beispiel Haltestelle

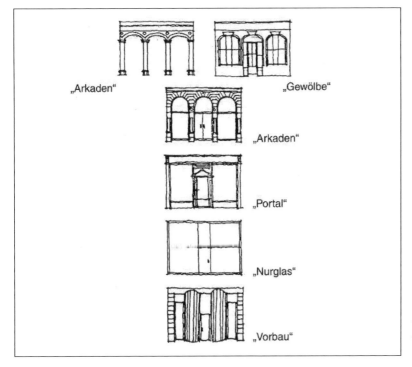

Typen von Geschäftsfassaden aus einer Untersuchung von SCHWANZER, 1986

subjektive Wertung auch im Annäherungsverhalten niederschlägt. So müsste mittels vergleichender Beobachtung untersucht werden, ob das Geschäft mit der Fassade vom Typ „Portal" häufiger frequentiert wird oder ob die Schalensitze an der Haltestelle unter sonst gleichen Bedingungen öfter als Sitzgelegenheit benutzt werden.

Ein derartiges Anliegen verfolgte eine noch nicht vollständig abgeschlossene Untersuchung, die dem Vergleich von zwei zeitgenössischen Bibliotheksbauten gewidmet ist.

Allerdings ist parallel zur Messung von derartigen Effekten auch Grundlagenforschung zu Wirkmechanismen von Symbolen sowie deren Genese im individuellen Prozess der Sozialisation notwendig *(vgl. Exkurs zu den mentalen Modellen).*

RICHTER & HENTSCH haben dies 2003 in einer Pilotstudie getan. Sie bezogen sich auf zwei Grundformen, die erstmals von WOLFGANG KÖHLER (1933) beschrieben wurden *(siehe Kasten auf Seite 168).* Vergleicht man diese *Formarchetypen TAKETE und MALUMA* mit den formalen Charakteristika der beiden oben dargestellten Bibliotheksgebäude, so wird deutlich, dass diese auch für Architektur relevant sein können. Die Bibliothek in Dresden (SLUB) weist eher Takete-Merkmale auf, die in Cottbus (IKMZ) eher Maluma-Merkmale. Aber auch wenn man an andere Gebäude denkt, finden sich derartige formale Merkmale in unterschiedlicher Ausprägung, beispielsweise beim Tower Taipei 101 von Lee & Partnern (Takete) oder beim Londoner Hochhaus der Swiss Re von Foster & Partnern (Maluma).

Deshalb sollen die Ergebnisse der Studie von RICHTER & HENTSCH kurz skizziert werden, obwohl deren Untersuchungskontext im Bereich des Produktdesign lag *(s. S. 168).*

Selbstverständlich bleiben bei den Begrenzungen einzelner empirischer Untersuchungen viele Fragen offen, teilweise auch sehr grundsätzliche. So ist zu fragen, ob weitere Archetypen existieren, die die von Köhler eingeführte Dichotomie von zwei Formen erweitern. Darüber hinaus ist zu untersuchen, ob bei der Betrachtung von Architektur noch ganz andere formale Grunddimensionen relevant sind, die kombiniert wirken. Einen Ansatz dazu haben Lannoch & Lannoch (1987) geliefert und auf Innenräume angewandt. Dieser wird im Kapitel Ausgewählte Studien und Methoden ausführlicher dargestellt.

9. RAUMSYMBOLIK

Untersuchung zur Symbolwirkung in zwei Bibliotheken

Analysiert wurden Erleben und Verhalten von Nutzern in zwei Bibliotheken, die Anfang des 21. Jahrhunderts erbaut worden sind (vgl. Abbildungen).

Sächsische Landes- und Universitätsbibliothek (SLUB) Dresden, 2003
Architekten: Ortner & Ortner

Informations-, Kommunikations- und Medienzentrum (IKMZ) Cottbus, 2006
Architekten: Herzog & de Meuron

Fassaden und Lesebereiche der beiden Bibliotheken

Details in DUFTER & SELLIGER, 2008 sowie DUFTER, 2008

Die umfangreichen Erhebungen beinhalteten vor allem Befragungen zu kognitiven, emotionalen und ästhetischen Urteilen sowie Skalen zur biopsychologischen Aktivierung. Mittels Beobachtung wurde u. a. das Studierverhalten in den Lesebereichen erfasst. Neben soziodemografischen Merkmalen waren auch ausgewählte Personeneigenschaften (Extraversion, Verträglichkeit, etc. SAUM-ALDEHOFF, 2007) Gegenstand der Analyse.

Die zentrale *Hypothese zur symbolischen Wirkung* war, dass die SLUB eher ein Ort der Ruhe und Konzentration, das IKMZ eher ein Ort der Arbeit und Kommunikation ist.

Hypothese zur symbolischen Wirkung

Erste Untersuchungsergebnisse weisen darauf hin, dass einzelne Facetten des Erlebens und Verhaltens im Sinne dieser Hypothese moduliert werden. So erlebten sich die Nutzer der SLUB signifikant konzentrierter als die des IKMZ. Andererseits berichteten sie stärkere psychische Ermüdung als die Nutzer der Bibliothek in Cottbus. Bei den Beobachtungen des Studierverhaltens fiel die längere Aufmerksamkeitsbindung der Dresdener Bibliotheksbesucher ins Auge.

Die Prüfung von multiplen Effekten und Interaktionen mit Persönlichkeitsfaktoren steht noch aus und wird in DUFTER & SEELIGER (2008) resp. DUFTER (2008) berichtet.

ARCHITEKTURPSYCHOLOGIE

Untersuchung zur Genese formaler Archetypen
Grundlage für die Untersuchung bildeten zwei formale Prototypen, die von KÖHLER im Rahmen gestaltpsychologischer Überlegungen entwickelt wurden. Mit den beiden Objekt-Begriffspaaren MALUMA und TAKETE sind Archetypen beschrieben, die zur Charakterisierung vielfältigster Objekte geeignet scheinen (vgl. Abbildung). Interessanterweise unterscheiden sich diese Begriffe auch in Wortgestalt und Phonetik bei der Aussprache.

Die beiden Formarchetypen MALUMA (links) und TAKETE (rechts) (nach KÖHLER, 1933, S. 153)

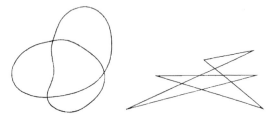

Anhand zweier unterschiedlicher Entwurfsaufgaben (Massagegerät vs. Handwaffe) wurde gefragt, wie entsprechende Objektvorstellungen abgerufen werden, in welcher Weise sie im individuellen Gedächtnis gespeichert sind und welche Quellen sie in der individuellen Biografie der Untersuchungspartner (12 Studenten der Fachrichtung Technisches Design) haben.
Die umfangreichen qualitativen und quantitativen Analysen ergaben, dass Vorstellungen vom Typ Takete generell besser verfügbar waren als solche vom Typ Maluma. Ursachen dafür können in Bedingungen der (westeuropäischen) Kultur und/oder Sozialisation vermutet werden. Takete-Objekte werden beispielsweise in den Medien stärker verbreitet. Intensivere Auseinandersetzungen mit Takete-Objekten sind in zwei Lebensphasen (Vorschulzeit, Adoleszenz) zu beobachten, während Maluma-Objekte möglicherweise nur in sehr frühen Lebensphasen eine Rolle spielen.
Vorstellungen von den beiden Formarchetypen sind nicht nur bildlich/ikonisch respektive verbal/sprachlich verankert. Sie sind vielmehr Bestandteil eines weit gefächerten, viele Bereiche und Modalitäten umfassenden assoziativen Netzes.

Assoziative verbale und farbliche Verankerung

	TAKETE	MALUMA
verbal	gefährlich kalt scharf brutal etc.	weich warm angenehm etc.
farblich	rot schwarz grau etc.	grün gelb pastell etc

Entsprechend unterschiedlich ist der Symbolgehalt beider formalen Grundmuster. Mit ihnen werden zahlreiche konträre kulturelle und religiöse Werte sowie unterschiedliche menschliche Erlebens- und Verhaltensmuster angesprochen.

Symbolgehalt von TAKETE und MALUMA

TAKETE	MALUMA
Aggression männlich hart verletzend Yin, etc.	Annäherung weiblich weich schmeichelnd Yang., etc.

nach RICHTER & HENTSCH, 2003

9.9 Fazit

Es kann festgehalten werden, dass die in diesem Kapitel skizzierten Mechanismen und Prozesse der Symbolbildung und Symbolwirkung in allen Gesellschaften zu beobachten sind. Bei der Bewertung von Gebäuden auf symbolischer Ebene muss man aber beachten, dass der *Interpretationsspielraum* besonders *groß* ist.

Großer Interpretationsspielraum

Das hat vor allem zwei Ursachen:

Diese Prozesse sind, sowohl für den Gestalter als auch für den Nutzer eines Gebäudes, nur teilweise dem Bewusstsein zugänglich. Das kann einerseits dazu führen, dass die Gestaltungsintentionen des Architekten nicht in dem Maße umgesetzt werden wie beabsichtigt. Umgekehrt hat der Beobachter, der das Gebäude wahrnimmt, auf dem Hintergrund seiner individuellen Sozialisation und der begrenzten Bewusstheit vielfältigste Bewertungskriterien und -möglichkeiten. Damit ist die Gefahr von Missverständnissen besonders groß – insbesondere, wenn mit der Bewertung das Ziel verfolgt wird, etwas über Nutzer oder Besitzer von Gebäuden auszusagen. GOSLING et al. (2002) haben zwar gezeigt, dass aus Büro- und Schlafzimmerfotos auf bestimmte Eigenheiten der Nutzerpersonen geschlossen werden kann, jedoch nur in beschränktem Maße. Von den fünf wichtigsten Personeneigenschaften, den so genannten „Big Five" (vgl. SAUM-ALDEHOFF, 2007), konnten anhand der Raumfotos einigermaßen zuverlässige Aussagen zur Gewissenhaftigkeit sowie Offenheit für Erfahrungen gemacht werden – nicht jedoch zu den drei Personenmerkmalen Extraversion/Introversion, emotionale Stabilität oder Verträglichkeit

Sage mir, wie Du wohnst, und ich sage Dir ungefähr, wer Du sein könntest!

Darüber hinaus ist darauf hinzuweisen, dass Planung und Bau von Häusern und anderen Objekten immer auch ein langwieriger Prozess mit vielen Beteiligten ist *(vgl. Kap. zur Nutzungsorientierten Planung und Gestaltung)*. Das kann dazu führen, dass ursprünglich intendierte Ideen mit der Zeit verändert oder ersetzt werden, ohne dass dies bewusst reflektiert wird. Um das an den eben genannten Beispielen klarzumachen: Kann man der gegenwärtigen Bundeskanzlerin die Verantwortung für einen Bau geben, der in der Zeit einer Vorgängerregierung geplant und gebaut wurde? Was hat der gegenwärtige Firmenvorstand von BMW mit dem Vorstand gemeinsam, der vor Jahren das Firmengebäude in München bauen ließ?

Entsprechend kann man in der anschließenden Wissens- und Verständnisfrage Nr. 5 nicht oder nur sehr indirekt auf die Architekten, Bauherren oder Bewohner schließen. Unabhängig davon ist aber eine Bewertung der Gebäudesymbolik und ihrer Wirkung auf andere Menschen möglich.

9.10 Wissens- und Verständnisfragen

1. Gemäß der Theorie der sozial-räumlichen Schemata ist unser Bild von der Welt Ergebnis eines langen Lernprozesses. Nennen Sie die einzelnen Schritte und erläutern Sie diese kurz.
2. Definieren Sie die Begriffe Denotation und Konnotation und erklären Sie diese an einem selbst gewählten Beispiel.
3. Ein Zeichen präsentiert sich und repräsentiert, d.h. es verweist gleichzeitig auf etwas anderes als sich selbst. Dies geschieht über drei Typen assoziativer Brücken. Wie kommen diese Assoziationen zustande? Nennen Sie je ein Beispiel.
4. Es wurde in der Geschichte oft versucht, kulturelle oder politische Strukturen in baulicher Substanz auszudrücken. Nennen Sie einige Beispiele aus Historie und Neuzeit.
5. Vergleichen Sie diese beiden zeitgenössischen Einfamilienhäuser: Welche Unterschiede in der Symbolik sind erkennbar?

9.11 Literatur

Adams, P. (1992). Kunst im dritten Reich. Hamburg: Rogner und Bernhard.

Allesch, Ch. G. (2006). Einführung in die psychologische Ästhetik. Wien: WUV Facultas.

Arnold, W., Eysenck, H. J. & Meili, R. (Hrsg.) (1997). Lexikon der Psychologie. Band 3, Augsburg: Bechtermünzverlag.

Benz, I. (2008). Ansichtssache Sichtbeton: Vergleich der Experten- und Laienperspektive zum Einsatz von Sichtbeton in der Architektur. Diplomarbeit. Dresden: TU Dresden.

Biedermann, H. (1989). Knaurs Lexikon der Symbole. München: Droemer-Knaur.

Boesch, E. E. (1980). Kultur und Handlung. Einführung in die Kulturpsychologie. Bern: Huber.

Donath, M. (2007). Architektur in Dresden 1933-1945. Meißen: Verlagsgesellschaft Elbland mbH.

Drommer, G. (1999). 50 Jahre DDR – Der Alltag der DDR erzählt in Fotografien aus dem Archiv des ADN. Berlin: Schwarzkopf & Schwarzkopf.

Dufter, M. (2008). Bibliothek als Ort der Ruhe und Konzentration – Bibliothek als Ort der Arbeit und Kommunikation. Vergleichende Untersuchung zur Wirkung unterschiedlicher architektonischer Konzepte am Beispiel zweier zeitgenössischer Universitätsbibliotheken. Diplomarbeit. Dresden: TU Dresden.

Dufter, M. & Seeliger, M. (2008). Symbolische Raumwirkung von Architektur – Vergleichende Untersuchung zur Wechselwirkung zwischen Gestaltung der Lesebereiche von Universitätsbibliotheken sowie Erleben und Verhalten der Bibliotheksbenutzer. Forschungsbericht. Dresden: TU Dresden.

Fischer, G., (1990). Psychologie des Arbeitsraumes. Frankfurt, New York: Campus.

Gosling, S. D., Ko, S. J., Manarelli, Th. & Morris, M. E. (2002). A Room with a Cue: Personality Judgments Based on Offices and Bedrooms. Journal of Personality and Social Psychology, 82, 3, 379-398.

Jacobi, M., Lippmann, M. & Oberkirsch, S. (2002). Blickparameter als Indikatoren der Verarbeitung von Architektur. Forschungsbericht. Dresden: TU Dresden.

Köhler, W. (1933). Psychologische Probleme. Berlin: Springer.

Kruse, L., Graumann, C. F. & Lantermann, E.-D. (Hrsg.) (1990). Ökologische Psychologie. Ein Handbuch in Schlüsselbegriffen. München: PVU.

Labitzky, R. (Red.) (1997). Deutsches Wörterbuch. Fremdwörterbuch, genehmigte Ausgabe, Niedernhausen/Ts.: Bassermann.

Lang, A. (1987). Wahrnehmung und Wandlungen des Zwischenraumes – Psychologisches zum urbanen Platz. Vortrag beim Schweizer Werkbund, Sektion Bern.

Lannoch, H. & Lannoch, H. G. (1987). Vom geometrischen zum sematischen Raum – Eine Methode zu neuen formsprachlichen Ansätzen im Produktdesign. form, S. 12-15.

Leder, H., Belke, B., Oeberst, A. & Augustin, D. (2004). A Model of Aesthetic Appreciation and Aesthetic Judgement. British Journal of Psychology, 95, 489-508.

Lee, T. R. (1973). Brauchen wir eine Theorie? In: Canter, D. (Hrsg.), Architekturpsychologie. Theorie, Laboruntersuchungen, Feldarbeit. 12 Forschungsberichte. Düsseldorf: Bertelsmann,

Lerm, M. (1993). Abschied vom alten Dresden – Verluste historischer Bausubstanz nach 1945. Leipzig: Forum.

Ludwig, M. & Mawick, R. (Hrsg.) (2007). Gottes neue Häuser – Kirchenbau des 21. Jahrhunderts in Deutschland. edition chrismon.

Michel, P. (Hrsg.) (1997). Symbolik von Ort und Raum. Bern: Europäischer Verlag der Wissenschaften.

Moser, K. (1990). Werbepsychologie. München, Weinheim: PVU.

Moser, K. (2002). Markt und Werbepsychologie. Göttingen u.a.: Hogrefe.

Museen der Stadt Nürnberg (Hrsg.) (2006). Faszination und Gewalt – Dokumentationszentrum Reichsparteitagsgelände Nürnberg. Nürnberg: Druckhaus Nürnberg.

Reich, W. (1979). Die Massenpsychologie des Faschismus. Frankfurt/M.: Fischer.

Richter, P. G. (2005). Zur Funktion von Mythen aus psychologischer Sicht. Dresdner Hefte, 84, 4, 73-79.

Richter, P. G. & Hentsch, N. (2003). Takete und Maluma – Eine Untersuchung zur Herkunft von (ikonischen) Vorstellungen in frühen Phasen des Produktentwurfes. Forschungsbericht. Dresden: TU Dresden.

Sadalla, E. K. & Sheets, V. L. (1993). Symbolism in Building Materials – Selfpresentational and Cognitive Components. Environment and Behavior, 25, 2, 155-180.

Saum-Aldehoff, Th. (2007). Big Five – Sich selbst und andere erkennen. Düsseldorf: Patmos.

Seyler, A. (2004). Wahrnehmen und Falschnehmen. Frankfurt/M.: anabas.

Schäfers, B. (2003). Architektursoziologie. Opladen: Leske und Budrich.

Schneider, G. (1990). Image: Bedeutungsbezogene Umweltrepräsentation. In: Kruse, L., Graumann, C.-F & Lantermann, E.-D. (Hrsg.), Ökologische Psychologie. Ein Handbuch in Schlüsselbegriffen. München: PVU.

Schneider, G. & Weimer, E. (1981). Aspekte der Kategorisierung städtischer Umwelt. Eine empirische Untersuchung. Bericht aus dem Psychologischen Institut der Universität 1 Heidelberg, 25.

Schwanzer, B. (1986). Die Bedeutung der Architektur für die corporate identity eines Unternehmens. Wien: Modus.

Simmel, G. (1989). Soziologische Ästhetik – Aufsätze und Abhandlungen 1894-1900. Frankfurt/M.:

Tarchanow, A. & Kawtaradse, S. (1992). Stalinistische Architektur. München: Klinkhardt und Biermann.

Vorländer, H. (2003). Demokratie und Ästhetik – Zur Rehabilitierung eines problematischen Zusammenhanges. In: Vorländer, H. (Hrsg.), Zur Ästhetik der Demokratie – Formen der politischen Selbstdarstellung. Stuttgart: Deutsche Verlagsanstalt.

Vilnai-Yavetz, I., Rafaeli, A. & Schneider Yaacov, C. (2005). Instrumentality, Aesthetics, and Symbolism of Office Design. Environment and Behavior, 37, 2005, 4, 533-551.

Weber, O. (1994). Die Funktion der Form – Architektur und Design im Wandel. Hamburg: Dr. Kova.

York, P. (2006). Zu Besuch bei Diktatoren. München: Wilhelm Heyne.

www.architekturpsychologie-dresden.de
www.applied-cognition.de

10. Ortsidentität und Ortsbindung

Peter G. Richter & Katrin Goller

10.1 Einleitung

Nicht jeder Wohnort verfügt über so markante Zeichen, wie Paris mit seinem Eiffelturm. Nicht jeder Mensch kann und wird Paris als seinen Wohnort wählen. Auch wenn solch markante Bauwerke wie der Eiffelturm die in diesem Kapitel beschriebenen Prozesse der Identifikation und Bindung erleichtern mögen, im Grunde genommen laufen diese auch bei weniger bekannten Orten so ab, wie im folgenden Beispiel angedeutet:

> Gerade sind Sie umgezogen in eine neue Stadt. Die Kisten lagern noch halb unausgeräumt im Flur, in der Küche stehen die Plastikbecher neben dem Pizzakarton... das gute Geschirr ist noch irgendwo verschollen. Aber macht nichts, Hauptsache das Bett ist aufgestellt und das kleine Lämpchen von Omi – da fühlt man sich doch gleich heimischer.
>
> Jetzt aber erst mal raus und schauen, was hier in der Gegend so los ist. Schade, dass das Kino jetzt nicht mehr um die Ecke ist – das werden Sie sehr vermissen – aber zwei Querstraßen weiter soll sich ein kleines Theater befinden, das hat ihnen zumindest die neue Nachbarin erzählt, die Sie gestern am Postkasten trafen.
>
> Scheint ganz nett zu sein, die junge Frau und heute Abend will sie Ihnen die Kneipen in der Gegend zeigen... Eigentlich ist es hier ja gar nicht so übel, denken Sie so im Stillen für sich, hier könnten Sie länger bleiben...

In diesem Kapitel wollen wir uns mit den persönlichen Beziehungen des Menschen zu seinem „Zuhause" beschäftigen. Was auch immer Heimat, Ortsverbundenheit oder Wohnzufriedenheit ausmacht, wir wollen diesen Fragen – zumindest ansatzweise – nachgehen. Nach einigen theoretischen Begriffsbestimmungen, beschäftigen wir uns mit dem Zustandekommen von Identifikationsprozessen und schauen uns abschließend noch zwei Untersuchungen an.

10.2 Ortsbezogenheit

Wenn man sein Tun und Handeln auf einen bestimmten Ort ausrichtet, nennt man das *Ortsbezogenheit*. Es ist die einfachste Verbindung, die der Mensch mit seiner Umwelt eingeht. Bezogenheit auf einen Ort drückt sich sowohl im menschlichen Wahrnehmen und Erleben von Umwelten, also WIE ich meine Umwelt sehe und fühle, als auch im Handeln und Verhalten im Raum aus.

Gekennzeichnet ist Ortsbezogenheit durch Sozialbeziehungen in einer gemeinsamen räumlichen Umwelt, welche ein verbindendes Element im Handeln und Leben der Gruppe darstellen. Als Beispiel hierfür mag der „Nürnberger Christkindlmarkt" gelten, mit seinen kleinen Verkaufsbuden, in denen ein reges Leben, und „Handeln" mit mannigfaltigen sozialen Beziehungen stattfindet. Und ohne Zweifel ist das verbindende Element hierfür der räumliche Standort. Den echten „Nürnberger Christkindlmarkt" gibt es eben nur einmal → genau „dort"!

Ortsbezogenheit

> **Ortsbezogenheit**
> Sozialbeziehungen in einer gemeinsamen räumlichen Umwelt, welche ein verbindendes Element im Handeln und Leben der Gruppe darstellen.
> TREINEN, 1974 zit. nach FLADE 1987

10.3 Ortsverbundenheit

Gehen wir einen Schritt weiter, kommen wir zur *Ortsverbundenheit* oder *Ortsbindung*. Diese wird auch „emotionale Ortsbezogenheit" genannt.

Man fühlt sich an einem Ort geborgen, der einem vertraut ist, mit dem man Erinnerungen verbindet. Das kann die eigene Wohnung oder das Wohnumfeld sein.

Ortsverbundenheit
Ortsbindung

> **Ortsverbundenheit**
> Unter Ortsverbundenheit versteht man die gefühlsmäßige Verbindung mit einem Ort.
>
> Die Gründe dafür können vielfältig sein, sie können beispielsweise mit Kindheitserinnerungen zusammenhängen oder mit anderen angenehmen Erfahrungen, die man an diesem Ort gemacht hat.
> nach FLADE, 2006

10. ORTSIDENTITÄT UND ORTSBINDUNG

Besonders deutlich bekommt man Ortsverbundenheit zu spüren, wenn sich das Wohnumfeld oder die Wohnung verändern, zum Beispiel bei einem Umzug oder auf Reisen.

Ortsverbundenheit bezieht sich vor allem auf die räumliche und soziale, weniger auf die kulturelle Umwelt.

Folgende Faktoren sind hierfür bestimmend:
Einmal die Bindung an die *räumliche Umwelt*. Hiermit ist vor allem Vertrautheit mit den örtlichen Gegebenheiten gemeint. Man kennt sich aus, weiß, wie die Straßen heißen und in welche Geschäfte man geht und so weiter.

Räumliche Umwelt

Darüber hinaus ist für die Bindung die *soziale Umwelt* von Bedeutung. Das können Freunde und Kollegen sein, die Laufgruppe oder der Fotozirkel. Für die Bindung an den Wohnort sind es vor allem die Nachbarn.

Soziale Umwelt

> RIGER & LAVRAKAS (1981) formulierten folgende Fragen zum Feststellen der Ortsverbundenheit:
>
> – Fällt es mir schwer, zwischen Fremden und Ortsansässigen in meinem Wohnbereich zu unterscheiden?
> – Welche Kinder in der Nähe meiner Wohnung kenne ich mit Namen?
> – Bin ich Mieter oder Eigentümer der Wohnung oder des Hauses?
> – Werde ich in zwei Jahren noch hier wohnen?

Mögliche Fragen zur Abschätzung der Ortsverbundenheit

Beide Faktoren, räumliche und soziale, müssen nicht unbedingt gemeinsam auftreten, um zu wirken. Sie können unter Umständen auch einzeln zu Ortsverbundenheit führen und damit die emotionale Bindung an einen Ort fördern. So können ältere Menschen aufgrund langer Wohndauer durchaus Ortsverbundenheit empfinden, auch wenn sie sehr wenige Sozialkontakte haben. Eigentümer von Häusern fühlen sich in besonders starkem Maße mit diesen verbunden, während für Mieter vor allem Bekannte bedeutsam sind (Bundesamt für Bauwesen und Raumordnung, 2003).

Allerdings wird bei genauer Betrachtung der wenigen Fragen nach RIGER & LAVRAKAS deutlich, dass in der Regel weitere Einflussfaktoren auf die Ortsverbundenheit zu betrachten sind, die in subtiler Weise wirken können. Wie das geschieht, wird in den folgenden Punkten skizziert.

10.4 Heimatbindung

Meist bauen wir die größte Bindung zu unserem Wohnort auf, aber nicht immer ist dieser identisch mit unserer Heimat. Die Bindung an die Heimat erweitert den Begriff der Ortsverbundenheit über das Haus, das Stadtviertel, die Gemeinde hinaus noch einmal, und zwar um den Faktor der Verbindung zur *kulturellen Umwelt*.

Kulturelle Umwelt

Kultur als das Wertesystem einer Gesellschaft (WISWEDE, 1998) ist ein umfassendes, komplexes Phänomen, welches hier nicht im Einzelnen erläutert werden kann. HOFSTEDE (2001) beschreibt Kultur als „... collective programming of the mind." (HOFSTEDE, 2001, S. 1). Nach der Auffassung von HOFSTEDE kann diese *mentale Programmierung* vererbt oder nach der Geburt erlernt werden *(vgl. Kap. Raumsymbolik)*. Allerdings ist der Einfluss der Kultur nicht auf emotional kognitive Prozesse beschränkt, sondern beinhaltet auch erlernte Verhaltensmuster. Nach STROHSCHNEIDER (1995) handelt es sich um ein Bündel handlungsregulierender Faktoren, welches die Herausbildung individueller Denk- und *Handlungsstile* beeinflusst *(vgl. Exkurs zur Handlungstheorie)*.

Mentale Programmierung

Handlungsstile

Insofern bildet Kultur eine mächtige Basis für das Erleben und Verhalten des Menschen, welche auch im hier betrachteten Zusammenhang von Bedeutung ist. Elemente der Kultur sind u. a. Werte, Mythen, Symbole und Rituale, wie sie in Kunst, Philosophie und Religion zum Ausdruck kommen (vgl. ECKENSBERGER & KREWER, in KRUSE et al., 1990).

Man fühlt sich nicht nur vertraut mit der Gegend und den Anwohnern, man interessiert sich auch für Bräuche, Traditionen und Werte, zum Beispiel für den Kirmesverein oder die Zukunft der Theatergruppe.

Heimat

Die Relation zum Ort wird über den Begriff der *Heimat* hergestellt. Heimat leitet sich von dem Begriff „Heim" ab, welcher definiert ist als: „der Ort, an dem man sich niederlässt". Hier zu verstehen als zeitlich überdauerndes Moment. Allerdings hat Heimat auch noch weiterreichende Bedeutung. Das wird deutlich, wenn man an den Begriff der „geistigen Heimat" denkt, die keinen Ortsbezug voraussetzt.

Hier sind jedoch das Verhältnis und die Vertrautheit zu/mit einem Ort gemeint, und zwar die räumliche, soziale und kulturelle Verbundenheit vor dem Hintergrund der *Fremde*. Heimat kann damit ebenfalls definiert werden als „das Gegenteil von Fremde". Das Fremde stellt das Unbekannte, Neue, Aufregende, aber auch Beängstigende und Furchteinflößende dar.

Fremde

10. ORTSIDENTITÄT UND ORTSBINDUNG

Heimweh ist in diesem Sinne die Sehnsucht nach dem Vertrauten. Diese Sehnsucht nach der Heimat kann über sehr lange Zeiträume, teilweise ein Leben lang andauern. Das ist der Hintergrund dafür, dass Heimatvertriebene in bestimmter Weise fühlen und handeln. BAUER (2006) weist darauf hin, dass Menschen, die ihre Heimat wegen erlittener Gewalt, Krieg oder Vertreibung verlassen mussten, in besonderer Weise von Stresserkrankungen betroffen sind.

Heimweh

„Man kann einen Menschen aus der Heimat vertreiben, aber nicht die Heimat aus dem Menschen."

Denkmal für die Menschen, die in den 1950er Jahren an der deutsch-deutschen Grenze auf der Seite der DDR vertrieben wurden, in der Nähe von Meiningen

Allerdings sollte man in Zeiten der Europäisierung und Globalisierung nicht nur an diejenigen denken, die zum Ende des II. Weltkrieges oder danach mit physischer Gewalt vertrieben worden sind. Gegenwärtig fühlen sich Menschen aus anderen Gründen – zum Beispiel auf der Suche nach Arbeit – gezwungen, ihre Heimat zu verlassen.

In diesen Fällen ist absehbar, dass sie früher oder später in ihre Heimat zurückkehren werden, sofern die Möglichkeit dazu besteht. OPASCHOWSKI vertrat 2006 in einem Interview die Meinung, dass in Zeiten von Globalisierung und Mobilität die Bedeutung von Heim und Heimat eher noch wachse. Beides kann man auf dem Hintergrund der so genannten Reaktanztheorie (BREHM, 1966; *vgl. Kap. Dichte und Enge*) erklären.

„Eines Tages kommen wir aber ganz sicher wieder. Die Oberlausitz ist und bleibt unsere Heimat. Dort lebt die Familie und dort steht unser Haus ..."
(MARGITTA GAMBERT aus Zittau, die zurzeit auf einem Ausflugsschiff in der Schweiz kocht, Sächsische Zeitung vom 8.5.2006)

10.5 Ortsidentität

In diesem Abschnitt soll ein Aspekt betrachtet werden, auf den bisher noch nicht eingegangen wurde: die individuelle Persönlichkeit jedes Einzelnen. Die Frage ist nicht nur, welche Beziehung jede Person zu einem bestimmten Ort einnimmt, sondern vor allem: welchen Nutzen sie daraus ziehen kann.

10.5.1 Soziale Identität

Welchen Nutzen können Menschen aus der Ortsidentität ziehen?

Lassen Sie uns zur Beantwortung der Frage mit einem kleinen Gedankenexperiment beginnen:

Wenn Sie in der Welt unterwegs sind und gefragt werden, wo Sie herkommen, so werden Sie – als Dresdner Bürger – mit großer Wahrscheinlichkeit gern sagen: Ich komme aus Dresden. Wenn Sie in Kleinnaundorf oder in Freital wohnen, werden Sie wahrscheinlich betonen, dass dies in der Nähe von Dresden liegt.

Möglicherweise antworten Sie auf die Frage nach Ihrer Herkunft auch: aus Deutschland, oder: ... aus Sachsen. Sicher sagen Sie aber nicht als Erstes: ... aus Europa.

Auf jeden Fall wird aus Ihrer Antwort auf die Frage deutlich, dass Sie in Ihrer Antwort nicht nur Ihre territoriale Herkunft (Ortsidentität) ausdrücken, sondern auch ihre persönliche und/oder *soziale Identität*. Aus dem folgenden Exkurs soll deutlich werden, welche dialektische Beziehung zwischen beiden Arten der Identität besteht (vgl. RICHTER, 2005).

Ort als Teil der persönlichen Identität

Folgt man diesen Überlegungen, dann beinhaltet der Begriff der Ortsidentität über die gefühlsmäßige Beziehung hinaus auch eine Identifikation mit einem Ort. Und zwar in dem Sinne, dass er als *Teil der persönlichen Identität* angesehen wird.

Diese Form der raumbezogenen Identifikation umfasst – wie bereits angedeutet – nicht nur positive, sondern auch negative Bewertungsaspekte. Ausmaß und Tiefe der Identifikation können verschieden sein. Angefangen vom eigenen Zimmer, der „eigenen Burg", dem Wohnhaus über die Stadt bis hin zum Heimatland oder gar ein ganzer Kontinent. Hier sind Erlebensqualitäten wie: „in diesem Haus bin ich der Herr" oder „ich fühle mich als Dresdnerin" bis hin zu „ich bin

10. ORTSIDENTITÄT UND ORTSBINDUNG

Theorie der Sozialen Identität

Die Sozialpsychologen Tajfel und Turner (1986) haben eine Theorie entwickelt, die die Prozesse des Entstehens von wichtigen Facetten unserer Identität differenziert beschreibt und erklärt. Im Grunde wird damit ein Prozess der Mikrosozialisation beschrieben, der immer wieder abläuft, wenn Menschen in unterschiedliche Gruppen hineinwachsen und damit unterschiedliche Rollen übernehmen.

Auf der einen Seite handelt es sich um einen *allgemeinen Prozess der Kategorisierung*:
- **Menschen tendieren zur spontanen Kategorisierung von Objekten.**
- **Die Tendenz zur spontanen Kategorisierung zeigt sich bei sozialen und nichtsozialen Objekten in gleicher Weise.**
- **Merkmalsunterschiede zwischen den Kategorien werden maximiert.**
- **Merkmalsunterschiede innerhalb von Kategorien werden minimiert.**

Bezogen auf unser Beispiel ist festzuhalten, dass sich diese Kategorisierung sowohl auf Dresden als Stadt *(s. u.)* sowie die Dresdner Bürger beziehen kann. Mit anderen Worten, in dem Moment, wo sich eine Person als Dresdner sieht, nimmt sie sich als den anderen Dresdnern ähnlich war, während die Unterschiede zu allen „Nicht-Dresdnern" subjektiv verstärkt werden.

Über diese Kategorisierung oder Stereotypisierung ist eine Vereinfachung unserer Weltsicht möglich, die mentale Belastungen verringert. Man muss davon ausgehen, dass die kognitiv-emotionalen Bewertungsprozesse, die dieser Kategorisierung zugrunde liegen, wahrscheinlich sehr früh im Leben erworben werden und häufig teil- oder unbewusst sind.

Das kann man sich in einem weiteren Gedankenexperiment verdeutlichen:

Gefragt, ob die Stadt Dresden (im Vergleich zu anderen Städten) schön oder hässlich sei, werden wahrscheinlich viele Menschen das Urteil „schön" angeben. Die Begründung für dieses spontane Urteil fällt den meisten Menschen allerdings schwer. Wir wissen aus psychologischen Untersuchungen, dass ein ästhetisches Urteil häufig von der Vertrautheit mit dem Beurteilungsobjekt abhängig ist *(vgl. Exkurs Mentale Modelle)*.

Die skizzierte Kategorisierung erleichtert die Orientierung und Entscheidungen in einer komplexen Umwelt. Es kommt aber noch ein weiterer Prozess hinzu, der die sozialen Ursachen und Konsequenzen dieser Kategorisierung betrifft.

Henri Tajfel war einer der ersten, der darauf hinwies, welche Bedeutung das Motiv der *Selbstwerterhöhung* dabei hat:
- **Menschen streben nach Selbstwert.**
- **Selbstwert wird aus der Zugehörigkeit zu Gruppen bezogen.**
- **Menschen bemühen sich um die Zugehörigkeit zu Gruppen. Die Mitgliedschaft in statusüberlegenen Gruppen bewirkt eine positive soziale Identität.**
- **Gruppen treten spontan in Wettbewerb um Status und streben nach positiver Abhebung voneinander.**

Damit wird auch eine Erklärung dafür geliefert, wie aus der oben genannten – zunächst neutralen – Kategorisierung im Extremfall kritische Folgen entstehen können, die bis zur Abwertung anderer Gruppen reichen, beispielsweise beim Vergleich von Sachsen und Preußen.

nach Schmitt, Maes & Seiler (1999)

Theorie der Sozialen Identität

Europäerin" möglich. Dabei spielen über Jahrzehnte oder Jahrhunderte entstehende Mythen eine wichtige Rolle (vgl. RICHTER, 2005).

WIEDERHOLD (2007) entwickelt ein Messinstrument zur Erfassung der regionalen Identität, welches aus sozialpsychologischer Perspektive begründet ist. Eine erste Faktorenanalyse der Daten, die bei einer Stichprobe von 311 Personen gewonnen wurden, ergab Hinweise auf sechs *Dimensionen regionaler Identität:*

Dimensionen regionaler Identität

> **Dimensionen regionaler Identität (Beispielfragen)**
> - **Allgemeine Identifikation** (Ich fühle mich in ... wirklich zu Hause)
> - **Zukunftsorientierung und Bindung** (Ich möchte gern in ... bleiben)
> - **Lebensqualität und Zufriedenheit** (Ich wohne sehr gerne in ...)
> - **Externe Bewertung** (Touristen kann man ... nur empfehlen)
> - **Identifikation mit der Gruppe** (Mit den Einwohnern von ... fühle ich mich stark verbunden)
> - **Identitätsstiftende Erlebnisse** (Vieles in ... erinnert mich an meine eigene Vergangenheit)
>
> nach WIEDERHOLD, 2007

Ortsidentität geht also über den Begriff der Ortsverbundenheit hinaus und erweitert die emotionale Verbundenheit um die Identifikation mit einem Ort.

Ortsidentität

> **Ortsidentität**
>
> ist einer unter mehreren Aspekten der Ich-Identität. Die Identifikation mit einem Ort beinhaltet Vorstellungen, Gefühle, Werte und Verhaltenstendenzen und Handlungsbereitschaft.
>
> nach FLADE, 2006

Die Identifikation mit einem Ort führt zur Verantwortung für diesen, zu Engagement über die eigene Wohnung hinaus, zum Beispiel in Vereinen, Bürgerinitiativen, Elterngruppen etc.

10.5.2 Identitätsbildung

Wie läuft der Vorgang der Identitätsbildung ab? Welche Prozesse sind dabei zu beobachten?

Die *Prozesse*, welche zur Bildung örtlicher Identität führen, beschreibt Graumann (1983). Gemäß seiner Theorie sind hierzu drei Stufen notwendig. Er unterscheidet *„identification of"*, *„being identified"* und *„identification with"*.

Prozesse der Identitätsbildung

Der Aspekt *„identification of"* wäre demnach die Identifizierung von etwas oder jemandem. Dieser Aspekt meint die kognitiv-emotionale Repräsentation von räumlichen Objekten oder sozialen Interaktionspartnern im Bewusstsein eines Individuums bzw. im kollektiven Urteil einer Gruppe. Also das Erkennen, Wiedererkennen, die Vertrautheit, auf die unter Ortsverbundenheit bereits hingewiesen wurde.

„identification of"

Ein zweiter Aspekt, den GRAUMANN heraushebt, ist *„being identified"*. Der Mensch ist im Rahmen sozialer Interaktionen auch selbst ein Gegenstand von Identifikation, er wird von anderen Menschen identifiziert, gekannt, wiedererkannt. Hier spielen Rollenerwartungen, Klassifikationskriterien und „Charaktereigenschaften" eine Rolle.

„being identified"

Als dritten Aspekt oder dritte Stufe sieht Graumann *„identification with"*, also persönliche Identifikation. In diesem Sinne bedeutet der Begriff, dass man sich ein betreffendes Objekt zu eigen macht, es in irgendeiner Form auf die eigene personale Identität bezieht. Seien es Menschen, Gruppen, Ideen, Werte oder materielle Dinge. Spätestens hier kommen Orte, Gebäude und Räume ins Spiel.

„identification with"

Im Ergebnis dieses dreistufigen Prozesses gewinnen Menschen so genannte *multiple Identitäten*, die wesentliche Voraussetzungen für autonomes Handeln sind.

HECHT (2005) bringt das für traditionelle Gesellschaften auf den Punkt und stellt den Bezug zur Architektur her.

> **Multiple Identitäten**
>
> „In traditionell geprägten Gesellschaften identifizierte man sich mit dreierlei:
>
> *erstens* mit der eigenen Stammesgruppe, dem Gemeinschaftsverband,
>
> *zweitens* mit Stadt, Land, Fluss, also der typischen Gestalt und Architektur der Region, und
>
> *drittens* mit dem eigenen Status als Häuptling, Krieger, Medizinmann oder Bauer, Bürger, Edelmann."
>
> nach HECHT, 2005, S. 22

Multiple Identitäten

Offen ist, inwieweit diese multiplen Identitäten in modernen Gesellschaften eine Modifikation und/oder Erweiterung erfahren werden (vgl. z. B. HÖRZ, 1999; JUSTEN-HORSTEN, 2004).

Sinn und Zweck von raumbezogener Identität besteht nach WEICHHART (1990, 1992) einmal in der Entwicklung und Aufrechterhaltung der personalen Einheit und Selbstidentität des Individuums. Die Definition des eigenen Selbst geht also mit räumlicher Identifikation Hand in Hand (vgl. HORMUTH, 1990). Mit anderen Worten: Die Person ist ohne die Umwelt, auf die sie sich bezieht und an die sie (emotional) gebunden ist, nicht denkbar *(vgl. Das Drei-Ebenen-Konzept nach LANG)*.

Konstanzerfahrung

Weiterhin dient sie – ganz im Sinne der Theorie sozialer Identität – der Reduktion von Komplexität. Das führt dazu, dass uns die Umgebung einfacher, übersichtlicher, vertrauter erscheint, und fördert damit psychische Sicherheit und Vorhersehbarkeit in Bezug auf die Umwelt. Man kann sich beispielsweise in der Regel darauf verlassen, dass der Wohnnachbar die Rasenmähsaison pünktlich beginnt oder das Frühlingshochwasser nie weiter als bis zur Streuobstwiese vordringt. Weichhart spricht in diesem Zusammenhang von so genannter *„Konstanzerfahrung"*, die für Vertrautheit von besonderer Bedeutung sei.

Selbstbestimmbarkeit

Raumbezogene Identität hat nach WEICHHART außerdem den Sinn, ein Gefühl von *Selbstbestimmbarkeit*, relativer Autonomie, Handlungsfreiheit und Handlungskompetenz zu vermitteln. Auf vertrautem Terrain bewegt man sich deshalb sicherer und kompetenter *(vgl. Territorialität und Privatheit)*.

Bezugsrahmen für soziale Interaktion

Raumbezogene Identität stellt darüber hinaus eine Projektionsfläche von Werten und symbolische Repräsentation sozialer Beziehungen dar und gilt als allgemeiner Orientierungs- und *Bezugsrahmen für soziale Interaktion* und Kommunikation.

10.5.3 Identifizierung

Welche Folgen haben die skizzierten Prozesse der Identifikation? Welche Faktoren beeinflussen die Verbundenheit mit einem Ort? Gibt es Bedingungen und Prozesse, die die skizzierte Identitätsbildung begünstigen? Was sind Indikatoren, Hemmschwellen oder Problempunkte im Identifizierungsprozess des Einzelnen?

Lassen Sie uns zunächst genauer auf einen Punkt eingehen, den Graumann als *„identification with"* bezeichnet, den Prozess der persönlichen Identifizierung.

10. ORTSIDENTITÄT UND ORTSBINDUNG

Über die Selbstdarstellung in einer räumlich-dinglichen Umgebung oder deren Personalisierung kommt es zu einem „zu-eigen-werden" dieser Umwelt und damit zu einer *emotionalen Identifikation*. Raumbezogene Identität fördert damit sozialen Zusammenhalt, Integration und Gruppenbindung, insbesondere an Sekundärgruppen, Vereinen, etc.

Emotionale Identifikation

Auf diese Weise sind Sie z. B. nicht mehr nur das geduldige Mitglied der Elterngruppe, welches zur Weihnachtsfeier immer Gitarre spielt. Sie sind eine emotionale Bindung eingegangen, nun ärgert es Sie wirklich sehr, dass die Stadt den Förderantrag für die Umgestaltung der Kindertagesstätte ablehnte. Nun fühlen Sie sich selbst betroffen und werden etwas unternehmen! Die Interessen der Umwelt, der Elterngruppe, sind zu Ihren eigenen geworden.

Dieser Prozess ist unabhängig von der Art der Umgebung. Er findet in der privaten Umwelt statt, ist aber auch im Arbeitsumfeld zu beobachten. Er findet im öffentlichen Raum statt, wie es beispielsweise die Markierung städtischer Räume und Transportmittel durch Graffiti bekundet. Auf diese Weise können Gruppen ihre räumliche Identität zum Ausdruck bringen *(vgl. Kap. Aneignung von Räumen)*.

Für die meisten Menschen ist dieser Identifizierungsprozess allerdings ein subjektiver Prozess der Aneignung, der offenbar durch bestimmte Merkmale der gebauten Umwelt gefördert werden kann. Markante Landschaften (sowohl natürliche als auch gebaute) und originäre einzelne Objekte (ein großer freistehender Baum oder ein Turm) bilden offenbar Kristallisationskerne, die Identifizierungsprozesse befördern können *(vgl. Kap. Kognitive Karten)*.

Im hier betrachteten Zusammenhang sind Stadtstrukturen und einzelne Bauten besonders wichtig. Einzigartige Bauten sind über die Jahrhunderte hinweg, über die berichtet wird, an denen sich Überliefertes im Sinne von positiven oder negativen Mythen entwickelt. Ob es sich um das Guggenheim-Museum in Bilbao handelt, oder um den Tower in London, solche Gebäude haben das Potenzial, Identifizierungsprozesse zu befördern. Zum Schluss stehen sie, ähnlich wie der Eiffelturm, für die ganze Stadt.

Das gilt auch für die Frauenkirche, die zum Wahrzeichen für Dresden geworden ist und damit den zentralen Kern für die Identifikation von vielen Personen darstellt.

Am Beispiel der Dresdner Frauenkirche kann man verschiedene Mechanismen der Bildung von Ortsidentität erkennen.

So ist es, nach einer Untersuchung von CHRISTMANN (2005), verständlich, dass sie erst zum Ausgang des 18. Jahrhundert – nämlich nach ihrer Vollendung – diese Funktion einnehmen konnte.

Die Frauenkirche stellt das Gebäude dar, mit dem sich die meisten Dresdner Bürger identifizieren können (identification with). Gleichzeitig ist sie auch das Bauwerk, welches zur Identifikation der Dresdner durch andere dienen kann (being identified). Sie wurde 1746 fertiggestellt und 2003 (nach der Zerstörung im II. Weltkrieg) wieder errichtet.

„Sie (die Stadt Dresden) hat für allen Dingen eine gar schöne Brucke welche für allen andern inn Deutschland die längste ist. Denn sie begreifft 800. Schritt oder 900. Ellen und hat Vier und Zwanzig Gewölbte Schwibbogen …"
(MATTHÄUS DRESSER, 1607, zit. nach CHRISTMANN, 2005)

Interessant an der Untersuchung von CHRISTMANN, die sich den Themen in allen verfügbaren schriftlichen Dokumenten über die Stadt widmete, ist aber etwas anderes: Auch in der frühesten Quelle über die Stadt – einem Bericht von MATTHÄUS DRESSER aus dem Jahr 1607 – ist bereits von einem Bauwerk die Rede, nämlich von einer besonders langen und schönen Brücke. Damit sind es – neben geschichtlichen Themen – besondere Gebäude der Stadt, über die von Anbeginn und permanent über 400 Jahre berichtet worden ist. Das wird sicher auch in der Zukunft so bleiben.

Schließlich kann am Beispiel der Frauenkirche – wie auch der ganzen Stadt Dresden – darauf hingewiesen werden, dass die Zerstörung den Identifizierungsprozessen keinen Abbruch tut. Im Gegenteil, die Ruine dieses Gotteshauses entwickelte sich in den 50 Jahren nach dem II. Weltkrieg zum vielfach genutzten symbolischen Ort *(vgl. Kap.*

10. ORTSIDENTITÄT UND ORTSBINDUNG

Raumsymbolik). Möglicherweise befördert ja gerade der Verlust von einmaligen Bauten der Menschheit die positive Mythenbildung und Verklärung, und somit auch Prozesse der Identifizierung. Das konnte man beispielsweise nach der Zerstörung des World Trade Centers in New York beobachten.

Es gibt zahlreiche Untersuchungen zu weiteren Einflussfaktoren, die aus individueller Sicht bedeutsam sind für die Identifizierung. Diese sind offenbar unabhängig davon wirksam, ob an bestimmten Orten solche markanten Bauwerke existieren, wie gerade genannt. Mit anderen Worten, hier handelt es sich um Einflussfaktoren, die an allen Orten und in allen Landschaften dieser Erde Identifizierungsprozesse befördern können.

FLADE (2006) geht diesen Faktoren in ihren Ausführungen nach und zitiert unter anderem MCCARTHY & SAEGERT (1978).

Nach dieser Studie kann Ortsverbundenheit u. a. mit zwei Faktoren der Wohnumgebung in Beziehung gesetzt werden. Und zwar einmal mit der *Anzahl der Geschosse* des Wohngebäudes. So sollen Hochhausbewohner eine geringere emotionale Verbindung zu ihrem Wohnumfeld haben als Bewohner dreigeschossiger Gebäude. Zu ähnlichen Ergebnissen kommen FUHRER & KAISER (1994), die Freizeitmobilität unersucht haben *(vgl. Kap. Aneignung von Raum).*

Anzahl der Geschosse

Ein weiterer Faktor sei die *Verkehrsbelastung* in den Straßen der Umgebung. Straßenverkehr scheint auch nach Untersuchungen von APPLEYARD & LINTELL (1972) eine Grenze für die gefühlsmäßige Bindung an das Zuhause zu bilden.

Verkehrsbelastung

Lösungsansätze zur Förderung der Ortsidentität werden von McCarthy und Saegert darauf hin in Begrenzung der Etagenanzahl, Verkehrsberuhigung und Qualitätsverbesserung des Wohnumfeldes gesehen.

Ausführlicher und differenzierter hatte TREINEN (1974) die Faktoren zusammengestellt. Demnach ist die Bildung von örtlicher Identität abhängig von mindestens 10 Einflussfaktoren, die in der folgenden Übersicht zusammengefasst sind:

So ist nach TREINEN unter anderem wichtig, ob der Mensch die Möglichkeit hatte, sich seinen Wohnsitz frei zu wählen oder nicht. Also bestimmt die eigene Entscheidung für oder gegen einen Wohnort entscheidend die Bildung von örtlicher Identität.

> **Einflussfaktoren auf die Bildung von Ortsidentität aus individueller Perspektive**
>
> – Freiheit der Wohnsitzwahl
> – Alter und Lebenszyklusphase
> – Haushaltsgröße und Anzahl der Kinder
> – Größe des Hauses
> – Berufstätigkeit
> – Wohndauer
> – Nachbarschaftskontakte
> – Sonstiges
> – Art des Wohnverhältnisses
> – Verkehrsbelastung
> – Soziale Schicht
>
> TREINEN, 1974 zit. nach FLADE 1987

Einflussfaktoren auf die Bildung von Ortsidentität aus individueller Perspektive

Hier fließen explizit Komponenten wie Art und Größe des Haushalts und Wohnverhältnisses – also Eigentum oder Miete –, räumliche Platzverhältnisse (Hat jedes Kind ein eigenes Zimmer? Befindet sich die Dusche in der Küche?) ein, ebenso äußere Determinanten wie Straßenlärm oder Vogelgezwitscher.

Eigentümerstatus   Zu den Auswirkungen des *Eigentümerstatus* gibt es eine Reihe neuerer Untersuchungen, die FLADE (2006) zusammengestellt hat. Danach haben Eigentümer gegenüber Mietern eine höhere Ortsbindung und zeigen mehr Verantwortung im Wohnumfeld. Sie haben (selbst bei geringem Einkommen) ein höheres Selbstwertgefühl. HISCOCK et al. (2003) können in einer Vergleichsstudie belegen, dass Eigentümer über eine bessere Gesundheit verfügen (allerdings kann hier ein positiver Einfluss höheren Einkommens nicht ausgeschlossen werden). Last but not least ist bei Eigentümern im Vergleich zu Mietern eine höhere Wohnzufriedenheit festzustellen. Auf Wohnzufriedenheit wird weiter unten eingegangen.

TREINEN führt ebenfalls die soziale Schicht als Einflussfaktor an. Hier geht es beispielsweise um die Frage, ob man aufgrund seines Einkommens – und damit finanziellen Status überhaupt – die Möglichkeit hat, Entscheidungen zum Wohnort frei zu treffen.

Einfluss haben auch Berufstätigkeit und zeitliche Verweildauer in der Wohnumgebung.

TREINEN führt außerdem Nachbarschaft als wichtigen Einflussfaktor an. Auf dieses Thema wird weiter unten ausführlicher eingegangen.

10.6 Nachbarschaft

Gewöhnlich kennt man sich vom Sehen, grüßt freundlich oder auch nicht, ein wenig Smalltalk über den Gartenzaun oder im Treppenhaus. Manchmal stehen sie vor der Haustür mit bittenden Augen „Ich bin grade beim Backen, da ist mir das Mehl..." und oft verwünscht man sie oder ihren „Fuhrpark" auf dem Gehsteig: Nachbarn.

Jeder kennt sie, und die meisten haben sie. Sie sind fester Bestandteil unseres sozialen Lebens und Wohnens. Will man den Begriff Nachbarschaft näher definieren, so ist sie vorrangig örtlich begrenzt. Nachbarschaft ist in erster Linie durch räumliche Nähe definiert.

Während die folgende Begriffsbestimmung aus der Soziologie (HAMM, 1973) auf die Gruppe als wichtige Bedingung sozialer Wohnumgebung verweist, betont CANTER die differentiell psychologische Perspektive. Die Beachtung interindividueller Unterschiede scheint nach neueren Untersuchungen – nicht nur in diesem Bereich – wichtig. So fanden BONAIUTO et al. (2004) in einer Untersuchung von 152 Einwohnern Roms vier Gruppen, die sich sowohl hinsichtlich des nachbarschaftlichen Verhaltens als auch der Bewertung der Nachbarschaftskontakte signifikant unterschieden.

> **Nachbarschaft**
> soziale Gruppe, deren Mitglieder primär wegen der Gemeinschaft des Wohnortes miteinander interagieren.
> nach HAMM, 1973
>
> Nachbarschaft wird von jedem Einzelnen ganz einzigartig erfahren
> nach CANTER, 1973

Nachbarschaft

Auch wenn es nur wenige methodisch saubere Studien zur positiven Wirkung von Nachbarschaft gibt, ist die Vermutung plausibel, dass die Qualität von nachbarschaftlichen Beziehungen Ortsbindung und Wohnzufriedenheit beeinflussen kann.

Als *Voraussetzung* für tiefer gehende Bekanntschaften gelten im Allgemeinen personenbezogene Bedingungen, wie gemeinsame Interessen, Einstellungen und Lebensstile.

Voraussetzung

Im Zusammenhang mit Architektur ist von Belang, dass *Lage und Entfernung* der einzelnen Wohnungen, aber auch der Wohngebäude ebenfalls einen entscheidenden Einfluss auf die Anzahl der Bekanntschaften der Bewohner untereinander haben können. Beispielsweise sind in dicht bewohnter Umgebung passive Kontakte viel häufiger als in locker bewohnter.

Lage und Entfernung

So konnte eine Untersuchung vom FESTINGER und Mitarbeitern (1950) deutlich zeigen, wie wichtig die räumliche Nähe für die Entstehung sozialer Beziehungen ist.

Sie befragten insgesamt 170 Bewohner von 17 architektonisch vergleichbaren Gebäuden (→ siehe Darstellung) nach ihren besten Bekannten. Dabei galt als Entfernungseinheit der Abstand zwischen zwei benachbarten Türen.

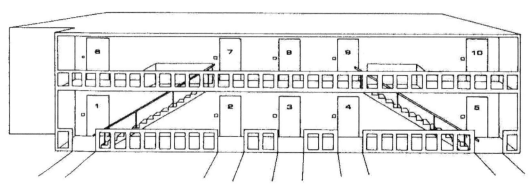

Schematische Darstellung der Wohngebäudestruktur des untersuchten Gebäudetyps
(nach FESTINGER et al., 1950)

Das Ergebnis der Untersuchung war eindeutig: mit zunehmender *physischer Distanz* nimmt die Häufigkeit von Bekanntschaften ab.

Räumlich nahe Wohnende (unmittelbare Nachbarn) bezeichneten sich häufiger als Bekannte (60%), die auf einer Etage am weitesten entfernt Wohnenden dagegen relativ selten (4%). Vergleiche die grafische Darstellung zu Freundschaftsbeziehungen innerhalb des Hauses in Abhängigkeit von der Entfernung der Wohnungstüren auf der nächsten Seite.

Auch die *Lage* der Eingangstüren und Wohnungen hat Einfluss auf nachbarschaftliche Beziehungen. Zum Beispiel wurden Bewohner der Wohnungen Nr. 1 und 5, an welchen die Mitbewohner aus dem oberen Stockwerk aufgrund der Lage der Treppe und des Hauseingangs vorbeigehen mussten, wenn sie nach draußen wollten, erheblich häufiger als Bekannte genannt als die Bewohner der dazwischen liegenden Wohnungen.

Das folgende Diagramm zeigt die empirisch ermittelten Ergebnisse im Vergleich zu den theoretisch vermuteten Zusammenhängen. Man kann deutlich sehen, dass räumliche Nähe einen erheblichen Einfluss auf die Bildung von persönlichen Beziehungen hat. Die empirisch ermittelten Werte gehen bei unmittelbarer Nachbarschaft über die theoretisch vermuteten Zusammenhänge hinaus.

10. ORTSIDENTITÄT UND ORTSBINDUNG

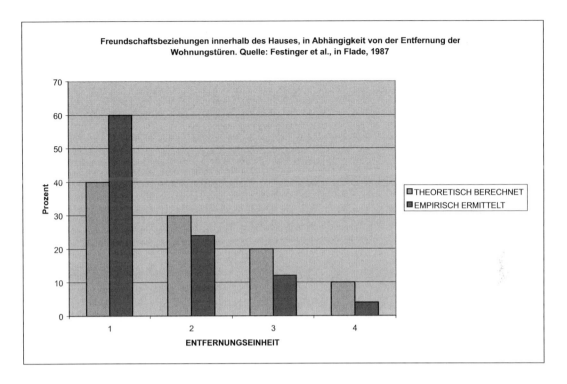

Freundschaftsbeziehungen innerhalb des Hauses, in Abhängigkeit von der Entfernung der Wohnungstüren. Quelle: Festinger et al., in Flade, 1987

Kann man diese Erkenntnisse nutzen, um in städteplanerischer Hinsicht auf den Prozess der Bildung nachbarschaftlicher Beziehungen einzuwirken?

Untersuchungen von CAPLOW & FORMANN (1950) haben gezeigt, dass Nachbarschaft dort, wo sie planend unterstützt wurde, nicht immer funktioniert – im Wesentlichen deswegen, weil die Größendimensionen von Nachbarschaft gesprengt wurden. Lösungsansätze zur Förderung von Nachbarschaft sollen aufgrund ihrer Ergebnisse in der Homogenität und in der Größenbegrenzung der Gebäude liegen. Die von den Forschern abgeleiteten Ansätze sind allerdings nur teilweise nachvollziehbar.

Im Folgenden wird ein Beispiel beschrieben, welches verdeutlicht, dass unter günstigen Umständen Planung von Nachbarschaft und Förderung hoher Ortsbindung gelingen können.

> **Wohnhochhäuser in Wien Alt Erlaa, Entwurf von Harry Glück**
>
> Eine Studie über die Wohnzufriedenheit in den bis zu 25-geschossigen Wohnhochhäuser ergab im Gegensatz zu den genannten Studien ein hohes Maß an Zufriedenheit.
>
> Lebensqualität, Sicherheit, Ausstattung mit Gemeinschaftseinrichtungen und Freiflächengestaltung wurden als sehr positiv eingeschätzt. Direkte Aussagen über funktionierende Nachbarschaften lassen sich leider nicht finden, aber dass von den insgesamt 3.172 Wohnungen selten mehr als 5 oder 6 leer stehen, lässt nicht gerade auf das Gegenteil schließen.
>
> Indikator für die hohe Ortsverbundenheit ist die Tatsache, dass überdurchschnittlich viele Bewohner viel Freizeit im unmittelbaren Umfeld verbringen. Die Ortsidentität zeigt sich in dem besonders regen Vereinsleben. Welche Lösungsansätze der Bindungsverbesserung wurden bei diesem Projekt befolgt?
>
> Als erster Punkt wird hier genannt: *Gänzliche Befreiung von Oberflächenverkehr.* Es gab zum Beispiel Tiefgaragenstellplätze für die Anwohner.
>
> *Hervorragende Infrastruktur* wird des Weiteren genannt. Es waren ein U-Bahnanschluss, etliche Geschäfte, Schulen etc. vorhanden.
>
> Ein dritter Einflusspunkt schien die *sehr gute Ausstattung mit Freizeit und Gemeinschaftsbereichen* zu sein. In den Wohnhochhäusern gab es außerdem Sporthallen, Gemeinschaftsräume, Hobbyräume, und sieben Dachschwimmbäder.
>
> Gerade die Dachschwimmbäder mit einer Nutzungsrate von 90 % (!) haben eine enorme gemeinschaftsfördernde Wirkung und bieten unter anderem den Raum, wo Nachbarschaften und Bekanntschaften entstehen können.

Funktionen

Hilfe

Soziale Kontrolle

Kommunikation

Soziale Netzwerke

Wozu braucht man Nachbarschaft, was ist deren Sinn und Zweck?

Die *Funktionen* von Nachbarschaft bestehen hauptsächlich aus Nothilfe und sozialer Kontrolle. Also einerseits ein helfendes Unterstützen in schwierigen Situationen, wie man es beispielhaft während des Elbehochwassers 2002 beobachten konnte.

Andererseits gelten Nachbarn als Sozialisationsagenten. Sie haben in diesem Sinne eine *kontrollierende Funktion*, die durchaus zwiespältig zu bewerten ist. Wer lässt sich beispielsweise gern nach einer durchfeierten Nacht von seinen Nachbarn im Treppenhaus beobachten.

Letztendlich haben Nachbarn auch *kommunikative Funktion* und stehen damit in engem Zusammenhang zur Bildung und Aufrechterhaltungsprozessen *sozialer Netzwerke*.

> **Soziale Netzwerke**
>
> Nicht mehr vorgegebene, durch ursprüngliche Assoziationen wie Familie, Verwandtschaft, lokale Nachbarschaft determinierte Beziehungen, sondern „Möglichkeitsräume" selbst gewählter Kontakt-, Bekanntschafts- Freundschafts- und Nachbarschaftsbeziehungen eher im Sinne von Beziehungs-Management.
>
> nach Keupp, zit. in Kruse et al., 1990

10. ORTSIDENTITÄT UND ORTSBINDUNG

Wie kann man Nachbarschaft untersuchen?

Hierfür existiert seit Ende der 1990er Jahre eine Reihe von standardisierten Befragungsverfahren, die solche Facetten wie nachbarschaftliche Unterstützungsleistungen oder Ärger, aber auch soziale Bindung und Gemeinschaftssinn zu erheben gestatten. Informationen zu derartigen Verfahren finden sich u. a. bei FLADE (2006).

Nachbarschaft gilt als Basis für die Ausbildung von lokaler Identität, also symbolischer Ortsbezogenheit und Heimat. Ob sie dafür auch eine tragfähige Grundlage bildet, ist zweifelhaft.

Die Bedeutung von Nachbarschaft scheint sowohl altersabhängig als auch schichtabhängig zu sein. So wurde festgestellt, dass in höherer sozialer Schicht geringere nachbarschaftliche Beziehungen vorherrschten. Auch schwankt die Anzahl von nachbarschaftlichen Beziehungen im Laufe eines Lebens (vgl. BONAIUTO et al, 2004).

10.7 Wohnzufriedenheit

Im Zusammenhang mit Ortsidentität und Ortsverbundenheit ist eine psychologische Variable bedeutsam, die bereits mehrfach erwähnt wurde. An dieser Stelle soll sie etwas ausführlicher betrachtet werden.

Wie oben skizziert, ist Identifizierung ein Vorgang, welcher sowohl positive als auch negative Momente beinhaltet. Zu wohnen, hier begrifflich gleichzusetzen mit „zu leben", ist eine für den Menschen charakteristische Daseinsform. „Zuhause" zu sein, sich wohl zu fühlen sind grundlegende Dinge im menschlichen Erleben.

Es ist nahe liegend, dass es einen positiven Zusammenhang zwischen dem Wohlfühlen am und der Verbundenheit mit dem Wohnort gibt. In diesem Zusammenhang ist es von Bedeutung, wie eine spezielle Facette dieses Wohlfühlens, die *Wohnzufriedenheit* determiniert wird.

Wohnzufriedenheit

→ ist eine gefühlsmäßige Reaktion und persönliche Stellungnahme
→ liegt daher im subjektiven Erleben des einzelnen Individuums.

nach FLADE, 2006

Wohnzufriedenheit

Wie entsteht Wohnzufriedenheit?

Dazu gibt es zahlreiche psychologische Theorien. In WALDEN (1995) und FLADE (2006) finden sich differenzierte Überblicke zu diesem Bereich. Hier soll nur auf einen engen Ausschnitt eingegangen werden.

Theorie des sozialen Austauschs Aus der Sozialpsychologie ist die *Theorie des sozialen Austauschs* von TIBEAUT und KELLEY (1959) bekannt.

Demnach ist Zufriedenheit nicht nur vom Verhältnis zwischen Belohnung und Kosten abhängig, sondern zusätzlich vom Vergleichsniveau. Dieses Vergleichs- oder Anspruchsniveau ist wiederum beeinflusst von guten oder schlechten Erfahrungen, hier also von der subjektiv empfundenen Qualität der bisher bewohnten Unterkünfte (vergangenen Wohnerfahrung) sowie von fehlenden bzw. viel besseren Wahlmöglichkeiten (antizipierte alternative Wohnmöglichkeit).

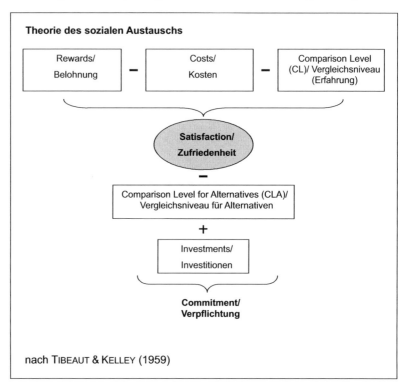

nach TIBEAUT & KELLEY (1959)

Wie in vielen anderen Modellen zur Wohnzufriedenheit wird deutlich, dass diese unter bestimmten baulichen Bedingungen nicht einfach entsteht, sondern, dass sie von den betroffenen Personen durch die Regulation des Anspruchsniveaus praktisch konstruiert wird. Möglicherweise erklärt das auch ein Phänomen, welches aus der Arbeitspsychologie schon des Längeren bekannt ist. BRUGGEMANN (1974) hat die so *Resignative Zufriedenheit* genannte *resignative Zufriedenheit* beschrieben. Diese kann dann auftreten, wenn Menschen die Bedingungen, unter denen sie arbeiten müssen, langfristig nicht ändern können. Dann senken sie ihr Anspruchsniveau, was zu einer Erhöhung der Zufriedenheit führt.

10. ORTSIDENTITÄT UND ORTSBINDUNG

Mit diesem Mechanismus hätte man auch einen Erklärungsansatz dafür, dass man bei älteren Menschen im Vergleich zu jüngeren häufig höhere Zufriedenheitswerte findet. Das gilt neben der allgemeinen Lebenszufriedenheit sowohl für Arbeits- als auch für Wohnzufriedenheit (Statistisches Bundesamt, 2004). Allerdings muss man auch hier Bedingungen beachten, die sich mit zunehmendem Alter verändern. So haben Ältere meist einen höheren sozialen Status und ein höheres Einkommen, welches auch objektiv eine Verbesserung der Wohn- und Lebensbedingungen ermöglicht (vgl. BABA & AUSTIN, 1989).

Das Modell von GALSTER (1987) spezifiziert die Idee von der Regulation des Anspruchsniveaus und berücksichtigt individuelle Unterschiede.

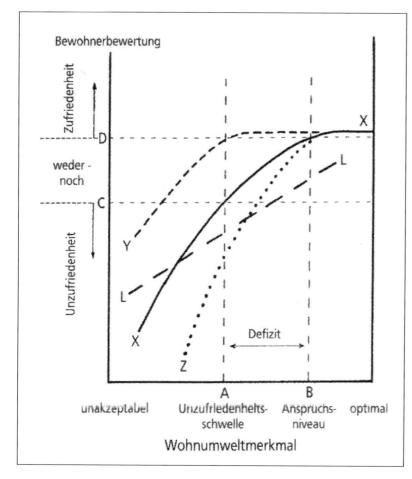

Modell der Beziehung zwischen objektiven Merkmalen der Wohnumwelt und der Wohnzufriedenheit
X = Person 1
Y = Person 2
Z = Person 3
L = gemittelte lineare Funktion

GALSTER, 1987, zit. nach FLADE, 2006, S.54

GALSTER geht von interindividuell unterschiedlichen Vergleichsniveaus aus und damit von entsprechend verschiedenen Schwellen für das Erleben von Wohnzufriedenheit. So erlebt die Person Z beim betrachteten Umweltmerkmal – beispielsweise der verfügbaren Wohnfläche oder Fenster mit Ausblick auf einen Park – eher Zufriedenheit als die Personen X und Y. Gleichzeitig unterstellt er *nichtlineare Beziehungen* zwischen der Ausprägung eines Umweltmerkmales und der erlebten Zufriedenheit. Mit anderen Worten, ab einer bestimmten Ausprägung des Umweltmerkmals lässt sich die Wohnzufriedenheit nicht mehr steigern und es tritt eine Art *Sättigungseffekt* ein. In unserem Beispiel: Eine größere Wohnfläche oder Fensteranzahl über das Anspruchsniveau hinaus verbessert die Beurteilung der Wohnung nicht mehr.

Nichtlineare Beziehungen und Sättigungseffekte

Da man davon ausgehen kann, dass die Anzahl von quantitativen und qualitativen Wohnumweltmerkmalen de facto unendlich ist, ist dieses heuristisch interessante Modell jedoch praktisch nicht handhabbar (vgl. FLADE 2006).

Wie kann man Wohnzufriedenheit erfassen?

Da es sich um ein subjektives Phänomen der mehr oder weniger bewussten Einstellung gegenüber resp. der Bewertung von Umwelten handelt, sind psychologische Befragungstechniken die Methode der Wahl *(vgl. das Kapitel zu ausgewählten Studien und Methoden)*. Wie bei den meisten derartigen Methoden kann man direkt oder indirekt fragen.

Mögliche Fragen zur Abschätzung der Wohnzufriedenheit

Direkte Fragen zur Wohnzufriedenheit
Wie zufrieden sind Sie mit Ihrer Wohnung/Ihrem Haus?
Wie zufrieden sind Sie mit Ihrer Wohnumgebung/Ihrer Nachbarschaft?
Alles in allem: Wie schätzen Sie Ihre Wohnzufriedenheit insgesamt ein?
Indirekte Fragen zur Wohnzufriedenheit
Würden Sie noch einmal hier einziehen?
Würden Sie diese Wohnung weiterempfehlen?
Würden Sie diese Wohngegend/diesen Standort anderen empfehlen?
Werden Sie in den nächsten zwei/fünf Jahren noch hier wohnen?
nach FLADE, 2006

Die Beantwortung derartiger Fragen sollte möglichst nicht nur in einfachen Ja/Nein-Kategorien erfolgen, sondern skaliert. Selbstverständlich ist es sinnvoll und möglich, auch Urteile zu sehr spezifischen Merkmalen der Wohnsituation zu erfassen *(s. u.)*.

10. ORTSIDENTITÄT UND ORTSBINDUNG

Zum Abschluss dieses Teilkapitels wollen wir, den Überlegungen von KAHANA et al. (2003) folgend, auf ein generelles Problem im Zusammenhang mit Wohnzufriedenheit und Wohlbefinden eingehen.

Aus Sicht dieser Autoren, die im Übrigen ältere Menschen untersucht haben, ist beides nur aus der *Passung zwischen Person und Umwelt* *(person-environment fit)* zu erklären. Dahinter verbirgt sich die Idee, dass Wohnzufriedenheit und Wohlbefinden nur dann eintreten, wenn die jeweiligen Umweltmerkmale zu den persönlichen Vorlieben und Eigenheiten eines bestimmten Menschen passen.

Passung zwischen Person und Umwelt (person-environment fit)

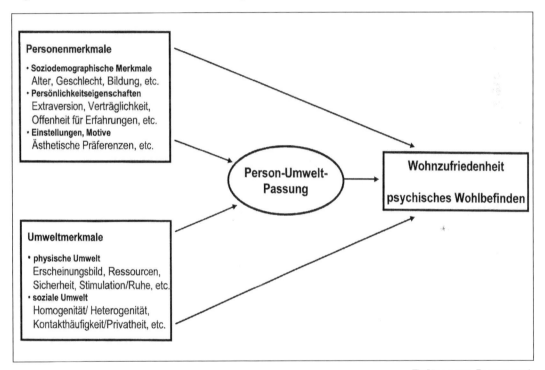

Einflüsse von Person und Umwelt sowie deren Passung auf Wohnzufriedenheit und Wohlbefinden (nach KAHANA et al. 2003, mod.)

Diese mit einer dialektischen Sicht auf Mensch-Umwelt-Einheiten konforme Vorstellung betont und spezifiziert einen weiteren wichtigen Aspekt, der im Grunde für alle Menschen gilt: deren aktive Rolle bei der „Auswahl" der Umwelt. Bereits im *Teil I dieses Buches* wurde angedeutet, dass Personen verschiedene Möglichkeiten haben, Umwelten zu verändern.

Im Wesentlichen sind es *zwei Handlungsstrategien*, die man dabei verfolgen kann:

1. man kann die *Umwelten* nach seinen Bedürfnissen und Zielen *umgestalten*
2. man kann die *Umwelten aufsuchen und aneignen*, die zu den persönlichen Ansprüchen und Intentionen passen.

Zwei Handlungsstrategien

Da komplexe gebaute Umwelten schwer veränderbar sind und bei vielen Menschen ausreichende Veränderungskompetenzen fehlen, bleibt häufig der zweite Weg. Das Beispiel der Suche einer Wohnung steht prototypisch für diesen Fall. Vorausgesetzt, es stehen bestimmte Ressourcen an Zeit und Geld zur Verfügung, würde danach jede Person früher oder später die Wohnung finden können, die zu ihren Bedürfnissen und Ansprüchen passt.

Methodisch gesehen handelt es sich um einen Selektionseffekt. Man muss sich bei Vergleichsuntersuchungen deshalb nicht wundern, wenn keine oder nur geringe Unterschiede bei der Wohnzufriedenheit beobachtet werden können. Dies vor allem dann, wenn die nach Bruggemann skizzierten Prozesse der Anspruchsniveauanpassung nach längerer Wohndauer wirksam sind. So konnten HOFMANN u. a (2007) oder MEIßNER (2007) in Vergleichsstudien zu verschiedenen Wohnformen im Alter nur marginale Unterschiede bei verschiedenen Zufriedenheitsindices nachweisen, obwohl die Untersuchungspartner die spezifischen Qualitäten ihrer Wohnung und des Wohnumfeldes durchaus erlebten.

Andererseits ist die Erfassung der Wohnzufriedenheit bei vielen architekturpsychologischen Fragestellungen angezeigt, kann sie doch ein sensitives Maß für die Wirkung auch sehr spezifischer Wohnbedingungen sein. BERNARD-ZIRNSTEIN & LIPPMANN (2007) untersuchten in einer Pilotstudie die Auswirkung von PKW-Stellplätzen in Grundstücken von Mehrfamilienhäusern. Bei vielen Merkmalen des Gartennutzungsverhaltens und der nachbarschaftlichen Sozialkontakte fanden sich nur geringfügige qualitative Unterschiede, die auf diese Variable zurückgeführt werden konnten. Eine der wenigen statistisch signifikanten Differenzen betraf eine spezifische Facette der Wohnzufriedenheit. Bewohner mit Grundstücken ohne PKW-Stellplatz waren zufriedener mit dem besser nutzbaren Hausgarten, als die von Grundstücken mit PKW-Stellplatz.

10.8 Empirische Studien

Im Folgenden werden die Ergebnisse zweier Studien vorgestellt, die sich mit den Themen Wohnzufriedenheit und Ortsidentität befassen.

10.8.1 Identitätsbildung und Stadtentwicklung

Zur Identitätsbildung und Stadtentwicklung führten GERLACH und APOLINARSKI (1997) eine Studie durch in Berlin-Friedrichshain, einem traditionellen Arbeiterbezirk. Sie führten Interviews zur Wohnzufrie-

10. ORTSIDENTITÄT UND ORTSBINDUNG

denheit mit den Bewohnern und versuchten auch, raumbezogene Identifikationsprozesse zu erfassen. Das Schema auf der nachfolgenden Seite gibt einen Überblick zu Herangehensweise und Untersuchungszielen.

Ergebnisse:
Gemäß ihren Ergebnissen zur Zufriedenheit wird die *Einschätzung der Wohnsituation* weder von Haushaltsstruktur noch vom Sozialstatus oder dem Alter beeinflusst.

Hier herrschte bei der Beurteilung durch die Bewohner eine einheitliche eher positive Grundhaltung. Gründe dafür sind entweder die Vertrautheit mit dem Wohngebiet, gute Nachbarschaft oder im „Flair" des Gebietes zu suchen.

Interessant ist, dass die Untersuchungspartner weder mit den Wohnungen noch mit Wohnumfeld, also mit den öffentlichen und halböffentlichen Räumen sowie der Verkehrsbelastung und der sozial-kulturellen Infrastruktur sehr zufrieden waren.

Einschätzung der Wohnsituation

Erstes Untersuchungsziel: Gebietsanalyse; Datengewinn für ein Überblicksbild zu Wohnmilieu, Bewusstseins- und Verhaltensstrukturen von Bewohnern (Analysen zur ‚Binnenstruktur')

- Städtebaulich-strukturelle Charakteristik des Gebietes
- Befragung von 305 Haushalten nach quantitativen Aspekten
- Auswertung der Befragung/Einschätzung der Ergebnisse/Auswahl von Probanden für qualitative Interviews

Zweites Untersuchungsziel: Vertiefende Untersuchungen zu ausgewählten ‚weichen' Standortfaktoren und zur Identitätsbildung

Raumgefüge, Stadträumliche Eigenschaften	*Soziokulturelles Infrastrukturprofil*
Raumbezogene Identitätsbildungsprozesse im Wohnmilieu des innerstädtischen Teilgebiets	Detaillierende Untersuchungen zu sozialen und kulturellen Einrichtungen im Teilgebiet
Expertenspezifische Felderkundungen im Gebiet; Aufbau von Wissensbasis und spezifischem Untersuchungskonzept	Gegenstandsspezifische Felderkundungen; Aufbau von Wissensbasis und spezifischem Analysekonzept
Qualitative Interviewaktion zu individuellen raumbezogenen Identitätsbildungsprozessen sozialer/kultureller Einrichtungen mit Probanden im Wohnmilieu	Vertiefende qualitative Interviews mit den Betreibern und Initiatoren
Auswertung von Befunden und Ergebnissen	Nutzerbefragung mit teilstandardisierten Fragebögen
Werkstattgespräche „Forschung-Planung-Bürgerinteressen"	Auswertung von Befunden und Ergebnissen

Schlussfolgerungen und Empfehlungen aus der Untersuchung

Quelle: GERLACH & APOLINARSKI (1997), S. 23

ARCHITEKTURPSYCHOLOGIE

Qualität der Bindungen

Bei den Ergebnissen zur Ausbildung raumbezogener Identifikationsprozesse differenzierten sich in dieser Studie drei Gruppen heraus, die sich hauptsächlich in ihrer *Bindungsqualität* unterscheiden.

Kritisch-produktiv und progressiv

Die *Gruppe I* gilt als *progressiv und kritisch-produktiv*. Sie verfügt über eine sehr komplexe und differenzierte soziale und städtebauliche Raumwahrnehmung und erkennt sowohl Entwicklungsaspekte als auch Destabilisierungstendenzen im Wohngebiet.

In dieser Gruppe gibt es eher starke Raumbezüge, Zugehörigkeit und Eingebundensein sind vorhanden, nur teilweise werden Bindungsverluste beschrieben. Gegenüber dem Wandel des Wohngebietes besteht in dieser Gruppe eine eher kritisch-abwägende Meinung und es werden differenzierte Verbesserungshinweise gegeben.

Kritisch-ablehnend

Bei der Gruppe II, welche als *kritisch-ablehnend* bezeichnet wird, herrscht ein etwas geringerer Komplexitätsgrad in der Raumwahrnehmung vor. Es werden vor allem Konfliktpotentiale stärker wahrgenommen. Im Allgemeinen herrschen bei dieser Gruppe starke Bindungsverluste vor, das heißt, es besteht der Wunsch wegzuziehen. Gegenüber Veränderungen herrscht bei den Bewohnern eine eher ablehnende, resignative Haltung. Befragt nach eigenen Vorstellungen, werden diese hauptsächlich in milieurekonstruierenden Maßnahmen gesehen.

Indifferent-neutral

Die *Gruppe III* wird als eher *indifferent-neutral* eingeschätzt. Hier herrscht in der Wahrnehmung des Umfeldes der geringste Komplexitätsgrad unter den Gruppen vor. Das Wohngebiet ist weder Heimat noch Handlungsraum. Es besteht Disengagement und Desinteresse – Ortsverbundenheit, Verharrungstendenzen und Nachbarschaftsbeziehungen fehlen ganz. Den städtebaulichen Wandel nimmt man oberflächlich-positiv oder unkritisch-neutral hin und es bestehen nur eingeschränkte Veränderungswünsche im unmittelbaren Wohnumfeld.

Will man die Ergebnisse zusammenfassen, scheinen raumbezogene Identifikationsprozesse stark durch städtebauliche, soziale und gesellschaftliche Entwicklungsprozesse geprägt zu werden. So wird der Einbezug derartiger Raumbewertungen als städtebaulicher Planungsindikator wohl überdacht werden müssen *(vgl. Kap. Nutzungsorientierte Planung und Gestaltung gebauter Umwelten).*

10.8.2 Vergleichende Studie zum Image von Stadtteilen

In einer vergleichenden Studie zu einstellungsbildenden Variablen bei der Beurteilung von Wohngebieten untersuchte die Arbeitsgruppe KRETSCHMAR & HELBIG (o. J.) drei Stadtteile in Dresden, welche sich in ihrem „Image" deutlich voneinander unterschieden.

Unter anderem prüften sie den Zusammenhang zwischen sozialem Ansehen und Ausstattung mit Folgeeinrichtungen der Stadtgebiete und der Ausbildung eines räumlichen Zugehörigkeitsgefühls.

Auch gingen sie der Frage nach, welche Faktoren ausschlaggebend zur Beurteilung eines Wohngebietes sind. Dazu befragten sie jeweils 10 Anwohner und 10 Nichtanwohner der jeweiligen Stadtteile mithilfe eines teilstandardisierten Fragebogens, eines semantischen Differentials und eines Fototests. Es zeigte sich, dass das Erleben eines Wohngebietes offensichtlich primär nicht davon abhängt, ob man es bewohnt oder nicht. Anwohner und Nichtanwohner unterschieden sich nicht wesentlich in ihrer Beurteilertendenz, allerdings konnte festgestellt werden, dass „... Anwohner das Stadtgebiet differenzierter und individueller beurteilen, während die Nichtanwohner eher ein homogenes Bild des Stadtteils, etwa ein spezifisches Image, der Beurteilung zugrunde legen." (HELBIG & KRETSCHMAR, o. J., S. 69)

Faktor	Gorbitz	Aufklärung	Neustadt	Aufklärung	Striesen	Aufklärung
1	Zugehörigkeit	53,0	Zugehörigkeit	39,4	Individualität	31,5
2	Repräsentativität	9,5	Repräsentativität	12,9	Repräsentativität	14,3
3	Vielfalt/Varianz	8,2	Variation	11,4	Variation	10,8
4	Klarheit	8,0	Funktionalität	7,9	Zugehörigkeit	8,3
5			Klarheit	6,9	Natürlichkeit	7,8

Faktorenstruktur und aufgeklärte Varianz in den drei Stadtteilen

Es ließen sich in den drei Wohngebieten (nach Vernachlässigung der Trennung in Anwohner und Nichtanwohner) durchaus ähnliche Faktorenstrukturen unterschiedlicher Wertigkeit finden, allerdings fanden sich auch individuelle Faktoren und spezifische Unterschiede (siehe Tabelle). Diese könnten, so KRETSCHMAR und HELBIG, durch das Image des Wohngebietes bestimmt sein.

So wurden die Beurteilungen zum Wohngebiet *Gorbitz*, welches hauptsächlich durch Plattenbauweise gekennzeichnet ist, durch den Faktor Zugehörigkeit mit 53 % aufgeklärt, wohingegen im Wohngebiet *Striesen*, welches sich durch Bürgervillen und viel Grünflächen auszeichnet, eher Individualität (31,5 %) zur Beurteilung des Gebiets ausschlaggebend war.

ARCHITEKTURPSYCHOLOGIE

Kurze Auswahl aus dem Methodenmaterial

Die Fragebögen zu den Bewohnerinterviews erhielten jeweils einen Fototest. Durch diesen Test soll ein objektiveres Maß für die Vertrautheit mit einem Wohngebiet ermittelt werden als die Selbsteinschätzung der Untersuchungsteilnehmer. Dabei wurden den Probanden jeweils 7 Fotos aus dem betreffenden Stadtgebiet und ein nicht aus dem Stadtgebiet stammendes Foto vorgelegt. Die Probanden wurden gebeten einzuschätzen, ob das Bild ein Motiv aus dem untersuchten Stadtgebiet zeigt, und (wenn es ihnen bekannt ist) zu sagen, was auf dem Bild zu sehen ist. Es war entweder eine Bezeichnung des Motivs oder die Beschreibung des Standorts zulässig.

Weiterhin wurde bei jeder Befragung ein Semantisches Differential aus 18 bipolaren Eigenschaftspaaren, die anhand eines siebenstufigen Ratings zu beurteilen waren, eingesetzt. Nachstehend sind die Ergebnisse des semantischen Differentiales zusammengefasst für die drei Stadtteile. Erkennbar ist das positive Image des Stadtteils Striesen im Gegensatz zu Dresden-Gorbitz. (Quelle: IVONNE KRETZSCHMAR & SYLVIA HELBIG (o. J.))

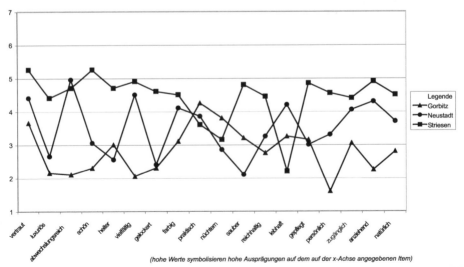

(hohe Werte symbolisieren hohe Ausprägungen auf dem auf der x-Achse angegebenen Item)

10. ORTSIDENTITÄT UND ORTSBINDUNG

Bei den Ergebnissen zur Identitätsbildung zeigte sich allerdings kaum ein Zusammenhang zwischen einzelnen Beurteilungskomponenten und der Wohndauer des Einzelnen. Hier ließen sich aufgrund zu geringer empirischer Werte keine sinnvollen Aussagen über den Zusammenhang zwischen Einstellung und Ortsbindung finden. Die Resultate waren eher uneinheitlich und wiesen in keine bestimmte Richtung.

Interessant sind die Überlegungen zu den öffentlichen Einrichtungen, welche KRETSCHMAR und HELBIG anstellen. Sie gehen davon aus, dass aus der *Akzeptanz* der einzelnen Folgeeinrichtungen Rückschlüsse auf erforderliche infrastrukturelle Gegebenheiten gezogen werden können, welche die Akzeptanz des gesamten Wohngebiets fördern können. Es zeigte sich hier, dass zum Beispiel Einkaufsmöglichkeiten und Dienstleister im Wohngebiet stark genutzt werden. Ähnliches gilt für Gesundheitseinrichtungen, wie Apotheken und niedergelassene Ärzte. Hier scheint eine adäquate Ausstattung für die Akeptanz und Ortsbindung erforderlich. Für den Besuch von Sport- und Bildungseinrichtungen wurden auch weitere Wege von den Bewohnern akzeptiert, die über das direkte Wohngebiet hinausgingen.

Akzeptanz

Paradox scheint der Zusammenhang bei kulturellen Angeboten. Hier fanden sich im Ortsteil Gorbitz mit dem vergleichsweise geringsten Kulturangebot die höchsten Akzeptanzwerte, wohingegen das Wohngebiet mit dem höchsten Kulturangebot (Neustadt) nicht die geringste Akzeptanz des Angebots aufwies. Allein im Wohngebiet Strießen konnte eine signifikante positive Beziehung zwischen der Akzeptanz der in diesem Stadtteil vorhandenen infrastrukturellen Gegebenheiten und der Wohndauer bzw. dem Zugehörigkeitsgefühl zu dem Gebiet festgestellt werden. Diese ließ sich aber nicht auf die beiden anderen Gebiete übertragen.

Zur Akzeptanz lässt sich keine abschließende Aussage treffen. Sie konnte im vorliegenden Fall nicht in Zusammenhang mit der Wohndauer gebracht werden.

Allgemein scheint die Studie darauf hinzudeuten, dass man von unterschiedlichen Bewertungen einzelner Wohngebiete aufgrund deren Gestaltung ausgehen kann. Als Moderatorvariable hat sich einzig die Akzeptanz erwiesen. An dieser Stelle ist weitere und detailliertere Forschung nötig, um Aufschluss über identitätsbildende Determinanten zu erhalten.

10.9 Fazit

Vor allem durch Entwicklungen in der Arbeitswelt kommt es zu einer Flexibilisierung des gesamten Lebens. Immer häufiger und in immer kürzeren Abständen notwendiger Wohnungswechsel birgt in sich die Gefahr, dass die in diesem Kapitel beschriebenen Bedingungen der Ortsverbundenheit verletzt werden. HÖRZ (1999) spricht von „Nicht-Orten", die nach seiner Meinung im Entstehen sind (vgl. auch JUSTEN-HORSTEN, 2004; HECHT, 2005). Wenn immer mehr Menschen als temporäre Mieter eher zum Konsumenten von (Wohn-) Umwelt werden, und weniger zum Gestalter, sind die Prozesse der Identifizierung mit Orten möglicherweise langfristig eingeschränkt.

Andererseits ist erkennbar, dass die in diesem Kapitel behandelten Phänomene und Mechanismen der Orts- und Heimatverbundenheit in der Welt der Zukunft an Bedeutung gewinnen können (OPASCHOWSKI, 2005). Gerade der Verlust von räumlicher Stabilität durch Europäisierung und Globalisierung könnte eine Gegenbewegung verursachen, da Menschen an ihrem grundsätzlichen Bedürfnis nach sozialer Identität festhalten müssen, um handlungsfähig zu bleiben.

> „Wer nirgendwo zu Hause ist, kann auch nicht Weltbürger sein!"
> WINFRIED HACKER

Daraus erwächst eine besondere Verantwortung für Architekten. Das wird zugespitzt deutlich, wenn JENCKS bereits 1977 schreibt: „Wir lernen von Anfang an die kulturellen Zeichen, die jeden Ort für eine soziale Gruppe, eine wirtschaftliche Klasse und reale, historische Menschen auszeichnen, während die modernen Architekten ihre Zeit damit verbringen, alle diese spezifischen Zeiten zu verlernen bei dem Versuch, für den Universalmenschen oder den Mythos vom modernen Menschen zu planen." (JENCKS, 1980, S. 24)

Aus unserer Sicht besteht die Aufgabe moderner Architektur nicht darin, die traditionellen Zeichen zu konservieren. Vielmehr geht es darum, die klassische Sprache der Architektur mit gebotener Vorsicht zu transformieren und zu reformieren, um sie in eine moderne, für den Menschen verständliche Sprache zu übersetzen *(vgl. Kap. Raumsymbolik)*. Nur wenn diese Sprache für viele Menschen lesbar ist, wird deren Identifizierung von und Verbindung mit Orten gelingen.

10.10 Wissens- und Verständnisfragen

1. Stellen Sie Gemeinsamkeiten und Unterschiede von Ortsbezogenheit und Ortsverbundenheit dar. Nennen Sie jeweils ein Beispiel.

10. ORTSIDENTITÄT UND ORTSBINDUNG

2. Warum könnte Heimatbindung in der Zukunft wieder an Bedeutung gewinnen?

3. Nennen und erläutern Sie die drei Aspekte der Identifikation nach Graumann. Was verbirgt sich hinter dem Begriff der „multiplen Identitäten"?

4. Untersuchungen von Caplow & Formann haben gezeigt, dass Nachbarschaft dort, wo sie planend unterstützt wurde, nicht immer funktioniert. Wo sehen Sie die Ursachen? Gehen Sie dabei auf Voraussetzungen und Funktionen von Nachbarschaft ein!

5. Sammeln Sie in Ihrer Umgebung Beispiele für Barrieren (nachbarschaftlicher) Begegnung von Menschen. Ab wann werden solche Barrieren Ihrer Meinung nach wirksam?

6. Warum kann es auch im Bereich des Wohnens zur so genannten „resignativen Zufriedenheit" nach Bruggemann kommen?

7. Stellen Sie Überlegungen an, welche methodischen Probleme bei der Messung von Wohnzufriedenheit auftreten können?

10.11 Literatur

Arnold, W., Eysenck, H. J. & Meili, R. (Hrsg.) (1997). Lexikon der Psychologie, Band 3. Augsburg: Bechtermünzverlag.

Appleyard, D. & Lintell, M. (1972). The environmental quality of city streets: The residents viewpoint. Journal of the American Planning Association, 45, 143-145

Baba, Y. & Austin, D. M. (1989). Neighborhood environmental satisfaction, victimazation, and social participation as determinants of perceived neighbourhood safety. Environment and Behavior, 21, 4, 763-780.

Bauer, J. (2006). Das Gedächtnis des Körpers. München: Piper.

Bernard-Zirnstein, M. & Lippmann, T. (2007). Auswirkungen von PKW-Stellplätzen auf Grundstücken von Mehrfamilienhäusern auf die Gartennutzung, das Kontaktverhalten und Zufriedenheitsparameter. Forschungsbericht. Dresden: TU Dresden.

Brehm, J. W. (1966). A theory of psychological reactance. New York: Academic Press.

Brehm, S. S., Kassin, S. M. & Fein, S. (1999), Social Psychology, 4. Auflage. Boston, New York: Houghton Mifflin Company.

Bonaiuto, M., Bonnes, M. & Continisio, M. (2004). Neighborhood Evaluation within a Multiplace Perspectice on Urban Activities, Environment and Behavior, 36, 1, 41-69.

Bruggemann, A. (1974). Zur Unterscheidung verschiedener Formen der „Arbeitszufriedenheit". Arbeit und Leistung, 28, 11, 281-284.

Bundesamt für Bauwesen und Raumordnung (Hrsg.) (2003). Lebensbedingungen aus Bürgersicht. Berichte. Bd. 15. Bonn.

Christmann, G. (2005). Dresden-Topoi in der Geschichte. Dresdner Hefte, Heft 84, 23, 4, 57-64.

Canter, D. (Hrsg.) (1973). Architekturpsychologie. Theorie, Laboruntersuchungen. Feldarbeit. 9 Forschungsberichte. Düsseldorf: Bertelsmann.

Flade, A. (2006), Wohnen psychologisch betrachtet. Bern: Huber (1. Auflage, 1987).

Galster, G. (1987). Identifying the Correlates of Dwelling Satisfaction. Environment and Behavior, 19, 5, 539-568.

Gerlach, P. & Apolinarski, I. (1997). Identitätsbildung und Stadtentwicklung. Analysen, Befunde, planungstheoretische und -methodische Ansätze für eine aktivierende Stadterneuerung – dargestellt am Beispiel Berlin-Friedrichshain. Frankfurt am Main, Berlin, Bern, New York, Paris, Wien: Lang.

Graumann, C.F. (1983). On Multiple Identities. International Science Journal, 35, 96, 309-321.

Hamm, B. (1973). Betrifft Nachbarschaft. Düsseldorf: Bertelsmann.

Hecht, M. (2005). Wir Heimat-Vertriebenen. Psychologie Heute, 12, 22-27.

Hörz, P. F. N. (1999). Unterwegs sein, ohne jemals anzukommen. Psychologie Heute, 6, 44-49.

Hofmann, C., Bauer, K. & Geißler, F. (2007). Privathaushalte vs. Betreutes Wohnen: Evaluation zweier Wohnformen für ältere Menschen. Forschungsbericht. Dresden: TU Dresden.

Hofstede, G. (2001). Culture s consequences: Comparing values, institutiones, and organizationes across nations. Thousand Oaks, CA: Sage.

Hormuth, S. (1990). The Ecology of the Self-Concept Change. Cambridge, UK: University Press.

Jencks, Ch. (1980). Die Sprache der postmodernen Architektur. Stuttgart, (1. Auflage, 1977, amerik.).

Justen-Horsten, A. (2004). Heute hier – morgen fort. Report Psychologie, 29, 5, 310-315.

Kahana, E., Lovegreen, L., Kahana, B. & Kahana, M. (2003). Person, Environment, and Person-Environment-Fit as Influences of Residential Satisfaction of Elders. Environment and Behavior, 35, 3, 434-453.

Kretschmar, I. & Helbig, S. (o. J.), Vergleichende Studie zu einstellungsbildenden Variablen bei der Beurteilung von Wohngebieten. Forschungsbericht, Dresden: TU Dresden.

Kruse, L., Graumann, C.-F. & Lantermann, E.-D., (Hrsg.) (1990). Ökologische Psychologie. Ein Handbuch in Schlüsselbegriffen, München: Psychologie Verlags Union.

Labitzky, R. (Red.) (1997). Deutsches Wörterbuch. Fremdwörterbuch, genehmigte Ausgabe. Niedernhausen/Ts.: Bassermann.

McCarthy, D. & Saegert, S. (1978). Residental density, social overload, and social withdrawl. Human Ecology, 6, 253-272.

Meißner, C. (2007). Alternative Wohnformen im Alter – Lebensqualität bei Seniorinnen des gemeinschaftlichen Wohnens, des Betreuten Wohnens und in Privathaushalten. Diplomarbeit. Dresden: TU Dresden.

Miller, R. (1998). Umweltpsychologie – Eine Einführung. Stuttgart: Kohlhammer.

Opaschowski, H. W. (2005). Besser leben – schöner wohnen? Leben in der Stadt der Zukunft. Darmstadt: Wissenschaftliche Buchgesellschaft / Bonn: Bundeszentrale für politische Bildung.

Prohansky, H. M. (1978). The city and self-identity. Environment and Behavior, 10, 2, 147-169.

Riger, S. & Lavrakas, P. (1981). Community ties: Patterns of attachment and social interaction in urban neighborhoods. American Journal of Community Psychology, 10, 55-66.

Richter, P. G. (2005). Zur Funktion von Mythen aus psychologischer Sicht. Dresdner Hefte, Heft 84, 23, 4, 73-79.

Schmitt, M., Maes, J. & Seiler, U. (1999). Soziale Identität als Gradmesser der menschlichen Annäherung im wiedervereinigten Deutschland. In: Berth, H. & Brähler, E. (Hrsg.), Deutsch-deutsche Vergleiche: psychologische Untersuchungen 10 Jahre nach dem Mauerfall. Berlin: VWF.

Statistisches Bundesamt (Hrsg.) (2004). Datenreport 2004. Bonn: Bundeszentrale für politische Bildung.

Strohschneider, S. (1995). Problemlösen und Kultur. In: Strohschneider, S. (Hrsg.), Denken in Deutschland – Vergleichende Untersuchungen in Ost und West. Bern, Göttingen, Toronto, Seattle: Hans Huber.

Tajfel, H. & Turner, J. (1986). The Social Identity Theory of intergroup behaviour. In: Worchel, S. & Austin, W. G. (Eds.), Psychology of Intergroup Relations. Chicago: Nelson.

Thibaut, J. W. & Kelley, H. H. (1959). The social psychology of groups. New York: Wiley.

Walden, R. (1995). Wohnung und Wohnumgebung. In: Keul, A. G. (Hrsg.), Wohlbefinden in der Stadt. Weinheim: PVU.

Wiederhold, U. (2007). Regional Identity – a socialpsychological perspective. Paper. 4th InASEA Conference. Timisoara (Romania), 24.-27. May 2007.

Wiswede, G. (1998). Soziologie. Landsberg am Lech: Verlag moderne Industrie.

www.architekturpsychologie-dresden.de

11. Raum und Farbe

Petra Nüchterlein & Peter G. Richter

11.1 Einleitung

Ob wir nun unser blaues Wunder erleben, uns an einem Gründonnerstag schwarz ärgern, uns ein goldenes Händchen verdienen, rot sehen oder der graue Alltag wieder einkehrt, die Farben begleiten uns Tag und Nacht, regen uns an, ziehen uns an und erfreuen uns. „Im farbigen Abglanz haben wir das Leben..." (GOETHE nach www.farbenwelten.de), welches sich im Raum, dem Lebensraum, abspielt und bei dem, wie auch in der Natur, eine ganzheitlich stimmige Empfindung wichtig ist. In der Architektur haben Farbe und Licht immer mehr an Bedeutung gewonnen.

So erscheint der Saal der Pariser Sainte-Chapelle aus dem 13. Jahrhundert „... völlig entmaterialisiert als reiner Licht- und Farbraum" (LUPFER, 2000, S.105), bei der Restaurierung des Bauhaus-Meisterhauses von Kandinsky und Klee wurde besonders Wert auf eine extravagante Farbfülle im Innenbereich gelegt und Krankenhäuser, Schulen, Wohnhäuser usw. werden farbig gestaltet, wobei zunehmend auf die Bedürfnisse unterschiedlicher Nutzergruppen Wert gelegt wird (RICHTER & OBENAUS, 2002).

„Je mehr man von der Farbe weiß, desto mehr kann man sie lieben." (FRIELING, 1979, S.54). Deshalb sollen in diesem Kapitel die wichtigsten Grundlagen der Gestaltung mit Farbe vor allem in Innenräumen dargestellt werden. Als erstes geht es um den Bezug der Farbe zum Menschen, wobei auf die Wahrnehmung, Bedeutung und Wirkung der Farben eingegangen wird. Als Gestaltungsgrundlage werden anschließend Farbmerkmale sowie Kontrastwirkungen bezogen auf den Raum erläutert. Von welchen Faktoren das Raumerlebnis des Menschen im Innenraum abhängt, wird im nächsten Punkt dargestellt. Es werden Farbwirkungen auf den Raumflächen Boden, Wand und Decke sowie Farbfunktionen aufgezeigt. Abschließend wird am Beispiel einer farblichen Bürogestaltung das Konzept der Farbergonomie vorgestellt.

„I see a red door and I want to paint it black ..."
ROLLING STONES

Die folgenden Ausführungen zur Farbe stehen prototypisch für andere Umweltmerkmale. Eine Darstellung zu letzteren – beispielsweise zu Licht, Geruch, Geräuschen, Temperatur, Luftfeuchte, etc. – würde den Rahmen des Buches sprengen. Man kann aber davon ausgehen, dass die Grundmechanismen der direkten und indirekten Wirkung dieser Umweltbedingungen auf den Menschen grundsätzlich vergleichbar sind mit denen der Farbe (vgl. BENDIN, 2005). Des Weiteren liegt der Fokus in diesem Kapitel auf der Farbwirkung im Raum. Zur Wahrnehmung und Gestaltung von Farben im Außenbereich kann man an anderer Stelle nachlesen, beispielsweise bei DARMSTADT (1995) oder BÜTHER (2005).

11.2 Mensch und Farbe

11.2.1 Prozess der Farbwahrnehmung

Farbwahrnehmung

Auf die Frage GOETHES, ob die Farbe „... nicht ganz eigentlich dem Gesicht angehört" (www.farben-welten.de), kann man zumindest entgegnen, dass der Prozess der *Farbwahrnehmung* im Gesicht, genauer gesagt auf der lichtempfindlichen Netzhaut der Augen, beginnt. Hier sitzen Rezeptoren, die Stäbchen und Zapfen, welche die für uns sichtbaren Wellenlängen des Lichtes (380-780 nm) in eine physiologische Erregung umwandeln. Die Zapfen dienen der Unterscheidung von Farbwerten und sind für unser Buntempfinden verantwortlich, die Stäbchen dagegen für Grauwerte bzw. Helligkeitsunterschiede *(vgl. Abb. 1)*.

Demnach bedeutet Farbe als Sinneseindruck eine „... spezifische visuelle Empfindung, die durch die sichtbare Strahlung, den sogenannten Farbreiz, ausgelöst wird." (RODECK u.a., 1998, S. 16)

Die *Dreifarbentheorie* und die *Gegenfarbentheorie* versuchen, ein solches Farbensehen zu erklären. Die Erstgenannte, auch als Young-Helmholtz-Theorie bekannt, geht von drei Zapfentypen aus, die unterschiedlich stark auf kurz-, mittel- und langwellige Lichtstrahlen reagieren und dementsprechend blau-, grün- und rotempfindlich sind. Aus diesen drei Grundreizen lassen sich alle Farbempfindungen bilden. Die Gegenfarbentheorie nach Hering erklärt das Farbensehen mit Hilfe von den Gegensatzpaaren rot-grün, blau-gelb und schwarz-weiß sowie den dazugehörigen rezeptiven Feldern auf der Netzhaut.

Farbmischung

Durch additive und subtraktive *Farbmischung* entstehen weitere Farben. Unter additiver Farbmischung versteht man das Hinzufügen von Farben zur Bildung neuer Farbtöne. Aus grün und rot ergibt sich zum Beispiel gelb. Auf diese Art erzeugen alle Farben zusammen weißes

11. RAUM UND FARBE

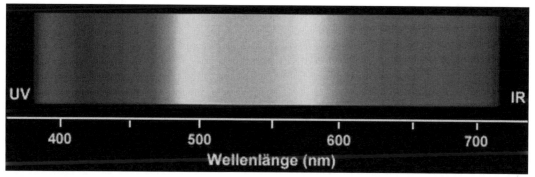

Abb. 1: Wellenlängen des Lichtes. Man sieht die „typischen Farben" violett, blau, grün, gelb und rot als eine Interpretation der Wellenlängen durch unser visuelles System (www.farben-welten.de)

Licht. Subtraktiv bedeutet abziehend in dem Sinne, dass farbige Körper einen Teil der Lichtstrahlen absorbieren und der Rest als Erscheinungsfarbe des Körpers reflektiert wird. Durch subtraktive Farbmischung lassen sich aus den drei Grundfarben gelb, rot und blau alle anderen Farben herstellen. Die Mischung aller Farben zusammen ergibt in diesem Fall grau.

Das *Farbensehen* hängt aber neben der Existenz des Lichtes und der Fähigkeit der Augen, die Farbreize aufnehmen und an das Gehirn weiterleiten zu können, auch davon ab, wie jeder Mensch den Farbreiz ganz persönlich wahrnimmt und erlebt. Hierbei spielen unter anderem kulturelle Einflüsse, vorangegangene Erfahrungen mit Farben und Assoziationen eine entscheidende Rolle. Die Farbvorstellungen und Wahrnehmungsmuster basieren auf einem dynamischen Prozess der Auseinandersetzung mit der Lebensumwelt. Schließlich reagiert jeder Einzelne unterschiedlich auf Farben und entwickelt seine eigenen Bewertungen und Vorlieben.

Farbensehen

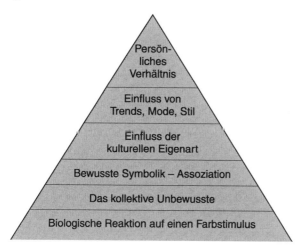

Abb. 2: Farberlebnispyramide. Es sind sechs miteinander wirkende Faktoren zusammengestellt, die sich besonders auf das Erleben der Farben auswirken (nach RODECK, 1998, S. 20)

11.2.2 Bedeutung der Farben

Farbsymbolik

Welche Bedeutung einer Farbe zukommt, hängt erstens davon ab, wie sie auf allen Sinnen empfunden wird, zweitens, wie sie individuell erfahren wird, und drittens davon, was über sie gedacht wird. Die *Symbolik* einer Farbe ist entstanden aus der Verallgemeinerung emotionaler Farbwirkungen und der Bedeutungsüberlieferung über Jahre hinweg. Auf die Frage, welche Farbe die Hoffnung habe, antworten die meisten Menschen mit grün und auf die Frage nach der Liebe mit rot. Allerdings gibt es keine kulturübergreifende Einheitlichkeit. So ist zum Beispiel in Europa schwarz, in Japan weiß die Farbe der Trauer. Außerdem werden unter anderem mystische oder astrologische Farbzuordnungen unterschieden *(vgl. Kap. Raumsymbolik)*.

Die folgende Übersicht fasst einige symbolische Farbbedeutungen der westlichen Kultur zusammen (vgl. auch HÄBERLE, 1999).

Farbe		Symbolik
gelb	(Farbe der lichtbringenden Sonne)	Kommunikation, Glaube, Interesse, Neid, Glück, Reichtum
rot	(Farbe des pulsierenden Blutes)	Liebe, Gefühl, Leidenschaft, Macht, Wut, Aggression, Lebenskraft
blau	(Farbe des klaren Himmels)	Denken, Geist, Weisheit, Treue, Wahrheit, Vernunft
grün	(Farbe der Gewächse)	Hoffnung, Freude, Frische, Wachstum, Sicherheit
weiß		Reinheit, Verlassenheit, Leere, Unschuld
schwarz		Trauer, Tod, Leid, Magie, Unbekanntes, Finsternis

Tab. 1: Farbsymbolik (nach FRIELING, 1979; HELLER, 2002; RODECK, 1998; ROSSBACH, 2000)

Farbassoziationen

Mit den einzelnen Farben gehen unterschiedliche Assoziationen und Gefühle einher. *Assoziationen* werden von Erregungsmustern im Gehirn gelenkt, sie sind wandelbar und löschbar. Wirken gleichzeitig mehrere Farben auf einen Menschen ein, dann entscheidet der gesamte Farbkomplex über die damit verbundenen Assoziationen und Anmutungen. Es entsteht ein atmosphärisches Gesamtklima. Außerdem werden Farben mit Gemütszuständen (z.B. rot und orange – Freude), Geschmacksbildern (z.B. gelb – sauer) oder Formen (z.B. blau – Quadrat) in Verbindung gebracht.

11.2.3 Wirkungen von Farben

Farbe bedeutet in zweierlei Hinsicht Information. Einerseits ist sie eine Informationsquelle über die Welt, in welcher der Mensch lebt. Andererseits strahlt sie Energie aus und wirkt auf den menschlichen Organismus ein. Genauso wie Atmung, Puls und Blutdruck können Reizbarkeit oder Konzentrationsfähigkeit von Farben beeinflusst werden. Farbe wirkt auf das Verhalten, Erleben und Empfinden. „Die Farbe ist biologisch, sie allein macht die Dinge lebendig" (CÉZANNE, zit. nach ESCHMANN, 1989, S 38). Durch die Kraft der Farbe wird die Wahrnehmung intensiviert, neue Energien werden freigesetzt, sie kann stimulierend und motivierend wirken sowie die Stimmung beeinflussen.

Es gibt eine Fülle wissenschaftlicher Untersuchungen zum Nachweis der unmittelbaren *biologischen* sowie der vermittelten *psychologischen Farbwirkung*. Stellvertretend soll jeweils eine genannt werden.

Biologische und psychologische Farbwirkung

KRÜGER (2003) konnte in einem Laborexperiment zeigen, dass die Wahrnehmung der Umwelt durch rote Sichtfolien – gegenüber der Wahrnehmung durch blaue – die Pulsfrequenz der Probanden signifikant um etwa 10 Schläge pro Minute steigert.

WARDEN & FLYNN (zit. n. VENN, o.J.) untersuchten die Wirkung des so genannten Farbgewichtes. Nach ihren Ergebnissen werden Kisten gleichen Ausmaßes und Gewichtes, die schwarz angestrichen sind, fast doppelt so schwer eingeschätzt wie weiße (Verhältnis 1 zu 1,9). Auslöser dieser systematischen Untersuchung waren stärkere Ermüdungserscheinungen, über die Transportarbeiter klagten, wenn sie an bestimmten Tagen besonders viele dunkelfarbige Kisten verladen mussten.

Nicht zu vergessen ist allerdings, dass die individuell unterschiedlichen Reaktionen und Empfindungen auch von Farbton, Sättigungsgrad und Helligkeitsgrad sowie der Umgebung und Einwirkungsdauer der Farbe abhängen.

Die besonderen Wirkungen einiger Farben sind in der nachfolgenden Tabelle zusammengestellt.

Farbe	Farbwirkung
gelb	strahlend, heiter, anregend
rot	aktiv, erregend, stimulierend, lobhaft
blau	beruhigend, kühl, zurückhaltend, entspannend
grün	beruhigend, ausgleichend, entspannend
weiß	auflösend, entleerend, unpersönlich
schwarz	dunkel, schwer, bestimmend

Tab. 2: Farbwirkungen (nach RODECK, 1998; VENN, o. J.)

ARCHITEKTURPSYCHOLOGIE

Exkurs

Eva HELLER (2002) führte eine anonyme Umfrage mit 1888 Frauen und Männern im Alter von 14 bis 83 Jahren durch. Sie untersuchte die einzelnen Farben in all ihren verschiedenen Wirkungen. Diese sind die eng miteinander in Verbindung stehende symbolische und psychologische Wirkung, weiterhin die kulturelle, politische, traditionelle und kreative Wirkung. Bei der Wirkungsbeurteilung spielt natürlich die einzelne Farbbedeutung eine wesentliche Rolle.

Die Befragten erhielten einen Fragebogen mit einer schriftlichen Liste der Farben, die eine eigenständige Bedeutung haben. Es sollten nun zu jeweils 40 Begriffen die von der Person als dazugehörig empfundene Farbe zugeordnet werden. Es konnten auch zwei Farben angegeben werden. Beispielhaft seien hier einige Ergebnisse in grafischen Darstellungen aufgeführt.

a) Vertrauen

b) Beruhigendes

c) Energie

Farbtherapie

Farben lassen sich auch im Sinne von „Wohlfühl-Farben" betrachten. In einer tristen Umgebung können sie zum Beispiel Geborgenheit vermitteln. Des Weiteren kommt ihnen ein gewisser Heilwert zu. Erkenntnisse darüber, dass verschiedene Farben erregende, anregende und beruhigende psychosomatische Wirkungen haben, werden für die Verwendung von *Farben in Therapien* genutzt. In Untersuchungen wurde festgestellt, dass sogar Patienten ohne Augenlicht Farbreize in farbigen Räumen spüren können. Durch bestimmte Farbtests können Ärzte Krankheitsdispositionen, vegetative Störungen und seelische Grundhaltungen erkennen. In der Farbtherapie geht man davon aus, dass spezielle Schwingungskräfte der Farben vom Körper aufgenommen werden und die Wiederherstellung des Wohlbefindens unterstützen. Farben gelten als „Vitamine für die menschliche Seele" (JEANISCH, zit. nach ESCHMANN, 1989, S. 14).

11.3 Gestalten mit Farbe

11.3.1 Grundmerkmale der Farbe

Farbraum

Für einen sinnvollen und zweckmäßigen Umgang mit Farben ist es auch wichtig, ihre grundlegenden Eigenschaften zu kennen. Das dreidimensionale Modell vom *Farbraum* beschreibt, wie ein ganzheitlicher Farbeindruck, beeinflusst von Farbton, Sättigung und Helligkeit, entsteht. Der von der Wellenlänge des Lichtes abhängige Farbton wird mit grün, rot usw. bezeichnet. Die Sättigung gibt den Buntheitsgrad im Verhältnis zum unbunten Graugehalt einer Farbe an. Gesättigte Farben weisen Reinheit und Lebhaftigkeit auf. Mit Hilfe des Helligkeitsgrades kann die Lage einer Farbe auf der Hell-Dunkel-Skala bzw. Weiß-Schwarz-Skala bestimmt werden. Zusammenfassend kann festgehalten werden, dass man jede Farbe zunächst bezüglich ihres Bunttons bestimmen kann. Dieser beschreibt die Empfindungseigenschaft der Farbe. Die Farben lassen sich hinsichtlich ihrer Ähnlichkeit und Beziehungen zueinander anordnen. Besteht zwischen zwei Farben keine Ähnlichkeit, spricht man von Komplementär- oder Gegenfarben. Des Weiteren bestimmt die Nuance, genauer gesagt die Intensität eines Bunttons, die einzelnen Farben und ihre Erscheinungsformen.

11.3.2 Farbenkreis und Farbordnungssysteme

Eine Entscheidungshilfe für die Farbauswahl können Farbsysteme geben, deren Ziel es ist, einen Überblick über Farbnuancen zu verschaffen. Farbnuancen lassen sich definieren nach den Dimensionen Farbton, Sättigung und Helligkeit oder nach Bunt- und Unbuntwerten. Ein erstes Ordnungssystem stellen dabei Farbenkreise dar. Bereits PHILIPP OTTO RUNGE entwickelte eine Farbenkugel mit bunten und unbunten Farben, Goethe brachte seine Farbenlehre mit einem sechsteiligen Farbenkreis als Grundlage heraus. Später erläuterte JOHANNES ITTEN seinen zwölfteiligen Farbenkreis (Abb. 4). Zahlreiche weitere Künstler haben sich mit Farbordnungen und Farbentheorien beschäftigt. Genannt sei hier noch OSTWALD, dessen System auf der Grundlage einer additiven Farbmischung aufbaut. Empfindungsmäßige Gleichabständigkeit von Farben als Ordnungsprinzip wird beispielsweise in der DIN-Farbenkarte verwirklicht.

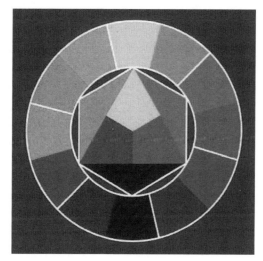

Abb. 4: Farbenkreis (nach ITTEN). Nebeneinanderliegende Farben sind miteinander verwandt und besitzen gemeinsame Buntanteile. Jede Farbe ist zwei der sogenannten Urfarben gelb, rot, blau und grün ähnlich

11.3.3 Farbkontraste

Treffen mehrere Farben aufeinander, treten sie miteinander in Wechselwirkung. Unter einem Farbkontrast versteht man, dass zwischen den zu vergleichenden Farben deutliche Unterschiede sowohl hinsichtlich objektiver Farbeigenschaften als auch subjektiven Farbwirkungen feststellbar sind.

Sind die Farben unterschiedlich hell, spricht man von einem *Hell-Dunkel-Kontrast* (Abb. 5a). Dieser ist am ausgeprägtesten für schwarz und weiß, kann aber genauso für Bunttöne mit unterschiedlichen Helligkeitswerten gelten. Je unähnlicher sich Bunttöne sind, desto stärker ausgeprägt ist auch der *Buntkontrast* (Abb. 5b). Solche Farben liegen auch auf dem Farbenkreis sehr weit auseinander. Diese Art von Kontrast wirkt lebhaft und kraftvoll, zieht die Aufmerksamkeit auf sich und dient der Akzentbildung. Werden bunte mit unbunten Farben kombiniert, dann entsteht ein *Bunt-Unbunt-Kontrast* (Abb. 5c). Weiß schwächt dabei die Leuchtkraft der Bunttöne ab, schwarz dagegen steigert sie. Für ein ausgewogenes Erscheinungsbild können auch Gegenfarben eingesetzt werden, man spricht hierbei von *Komplementär-Kontrasten* (Abb. 5d). Um keine Reizüberflutung zu erzeugen, sollte man den *Flimmerkontrast* (Abb. 5e), der durch gemeinsames Auftreten intensiver Farben gleicher Helligkeitswerte entsteht, vermeiden. Treten die Farben in unterschiedlicher Sättigung auf, entsteht der *Intensitätskontrast* (Abb. 5f). Durch ihn können Farbakzente gesetzt werden. Letztlich bezieht sich der *Quantitätskontrast* (Abb. 5g) auf die Mengenverhältnisse der zusammenwirkenden Farben, welche die Farb- und Raumwirkung entscheidend beeinflussen.

Nicht zu vergessen sind physiologische Kontrastphänomene. Der *Simultankontrast* (Abb. 5h) bezieht sich darauf, dass eine Farbe abhängig von ihrem farbigen Umfeld bzw. angrenzenden Farben verschieden erscheint. Eine Farbe färbt dabei mit ihrer Komplementärfarbe die betrachtete Nachbarfarbe ein. Im Zusammenhang mit farbigen Nachbildern ist der *Sukzessivkontrast* (Abb. 5i) zu erwähnen. Fixiert man längere Zeit eine farbige Fläche, erscheint bei anschließendem Blick auf eine weiße Wand die Gegenfarbe als Nachbild. Hält man den Blick längere Zeit auf eine farbige Fläche fixiert, kann durch diesen Nachbildeffekt eine Veränderung des Farbeindruckes entstehen.

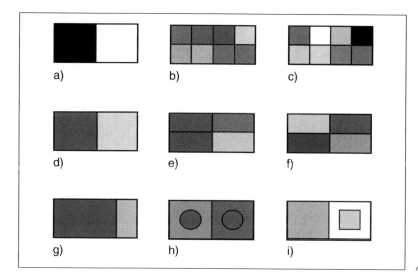

Abb. 5: Farbkontraste

11.3.4 Kontrastwirkung im Raum

Eine Farbempfindung entsteht nicht nur durch die Farbe allein, vor allem der Raum verleiht der Farbe ihre volle Entfaltung. Die bereits erläuterten Farbkontraste gelten als wichtiges Gestaltungsmittel, um Farben ausdrucksmäßig zusammenzustellen. Zu einer räumlichen Wahrnehmung verhilft uns die *Farbperspektive*, die unter anderem an Oberflächen gebunden und von Figur-Grund-Beziehungen abhängig ist. Wir erleben einen Vorder-, Mittel- und Hintergrund. Farben können zudem den Raum erfüllen oder begrenzen. Es wird deutlich, dass der Raum mit seinen Proportionen, Farben und Flächenverhältnissen in einem funktionalen Zusammenhang miteinander steht.

Farbperspektive

Eine räumliche Wirkung lässt sich zum Beispiel durch Tiefe erzeugen. Hell-Dunkel-Kontraste, Quantitätskontraste oder *Warm-Kalt-Kontraste* führen zu der Wahrnehmung von Vorne und Hinten. Vom horizontalen Seitenfeld eines Raumes aus betrachtet, kommen warme Farben auf uns zu und führen zu Gefühlen der Erwärmung, aber auch zu Verdichtung des Farbtons. Sie wirken angenehm und nicht so distanzierend wie kalte Farben. Diese gehen von uns weg und lockern den Farbton auf. Die Pole reichen von einem warmen Orangerot über Grün als neutrale Farbe bis hin zu einem kalten Blau (Abb. 6). Insgesamt kann die Raumfarbe nicht nur das Temperaturgefühl, sondern auch biopsychologische Prozesse, beispielsweise den Herzschlag, beeinflussen (KRÜGER, 2003).

Warm-Kalt-Kontraste

Abb. 6: Warme und kalte Farbreihe (www.metacolor.de)

Leicht-Schwer-Wirkung

Wie der Mensch das Oben und Unten eines Raumes empfindet, wirkt sich stark auf seine Stimmung aus. Entscheidend ist hier die *Leicht-Schwer-Wirkung*. Von oben sollten durch leichte Farben, wie zum Beispiel ein helles Gelb, freiheitliche, aber dennoch behütende Empfindungen vermittelt werden. Schwere Farben von unten schließen ab, bieten Halt und geben Anregungen (s.o.).

11.4 Farbe im Innenraum

11.4.1 Der Mensch im Raum

Genauso wie sich der Mensch mit dem Raum identifiziert, in dem er sich wohlfühlt, können Farben einen Raum identifizieren. Der Mensch schafft sich seinen eigenen Raum um sich herum und empfindet diesen mitbeeinflusst von Farben als eng, weit, hoch usw. In Bezug auf Farben schrieb Nina Kandinsky über ihren Mann: „Kandinsky (...) schätzte das Wohnen in Farben und mit Farben. Deshalb ließen wir unsere Räume streichen (...). Kandinsky hatte die verschiedenen Farbtöne instinktiv richtig ausgesucht." (LUPFER, 2000, S.107) Das indivi-

Raumerlebnis

duelle *Raumerlebnis* bezieht alle Gefühle und Sinne mit ein und hängt sowohl vom Körperbau als auch von Verhaltensweisen und Bewegungen im Raum ab. Eine vom Raum ausgehende Stimmung kann sich auch umgekehrt auf das Verhalten auswirken, so wird zum Beispiel in einer Kirche meistens nur geflüstert. Des Weiteren markiert die Farbe den Raum in seiner Begrenzung, Dimension oder macht Aussagen über ihn.

Beim Betreten eines Raumes wird nach FRIELING (1990) zunächst versucht, auf dem sogenannten Boden der Tatsachen Halt zu gewinnen. Er wird optisch, taktil und emotional bewertet und kann je nachdem einladend, führend, sicher oder hemmend wirken. Vom Boden geht eine motorische Leitfunktion aus. Nach dem Primärerlebnis Boden bewegt sich der Mensch auf das Zentrum des Raumes zu, welches zum Beispiel eine Sitzecke oder ein Schreibtisch sein kann. Nachdem eine harmonische Beziehung zwischen Bodenfarbe und Möblierung überprüft wurde, wandert das Auge durch den Raum und betrachtet die Wände kritisch. Eine solche Begutachtung führt zu emotionalem Behagen oder Unbehagen. Verbunden hiermit ist eine sensorische Leitfunktion, die dazu führt, dass der Mensch einen Raum zum Beispiel distanzierend-kalt oder weit empfindet. Anschließend richtet sich die Aufmerksamkeit auf die Decke. Der Blick wandert dann wieder über die Wände zurück zum Boden. Damit wird deutlich, dass es keine feststehende Bedeutung für eine Farbe im Raumerlebnis gibt, da sie jeweils im Vergleich zu anderen Farben und Raumflächen gesehen und bewertet wird und somit von der Eigenaussage der Farbe, dem Menschen und seiner subjektiven räumlichen Wahrnehmung sowie dem Raum an sich abhängt. Eine Gesamtwirkung ist entscheidend.

11.4.2 Raumflächen

In Anlehnung an FRIELING (1990) spielt die Boden-, Wand- und Deckenfläche bei der Raumbildung eine wichtige Rolle. Der *Boden* ist die Basis des Raumes und sollte Sicherheit und Halt vermitteln. Seine Form, Farbe, stoffliche Beschaffenheit und Musterung beeinflussen, wie er empfunden wird. Textur und Härte bestimmen das Gehgefühl und ob der Fuß hart, weich usw. tritt. Eine bestimmte Musterung kann zum Beispiel die Richtung des Laufens veranlassen. Soll ein Gleiten betont werden, ist es sinnvoll, helle, an Eis erinnernde Farben, mit einer glatten Oberflächenart des Bodens zu kombinieren.   *Boden*

Die *Wände* eines Innenraumes werden als begrenzende Flächen empfunden. Sie können geschlossen oder offen wirken, einengen oder weiten. Die Qualität eines Raumes wird bestimmt durch Form, optische Eigenschaften wie Farbe, Textur oder Material, Größe, Beziehungen und Öffnungen der Wände. Bei der Farbgebung der Türen als Wandelemente darf ein Gefühl des Hinaus- und Hineingehens nicht verloren gehen. Stellen Wände Gestaltungselemente dar, sollte darauf geachtet werden, dass Muster wandähnlich sind und Spielraum für Phantasie lassen.   *Wände*

Die *Decke* ist der Abschluss des Raumes nach oben. Wichtig ist hier wiederum der Zusammenhang zwischen Wand- und Deckenfarben. Eine Decke kann im Vergleich zur Wand nur weiterführend, leicht und hell wirken, wenn ein fließender Übergang von einer Wandfarbe zu einem leichteren Pol des Farbenkreises an der Decke verwirklicht wird (Abb. 7b). Außerdem spielt auch die Deckenform eine Rolle für die Gesamtzusammenfassung des Raumes hinsichtlich Sinn und Stimmung.   *Decke*

11.4.3 Farbwirkungen im Raum

Farbe	Boden (von unten)	Wand (von der Seite)	Decke (von oben)
gelb	beunruhigend-hochhebend, berührungsfremd, flüchtig	anregend, erregend bis irritierend	anregend, blickführend, leuchtend, leicht (zitron)
orange	motorisch, erregend	warm, leuchtend, kommunikativ	anregend bis aufregend, deckend, leuchtend
rot	repräsentativ, mächtig, brennend, bewusst machend	aggressiv, nahe, laut	schwer, beunruhigend, eingreifend
violett	störend, zögern-machend, ungewisser Aufforderungscharakter, etwas Besonderes	herabstimmend, magisch	bedrückend, verunsichernd
hellblau	führend, enthebend, glatt, verfremdend	kalt, fern, ermutigend, vertiefend	geistig, hegend, traumbildend, himmelartig, erhöhend, wenig greifbar
blau	raumvertiefend	beruhigend	schwer, drückend
grün	sanft haltend, weich, tragend, erholsam	umfriedend, umhegend, beruhigend	begrenzend, deckend, hegend
weiß	berührungsfremd, neutral	leer, sinnlich-emotional neutral, avital	leer, offen
schwarz	vertiefend, befremdend, abstrakt	vertiefend, verlieshaft	lastend, drückend, lochartig

Tab. 3: Farbwirkungen im Raum (nach FRIELING, 1979; FRIELING, 1990; RODECK u.a., 1998)

Aber welche Farbwahl ist nun die beste? Nach Delacroix sollte man wissen, dass „... gelb, orange und rot Ideen der Freude und des Reichtums einflößen und darstellen." (HELLER, 2002, S.262) Rot braucht allerdings viel Platz und hohe Wände, um edel zu wirken. Und gelb bzw. gold gilt eigentlich nur in Palästen als Raumfarbe. Dafür scheint orange tatsächlich ein angenehmes Raumklima verschaffen zu können. Orange stellt eine Kombination aus Licht und Wärme dar, wobei es nicht so grell wie gelb und nicht so schwül-warm wie rot wirkt. Nicht ganz unbeeinflusst bleibt die Farbwahl des Weiteren von Zeiteinflüssen, Trends und Kunstrichtungen. Im Jugendstil zum Beispiel galt violett als das Nonplusultra der Ästhetik. Blau als Raumfarbe scheint

11. RAUM UND FARBE

Goethe nicht geeignet zu sein. „Zimmer, die rein blau austapeziert sind, erscheinen gewissermaßen weit, aber eigentlich leer und kalt." (HELLER, 2002, S. 27) Dagegen favorisiert sie die Farbe grün: „Man will nicht weiter und man kann nicht weiter. Deswegen für Zimmer in denen man sich immer befindet, die grüne Farbe zur Tapete gewählt wird." (HELLER, 2002, S.81)

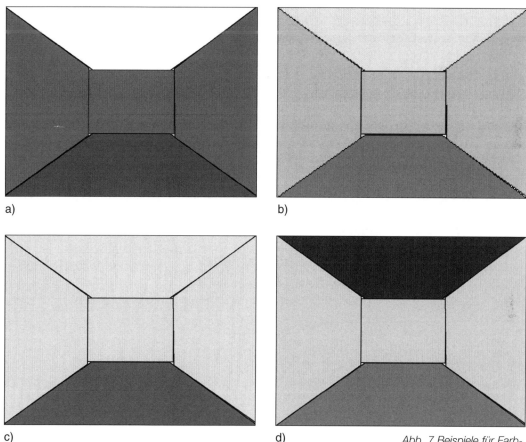

Abb. 7 Beispiele für Farbwirkungen im Raum a) brennend, wegziehend, leer, b) Behagen, wärmend, leicht, c) hoch, d) niedrig

Die Farbgebung der Natur kann auch Hinweise geben. So ist der Himmel niemals weiß, warum sollte man also die Decke unbedingt weiß streichen. Eine weiße Decke muss auch nicht, wie so oft angenommen, zwingend Licht in den Raum bringen. Stattdessen trägt sie graue Schatten. Letztendlich ist es wichtig, sich in einem Raum wohl zu fühlen und dafür sollten vor allem Raumgröße, Möbel und Farbgebung harmonisch übereinstimmen.

Für Interessierte und zum genaueren Nachlesen eignen sich zum Beispiel BAUMGART (1996), FRIELING (1979 und 1990) sowie RODECK (1998). Am Ende dieses Kapitels wird genauer auf die farbgestalterische Umsetzung eines Büroraumes in Anlehnung an VENN (o.J.) eingegangen.

EXKURS: Feng-Shui: Farbe und Raumgestaltung

Farbe gilt im Feng-Shui, der chinesischen Lehre der Raumgestaltung, als eines der Grundheilmittel, um sowohl im seelischen Bereich als auch in der Umwelt Harmonie und Gleichgewicht herzustellen.

Farbe beeinflusst unser Leben von morgens, wenn wir in unserem Bett die Augen öffnen und die Farbe der Schlafzimmerdecke wahrnehmen, über den Tag hinweg bei all unseren Tätigkeiten und Verhaltensweisen, bis abends. Feng-Shui bietet Hilfsverfahren für die Auswahl und das richtige Einsetzen von Farben, um ihre positive Wirkung zu erzielen.

Richtig eingesetzt, das heißt auch am richtigen Ort, können Farben entspannen oder stimulieren und zur Erzeugung bestimmter Reaktionen eingesetzt werden. Jeder Raum wird als Teil eines Ganzen, also einer Wohnung, angesehen, hat aber dennoch eigenständige Funktionen. Die Gesamtqualität ergibt sich erst aus dem Zusammenspiel von Licht, Temperatur, Umfeld, Farbe und Funktion.

Es werden allgemeine Hinweise gegeben, welche Farben für eine charakteristische Ausgestaltung einzelner Räume am besten geeignet sind, um eine angenehme Atmosphäre zu schaffen und die Funktionalität zu unterstreichen. Zum Beispiel werden für das Schlafzimmer, in dem Ruhe und Entspannung vermittelt werden sollen, bläuliche und grüne Farbtöne empfohlen. Blau, grün, rosa und weiß sind für den einladenden Eingangsbereich im Gegensatz zu braun oder schwarz zu empfehlen. Genauso wie für den Wohnbereich empfiehlt die Lehre des Feng-Shui bestimmte Farben für jede Art von Büro- und Geschäftsräumen. Auch hier sind das persönliche ästhetische Empfinden und die ganz persönliche Lieblingsfarbe mit einzubeziehen.

(nachzulesen in ROSSBACH & YUN, 2000)

11.4.4 Funktionen von Farben im Raum

Neben der Tatsache, dass Farben das atmosphärische Gesamtklima begünstigen, sich auf Wohlbefinden sowie Motivation oder Leistung des Menschen auswirken, ist es vorteilhaft, sie in ihrer Beziehung zum Verhalten genauer zu betrachten. Eine Farbe kann durch eine Raumgliederung in verschiedene funktionsbezogene Farbbereiche eine Orientierungshilfe darstellen. Zu den Signal- und Aufforderungsfarben gehören gelb als Warnfarbe, rot als Alarmfarbe, ein Verbot signalisierend, blau als Ordnungs- bzw. Gebotsfarbe und grün als hinweisgebende Sicherheitsfarbe. Feuerschutzgeräte werden zum Beispiel vorschriftsmäßig mit der Farbe rot versehen, gelb-schwarz bedeutet Vorsicht und Gefahr. Um bestimmte Verhaltensweisen des Gehens, Stehens, usw. zu veranlassen, ist eine Abstimmung der Farbe mit der Bodenart notwendig. Stehen und Verharren wird beispielsweise durch weiche Grüntöne angenehm gemacht. Abhängig von der Raumart unterstreichen Farben weiterhin bestimmte Funktionen. Eine Klinik kann durch die richtige Farbwahl schon ein Therapieraum an sich sein, Konzentration in einem Besprechungszimmer oder geistige Fähigkeiten im Arbeitsbüro können durch Farben gefördert werden.

11.5 Praxis der Farbgestaltung – Beispiel Büro

Anwendungsbeispiele bezogen auf den Innenraum sind in der Literatur im Bereich des Wohnens, für Krankenhäuser, Altenheime, therapeutische Einrichtungen, Schulen, Kindergärten, Restaurants und einiges mehr, zu finden. Im Folgenden soll die Farbgestaltung im Büro mit Hilfe des farbergonomischen Konzeptes nach VENN (o.J.) eingegangen werden.

Selbstverständlich ist die Farbgestaltung im Büro nur eine Facette des komplexen Problemfeldes, welches mit einer ganzheitlichen Strategie bearbeitet werden muss (SPATH & KERN, 2003; SELLING, 2005; RIEF, 2007). Das umfasst die Optimierung von Beleuchtung und Klima ebenso wie die Vermeidung von Lärm. Von Bedeutung sind auch die Gestaltung der Tätigkeit sowie der Arbeitsplätze und Arbeitsmittel. Da es bislang kaum exakte Untersuchungen gibt, ist der Stellenwert von Farbe in diesem Bereich schwer abzuschätzen. Wenn man die Erkenntnisse von RICHTER & OBENAUS (2002) verallgemeinern kann, dann wäre auch hier mit einer Modulation des Erlebens durch die Farbgestaltung in 85% aller Fälle zu rechnen.

11.5.1 Büroarbeitsplätze

Arbeitsräume sollten sowohl ein positives Raumerlebnis als auch eine gewisse Zweckdienlichkeit vermitteln. Um unterstützend durch Farbe Erfordernisse der Ruhe, Konzentration, Fantasieanregung und Belastungsminderung herbeizuführen, muss man wissen, was überhaupt unter einem Büro als Dienstleistungsort zu verstehen ist. Man unterscheidet die Bürolandschaft/das Großraumbüro von Einzel- und Kombibüros mit jeweils unterschiedlichen Ansprüchen an die Gestaltung. Im *Großraumbüro* sind die Probleme einer mangelnden Privatsphäre,

Großraum- und Kleinbüros

eng verbunden mit Konzentrationsproblemen und Ablenkung durch Hintergrundgeräusche sowie der Mangel an Selbstbestimmung und Handlungsfreiheit bezüglich der Arbeitstätigkeit zu beheben bzw. zu kompensieren. Individuelle Bedürfnisse können in *Einzelbüros* besser berücksichtigt werden.

Die Farbgestaltung findet ihre Anwendung hauptsächlich an Raumflächen und Büromöbeln. Sie leistet vor allem in Ruhezonen und bei akustischen Belastungen mit der Gegenmaßnahme grün einen Beitrag zu einem positiven Gesamtklima. Akzente, zum Beispiel Pflanzen, Sitzgruppen oder Farbwechsel einhergehend mit Blickrichtungswechsel, können gesetzt werden, um Monotonie und Reizarmut zu verringern. Für sonnige Büros sind kühle Farben wie blau geeignet. Außerdem können durch Farbe eine Betriebsidentifikation und ein Sicherheitsgefühl durch Gliederung und Orientierungshilfen verstärkt werden. Insgesamt sollte das Augenmerk auf die allgemeine Arbeitszufriedenheit in einer angenehmen Arbeitswelt gerichtet werden. Die wesentlichen *Anforderungen an die Farbgestaltung* stellen Lichtverhältnisse, Temperaturempfinden, Empfindungen bezüglich der einzelnen Raumflächen, Arbeitsflächen und Möbel.

Anforderungen an die Farbgestaltung

11.5.2 Umsetzung der Farbgestaltung

Eine raumbezogene Farbgebung spricht die Sinne an und verschiedene, hier beispielhaft aufgeführte Umgebungsfarben können Belastungen ausgleichen, wenn notwendig auch verstärken (Tab. 4).

Belastung	Kompensation	Konsonanz
Hitze	blau, blaugrün	orange, rot
Kälte	orangerot, braun	grünblau-weiß
schrille Geräusche	oliv	gelb
moderiger Geruch	hellblau	grünlich braun
Monotonie	farbig, lebhaft	grau
Feuchtigkeit	sandgelb	grünlich blau

Tab. 4: Kompensation und Konsonanz (nach RODECK, 1998, S. 98)

> **Gestalterische Umsetzung: optimale Humanfunktionen**
>
> (1) Interdependenz Farbe und Licht – Mensch
> (2) Interdependenz Farbe – formale Gestaltung – Funktion
> (3) Farbe zur Orientierung, Identifikation
> (4) Farbniveau innovativ, ästhetisch, harmonisch
> (5) Grund- und Farbmaterial ökologisch einwandfrei
> (6) Kollektive und individuelle Farbharmonien
>
> (nach VENN, o. J., S. 48)

Allgemein gelten für das Büro folgende Empfehlungen:
- helle Decke, Wände dunkler als Decke, Boden noch dunkler als Wände
- Möbel als mittlerer Kontrast zwischen Boden und Wänden
- Farberlebniszonen im unmittelbaren Nahbereich
- flexible und farbige Kombination der Stellwände in Großraumbüros
- farbige Akzente, zum Beispiel die Tür, auch in Kleinraumbüros

Für *Bildschirmarbeitsplätze* gilt zudem der Hinweis, dass die räumliche Umgebungsfarbigkeit auf die Bildschirmfarben sorgfältig abzustimmen ist und weiß weitestgehend vermieden werden sollte.

Bildschirmarbeitsplätze

11.5.3 Farbergonomie

In vielen Untersuchungen kann belegt werden, dass Menschen höchst unterschiedliche Farbvorlieben haben. So haben RICHTER & OBENAUS (2002) gezeigt, dass die Vorliebe für bestimmte Wand- und Deckenfarben signifikant altersabhängig ist. Jüngere Frauen bevorzugen gegenüber älteren stärker gesättigte Farbtöne. HÄBERLE (1999) weist auf interkulturelle Unterschiede hin.

Würde man die Farbgestaltung im Büro nur auf die Präferenzen der Beschäftigten stützen, könnte es – wie mittlerweile nachgewiesen – zu Leistungseinbußen kommen. Beispielsweise führen schwarze Schreibtischflächen aufgrund der ungünstigen extremen Kontrastverhältnisse zu Leistungsminderungen bei Büroarbeit von bis zu 15%. Dennoch wurden schwarze Flächen von allen Teilnehmern einer Untersuchung gegenüber grauen günstiger bewertet (vgl. LORENZ, 2004). Deshalb ist es notwendig, dass ergonomische Erkenntnisse auch bei der Farbgestaltung im Büro Berücksichtigung finden.

Unter Ergonomie versteht man die Wissenschaft von der wechselseitigen Anpassung zwischen dem Menschen und seinen Arbeitsbedingungen. VENN entwickelte ein *farbergonomisches Modell* (Abb. 8), das versucht, neben den ergonomischen Funktionen für den Körper auch die emotionale Ebene mit einzubeziehen. Seine technisch-wissenschaftlichen Grundlagen wurden in diesem Kapitel bereits ausführlich erläutert. Zu den individuell-ästhetischen Grundlagen gehört neben der Akzeptanz auch die Farbkonzeption, die dazu verhelfen kann, sich mit der Unternehmensphilosophie zu identifizieren. Die Farbkomposition sollte harmonisch bezüglich Helligkeit, Reinheit, Qualität, Quantität und Dynamik der Farben sein. Weiterhin spielen zeit- und ortsbezogene Grundlagen eine Rolle.

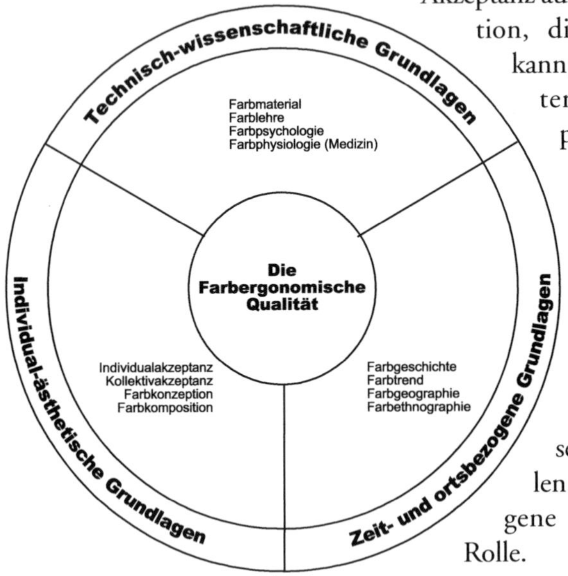

Farbergonomisches Modell

Abb. 8: Farbergonomisches Modell (nach VENN, O. J., S. 42)

Auf das Modell aufbauend bezieht der *ergonomische Farbenkreis* (Abb. 9) Akzenttöne, ergonomische Töne und Begleittöne mit ein. Akzenttöne sollen nur kleinflächig verwendet werden, sich abheben, Impulse setzen und die Aufmerksamkeit erregen. Beispielsweise könnten Accessoires solche Farben tragen. Ergono-

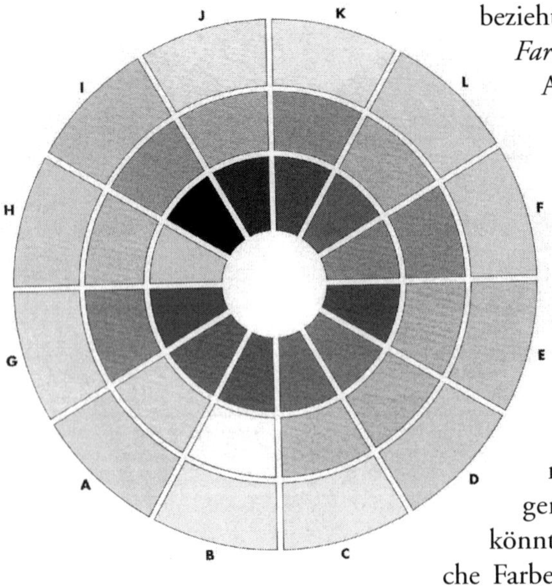

Abb. 9: Ergonomischer Farbenkreis. Innerer Ring: Akzenttöne; mittlerer Ring: Ergonomische Töne; äußerer Ring: Begleittöne. Die Ringe lassen sich drehen, wodurch zahlreiche Kombinationen entstehen (nach VENN, O. J., S. 43; leicht farbverfälscht)

mische Farben dagegen sind für Arbeitsflächen oder großflächige Fronten geeignet. Die hellen und harmonisch zugeordneten Begleittöne können an Wänden oder am Boden für die räumliche Grundstimmung sorgen.

Die wesentlichen Ziele des Einsatzes von Farbergonomie sind Mensch, Raum und Arbeitsplatz aufeinander abzustimmen und so verbesserte Arbeitsbedingungen, Raumqualitäten und visuelle Eindrücke zu schaffen, Monotonie und Reizarmut zu überwinden sowie Gesundheit, Kreativität, Motivation, Identifikation und Kommunikation zu fördern. Anzumerken ist aber, dass der individuelle Gestaltungsspielraum dennoch erhalten bleiben sollte. Dies wird durch die unterschiedlichen Farbzusammenstellungen mittels des Farbenkreises ermöglicht (Abb. 10 und 11).

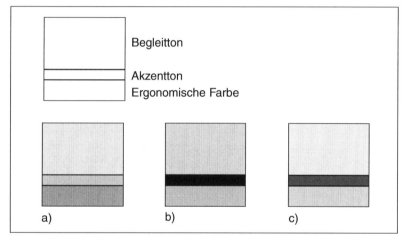

Abb. 10: Farbkombinationen. Mit Hilfe des ergonomischen Farbenkreises können sanfte und belebte Kombinationen für Büros mit ihrer Einrichtung umgesetzt werden.
a) sanfte Kombination in Anlehnung an Komplementärkontraste
b) belebte Kombination in Anlehnung an Komplementärkontraste
c) belebte Kombination in Anlehnung an Ton-zu-Ton-Harmonie
(nach VENN, o. J., S. 50/51; leicht farbverfälscht)

Abb. 11: Büroraum. Belebte Farbkombination in Anlehnung an Komplementärkontraste (vgl. Abb. 10b), platingraue Arbeitsfläche mit den Akzenttönen schwarz und grau-magenta
(VENN, o. J., S. 52; leicht farbverfälscht)

11.6 Zusammenfassung

Neben der architektonischen Gestaltung von Räumen entscheidet vor allem die Farbauswahl darüber, ob wir uns rundum wohl fühlen. „Die Farbe ist immer stärker als der Stil..." (BIE, zit. nach ESCHMANN, 1989, S. 54) und bestimmt Anmutungsqualität, Atmosphäre und somit die Gesamtwirkung eines Raumes auf den Menschen. Auch wenn verschiedene Gestaltungsbereiche unterschiedliche Anforderungen an die Farbkonzeption stellen, soll hier noch einmal zusammenfassend versucht werden, die wesentlichen Aspekte der innenarchitektonischen Farbgestaltung zusammenzutragen.

Um für den Menschen mit Hilfe von Farbe optimale und harmonische Bedingungen zu schaffen, bedarf es erstens Kenntnisse über die Physiologie des Sehens. Um Auge und Organismus zu schonen, müssen gute Licht- und Beleuchtungsverhältnisse hergestellt werden. Farbwiedergabeeigenschaften beeinflussen das Farbenerleben. Zweitens sind psychologische Anforderungen zu beachten. Die Bedeutung von Farben wird bestimmt durch Symbolik, Assoziationen, Anmutungen und wirkt auf das atmosphärische Gesamtklima. Farbwirkungen sind zu beachten, um Farbe im Sinne von Wohlbefinden einsetzen zu können. Farbbeurteilungen und -empfindungen sowie das Raumerleben hängen weiterhin ab von Buntheit und Farbkontrasten, die von den Merkmalen Farbton, Sättigung und Helligkeit erzeugt werden. Einzelne Farbwirkungen sind von der Lage der Farbflächen im Raum, nämlich dem Boden, der Wände und der Decke, abhängig und beeinflussen die Raumproportionen. Ein Helligkeitsgefälle sollte immer einer natürlichen Empfindung entsprechen. Des Weiteren ist für den Zusammenhang zwischen Farbe und Raum zu beachten, dass die Farben vermittelnd und anregend wirken und Raumfunktionen ausdrücken. Verschiedene Elemente mit jeweils verschiedenen Funktionen können verschiedenfarbig gestaltet werden. In diesem Sinne werden Farben zur Orientierung und Ordnung eingesetzt. Orientierung kann weiterhin durch ein farbliches Orientierungssystem sowie differenzierte Gestaltung verschiedener Bereiche verstärkt werden. Nicht zu vergessen ist letztlich der Einsatz umwelt- und gesundheitsverträglicher Materialen und Farben sowie die Beachtung einer ganzheitlichen ästhetischen Qualität. Das farbergonomische Modell sei als Beispiel für eine entsprechende farbgestalterische Umsetzung genannt. Mit diesem Modell ergibt sich ein konkreter Bezug zu partizipativen Ansätzen bei der Gestaltung von (Innen-) Architektur *(vgl. Kapitel Nutzerorientierte Planung und Gestaltung gebauter Umwelten).*

11.7 Wissens- und Verständnisfragen

1. Was versteht man unter additiver und subtraktiver Farbmischung?

2. Farbwahrnehmung ist mehr als nur ein bloßes Sehen. Wie der Mensch die Farbe erlebt, hängt von einigen in der Farberlebnispyramide (RODECK u. a.) zusammengestellten Aspekten ab. Welche sind das und wie könnte man sie genauer erläutern?

3. Gibt es eine kulturübergreifende Symbolik der Farben? Nennen und erläutern Sie einige Farben mit ihren symbolischen Bedeutungen! Vergleichen Sie farbsymbolische Bedeutungen unserer Zeit mit denen anderer Kulturen vergangener Jahre (z.B. altes Ägypten, frühes Judentum)!

4. Farben werden auch Planeten, christlichen Symbolen und Tierkreiszeichen zugeordnet. Wie könnte eine solche Zuordnung aussehen?

5. Farben kann man sehen, schmecken und fühlen! Nehmen Sie Stellung zu dieser Aussage!

6. Welche Arten von Farbkontrasten gibt es? Erläutern Sie drei, die Ihnen bekannt sind.

7. Wie kann räumliche Wirkung mit Hilfe von Farben hergestellt werden?

8. Für den gestalterischen Umgang mit Farbe sollte man einige Grundkenntnisse besitzen. Welche sind das und warum sollte man über sie Bescheid wissen?

9. Warum wirkt orange am Boden erregend, an der Wand kommunikativ und warm und an der Decke leuchtend?

10. Entwerfen Sie in Anlehnung an Abb. 7 Räume, die
    - nah und fern,
    - eng und weit,
    - nach Ihrem Empfinden angenehm wirken, und begründen Sie Ihre Farbauswahl!

11. Welche Anforderungen stellen Büroarbeitsplätze an die Farbgestaltung?

12. Können Belastungen durch Farben ausgeglichen werden, wenn ja, wie?

11.8 Literatur

Baumgart, G., Müller, A. & Zeugner, G. (1996). Farbgestaltung (1. Auflage). Berlin: Cornelsen Verlag.

Bendin, E. (Hrsg.) (1994). Interdisziplinäre Farbentage 1992 der Technischen Universität Dresden. Dresdner Farbenforum. Fachkolloquium zum Thema „Farbdimensionen und Farbenlehre". Vorträge Band 1. Dresden.

Bendin, E. (Hrsg.) (1996). 2. Interdisziplinäre Farbentage der Technischen Universität Dresden 1994. 2. Dresdner Farbenforum. Fachkolloquium zum Thema Farbe und Gestalt. Vorträge Band 2. Dresden.

Bendin, E. (Hrsg.) (1999). Interdisziplinäre Farbentage der Technischen Universität Dresden 1998. 4. Dresdner Farbenforum. Fachkolloquium zum Thema Interaktion und Imagination. Vorträge Band 4. Dresden.

Bendin, E. (2005). Die Prägnanzdimension der Farbe und ihr Bezug zur Prägnanzhöhe von Gestalten. In: Weber, R. & Amann, A. A. (Eds.), Aesthetics and Architectural Composition. Proceedings of the Dresden International Symposium of Architecture 2004. Mammendorf: pro Literatur Verlag.

Büther, A. (2005). Bruno Tant – Interaktion von Farbe und Form. In: Weber, R. & Amann, A. A. (Eds.), Aesthetics and Architectural Composition. Proceedings of the Dresden International Symposium of Architecture. Mammendorf: pro Literatur Verlag.

Darmstadt, Ch. (1995). Fassaden gestalten mit Farbe – Grundlagen und Hinweise für die Praxis. Bochum: Kleffmann.

Eschmann, K. (1989). Farbe als Gestaltungselement. Göttingen, Zürich: Muster-Schmidt Verlag.

Frieling, H. (1979). Farbe im Raum (2. bearbeitete Neuauflage). München: Verlag Georg D. W. Callwey.

Frieling, H. (1990). Gesetz der Farbe (3. überarbeitete und erweiterte Auflage). Göttingen, Zürich: Muster-Schmidt Verlag.

Häberle, C. J. (1999). Farben in Europa – Zur Entwicklung individueller und kollektiver Farbpräferenzen. Dissertation. Bergische Universität Gesamthochschule Wuppertal.

Häcker, H. & Stapf, K. H. (1998). Dorsch Psychologisches Wörterbuch (13. überarbeitete und erweiterte Auflage). Bern: Verlag Hans Huber.

Heller, E. (2002). Wie Farben wirken (Sonderausgabe). Reinbek bei Hamburg: Rowohlt Taschenbuch Verlag GmbH.

Itten, J. (1987). Kunst der Farbe (Gekürzte Studienauflage). Appl, Wemding: Ravensburger Buchverlag Otto Maier GmbH.

Krüger, M. (2003). Temperaturwirkung von Farben: Exemplarisch dargestellt am Warm-Kalt-Kontrast und dessen Einsatz in der bildenden Kunst. Dissertation. TU Dresden, Philosophische Fakultät.

Küppers, H. (1987). Farbe (4. vollständig überarbeitete und neuverfasste Auflage). München: Verlag Georg D. W. Callwey.

Liedl, R. (1994). Die Pracht der Farben: Eine Harmonielehre. Mannheim, Leipzig, Wien, Zürich: BI-Wiss.-Verlag.

Lorenz, D. (2004). Living at Work. Büro Spezial, 5, 6.

Lupfer, G. (2000). Licht und Farbe im Neuen Bauen. Wissenschaftliche Zeitschrift der Technischen Universität Dresden, 49. Heft 4/5, 104-108. Dresden: Selbstverlag der Technischen Universität Dresden.

Richter, P.G. & Obenaus, M. (2002). Raum und Farbe: In welchem Ausmaß beeinflusst die Farbgestaltung die Bewertung von Patientenzimmern? Wissenschaftliche Zeitung der Technischen Universität Dresden, 50. Heft 4/5, S. 113-118.

Rief, S. (2007). Office 21® – Mehr Produktivität für Wissensarbeiter. Das Büro, 1, 8-9.

Rodeck, B., Meerwein, G. & Mahnke, F. H. (1998). Mensch – Farbe – Raum. Leinfelden Echterdingen: Verlagsanstalt Alexander Koch GmbH.

Rossbach, S. & Yun, L. (2000). Feng Shui: Farbe und Raumgestaltung. München: Droemersche Verlagsanstalt Th. Knaur Nachf.

Selling, R. (2005). Umdenken im Office. Büro Spezial, 4, 26-27.

Spath, D. & Kern, P. (Hrsg.) (2003). Zukunftsoffensive Office 21® – Mehr Leistung in innovativen Arbeitswelten. Köln, Stuttgart: Egmont vgs verlagsgesellschaft.

Venn, A. (o. J.). Farbergonomie. Das Konzept für Mensch und Büro. Köln: Weko Büromöbelfabrik Wessel GmbH.

Walter, B. (1995). Farbtherapie Decoder. Freiburg: VAK Verlag für angewandte Kinesiologie GmbH.

Zimbardo, P. G. & Gerring, R. J. (1999). Psychologie (7. neu übers. und bearb. Auflage). Berlin: Springer-Verlag.

www.farben-welten.de
www.seilnacht.tuttlingen.com
www.google.de, www.metacolor.de

Teil III

HANDELN UND VERHALTEN IN GEBAUTEN UMWELTEN

12. Territorialität und Privatheit

Peter G. Richter & Bettina Christl

12.1 Einleitung

Territorialität und Privatheit sind zwei Konzepte, die für das räumliche Verhalten des Menschen eine wichtige Rolle spielen. Sie bezeichnen uns umgebende Räume, die uns Schutz bieten und deren Aufrechterhaltung das eigene Wohlbefinden maßgeblich beeinflusst. Bevor die einzelnen theoretischen Ansätze und Definitionen dieser und anderer verwandter Konstrukte näher betrachtet werden, soll ein kleines Beispiel das Problemfeld veranschaulichen.

Stellen wir uns eine typische Reihenhauszeile vor. Trotz der sehr homogenen Bauweise zeigen sich Unterschiede z.B. in der Gestaltung der Eingänge, der Vorgärten, der Art der Umzäunung und Abgrenzung zum Nachbarn (Abb. 1). Es gibt Warnschilder vor bissigen Hunden und vergitterte Fenster.

An dem Beispiel zeigt sich, dass wir Menschen offensichtlich ein Bedürfnis haben, unseren Bereich, unser Territorium klar zu markieren und abzugrenzen und darüber hinaus es zu verteidigen. „My home is my castle.", wie die Engländer dies treffend bezeichnen. In meinem Heim kann ich ungestört walten, es gewährt mir Schutz und Intimität, aber es ist auch ein Stück meiner Identität, die sich dann wiederum in der Gestaltung des Innen und Außen zeigt.

Abb.1: Umzäunte Vorgärten vor Reihenhäusern

Probleme treten vor allem dann auf, wenn Territorien verletzt, Privatheit von anderen nicht beachtet wird. PASCHEN & DISHMEIER (2004) vertreten die Meinung, dass diese Missachtung letztendlich die Ursache aller zwischenmenschlichen Auseinandersetzungen sei. „Die Ursache aller Konflikte lautet: *Du hast meinen Hof betreten.*" (PASCHEN & DISHMEIER, 2004, S. 45)

Das gilt – nach Auffassung dieser Autoren – natürlich nicht (nur) im wörtlichen Sinn. Konflikte können beim Menschen auch im ideellen entstehen, beispielsweise bei der Abgrenzung von Zuständigkeits- und Kompetenzbereichen. Konfliktpotential liegt dabei häufig schon in der mangelnden Erkennbarkeit dieser Grenzen *(s.u.)*.

12.2 Territorialität – Instinkt oder kulturelles Erbe

Der Begriff der Territorialität stammt ursprünglich aus der Verhaltensforschung und bezeichnet das Bedürfnis, über ein Territorium verfügen und Distanz gegenüber anderen aufrechterhalten zu können. Während das territoriale Verhalten von Tieren sehr gut erforscht ist, liegen über die menschliche Territorialität nur wenige Erkenntnisse vor. Inwieweit es Analogien gibt, beziehungsweise diese zulässig sind, wird im Folgenden erörtert.

Funktion des Territorialverhaltens beim Tier

Tiere haben ein angeborenes Territorialverhalten, es handelt sich bei ihnen um einen Instinkt. Für das Tier erfüllt ein Territorium drei wichtige Funktionen; es bietet ausreichend *Nahrung (Überlebensfunktion)*, es gewährt ihm *Schutz vor Angreifern (Verteidigungsfunktion)* und ermöglicht ihm eine genaue Kenntnis und *Vertrautheit mit seiner Umwelt (Erkenntnisfunktion)*. Studien über Rattenpopulationen (CALHOUN, 1962) zeigen, dass bei Verengung des Raumes Tiere die Orientierung verlieren, die Nahrungsaufnahme verweigern, ebenso die Fortpflanzung einschränken und schließlich sogar sterben können *(vgl. Kap. Dichte und Enge)*.

Ethologische Ansätze: Territorialität als Instinkt

Die Vertreter der sogenannten *ethologischen Ansätze* sehen zwischen Territorialität von Tieren und Menschen große Ähnlichkeiten. ARDREY postulierte 1966 den sogenannten „Territorial Imperativ", in dem er das territoriale Verhalten des Menschen als angeboren und instinkthaft bezeichnet, das vor allem vom Limbischen System, dem ältesten und bei allen Tieren ausgebildeten Teil des Gehirns, gesteuert wird. Er schließt allerdings die Möglichkeit der Modifikation durch Lernen nicht aus, es handelt sich also um einen sogenannten *offenen Instinkt*. Dieser Instinkt kann durch drei motivationale Faktoren ausgelöst werden, nämlich das Bedürfnis nach Schutz, nach Erregung (durch Verteidigung der Grenzen) oder nach Identität. Die Befriedigung dieser Bedürfnisse erfolgt nach dem „Dampfkesselprinzip". Dieses Konzept

12. TERRITORIALITÄT UND PRIVATHEIT

ist aus der Aggressionstheorie von LORENZ bekannt und diese ist auch im Zusammenhang mit Territorialverhalten zu nennen. LORENZ (1963) sieht eine direkte Verbindung zwischen Aggressivität und Territorialität. So sichert ein Territorium das psychische Gleichgewicht des Menschen, das aus der Balance gerät.

> **Exkurs: Das Hydraulische Modell der Aggression**
>
> Aggression ist nach Vertretern aus Ethologie und Psychoanalyse ein fester Bestandteil der menschlichen Natur. Bei längerer Nichtbefriedigung dieses Triebes kommt es zu einem Aggressionsstau, der durch Aggressionsabfuhr abgebaut werden kann. Es wird „Dampf abgelassen".
>
> Die evolutionäre Bedeutung des Aggressionstriebes liegt darin, dass bei Überpopulation eines Gebietes Artgenossen durch aggressives Verhalten vertrieben werden. Somit wird vor allem Nahrungsmangel vorgebeugt.
>
> Wir wissen aus ethnografischen Forschungen, dass die etwa zwölf bis fünfzehn Individuen umfassenden Sippen des Australopithecus africanus – einem Vorfahren des Menschen – vor 2,5 Millionen Jahren im Bereich des heutigen Äthiopien Territorien von etwa 20 Quadratkilometern besetzten. Diese Territorien waren durch Bergrücken, Flussläufe, Wälder, o. Ä. begrenzt.

Exkurs: Das Hydraulische Modell der Aggression

Entgegen dieser ethologischen Perspektive vertritt ALTMAN (1970) einen Ansatz, der das Territorialverhalten des Menschen als kulturell erworben und überformt ansieht. Er versteht unter Territorialität die Aneignung des Raumes zum Zwecke der *Zugangskontrolle* gegenüber Außenstehenden und der *Verhaltenskontrolle* gegenüber Innenstehenden. Das heißt, der Besitzer des Territoriums bestimmt darüber, welche Personen es betreten und welche Verhaltensweisen sie dort zeigen dürfen. Diese Kontrolle wird im Weiteren als Verfügungsgewalt bezeichnet.

Funktionen menschlicher Territorialität

ALTMAN differenziert drei Typen menschlicher Territorien: *Primäre Territorien* befinden sich im ständigen Besitz einer Person, z.B. das eigene Zimmer oder die eigene Wohnung, und bieten ein hohes Maß an Intimität. Der Besitzer hat die alleinige Verfügungsgewalt und absolute Zugangskontrolle. *Sekundäre Territorien* dagegen werden von einer Personengruppe genutzt. Bei ihr liegt auch die Verfügungsgewalt; die Kontrolle ist aber insgesamt geringer als in primären Territorien. *Öffentliche Territorien* schließlich sind kurzzeitig nutzbare Räume wie z. B. Parkbänke oder Grünflächen. Die Verfügungsgewalt ist nur von kurzer Dauer und liegt immer beim aktuellen „Besetzer". Es gibt so gut wie keine Zugangskontrolle, die Verhaltenskontrolle ist oft nur sehr eingeschränkt möglich.

Klassifikation von Territorien des Menschen

Im Folgenden sollen die teilweise sehr subtilen Wirkungen von Territorialität und die dahinter stehenden Mechanismen anhand einiger Beispiele illustriert werden.

BROWN (1979, zit. n. BELL et. al.) wertete amerikanische Kriminalstatistiken aus. Sie analysierte Merkmale von Grundstücken und Häusern, die häufiger Ziel von Einbrechern waren, oder nicht (Abbildung 2).

Offensichtlich verfügt das untere Haus über mehr Merkmale, die symbolische Barrieren darstellen und damit potentielle Einbrecher eher abschrecken *(vgl. Kap. Raumsymbolik)*. Solche Merkmale sind u. a. Markierungen der Grundstücksgrenzen (z. B. Bordsteine, flache Hecken, Zäune, etc., auch wenn sie leicht überwindbar sind!), Namensschilder am Eingang oder Hinweise auf die Nutzung (z. B. parkende Autos, Beregnungsanlagen im Betrieb, Beleuchtung in den Fenstern, etc.). Das ist ein Hinweis auf die subtile Beeinflussung von Zugangskontrolle primären Territorium.

Abb. 2: Prototypisches Einfamilienhaus, welches häufiger (oben) oder weniger häufig (unten) ausgeraubt wurde.
BROWN, 1979, zit. N. BELL et. al. 1996, S. 318

Effekte der Verhaltenskontrolle in primären Territorien sind im so genannten *Heimvorteil* zu sehen, der für verschiedenste Sportarten gut belegt ist. Beispielsweise analysierten SCHWARTZ & BARSKY (1977) unter anderem 1.880 Baseball-, 182 Fußball- und 542 Hockeyspiele.

Sportart	Baseball	Fußball	Hockey
Sieg der Heimmannschaft	53%	58%	64%

Der Heimvorteil bei verschiedenen Sportarten, nach SCHWARTZ & BARSKY, 1977

Vermutlich wird der Heimvorteil auch durch die Interaktion mit den Fans der eigenen Mannschaft gefördert, die im positiven Fall zu größerer *Selbstwirksamkeitserwartung („self efficacy")* führt (PLESSNER u. a. 2006). Man kann annehmen, dass dies wiederum durch die Stadionarchitektur unterstützt wird, beispielsweise die in Großbritannien üblichen Fußballstadien („Hexenkessel"), in denen die Interaktionsdistanzen zwischen Zuschauern und Spielern besonders gering sind. Welche anderen architektonischen Bedingungen darüber hinaus wirksam sein können, ist bis dato kaum untersucht. Beispielsweise kann man annehmen, dass die durch das Stadiondach modulierte Geräuschkulisse einen Einfluss hat. Dass derartige Details eine Auswirkung haben können, zeigte 2005 eine britische Studie, der zufolge die Trikotfarbe Siege bei bestimmten Sportarten befördern kann. Rot gekleidete Sportler siegten danach bei Kampfsportarten häufiger als blau gekleidete. Das kann man mit der symbolischen Wirkung von Farbtönen erklären *(vgl. die Kapitel Raumsymbolik sowie Raum und Farbe)*.

Selbstwirksamkeitserwartung „self efficacy"

Interessanterweise scheint der Heimvorteil auch bei geistiger Tätigkeit im Büro zu wirken, und zwar ebenfalls in sehr subtiler, psychologisch vermittelter Weise. Das hatte bereits GREENBERG (1988) in einem Feldexperiment gezeigt. Wurden Mitarbeitern für die Zeit einer Renovierung Büros zugewiesen, die statusniedrigeren Beschäftigten gehörten, so sank deren Leistung, bekamen sie Büros statushöherer Personen zugewiesen, so stieg die Leistung während der Arbeit in diesen Räumen. Eine neuere quasi experimentelle Untersuchung in Verhandlungssituationen belegte die positive Wirkung des eigenen Territoriums. GOERIG & KÜHNEN (2006) konnten bei einer Untersuchung von 48 männlichen Studierenden in einem Verhandlungsszenario zum Grundstückskauf nachweisen, dass nicht nur das fiktive Verkaufsergebnis zugunsten dessen ausging, in dessen Zimmer die Verhandlung stattfand. Zumindest für die Verkäufer war der Heimvorteil signifikant durch die im eigenen Raum erlebte Autonomie vermittelt. Das ist ein weiterer Hinweis darauf, dass das *Erleben von Kontrolle* und Macht innerhalb des eigenen Territoriums gestützt wird und damit leistungsförderlich sein kann.

Erleben von Kontrolle

ARCHITEKTURPSYCHOLOGIE

Die Verfügungsgewalt über das eigene Territorium scheint jedoch noch weitere Vorteile zu haben. Vermutlich ist das der Grund, warum viele Menschen das eigene Auto öffentlichen Verkehrsmitteln vorziehen. Größere Autonomie und Kontrolle sowie die besseren Möglichkeiten des Auslebens eigener Emotionen *(vgl. Punkt Privatheit)* in diesem primären Territorium der besonderen Art stellen einen dauerhaften Vorteil gegenüber sekundären und öffentlichen Territorien dar.

Bei halböffentlichen Territorien ist die Gefahr von Interaktionskonflikten gegeben. Das ist vor allem dann der Fall, wenn sie als solche nicht erkennbar sind. Wenn man annimmt, das eines der klassischen sekundären Territorien, der Stammtisch in der Gaststätte, nicht gekennzeichnet ist, wie in der Abbildung 3, kann man sich leicht vorstellen, dass man sich als Fremder an den falschen Tisch setzt.

Vielleicht ist es Ihnen in der Gaststätte oder in der Betriebskantine schon einmal so gegangen, dass Sie am falschen Tisch Platz genommen haben? Gerade in Organisationen findet man Stammtische, die nicht speziell gekennzeichnet sind.

Wirkungen von Markierungen

Interaktionskonflikte im öffentlichen Territorium können durch vorübergehende *Markierungen* (Platzhalter) vermieden werden. Im Zusammenhang mit diesen territorialen Markierungen führte SOMMER (1969) ein Experiment durch. Er untersuchte die Wirkung verschiede-

Abb. 3: Der Stammtisch als sekundäres Territorium befindet sich in Gaststätten häufig an Stellen, von wo aus man Blickkontrolle über den Eingangsbereich hat

ner Platzhalter, die in einem Hörsaal auf verschiedenen Stühlen abgelegt wurden. Es wurden dabei Platzhalter verwendet, die in ihrem Grad an Persönlichkeit variierten, also eine Zeitung, ein Buch, ein Heft mit Vorlesungsnotizen, ein Mantel. Es zeigte sich, dass nicht markierte Stühle nach Verlassen des Besitzers innerhalb von zwanzig Minuten wieder besetzt waren, während die persönlichen Platzhalter Sitzplatzsuchende wirklich abschreckten. Dabei wurden die Markierungen umso mehr respektiert, je persönlicher sie waren. Das Experiment verdeutlicht, wie wichtig Markierungen für die temporäre Zugangskontrolle im öffentlichen Territorium sind *(vgl. auch das Kapitel Aneignung von Raum)*.

Kulturelle Eigenheiten

Konflikte im öffentlichen Territorium entstehen aber auch im Kontext der oben genannten Verhaltenskontrolle. So ist es nach wie vor nicht opportun, in Kirchen zu lärmen oder nach Konzerten in diesen meist öffentlich zugänglichen Gotteshäusern zu klatschen. Ein anderes Beispiel ist die Verhaltenserwartung bei der Benutzung von Radwegen (Abb. 4).

Abb. 4: Bei der Benutzung von Radwegen als öffentlichem Territorium wird in der Regel erwartet, dass man in eine bestimmte Richtung fährt

Befindet sich ein Radweg beidseits einer Straße wird erwartet, dass sich der Radfahrer nur in eine Richtung bewegt (Verhaltenskontrolle). Tut er dies nicht, so trägt er nach einem Präzedenzurteil eines deutschen Gerichtes bei der Kollision mit einem PKW oder einem Fußgänger eine Mitschuld.

Man kann vermuten, dass sich derartige implizite Verhaltensregeln im Laufe der Zeit verändern. So ist es durchaus denkbar, dass künftig in modernen Kirchen nach einer mitreißenden Predigt Beifall gespendet werden darf. Die Frage ist, ob und inwieweit zeitgenössische Architektur derartige Veränderungen aufgreift und/oder forciert *(vgl. Kap. Raumsymbolik)*. Um das an einem weiteren Beispiel deutlich zu machen: In den europäischen Städten wird in bestimmten Bereichen die strenge Trennung der Territorien für Fußgänger und Radfahrer aufgehoben (vgl. Abb. 5). Welche Formen des Übergangs oder der „Verschmelzung" dieser beiden Territorien sind diejenigen, die rasch erkannt und akzeptiert werden? Wie kann man beispielsweise durch Pflastersteine unterschiedlicher Farbe und Form optimale Lösungen gestalten?

Abb. 5:
Zwei Formen des Übergangs resp. der „Verschmelzung" von Fuß- und Radwegen mittels Verwendung von grauen und roten Betonsteinen

Unabhängig davon, dass sich die oben genannte Dreiertypologie von Territorien weitgehend durchgesetzt hat, ist sie differenzierter zu betrachten (vgl. Tab. 1).

Ähnlich wie ALTMAN unterscheidet LYMAN (1967) nach dem Ausmaß an Zugangs- und Handlungsfreiheit vier Arten von Territorien. Das *Leibesterritorium* ist danach der am stärksten kontrollierte Raum, den man auch mit der Privatsphäre gleichsetzen kann. Das *Interaktionsterritorium* zeichnet sich durch eine strikte Zugangskontrolle aus, das *Gruppenterritorium* hat ein geringeres Maß an Zugangskontrolle, bietet aber mehr Handlungsfreiheit als das *öffentliche Territorium*, in dem das Verhalten gewissen Beschränkungen unterliegt, das jedoch frei zugänglich ist.

BROWER (1965) nimmt wiederum eine andere Klassifizierung vor, und zwar unter dem Aspekt der Art der Besetzung des Raumes.

Tab. 1: Unterscheidung von Territorien

ALTMAN (1970)	BROWER (1965)	LYMAN (1967)	*Beispiel*
		Leibesterritorium = Privatsphäre	
Primäres Territorium	Persönliche Besetzung	Interaktionsterritorium	**Wohnung**
Sekundäres Territorium	Besetzung durch die Gruppe	Gruppenterritorium	**Stammtisch**
Öffentliches Territorium	Besetzung durch die Gesellschaft	Öffentliches Territorium	**Parkbank**
	Freie Besetzung		

12. TERRITORIALITÄT UND PRIVATHEIT

Bei der *persönlichen Besetzung* eines Zimmers spiegeln die Markierungen die Identität, Werte und Wünsche des Besitzers wider.

Wird ein Raum von einer *Gruppe* besetzt, so haben die Zeichen der Besetzung für alle Mitglieder die gleiche Bedeutung. Bei der Besetzung eines Raumes durch die *Gesellschaft* sind die Markierungszeichen standardisiert und dadurch eindeutig. Markierungen bei der *freien Besetzung* des Raumes dienen dabei weniger der Kontrolle als der Information über den besetzten Raum, z.B. Naturschutzgebiete.

Last but not least existieren verwandte Konzepte, die in diesem Teilkapitel abschließend skizziert werden sollen.

Eines dieser Konzepte ist die *Jurisdiktion* oder der *Zuständigkeitsbereich*. Er beschreibt Gebiete, mit denen ein Individuum aufgrund seiner Aufgaben verbunden ist. So hat zum Beispiel der Kundendienst für Unterhaltungselektronik Zugang zu privaten Räumen, wie das Wohnzimmer. Jedoch ist dieses Zugangsrecht auf die Dauer seiner dort zu verrichtenden Arbeit beschränkt. Es ist also einem zeitlich und aufgabenbezogen beschränkten Territorium vergleichbar.   *Jurisdiktion*

Ein weiteres Konzept ist der *Home Range* oder auch *Aktionsradius* genannte Bereich einer Person. Er beinhaltet eine Reihe von Orten, die eine Person regelmäßig nutzt und die ihr dadurch vertraut sind. Zum Beispiel fallen darunter an das Wohnhaus angrenzende Flächen, der Arbeitsplatz, aber auch der Weg zur Schule oder zur Arbeit. Der Home Range umfasst das Territorium als Kerngebiet. Jedoch sind in ihm der Zugang und das Verhalten anderer wesentlich schwerer zu kontrollieren als im Territorium. Die Ausdehnung des Home Range verändert sich im Laufe des Lebens; so nimmt er über das Jugendalter und der damit anwachsenden Selbständigkeit hinweg zu (BAACKE, 1979). *(vgl. Kap. Aneignung von Raum)*   *Home Range / Aktionsradius*

Darüber hinaus besteht ein Zusammenhang zwischen Territorialität und Ortsgebundenheit. Unter *Ortsverbundenheit* versteht man die positive gefühlsmäßige Bindung oder Assoziation zwischen Menschen und ihren Wohnumwelten. Die Ortsverbundenheit ist dabei abhängig von den physikalischen und sozialen Qualitäten eines Platzes. Eine niedrige Ortsverbundenheit führt dazu, dass sich Anwohner nicht um ihre Wohnumgebung und um örtliche Probleme kümmern (GERSON et al., 1977). *(vgl. Kap. Ortsidentität und Ortsbindung)*   *Ortsverbundenheit*

12.3 Der Persönliche Raum

Persönlicher Raum als Blase oder Schatten

Im Gegensatz zum Territorium ist der *persönliche Raum* kein geographisch festgelegter Raum. Er ist weder durch physische Grenzen definiert noch ist er ortsgebunden. Vielmehr handelt es sich um einen subjektiven Raum, der jedes Individuum ständig wie eine Blase umgibt und in dessen Zentrum sich stets das „Ich" des Individuums befindet. Seine Ausdehnung ist wahrscheinlich nach vorn größer als zur Seite und nach hinten. Dieser Raum kann nicht verlassen werden, sondern er wandert wie ein *Schatten* oder eine *Blase* mit der Person mit. Er bildet eine psychologische Schranke zur Außenwelt, die das Individuum nach Bedarf öffnen und schließen kann *(vgl. Exkurs zur Psychologie des Zwischenraumes).*

Interpersonelle Distanz IDP, (proxemic phenomenon)

Der persönliche Raum hat keine sichtbaren Grenzen, sondern er manifestiert sich im Ausmaß der *interpersonellen Distanz (proxemic phenomenon)*, also in dem Abstand, den Individuen untereinander aufrechterhalten, wenn sie miteinander interagieren. Die Größe dieser Distanz entscheidet über die Qualität einer sozialen Interaktion (Tab. 1). Der Persönliche Raum ist also personen- und situationsabhängig. In der Regulation der interpersonellen Distanz besteht die Hauptfunktion des persönlichen Raums. HALL (1969) unterscheidet dabei vier Arten von Distanz, eine intime, eine persönliche, eine soziale und eine öffentliche Distanz. Die intime Distanz stellt dabei den kleinstmöglichen Abstand zwischen zwei oder mehreren Personen dar; die öffentliche Distanz ist der größtmögliche Abstand, der noch sozialen Austausch zwischen Personen zulässt.

Welche Distanz gewählt wird, hängt von der jeweiligen Person, der betreffenden Situation, der Beziehung zwischen den interagierenden Personen und von *kulturellen Eigenheiten* ab.

Die von HALL beschriebenen Distanzen gelten wahrscheinlich nur für Nordamerika und Europa. Dagegen legen Südamerikaner viel Wert

Tab. 2: Interpersonelle Distanzen (nach HALL, 1969)

Distanz	Zone	Aktivitäten	Empfindungen
0 bis 45 cm	intim	Sportarten mit Körperkontakt (Sex, Ringen)	*Sehr stark*. Berührung geht vor Sprechen.
45 bis 120 cm	persönlich	Interaktionen mit Freunden und Bekannten	*Gemäßigt*. Normale Sichtverhältnisse. Sprechen geht vor Berühren.
120 bis 360 cm	sozial	Arbeit und Geschäft	*Minimal*. Normale Sprechlautstärke. Keine Berührungen.
über 360 cm	öffentlich	Formelle Interaktionen – z. B. das Halten einer Rede	*Sehr schwach*. Übertriebene Gestik unterstreicht das Gesagte.

12. TERRITORIALITÄT UND PRIVATHEIT

auf eine kurze Distanz zum Gesprächspartner und gehen in der Kommunikation auch gern auf Körperfühlung mit dem Gegenüber. Dieses Verhalten könnte dagegen bei einem Nordamerikaner oder Nordeuropäer wiederum den Eindruck erwecken, der Gesprächspartner wäre aufdringlich. So wird der Nordamerikaner möglicherweise immer weiter von dem Südamerikaner abrücken, während dieser immer wieder versuchen wird, die Distanz auf ein ihm angenehmes Niveau zu verkürzen.

CANTER (1969) zeigte in einem Experiment, wie Menschen ihren persönlichen Raum durch bestimmte Verhaltensstrategien zu schützen versuchen. Und zwar untersuchte er die Platzwahl von Studenten in einem Seminarraum. Er variierte dabei die Sitzordnung und die Distanz des Dozenten zur ersten Sitzreihe (siehe Abbildung 6). In Abhängigkeit von diesen Variablen zeigten sich Unterschiede darin, welche Plätze von den Studenten bevorzugt und somit als erstes belegt wurden.

In der ersten Versuchsbedingung waren die Stühle halbkreisförmig angeordnet. Gruppen von jeweils acht Studenten wurden gebeten den Raum zu betreten und Platz zu nehmen, unter dem Vorwand, an einem Test teilzunehmen. Sie erhielten dabei von einer Lehrperson Fragebögen. Der Abstand der Lehrperson zu den Studenten betrug entweder einen halben Meter oder zwei Meter bis zur ersten Reihe.

Die Studenten bevorzugten es, sich zu beiden Seiten der Symmetrieachse des Halbkreises zu setzen, unabhängig von der Entfernung des Lehrenden. Das bedeutet, dass die Studenten es vermieden in der Blickrichtung des Lehrenden zu sitzen.

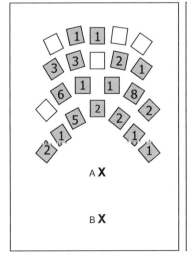
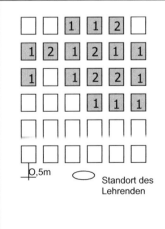
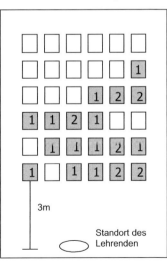

Abb. 6: Häufigkeit, mit der jeder Platz von den Studenten eingenommen wurde (nach CANTER, 1973, S. 27-29)

In der zweiten Versuchsanordnung waren die Stühle rechtwinklig angeordnet. Hier zeigte sich, dass die Sitzplätze von den Studenten in Abhängigkeit von der Distanz des Lehrenden zur ersten Sitzreihe gewählt wurden.

Einflussfaktoren auf den persönlichen Raum

Andere Ergebnisse empirischer Forschung beziehen sich auf weitere personenbezogene und situative *Einflussfaktoren*. Nach verschiedenen Untersuchungsergebnissen ist das Alter von Bedeutung. So nehmen die Größe des persönlichen Raumes und damit die IPD im Alter zwischen 3 und 21 Jahren deutlich zu. Heterosexuelle Partner nehmen in der Paarsituation geringere Distanzen ein als gleichgeschlechtliche. Ängstliche, introvertierte oder gewalttätige Personen beanspruchen relativ mehr persönlichen Raum. Ferner nehmen Autoritätspersonen häufig größere Distanzen zu Untergebenen ein resp. Subalterne halten größere IPD zu Vorgesetzten ein. Das verweist darauf, dass die Abstandswahl in sozialen Situationen von beiden Seiten moduliert wird. GEORG SIMMEL (1908) vertritt die Auffassung, dass Schmuck mit seiner Ausstrahlungskraft diesen Effekt unterstützt. Das kann man nachvollziehen, wenn man sich Würdenträger im vollen Ornat, mit Amtskette o. Ä. vorstellt.

Befunde aus kulturvergleichenden Studien ergeben dagegen ein sehr inkonsistentes Bild. So scheinen die Unterschiede innerhalb einer Kultur bedeutend größer zu sein als zwischen verglichenen Kulturen.

Die Größe des persönlichen Raumes variiert ebenfalls mit der Art der erlebten Situationen. Mehr persönlicher Raum wird in stressreichen Konkurrenzsituationen beansprucht, beispielsweise bei negativen Kommunikationsinhalten sowie bei Kommunikation mit Fremden.

In Hinblick auf die räumlich-materielle Gestaltung scheint die erlebte Kontrolle das Ausmaß an beanspruchtem persönlichen Raum zu bestimmen. So beobachtete man geringere interpersonelle Distanzen in offenen, übersichtlichen und leicht kontrollierbaren Räumlichkeiten.

Verletzungen des persönlichen Raumes

Verletzungen des persönlichen Raumes werden zunächst als erregungssteigernd und unangenehm empfunden, und zwar sowohl vom Verletzten als auch von Seiten der Person, die die angemessene Distanz verletzt. Die Verletzung führt zu Flucht oder Rückzug resp. auch zur Verringerung der zu großen Distanz. Damit wird versucht, wieder einen angenehmen Abstand zum Gegenüber herzustellen. Aggressive Reaktionen erfolgen in der Regel nur auf Verletzungen von Gruppenräumen oder Territorien.

12. TERRITORIALITÄT UND PRIVATHEIT

Ist Ihnen schon einmal aufgefallen, dass man in öffentlichen Verkehrsmitteln durch die Anordnung der Sitzplätze häufig gezwungen ist, die so genannte intime Distanz zu fremden Personen einzunehmen, also Abstände von etwa 45 cm zu unterschreiten?

Normalerweise würde man im öffentlichen Territorium Abstände zu Personen wählen, die deutlich größer sind.

Da dies nicht möglich ist, bleibt als Alternative oft nur reserviertes Verhalten, um das Erregungsniveau zu reduzieren. Verschränken der Arme oder Senken des Blickes sind Verhaltensmuster, die in dieser Situation auftreten. Das ist in dem Foto aus einem öffentlichen Verkehrsmittel zu erkennen *(Abb. 7; vgl. auch Kap. Dichte und Enge).*

Abb. 7: Sofern man, z. B. in öffentlichen Verkehrsmitteln, keine Möglichkeit hat, eine der Situation angemessene interpersonelle Distanz einzunehmen, zeigt man reserviertes Verhalten

Die Frage ist, ob es in solchen Situationen dennoch möglich ist, durch Gestaltung, beispielsweise die Form der Sitzgelegenheiten, einen Spielraum für die Distanzregulation bereitzustellen. Denkt man an die Sitzgelegenheiten an der Haltestelle zurück *(Exkurs zur Theorie der Handlungsregulation)*, so wird das deutlich. Die Bank auf der linken Seite bietet im Gegensatz zu den Sitzschalen rechts tatsächlich bessere Möglichkeiten der Distanzregulation. Auf ihr können auch – falls von den Benutzern gewünscht – sehr enge Intimdistanzen eingenommen werden. Dagegen wird die Sitzposition durch die rechte Lösung weitgehend fixiert.

Beispiel Haltestelle

Das verweist auf die generelle Frage, welche persönlichen und/oder baulichen Möglichkeiten für die Distanzregulation bestehen, oder konkreter: welche Möglichkeiten bei Verletzungen dieser Distanzen zur Kompensation genutzt werden können. Das kann in der Tabelle 3 natürlich nicht vollständig und erschöpfend dargestellt werden, die Umsetzung in/mit weiteren konkreten Gestaltungslösungen ist jedoch erkennbar.

Art der interpersonellen Distanz, IPD	Abstand	Beispielhafte Situation	Beispiel für Verletzung	Mögliche Reaktion auf / Kompensation der Verletzung
Intime Distanz	0-45 cm	Zwei gute Freunde sprechen miteinander.	Sitzabstand in öffentlichen Verkehrsmitteln: intime Distanz zwischen Fremden.	Abwenden vom Sitznachbar, Schweigen, Buch oder Zeitung als Barriere.
Persönliche Distanz	45-120 cm	Zwei Geschäftsleute unterhalten sich.	Körperkontakt: A legt B seinen Arm auf die Schulter.	B weicht zurück, falls das nicht möglich: Vermeidung von Blickkontakt.
Soziale Distanz	120-400 cm	Sekretariat und Student.	Zimmer ist zu klein, um diese Distanz zu gewährleisten.	Theke zwischen Sekretärin und Studenten als Barriere.
Öffentliche Distanz	400-600cm	Redner – Publikum	Der Redner ist aufgrund zu großer Entfernung vom Publikum nicht/nur schlecht zu sehen.	Anbringung von Großleinwänden, falls nicht möglich: Redner gestikuliert in besonderer Weise oder geht während Rede ins Publikum.

Tab. 3: Verletzungen der IPD und Möglichkeiten der Kompensation

12.4 Privatheit

Auch das Konzept der Privatheit bzw. Privatsphäre beschreibt einen subjektiven Raum. Dieser kann aber im Gegensatz zum persönlichen Raum auch fehlen, da er durch die physikalische Umwelt hervorgebracht und bestimmt wird. Privatheit ergibt sich aus der Art und Weise, in der einem realen Raum menschliche und soziale Qualitäten zugesprochen werden können. Die Privatsphäre dient durch Öffnung zur bzw. Rückzug von der Außenwelt ebenfalls sozialer Regulation.

Dimensionen von Privatheit

WESTIN (1967) unterscheidet vier Dimensionen von Privatsphäre:

- *Einsamkeit* ist der Zustand, in dem das Individuum physisch von anderen isoliert ist und frei von Beobachtung durch andere;
- *Intimität* des Paares oder einer Kleingruppe, die sich von der Außenwelt zurückgezogen hat, sie ermöglicht die freie Äußerung von Emotionen.
- *Anonymität* als Situation, in der das Individuum in der ihn umgebenden Menge aufgeht, so dass es sich der Identifizierung und Überwachung durch andere entzieht.

12. TERRITORIALITÄT UND PRIVATHEIT

– *Reserviertheit* als Schaffung von psychologischen Barrieren gegen unerwünschte Nähe innerhalb des Kommunikationsprozesses. Reserviertheit drückt sich dabei im Gegensatz zu den anderen drei Formen von Privatsphäre im Verhalten aus, durch Wegschauen oder Übersehen.

Menschen definieren ihre Privatsphäre oft durch symbolische Markierungen. So findet man z.B. an Arbeitsplätzen Fotos von Familienangehörigen und andere persönliche Gegenstände, die Privatsphäre gewährleisten sollen und gleichzeitig auch Markierungsfunktion haben. Genauso wie der persönliche Raum ist auch die Privatsphäre für das psychische Gleichgewicht des Menschen sehr wichtig.

Die Privatsphäre eines Menschen ist nicht statisch und in allen Situationen gleich ausgeprägt. Vielmehr ist sie ein dynamischer Prozess, in dem das jeweils gewünschte Ausmaß an Privatheit hergestellt wird. So ist das Bedürfnis nach Privatsphäre gegenüber guten Freunden geringer als gegenüber fremden Mitreisenden in einem Bahnabteil *(s. o.)*.

Regulation von Privatheit

Menschen sind offenbar immer bestrebt, das gewünschte Privatisierungsniveau zu erreichen, d.h. die Anzahl der Kontakte zwischen sich und der Außenwelt auf das gewünschte Ausmaß hin zu regulieren. Ähnlich wie bei der interpersonellen Distanz aktiviert auch hier ein zu niedriges Niveau – das Individuum hat mehr Kontakte als gewünscht – psychologische Abwehrmechanismen mit der Folge, dass das Individuum Barrieren zwischen sich und der Außenwelt aufbaut. Die Höhe des realisierten Privatisierungsniveaus definiert sich durch das Ausmaß, in dem andere Einblick nehmen können und Kontrolle darüber haben. Wichtig ist, dass das Individuum weitgehend selbstbestimmt handeln kann und ihm durch die Umwelt möglichst viel Autonomie und Individualität gewährt wird. Damit hat die Regulation der Privatheit eine nicht zu unterschätzende psychohygienische Funktion *(s.u.)*.

FLADE (2006) unterscheidet zwischen interner Privatheit, die sich auf Einzelpersonen bezieht, und draußen bestehender Privatheitsregulation, welche die Abgrenzung zwischen Fremd- und Primärgruppen zur Aufgabe hat. Privatheit innerhalb von Wohnungen findet dabei Ausdruck in geschlossenen Türen, im Anklopfen, in der Zuordnung von Räumen zu Personen.

Zur Beschreibung der Ausprägungen von Privatheit definierten verschiedene Autoren einen *Privatheitsgradienten*. Dieser besagt, dass mit fortschreitender Entfernung vom Eingangsbereich die Privatheit in der Wohnung wächst (vgl. BELL et. al., 1996, FLADE, 2006). So ist die Privatheit an der Wohnungstür am geringsten, weil dort auch Fremde zugelassen werden. Das Wohnzimmer ist dann schon deutlich privater und im Schlafzimmer hat der Privatheitsgradient die höchste Ausprä-

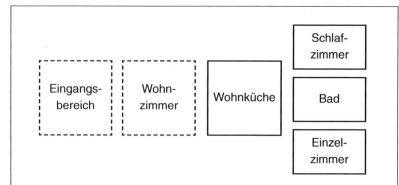

Abb. 8:
Privatheitsgradient
nach FLADE, 2006,
S. 23, mod.

gung (Abb. 8). Die Wohnung als persönliches Territorium kann also eine Möglichkeit sein, Privatheit zu erreichen.

Nach PASTALAN (1970) hat die Privatsphäre drei *Hauptfunktionen:*

Hauptfunktionen von Privatheit

Sie fördert die *Ausbildung der eigenen Identität* durch Gewährleistung persönlicher Autonomie sowie *Schutz der Individualität* vor Manipulation. Eine weitere Funktion bezeichnet PASTALAN als *Befreiung von Emotionen:* Die Privatsphäre ermöglicht es dem Menschen, sich aus der Gemeinschaft zurückzuziehen, um dort seine Emotionen frei auszudrücken, seine sozialen Rollen abzulegen. In der Privatsphäre kann der Mensch den nötigen Abstand zu Ereignissen gewinnen, um diese verarbeiten zu können.

Das ist vor allem in der alltäglichen Verarbeitung stärkerer Emotionen notwendig. Wird ein Mensch von negativen oder positiven Gefühlen überflutet, ist er – zumindest vorübergehend – nicht mehr handlungsfähig. Eine rationale Planung weiterer Handlungen oder Handlungsschritte setzt eine ausgeglichene Gefühlslage voraus *(vgl. Exkurs zu Handlungsregulationstheorie)*. In vielen Ländern und Kulturkreisen ist es nicht üblich, ausgeprägte Emotionen in der Öffentlichkeit zu zeigen. Beispielsweise wird lautstarkes Lachen oder Singen in Bus oder Bahn von Beobachtern mit Stirnrunzeln, abfälligen Bemerkungen o. Ä. sanktioniert.

Singen als Ausdruck von Affekten und Gefühlen

In einem PKW ist es dagegen problemlos möglich, seine Emotionen auszuleben. Ein PKW – selbst ein Mietauto – ist ein mobiles privates Territorium, in welchem sich ein Mensch vollständig heimisch fühlen kann. Entsprechend kann und wird er sich dort verhalten. Wenn man *Singen als Ausdruck positiver Affektivität und Gefühle* auffasst, dann ist in unserem Zusammenhang erstaunlich, dass nach den in Abbildung 9 dargestellten Befragungsergebnissen im Auto deutlich mehr gesungen wird als unter der Dusche, denn beides sind private Territorien, in denen keiner mithört. In Bussen oder Bahnen, die immer ein öffentli-

12. TERRITORIALITÄT UND PRIVATHEIT

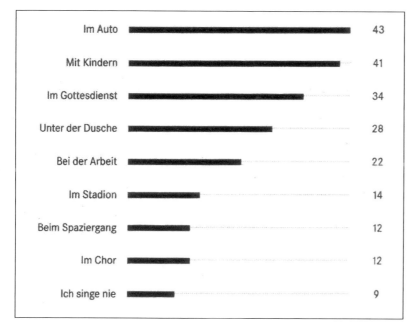

Abb.9: Wo wir gern singen. Angaben in Prozent (1002 Befragte)

Ergebnisse einer repräsentativen Umfrage von EMNID im Auftrag von chrismon, 2007, S. 9

ches Territorium ohne Rückzugsmöglichkeiten darstellen, werden nach dieser Untersuchung dagegen keine Gefühle durch Singen ausgedrückt. Arbeitsräume und Stadien als halböffentliche Territorien werden dagegen in Grenzen zum Singen genutzt. Das gilt auch für die Natur, die im Sinne der Anonymität Rückzugsmöglichkeiten bereitstellt.

Eine Auflistung so genannter lebensraumbezogener Bedürfnisse nimmt MADERTHANER (1995) vor, wobei er als eines dieser Bedürfnisse auch das Bedürfnis nach Privatheit nennt, ganz im Sinne von Wahrung der Intimsphäre sowie Schutz vor Einsehbarkeit und Mithören. Als mögliche Konsequenzen bei Nichtbefriedigung des Bedürfnisses nach Privatheit können nach seiner Auffassung bei Bewohnern Ärger, Stress, Angst, Aggression, Depression, sozialer Rückzug, Streitigkeiten mit Mitbewohnern und geringe Ortsverbundenheit auftreten. Damit wird auf den Punkt gebracht deutlich, welche wichtige *Psychohygienische Funktion* die skizzierte Regulation von Gefühlen und Befinden hat.

Psychohygienische Funktion von Privatheit

„Die Bedeutung der privaten und öffentlichen Sphäre haftet der physischen Umwelt nicht von Vornherein an: Sie entwickelt sich aufgrund von sozialen Übereinkünften. Die beiden Bereiche werden durch Prozesse geschaffen – durch ein Hin und Her von Festlegungen und ständig neuen Festlegungen, das immer wieder abläuft und für ihre Lebensfähigkeit notwendig ist."
LERUP, 1977, S. 106

12.5 Praktische Relevanz für die Gestaltung von Umwelt

An den zahlreichen Beispielen in diesem Kapitel ist bereits deutlich geworden, dass die praktische Relevanz von Territorialität und Privatheit für die Gestaltung von Umwelten für den Menschen nicht unterschätzt werden kann. Die hier beschriebenen Sachverhalte sind von Bedeutung von Details der Gestaltung innerhalb der Wohnung bis hin zu generellen Gestaltungslösungen für ganze Stadtteile oder Städte. Das soll an zwei abschließenden Beispielen demonstriert werden.

Einblick und Ausblick

ADRIAN R. HILL (1969) führte ein so genanntes Optimierungsexperiment durch, indem er testete, welches Ausmaß an Einblick und Ausblick ein Optimum an visueller Privatheit gewährleistet. Hierzu verwendete er die Versuchsanordnung in Abbildung 10, bei denen die Probanden den *Ausblick* aus und den *Einblick* in das Experimentalzimmer manipulieren konnten. Variiert wurde dabei die Funktion des Innenraumes und die Aussicht nach draußen. Die Probanden konnten die Sichtbedingungen durch Vorziehen unterschiedlich blick-durchlässiger Tüllstoffe verändern. Dabei zeigte sich, dass der Anspruch an Privatheit im „Schlafzimmer" weitaus größer war als in der „Küche mit Essplatz". Das Bedürfnis nach Ausblick war bei der Landschaftsaussicht wesentlich stärker als bei der Situation „Nahegelegener Fußweg".

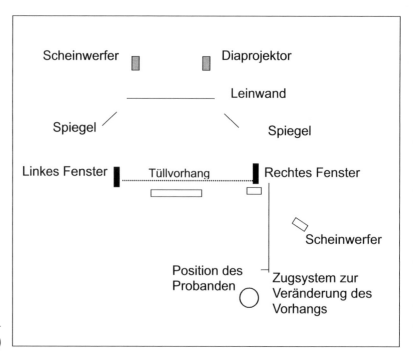

Abb. 10: Versuchsanordnung nach HILL (1979)

12. TERRITORIALITÄT UND PRIVATHEIT

In einem Persönlichkeitsfragebogen (nach EYSENCK) wurde ferner die Persönlichkeit der Probanden bezüglich Extraversion und emotionaler Labilität (Neurotizismus) erfasst. Die Ergebnisse zeigen, dass extrovertierte Probanden dichtere Gewebe bevorzugen, also offensichtlich ein höheres Privatisierungsniveau beanspruchen als introvertierte. Bezüglich der Neurotizismuswerte ergaben sich keine signifikanten Unterschiede. Diese Resultate konnten in einer aktuellen Studie allerdings nur teilweise repliziert werden (KOCH u. a., 2008).

Aber nicht nur die in der eigenen Wohnung empfundene Privatheit ist für das Wohnen von Bedeutung. Untersuchungen zeigen, dass halböffentliche Flächen, also eine Pufferzone zwischen privatem und öffentlichen Raum, soziale Kontakte fördern. Diese halböffentlichen Zwischenräume erleichtern die Kontaktaufnahme zu anderen Personen und geben den Anwohnern Zeit, sich auf Fremde einzustellen. Treffend hat der Architekt L. LERUP beschrieben, wie es ist, wenn solche halböffentlichen Flächen fehlen und es nur private und ganz öffentliche Flächen gibt, wie z.B. in einem großen Appartementhaus: „Man steuert zwischen einigen Autos hindurch, die im Schatten unter dem Gebäude geparkt sind, steigt, wie vom Fluss der Straße mitgerissen, im Treppenturm nach oben, schreitet den Flur entlang und kommt erst vor der eigenen Tür zum Stillstand. Erst im Inneren der Wohnung, mit dem Rücken gegen die Tür gelehnt, hat man einen „eigenen Raum" erreicht. (...) Wer es abends wagt, einen Augenblick lang die persönliche Appartementzelle zur Außenwelt hin zu öffnen, der überholt nervös den Unbekannten im Korridor. Er hastet an einer Reihe von anderen Zellen vorbei, bringt den Müll zum Mülleimer und eilt über den asphaltierten Vorplatz auf den Gehweg zu, wo er (...) sich den Risiken der Straße überlässt." (LERUP, 1977, S. 104)

Eine *halb-öffentliche Fläche* könnte beispielsweise eine Bank vor einem Haus sein. Diese entspräche nach dem bereits genannten Privatheitsgradienten einer noch niedrigeren Privatheitsstufe als der des Eingangsbereichs zur Wohnung.

Halb-öffentliche Flächen

Wie wichtig solche halb-öffentlichen Flächen sind, betont das „defensible space"-Konzept des Architekten NEWMAN (1973). Eine Wohnumwelt ist danach ein „defensible space" (ein Raum, den man bereit ist, zu verteidigen), wenn es halb-öffentliche und halb-private Flächen gibt. Solche Übergangszonen sind nach Newman dann besonders effektiv, wenn vier Bedingungen gegeben sind:
- Räumliche Kontrolle
- Überschaubarkeit
- Image des Gebäudes, der Anlage, des Stadtgebietes
- Intaktheit der angrenzenden Gebiete

„defensible space"-Konzept

In Hochhaussiedlungen gibt es solche Zwischenräume häufig nicht, dort gibt es meist nur Niemandsland, für das sich keiner verantwortlich fühlt. Solche Wohnumwelten weisen höhere Kriminalitätsraten sowie mehr Vandalismus, Verschmutzung und Verwahrlosung auf. Im Extremfall kommt es zur verstärkten Migration aus derartigen Siedlungen, so dass diese, wie das ehemalige Neubaugebiet Pruitt-Igoe in St. Louis (USA), letztendlich abgerissen werden müssen *(vgl. Kap. Nutzerorientierte Planung und Gestaltung)*.

Mittlerweile sind derartige Entwicklungen auch in Europa zu beobachten. Bei einem Überangebot von Wohnraum werden offenbar genau diejenigen Wohngebiete einer Stadt verlassen, die in dieser Hinsicht besondere Defizite aufweisen. So wurden beispielsweise Wohnblocks aus den 1970er Jahren sowohl in Erfurt als auch in Lyon (Frankreich) gesprengt. Im Mai 2005 wurde mit dem Abriss von 650 Wohnungen eines Bremer Neubaugebietes begonnen (Abb. 11).

Für die nachhaltig positive Gestaltung von Siedlungen und Stadtgebieten, ist es sinnvoll, das Konzept des „defencible space" zu differenzieren und zu untersetzen. Das haben TAYLOR & BROWER 1985 getan (Abb. 12).

Bezogen auf diese verschiedenen Gestaltungsbereiche kann abgeleitet werden, welche architektonischen Lösungen im Sinne der Verbesserung von räumlicher Kontrolle und Überschaubarkeit sinnvoll sind. Beispielsweise geht es darum, schlecht einsehbare Nischen in Ein-

Abb. 11: Die im Bremer Stadtteil Tenever abgerissenen Neubaublocks waren in den 1970er Jahren errichtet worden

12. TERRITORIALITÄT UND PRIVATHEIT

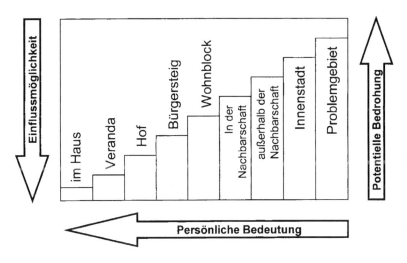

Abb. 12: Grade von Öffentlichkeit und territorialer Kontrolle, TAYLOR & BROWER, 1985, zit. n. FLADE, 2006, S. 120, mod.

gangsbereichen von Gebäuden zu vermeiden oder unübersichtliche Bereiche auf Bürgersteigen. Darüber hinaus können diese Ergebnisse bei der Anlage und Ausgestaltung von Grünflächen vor den Häusern oder in ganzen Stadtteilen berücksichtigt werden. Hier geht es zum Beispiel um die Installation von Bankgruppen, die einerseits Schutz, andererseits Blickkontrolle bieten, oder um die Auswahl der Gehölze für attraktive Parks, die das Image von Wohngebieten beeinflussen können *(vgl. das Kapitel Raumsymbolik).*

Derartige Details wurden u. a. 2003 in einer 84-seitigen Broschüre für die planerische Praxis mit dem Titel „Städtebau und Kriminalprävention" zusammengestellt (www.polizei.propk.de).

12.6 Zusammenfassung

Zum Abschluss des Kapitels wird versucht, die vorgestellten Konzepte zusammenzufassen und in ihrer universellen Bedeutung für die Gestaltung gebauter Umwelt darzustellen.

Es ist offensichtlich, dass eine strikte Trennung der Konzepte nicht möglich und auch nicht nötig ist, vielmehr gehen sie ineinander über und ergänzen sich. So haben alle Konzepte Einfluss auf die Identität, das Wohlbefinden und die Handlungsfreiheit des Menschen und haben darüber hinaus eine soziale Regulations- und Kommunikationsfunktion.

Eine Architektur, die diese psychologischen Mechanismen berücksichtigt, sollte dazu führen, dass sich Menschen in ihren jeweiligen *Wohn- und Arbeitsumwelten* frei entfalten können, wobei diese Selbst-

Wohn- und Arbeitsumwelten

entfaltung nicht erst durch totale Abkapselung von der Umwelt möglich werden soll, wie z.B. in den von LERUP erwähnten Appartementhäusern. Vielmehr sollte die Umwelt in einer Weise gestaltet sein, dass sie zu Kommunikation und Interaktion animiert, ohne das Bedürfnis nach Privatsphäre zu verletzen.

Eine Balance aus Öffentlich und Privat muss in beiden Umweltbereichen gefunden werden. Wie wichtig dabei die Rolle des Ein- und Ausblickes ist, hat das Experiment von Hill gezeigt. Diese Erkenntnis aus der Wohnumwelt wird beispielsweise in Großraumbüros berücksichtigt, indem durch entsprechende Stellwände ein optimaler Privatheitsgrad geschaffen wird. Sie sind so hoch, dass man im Sitzen nicht von den Kollegen beobachtet werden kann, aber so niedrig, dass man in Stehen über sie hinwegsehen und so mit den Arbeitskollegen kommunizieren kann. Allerdings gibt es in der Arbeitswelt noch viel zu tun. Progressive Ansätze dazu finden sich für Produktionsstätten bei FRIELING & SONNTAG (1999) sowie für Büros bei SPATH & KERN (2003) oder in der Broschüre „Gesundheit im Büro" (www.vbg.de).

Die folgende Tabelle stellt die für die Gestaltung der Umwelt wichtigsten Konzepte überblicksartig dar und zeigt weitere mögliche Gestaltungsmaßnahmen auf:

Konzept	Eigenschaften	Funktionen	Mögliche Gestaltungsmaßnahmen
Territorium	- Geographisch fixiertes Areal - durch Markierungen definiert - im Besitz eines Individuums oder einer Gruppe	- Verhaltens- und Handlungskontrolle - Identitätsbildung - Machtausübung	- Individualisierte Bauweise - Möglichkeiten zur individuellen Gestaltung - Möglichkeiten zur Abgrenzung
Ortsverbundenheit	- Gefühlsmäßige Verbundenheit mit einem Ort, meist der Wohnumgebung - Abhängig von Stockwerkszahl, Wohndauer, Mietverhältnis	- Engagement für örtliche Anliegen	- nicht höher als viergeschossig bauen - Wohnumgebung so gestalten, dass Bewohner lange wohnen bleiben, also möglichst wenig Straßenverkehr
Persönlicher Raum	- Umgibt Menschen wie eine Blase - Pufferzone - Ausmaß ist abhängig von Person und Situation	- Reguliert Privatisierungsniveau und Interaktionsdistanz	- Beengte Räume vermeiden
Privatsphäre/ Privatheit	- Empfundene soziale Qualitäten eines Raumes (Einsamkeit, Intimität, Anonymität, Reserviertheit) - Symbolische Markierungen	- Öffnung zur / Rückzug von der Außenwelt - Identitätsbildung - Schutz vor Manipulation - Befreiung von Emotionen	- Möglichkeiten zum Rückzug geben - Isolierte Arbeitsräume vermeiden - Schutz vor totalem Einblick und Kontrolle in Großraumbüros gewährleisten (z.B. durch Stellwände)

12. TERRITORIALITÄT UND PRIVATHEIT

12.7 Wissens- und Verständnisfragen

1. Welche drei Typen des menschlichen Territoriums kann man nach ALTMANN unterscheiden? Welches sind nach seinen Auffassungen die beiden Hauptfunktionen von Territorien?

2. Verhaltensregeln, die für Nutzer von Territorien gelten, bieten Konfliktpotenzial. Nennen Sie Ihnen bekannte Beispiele für derartige Konflikte. Inwieweit können solche Konflikte (z.B. durch explizit sichtbare Regeln) vermieden werden? Wo gibt es solche Formen der Konfliktregulation?

3. Welche Ansätze sehen Sie für den Umgang mit unterschiedlich bevorzugten interpersonellen Distanzen? Welche gestalterischen Möglichkeiten zur Regulation fallen Ihnen ein? Analysieren Sie Beispiele von öffentlichen Gebäuden, in denen das gut oder weniger gut gelingen kann.

4. Nennen Sie die drei Hauptfunktionen von Privatheit nach PASTALAN. Warum ist die psychohygienische Funktion des privaten Territoriums so wichtig?

5. Es ist üblich geworden, dass in Büros mehrere Personen zu verschiedenen Zeiten an einem Schreibtisch arbeiten. Das wird als „desksharing" bezeichnet. Diskutieren Sie die Probleme des „desk sharing" auf dem Hintergrund dieses Kapitels. Wie schätzen Sie auf diesem Hintergrund das so genannte St@ndby-Office (Abb. 13) ein, welches 2003 von einem deutschen Büromöbelhersteller entwickelt wurde?

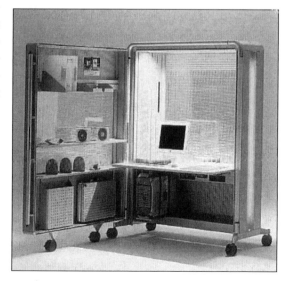

Abb. 13:
St@ndby-Office, 2003
entwickelt von einem
deutschen Büromöbelhersteller

6. Vergleichen Sie die beiden folgenden Beispiele (Abb. 14) für Wohnungsgrundrisse in Bezug auf den Schutz der Privatsphäre der Familienmitglieder. Welche Verbesserungsmöglichkeiten fallen Ihnen für den weniger guten Fall ein? Was sollte/könnte man auch am positiveren Beispiel noch verbessern?

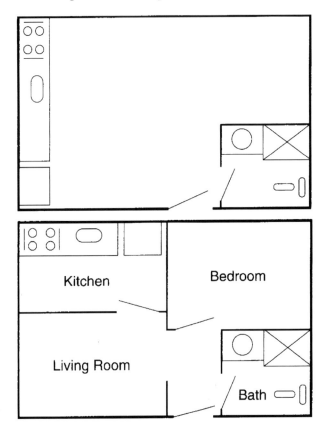

Abb. 14:
Zwei prototypische Grundrisse japanischer Wohnungen
OMATA, 1992, zit. nach BELL et al., 1996, S. 458

12.8 Literatur

Altman, I. (1970). Territorial behavior in humans: An analysis of the concept. In: Pastalan, C. & Carson, D. H. (Hrsg.), Spatial behavior of older people (pp. 1-24). Ann Abor, Mich.: University of Michigan Press.

Ardrey, R. (1966). The territorial imperative. New York: Dell.

Baacke, D. (1979). Die 13- bis 18-jährigen. 2. Auflage. München, Wien, Baltimore: Urban & Schwarzenberg.

Bell, P. A., Greene, Th. C., Fisher, J. D. & Baum, A. (1996). Environmental Psychology. Forth Worth u. a.: Harcourt Brace.

Brower, S. (1965). The signs we learn to read: territoriality, the exterior space. Landscape, Vol. 15.

Brown, B. B. (1979). Territoriality and residential burglary. Paper presented at the meeting of the American Psychological Association, New York: 1979, August.

Calhoun, J. B. (1962). Population density and social pathology. Scientific American, 206, 139,143.

Canter, D. (1973). Architekturpsychologie: Theorie, Laboruntersuchung, Feldarbeit; 12 Forschungsberichte. Düsseldorf: Bertelsmann.

chrismon. (2007). Das Evangelische Magazin. 06.2007.

Fischer, G. N. (1990). Psychologie des Arbeitsraumes. Frankfurt, New York: Campus.

Fischer, M. (1995). Stadtplanung aus der Sicht der Ökologischen Psychologie. Psychologische Verlagsunion, Weinheim.

Flade, A. (2006). Wohnen psychologisch betrachtet. Bern: Verlag Hans Huber.

Frieling, E. & Sonntag, Kh. (1999). Arbeitspsychologie. Bern: Verlag Hans Huber.

Gerson, K., Stueve, C. A. & Fischer, C. S. (1977). Attachment to place. In: Fischer, C. S. et al. (Hrsg.), Network and places. New York: Free Press/ McMillan.

Goerigk, L. & Kühnen, U. (2006). „My home is my castle" – Gibt es einen Heimvorteil in Verhandlungssituationen? Poster. 45. Kongress der Deutschen Gesellschaft für Psychologie. Nürnberg: September 2006.

Greenberg, J. (1988). Equity and workplace status: A field experiment. Journal of Applied Psychology, 73, 606-613.

Hall, E. T. (1966). The hidden dimension. Garden City: Doubleday Archer (dt.: Die Sprache des Raumes, Düsseldorf: Schwan, 1979).

Koch, J., Koch, S. & Pforte, I. (2008). Situative und personelle Einflussfaktoren auf die Wahl der Fenstergröße in Wohnräumen. Forschungsbericht. Dresden: TU Dresden.

Kruse, L., Graumann, C.-F. & Lantermann, E.-D. (1990). Ökologische Psychologie. München: Psychologie Verlags Union.

Lerup, L. (1977). Das unfertige Bauen. Architektur und menschliches Handeln. Braunschweig/Wiesbaden: Vieweg & Sohn.

Lorenz, K. (1963). Das sogenannte Böse. Wien: Borotha-Schröder.

Lyman, S. M. & Scott (1967). Territoriality: A neglected sociological dimension. Social Problems, 15, 236-249.

Maderthaner, R. (1995). Soziale Faktoren urbaner Lebensqualität. In: Keul, A. (Hrsg.), Wohlbefinden in der Stadt (S. 172-197). Weinheim: Psychologie Verlags Union.

McCarthy, D. P. & Saegert, S. (1978). Residential density, social overload, and social withdrawl. Human Ecology, 6, 253-272.

Newman, O. (1973). Defensible Space: Crime prevention through environmental design. New York: Anchor Doubleday.

Omata, K. (1992). Spatial organization of activities of Japanese families. Journal of Environmental Psychology, 12, 259-267.

Paschen, M. & Dishmaier, E. (2004). Richtig handeln bei Konflikten. managerSeminare, 80, 10, 44-49.

Pastalan L. A. (1970). Privacy as an expression of human territoriality. In: Pastalan, L. A. & Parson, D. H., Spatial behavior of older people. Ann Arbor, MI: University of Michigan Press.

Plessner, H., Freytag, P. & Strauß, B. (2006). Fußball verstehen – Beiträge der Sozialpsychologie. Zeitschrift für Sozialpsychologie, 37, 2, 59-71.

Riger, S. & Lavrakas, P. (1981). Community ties: Patterns of attachment and social interaction in urban neighborhoods. American Journal of Community Psychology, 10, 55-66.

Schultz-Gambard, J. (1985a). Räumliches Verhalten. Kurseinheit 1: Persönlicher Raum, Territorium und Territorialverhalten. Hagen: Fernuniversität.

Schwartz, B. & Barsky, S. P. (1977). The home advantage. Social Forces, 55, 641-661.

Simmel, G. (1908). Psychologie des Schmuckes. Der Morgen – Wochenschrift für deutsche Kultur, 2, 15, 454-459.

Sommer, R. (1969). Personal Space. Englewood Cliffs, NJ: Prentice Hall.

Spath, D. & Kern, P. (Hrsg.) (2003). Office 21: Zukunftsoffensive Office 21® – Mehr Leistung in innovativen Arbeitswelten. Köln: Egmont vgs.

Städtler, T. (1998). Lexikon der Psychologie. Stuttgart: Kröner-Verlag.

Taylor, R. B. (1988). Human Territorial Functioning. Cambridge: Cambridge University Press.

Taylor, R. B. & Brower, S. (1985). Home and near-home territories. In: Altman, I. & Werner, M. (Eds.), Home environments. New York: Plenum Press.

Westin, A. (1967). Privacy and freedom. New York: Atheneum.

www.polizei.propk.de (Broschüre „Städtebau und Kriminalprävention")
www.vbg.de (Broschüre „Gesundheit im Büro - Fragen und Antworten")

13. Dichte und Enge

Stefan Schönborn & Frank Schumann

13.1 Einleitung

Lassen Sie uns verschiedene Situationen betrachten, in denen viele Menschen auf engem Raum zumindest für eine gewisse Zeit miteinander auskommen müssen:

Stellen Sie sich eine Fahrt in einem überfüllten öffentlichen Verkehrsmittel, wie zum Beispiel einem Bus im Berufsverkehr vor. Sie sind müde von der Arbeit und befinden sich auf dem Heimweg. Bereits beim Einsteigen hatten Sie Schwierigkeiten, einen guten Stehplatz mit der Möglichkeit, sich während der Fahrt gut festhalten zu können, zu ergattern. Es ist Sommer und alle Fahrgäste stehen Körper an Körper nach einer Mischung aus Schweiß und verbrauchten Körperdeodorant riechend. Die *Busfahrt* scheint sich ewig hinzuziehen und Sie wollen bloß noch raus aus dem stickigen und vollen Bus. Beim starken Bremsen des Busfahrers tritt Ihnen ein anderer Fahrgast aus Versehen auf die Füße. Sie reagieren aggressiv und bemerken: „Können Sie nicht aufpassen?" Als Sie endlich am Ziel angelangt sind, können Sie sich nur schwerlich und unter Einsatz Ihrer Schultern und Ellenbogen einen Weg zur Tür bahnen. Draußen angelangt sind Sie erleichtert, nicht mehr so dicht gedrängt stehen zu müssen.

Beispiel Busfahrt

Beispiel Konzert Am Abend desselben Tages besuchen Sie ein *Konzert* Ihrer Lieblingsband in einem Club. Auch hier ist es eng, die Luft riecht verbraucht und alle Besucher stehen dicht an dicht, sich zur Musik rhythmisch bewegend. Es bleibt nicht aus, dass Sie beim Tanzen mal einen Ellenbogen im Kreuz haben. Die Entschuldigung desjenigen quittieren Sie mit einem sanften Lächeln und denken sich: „Das kann doch jedem mal passieren; vor allem bei dem Gedrängel." Sie haben Spaß und genießen den Abend mit Freunden.

Anscheinend ähneln sich sowohl die Busfahrt während des Berufsverkehres als auch der abendliche Besuch im Jazzklub sehr in ihren äußeren Bedingungen. Allerdings erleben Sie beide Situationen völlig unterschiedlich, die eine als beengend und unangenehm, die andere als ausgelassen und fröhlich.

Überfüllte Kaufhäuser, Straßenfeste, Demonstrationen, volle Fußballstadien oder beengte Wohnverhältnisse sind weitere Beispiele für alltägliche Dichtesituationen. Reagieren aber alle Menschen in solchen Situationen gleich? Wovon ist es abhängig, dass dieselbe Situation von unterschiedlichen Menschen als unterschiedlich „beengend" erlebt wird und sich damit auch auf weitere Interaktionen auswirkt? Welchen Einfluss hat bebaute bzw. gestaltete Umwelt auf das Erleben von Beengung oder Weite? Dieser und weiteren Fragen wollen wir in den nächsten Abschnitten auf den Grund gehen.

13.2 Crowding – ein weiter Begriff für Enge?

Definition crowd Zunächst bedarf es noch der Erläuterung einiger wichtiger Begrifflichkeiten. Der Forschungszweig der Sozialpsychologie, der sich mit der systematischen Erkundung der Auswirkungen hoher räumlicher und sozialer Dichtebedingungen beschäftigt, ist die Crowdingforschung (nach SCHULTZ-GAMBARD, 1985b).

> Dabei bezeichnet „*crowd*" eine große und unorganisierte Menge von Organismen, die in irgendeiner Form interagieren. (nach SCHULTZ-GAMBARD, 1985a)

13. DICHTE UND ENGE

Wie später noch ausführlicher beschrieben wird, ist durch Architekten, Planer oder Designer gestaltete bzw. bebaute Umwelt eine mögliche Determinante in einem großen Geflecht an Variablen, die zu der Einschätzung beiträgt, dass eine Situation oder Räumlichkeit als beengend erlebt wird. Dazu stellen BURKHARDT und LAAGE (1993) fest, dass Stadtplaner und Architekten wesentliche Randbedingungen für das gesellschaftliche Zusammenleben der Menschen schaffen. Gleichzeitig kritisieren sie, dass das Gestalten ohne Kenntnisse psychischer Wirkungen von Raumstrukturen auf den Menschen, sondern nur auf Grund von Erfahrung gefährlich ist, da es doch die Lebenswelt anderer auf Jahrzehnte hin prägt. Beispielhaft für diese Prägung wird später noch auf negative Konsequenzen hoher Dichte im Wohnbereich eingegangen. Schon an dieser Stelle wird deutlich, wie wichtig ein interdisziplinäres Zusammenarbeiten von Architekten, Soziologen, Medizinern und Psychologen sein kann.

Architektur prägt Verhalten

Bevor auf die psychologischen Wirkmechanismen im Detail eingegangen wird, sind weitere Vorbemerkungen notwendig:

Das Bevölkerungswachstum hat in bestimmten Regionen der Erde in den vergangenen Jahrhunderten zu immer größerer sozialer Dichte geführt. So hat sich in Deutschland während der letzten 200 Jahre die Anzahl der Einwohner etwa verfünffacht. Waren es zu Beginn des 19. Jahrhunderts etwa 55 Einwohner je Quadratkilometer, so sind es gegenwärtig etwa 250 (vgl. WITTE, 1989). Dabei findet dieser Wachstumsprozess überwiegend in den städtischen Regionen statt und nimmt dabei z. T. dramatische Ausmaße an, wie zurzeit in den Städten Südostasiens. Mit dem Beginn des 21. Jahrhunderts lebt erstmals der größere Teil der Menschheit in urbanen Regionen mit hoher Dichte.

Für die Charakterisierung dieser Rahmenbedingungen ist es sinnvoll, zwischen Innendichte und Außendichte zu unterscheiden (Tab. 1).

Dadurch werden Siedlungsstrukturen unter Bezug auf dieses Problemfeld beschreibbar. Besonders für die durch Bauwerke begrenzte Innendichte ist die Differenzierung von *Raumdichte* (Fläche je Person in einem Raum) von *Personendichte* (Anzahl der Personen pro Raum) sinnvoll und notwendig, wird dadurch doch der Spielraum für Gestaltungslösungen transparent *(s. u.)*.

Raumdichte und Personendichte

Außendichte	Innendichte	
	hoch	*niedrig*
hoch	Ghetto	Hochhaus mit Luxuswohnungen
niedrig	ländliche Gemeinden	Vorstädte

Tab. 1: Unterscheidung von Innen- und Außendichte (nach ZLUTNIK & ALTMAN, 1972)

13.3 Crowdingforschung – die ersten Schritte

13.3.1 Historische Forschungsphasen

13.3.1.1 Dichte als Kausale Quelle

Mensch = Tier? In Tierexperimenten des Ethologen Calhoun führte eine hohe Dichte an Ratten in einem Käfig zu schwerwiegenden Verhaltensänderungen, wie Vernachlässigung des Nestbaus und Schutzes von Jungtieren oder ziellosem Sexualverhalten. Diese Ergebnisse wurden nun voreilig auf menschliches Verhalten in Ballungszentren übertragen und erklären zunächst intuitiv einleuchtend Probleme, wie zum Beispiel die hohe Kriminalität in Großstädten. Bei genauerer Betrachtung der Experimente von Calhoun muss allerdings festgestellt werden, dass erst der Zusammenbruch der sozialen Ordnung bei den Ratten die dramatischen Verhaltensänderungen hervorrief (nach SCHULTZ-GAMBARD, 1985a). Anscheinend ist der Analogieschluss zwischen Tier- und Humanbereich in diesem Fall zu weitführend, verfügen Menschen doch im Gegensatz zu Ratten über mehrere unterschiedliche Bewältigungsformen. Solche Bewältigungsformen sind zum einen gesellschaftliche Normen, im Gegensatz zum instinktgetriebenen Verhalten von Ratten, und zum anderen auch bauliche Maßnahmen. So stellt zum Beispiel die eigene Wohnung, als Produkt baulicher Veränderung durch den Menschen, in der Terminologie von Altman ein primäres Territorium dar. Für dieses Territorium erhebt der betreffende Mieter oder Inhaber einen dauerhaften Besitzanspruch, der auch dauerhaft sozial anerkannt wird. Menschen haben quasi die Zugangskontrolle über ihr primäres Territorium und können somit Intimität und Kommunikation regulieren *(vgl. Kap. Territorialität und Privatheit).*

Man kann also nicht behaupten, dass beim Zusammensein vieler Menschen, also bei hoher Bevölkerungsdichte, zum Beispiel in einem Stadtteil mit vielen „Mietskasernen", das soziale Gefüge von vornherein gestört ist und dadurch Verhaltensauffälligkeiten wie hohe Kriminalität, Gewalt, Alkoholismus und Aggression und das Auftreten anderer Faktoren wie hohe Sterblichkeit und geringe Bildung determiniert sind. Hier nimmt man fälschlicherweise eine kausale Beziehung zwischen den Faktoren an, die aufgrund der oft korrelativen Designs der Studien nicht zulässig sind. SCHULTZ-GAMBARD (1985a) kommt deswegen zu dem Schluss, dass die Ergebnisse der Erhebungen darauf hindeuten, dass hohe Wohndichte eine sozial schädigende Lebensbedingung ist, dies aber nicht überzeugend belegt werden kann.

13.3.1.2 Dichte als Mechanismus der Intensivierung

FREEDMAN (1975) simulierte in Laborexperimenten Crowdingphänomene mit Menschen. Er variierte über die Anzahl an Versuchspersonen in einem Laborraum normale bis sehr enge Rahmenbedingungen. Die Personen sollten sich kennen lernen und anschließend allein oder in der Gruppe eine Reihe von Aufgaben und Problemen lösen. Anschließend wurden sowohl die Leistung bei der Bearbeitung der Aufgaben als auch die Einschätzung der Stimmung und Situation gemessen. FREEDMAN (1975) nahm an, dass es einen direkten Einfluss von der Dichte auf das Verhalten gibt, der sich bei hoher Dichte in einer unangenehm erlebten Steigerung der Aktivierung, Beeinträchtigungen bei der Leistung und stärkerer Aggressivität zeigt. Da sich seine Vermutungen in den Experimenten nicht bestätigen ließen, schloss er, dass Dichte als psychologische Variable nicht relevant sei und lediglich als „Mechanismus der Intensivierung" von bereits in einer Situation vorherrschenden Stimmungen oder Beziehungen wirke (nach SCHULTZ-GAMBARD, 1985a). Diese Erklärung wird auch *Intensivierungshypothese* genannt. SCHULTZ-GAMBARD (1985a) kritisiert, dass nicht alle Bedingungen, die in alltäglichen und realen Dichtesituationen als unangenehm empfunden werden, berücksichtigt werden. So gab es bei FREEDMAN'S (1975) Experimenten kein Gedränge, Lärm oder mangelnde Distanz zu Fremden, die ein Gefühl der Beengung hätten verursachen können.

Intensivierungshypothese

Erinnern Sie sich an das Vorkommen dieser Faktoren in unserem Eingangsbeispiel? Es bleibt also festzuhalten, dass – wie in den zwei eingangs geschilderten Situationen von der Busfahrt und dem Besuch eines Konzertes – Dichte nicht notwendigerweise zu Beengung führt. Wann also ist Dichte eine psychologisch relevante Variable? Dieser Frage wollen wir nun im nächsten Abschnitt nachgehen.

13.3.1.3 Differenzierung zwischen Dichte und Beengung

Diese Phase wurde durch die folgende Differenzierung zwischen Dichte und Enge nach STOKOLS (1972) geprägt. Er verstand unter *Dichte* ein objektives Maß an räumlicher Begrenzung einer Situation und unter Crowding die subjektive Erfahrung von *Beengung* (nach SCHULTZ-GAMBARD, 1985b). Im Folgenden sollen die Begriffe Crowding, Beengung und Beengungserleben synonym gebraucht werden.

Dichte ≠ Beengung

Dichte kann in eine soziale und eine räumliche Dimension unterschieden werden. Unter *räumlicher Dichte* versteht man das Ausmaß an verfügbarem Raum für eine konstante Anzahl an Personen. *Soziale Dichte* wird definiert als Anzahl von Personen pro konstanter Raum-

Räumliche vs. soziale Dichte

größe (nach SCHULTZ-GAMBARD, 1985b). Ein Mehr an Personen bei konstantem Raumangebot führt also zu einer höheren sozialen Dichte. Bei dem Besuch eines Konzertes steigt zum Beispiel die Anzahl der Gäste, die Lokalität ändert sich in ihrer Größe jedoch nicht. Im Alltag sind jedoch meistens beide Arten von Dichtesituationen konfundiert oder gehen fließend ineinander über.

Im Folgenden soll ein allgemeines Modell von STOKOLS (1972) dargestellt werden, anhand dessen wir Einflussfaktoren diskutieren wollen, die an der Entstehung von Beengung beteiligt sind.

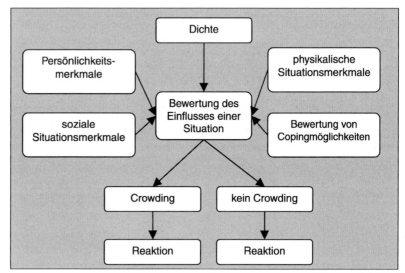

Abb. 1: Crowding als Produkt der Bewertung unterschiedlicher Faktoren (nach BAUM & PAULUS, 1991, modifiziert)

Unter verschiedenen Umständen führt für manche Menschen ein bestimmter Grad an Dichte zu Crowding, wohingegen unter anderen Umständen oder für andere Menschen eine Situation nicht zu Crowding führt. Crowding als subjektives Erleben stellt also das Produkt eines Bewertungsprozesses der Umwelt, der eigenen Fähigkeiten und Fertigkeiten im Umgang mit Dichte und der Persönlichkeitseigenschaften dar.

Welche Faktoren innerhalb einer Person spielen hierbei eine Rolle?
GIFFORD (2002) zählt dazu unter anderem das Geschlecht, die generelle Vorliebe für eher hohe oder geringe Dichte und die Vertrautheit mit der Situation. Größe und Einteilung eines Raumes oder öffentlichen Platzes, Temperaturen, Farben, Vorhandensein von Licht, Deckenhöhe etc. kann man unter den physikalischen Situationsmerkmalen subsumieren. Unter den sozialen Situationsmerkmalen kann man sich z. B. die Gruppengröße, mögliche Hierarchien und Bezie-

13. DICHTE UND ENGE

hungen innerhalb der Gruppe vorstellen. Weiterhin wichtig ist, in welchem Umfeld die Dichtebedingung stattfindet – in primären oder in sekundären Lebensbereichen. Dabei wird angenommen, dass hohe Dichte in primären Lebensbereichen als negativer wahrgenommen wird (nach BAUM & PAULUS 1991, *vgl. auch Kap. Territorialität und Privatheit*).

Weiterhin wird deutlich, dass nicht Dichte per se notwendig Beengungserleben, also Crowding, hervorruft; sie ist lediglich ein Einflussfaktor. Dieses Beengungserleben wird durch eine Reihe weiterer Variablen beeinflusst.

Dabei wird das *Beengungserleben* als subjektiver und motivationaler Zustand angesehen. Die betreffende Person hat die Intention, diesen räumlichen Beengungszustand durch eine Reaktion zu beseitigen, entweder durch offenes Verhalten wie Flucht oder kognitive Reaktionen, wie Neubewertung der Situation. Ist hingegen keine adäquate Bewältigungsstrategie vorhanden bzw. schlägt sie fehl, so kann es zu starker Dauererregung und Verhaltensbeeinträchtigungen kommen.

Beengungserleben

Lassen Sie uns nun dies anhand der zwei eingangs geschilderten Beispiele noch mal verdeutlichen.

Für die Busfahrt lässt sich folgendes Schema entwerfen:

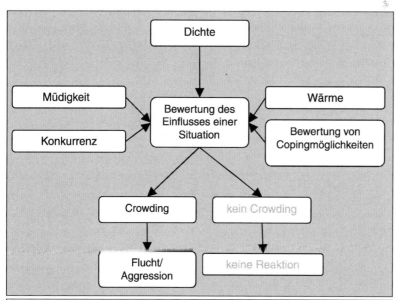

Beispiel Busfahrt

Abb. 2: Mögliches Erklärungsschema für Crowding während der Busfahrt (eigene Darstellung)

Merkmale der Person (hier Müdigkeit) und situative Einflüsse, wie die Wärme und die Konkurrenzsituation um einen guten Stehplatz, führen vermittelt über die vorhandene Dichtesituation im Bus dazu, dass die Situation als beengend bewertet und erlebt wird. Man reagiert eher gereizt und verlässt schließlich den Bus.

ARCHITEKTURPSYCHOLOGIE

Wie sieht es nun bei dem Besuch im Jazzkeller aus?

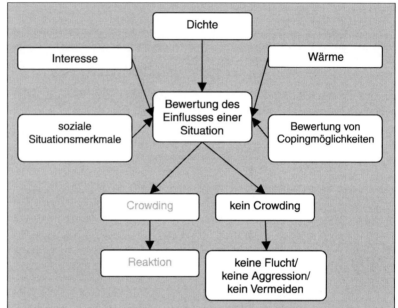

Beispiel Konzert

Abb. 3:
Trotz fast identischer Umweltmerkmale kein Beengungserleben bei Jazzkonzert
(eigene Darstellung)

Ähnlich wie im ersten Beispiel gibt es eine Situation mit hoher Dichte an Menschen. Sie haben die Situation selbst und aus Interesse aufgesucht. Es ist zwar warm, aber Sie erleben die Situation trotzdem nicht als beengend. Sie haben eher Nachsicht, wenn Sie mal angestoßen werden. Ihr Bedürfnis, die Situation trotz der Dichte zu verlassen, ist relativ gering.

13.3.2 Erklärungsmodelle

Nachdem nun die grundlegenden Begrifflichkeiten erläutert und wichtige Phasen aus der Crowdingforschung vorgestellt wurden, sollen an dieser Stelle einige Erklärungsmodelle erläutert werden.

Schaut man sich in der Literatur um, so kann man zahlreiche Theorien über Crowding finden. Diese Theorien unterscheiden sich darin, welche Aspekte im Brennpunkt ihrer Betrachtung liegen. Einige fokussieren dabei verstärkt auf situationale Faktoren, auf soziale Variablen oder auch auf physikalische Gegebenheiten (z.B. Maße eines Raumes), andere wiederum betrachten intensiv die Reaktionen der Individuen. Jedoch kann keine der Theorien Crowding allein und dabei vollständig erklären.

Für eine Einführung in die Vielfalt der Sicht- und Funktionsweisen sollen fünf Modelle vorgestellt werden. Zunächst betrachten wir das *Überlastungsmodell*, in dem es um die knappen kognitiven Ressourcen eines Menschen geht. Im Anschluss daran soll das *Störungsmodell* vor-

Überlastungsmodell
Störungsmodell

gestellt werden, das im Kern seiner Aussagen auf eine bedeutende sozialpsychologische Theorie, die Reaktanztheorie von BREHM (1966, 1972), zurückgeht. Im Zentrum dieser Theorie steht die menschliche Handlungsfreiheit. Die *Verletzung normativer Erwartungen* stellt ebenfalls eine Erklärungsmöglichkeit dar und soll deshalb an dritter Stelle erläutert werden. In diesem Modell betrachten wir Erwartungen von Menschen über Dichte, denen verschiedene Situationen zugeordnet werden. *Verknappung* beschreibt mit einem Wort unser viertes Erklärungsmodell. Wie man diesem Begriff bereits ohne größeres Nachdenken entnehmen kann, muss es hier um eine Beschränkung gehen, genauer um eine Verknappung materieller Ressourcen, aber auch von sozialen Rollen und verfügbaren Positionen. Als fünftes und damit letztes Modell, das hier vorgestellt werden soll, ist das Modell über den *Kontrollverlust* zu nennen. Hier soll der Beengungsstress durch den Verlust der persönlichen Kontrolle entstehen.

Verletzung normativer Erwartungen

Verknappung

Kontrollverlust

Auch wenn diese fünf Modelle die am häufigsten zitierten in der Literatur sind, muss man sich im Klaren darüber sein, dass neben ihnen auch noch weitere Erklärungsmöglichkeiten existieren, die in einer Einführung nicht alle vorgestellt werden können.

13.3.2.1   Das Überlastungsmodell

Dieses Modell, auch beschrieben als Aufmerksamkeitskapazitätsmodell, stammt von COHEN (1978) und befasst sich mit der Frage, wie Individuen bei einer Stimulusüberlastung reagieren. Welche Annahmen liegen diesem Modell zugrunde? Man geht davon aus, dass die Ressourcen, die ein Individuum für Aufmerksamkeitsleistungen aufbringen kann, beschränkt sind. Wenn bestimmte Stimuli in unserer Umwelt vorliegen, die für das einzelne Individuum neu, ungewohnt oder gar bedrohlich wirken, dann kann die verfügbare Aufmerksamkeitskapazität schnell überlastet oder im extremen Fall kurzzeitig völlig aufgebraucht werden. Somit liegt eine Störung in der Informationsverarbeitung aufgrund der Vielzahl von Reizen vor. Da man aber i.d.R. immer noch über eine Restkapazität verfügt, wird diese nur sehr sparsam eingesetzt, nämlich nur für die wichtigsten Reize. Doch was sind die wichtigsten Reize? Jedes Individuum führt Handlungen aus, die ein bestimmtes Ziel verfolgen, z.B. einkaufen gehen, Futter suchen, kämpfen usw. Nun werden nur die Stimuli aus der Restkapazität gespeist, die für die Zielerreichung nützlich sind, die anderen werden ausgeblendet. Und diese Ausblendung oder Vernachlässigung kann unsere Wahrnehmung für andere Dinge verarmen. So könnten wir Probleme im Erkennen von Notsituationen anderer haben oder aber auch unsere Kommunikation auf das Notwendigste beschränken.

Mangelnde Informationsverarbeitung

Eine besondere Herausforderung für die Aufmerksamkeitskapazität stellt dabei die Verarbeitung von Reizen dar, die „charakteristisch" für Situationen mit hoher Dichte sind. Diese zeichnen sich v.a. durch ein hohes Maß an Stimulation und nur bedingte Vorhersagbarkeit und Kontrollierbarkeit sozialer Stimuli aus. Was kann man aus diesen Grundannahmen ableiten? Wenn sich eine Person in einer Situation mit hoher Dichte befindet, so wird deren Aufmerksamkeitskapazität reduziert. Die Folge davon könnten Abweichungen im sozialen Verhalten sein, die im Vergleich zu einer normalen Situation weniger Hilfeverhalten erwarten lassen (nach SCHULTZ-GAMBARD, 1985a).

> Einen empirischen Beleg für dieses Modell findet man ebenfalls bei Cohen (1978). Versuchspersonen wurde die Aufgabe gestellt, in einem Einkaufszentrum bestimmte Produkte zu suchen und deren Preise zu vergleichen. Dabei variierte man die Aufgabenschwierigkeit sowie das Ausmaß der Dichte und damit die soziale Stimulation. Die Dichte ließ sich einfach dadurch herstellen, dass man die Untersuchung durchführte, wenn eine hohe und eine niedrigere Kundenfrequenz vorlag. Die Versuchspersonen stießen nach der Aufgabendurchführung zufällig auf eine andere Person, eine Eingeweihte des Versuchsleiters, die angeblich Kontaktlinsen auf dem Boden suchte. Dabei zeigte sich, dass die Versuchspersonen unter niedriger Dichte, bei gleichzeitig geringerer Aufgabenschwierigkeit, signifikant mehr Hilfeverhalten zeigten als die, die in hoher Dichte, bei gleichzeitig größerer Aufgabenschwierigkeit, Preise verglichen.

Experiment zum Überlastungsmodell

13.3.2.2 Das Störungsmodell

Auf der Grundlage der Reaktanztheorie (BREHM, 1966, 1972) verstehen SCHOPLER & STOCKDALE (1977) die Genesis der Beengung. Dieses unangenehme subjektive Erleben entsteht nach diesem Modell dann, wenn bei einer hohen Dichte das Erreichen eigener Ziele oder wichtiger Handlungen durch die bloße Anwesenheit oder durch das Verhalten anderer Personen gestört ist. Unter Störung wird dabei eine *Beschränkung, Unterbrechung oder eine Blockierung einer oder mehrerer zielgerichteter Verhaltensfolgen* verstanden. Das subjektive Gefühl der Beengung kann in unterschiedlicher Intensität erfahren werden, je nach dem Ausmaß der Störung. Dabei sind die Stärke, Häufigkeit, Dauer und Art der Handlung als wichtige Aspekte zu charakterisieren (s. Abb. 4). Man kann sich leicht vorstellen, dass eine Unterbrechung einer sehr wichtigen Aufgabe (z.B. konzentrierte Beobachtung eines chemischen Experiments) eine intensivere Störung darstellt als bei einer weniger wichtigen oder anstrengenden Aufgabe (Lösen eines Kreuzworträtsels).

Crowding führt zu Handlungsunterbrechung

13. DICHTE UND ENGE

> **Reaktanztheorie**
> Wir alle sind bestrebt, unsere erworbenen Freiheiten zu erhalten. Dabei ist unter Freiheiten die Menge der Handlungsalternativen zu verstehen, die einem Menschen in einer bestimmten Situation zur Verfügung stehen. In einer tatsächlichen oder einer bevorstehenden Einschränkung der Handlungsfreiheit kann man auf unterschiedliche Art und Weise reagieren. Auf der Verhaltensebene kann man mit Trotz, Flucht, Aggressionen oder mit dem Vermeiden solcher Situationen reagieren. Zum anderen gibt es die kognitive Ebene, in der man mit Anpassung und Aufwertung einer Alternative reagieren kann, oder man nutzt die Möglichkeit einer Uminterpretation, in der man sich den Sachverhalt „zurechtrücken" kann.
> In jedem Fall wird die gezeigte Reaktion in ihrer Ausprägung durch folgende Aspekte moderiert:
> (1) wie wichtig war die eliminierte Handlungsalternative,
> (2) wie sehr vertraute man auf das Bestehen der Alternative
> (3) und wie groß ist das Ausmaß der Freiheitseinschränkung
> (nach BREHM, 1966, 1972)

Wenn wir sehr oft während einer Tätigkeit gestört oder unterbrochen werden, wird unsere Reaktion bei jeder weiteren Störung eine andere sein als bei der ersten. Daneben spielt auch die Art der Handlung oder Tätigkeit eine wichtige Rolle, da sie sich bei hoher Dichte in der Anfälligkeit für Störungen unterscheiden. Es macht beispielsweise einen Unterschied, ob man balancierend mit einem voll beladenen Tablett in der Kantine einen freien Platz sucht oder auf einer Parkbank eine Zeitschrift liest.

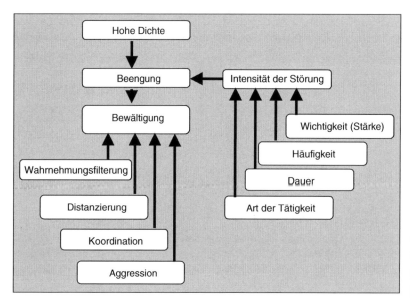

Abb. 4: Übersicht der Einflussfaktoren und Bewältigungsmöglichkeiten (eigene Darstellung)

Die Konsequenz für das Beengungserleben und damit auf die Störung geht in Richtung einer Beseitigung der Störungsursachen. Dabei können die Reaktionen völlig unterschiedlich geartet sein. So können wir unsere Wahrnehmung so anpassen, das wir uns nur auf ein Ziel oder eine bestimmte Tätigkeit konzentrieren und die Störung ausblenden (Filterfunktion). Wir können aber auch über die Distanzierung zu anderen Personen uns den Raum schaffen (s. Persönlicher Raum), der uns in sozialen Interaktionen schützt und der gleichzeitig als Signal dient, ob wir Intimität zulassen wollen oder eher nicht.

Verstärkte Bemühungen um eine angemessene Koordination kann ebenso zur Vermeidung von Störung beitragen wie auch Versuche, über aggressive Verhaltensweisen die Störung zu beseitigen. In der Abbildung 4 sind die Dimensionen der Störung und der Bewältigungsmaßnahmen dargestellt.

Bisher hat es noch keine systematische Überprüfung des Modells gegeben, obwohl es mit seinen Bestimmungsstücken gut für ein Experiment geeignet wäre.

Simulationsstudie zum Störungsmodell

SCHOPLER & STOCKDALE (1977) haben ihr Modell lediglich mit einer Simulationsstudie anhand von unterschiedlichen Wohnbedingungen überprüft. Simuliert wurde in dieser Untersuchung ein Studentenwohnheim, mit unterschiedlichen Ausprägungen der Wohndichte und der Verfügbarkeit gemeinsamer Einrichtungen (Koch- und Waschgelegenheit usw.). Die Entstehung von Beengung wurde hier durch die Variation der Dichte wie auch über die Ressourcenverfügbarkeit beeinflusst. Durch die Ergebnisse der Untersuchung kann das Modell eine gewisse Unterstützung erfahren, denn bei knappen Ressourcen konnte gezeigt werden, dass ein höherer Lärmpegel, mehr negative soziale Affekte auftraten und negative Bewertungen des räumlichen Milieus vorlagen. Durch eine tiefere Datenauswertung mittels einer Faktorenanalyse konnte belegt werden, dass Dichte, Ressourcenverfügbarkeit und Störungen gemeinsam einen Einfluss auf das Beengungserleben haben. Somit kann auch das Störungsmodell nur einen Teil der Dichteeffekte erklären.

13.3.2.3 Beengung durch Verletzung normativer Erwartungen

Wenn Sie sich mit einer fremden Person unterhalten, werden Sie i.d.R. eine größere Distanz zu ihr einhalten als zu Ihrem Freund oder Ihrer Freundin. Warum? Die Interaktionsdistanz ist für uns von großer Bedeutung, denn über diese können wir viele soziale Situationen kontrollieren. So können wir uns Personen, die eine Bedrohung darstellen, vom Leib halten, zu starke Stimulation, aber auch unerwünschte Intimität abwehren. Gleichfalls können wir über die Distanz kommunizieren, denn die Distanz stellt ein Signal dar, ob wir nun eine intime oder weniger intime Stimulation zulassen oder aber auch suchen. Wir verfügen somit über ganz bestimmte *Erwartungen*, welche Distanzen und auch Dichtebedingungen wir in typischen Situationen als normal ansehen. Das Wort „normal" gibt bereits einen Hinweis darauf, dass die meisten Erwartungen einen normativen Charakter haben, d.h., man wächst mit ihnen auf und sie begleiten ein Individuum in einer Gesellschaft.

Erwartungen bestimmen Beengungserleben

Falls man sich in einer Situation mit hoher Dichte befindet und die Annahmen über die Personenanzahl und/oder Distanzen zu anderen Personen verletzt sind, so reagieren wir i. d. R. irritiert, verärgert, beunruhigt oder gar verängstigt. Dies sind die ersten Signale für das Gefühl der Beengung. Nach diesem Ansatz zur Verletzung normativer Erwartungen (es wurde nie ein vollständiges Modell dazu entwickelt) ist das Beengungsgefühl die Reaktion auf die Erwartungsverletzung.

> Dass dieser Ansatz durchaus einen Erklärungsanspruch besitzt, konnte durch eine Simulationsstudie von DESOR (1972) belegt werden. Es stellte sich die Frage, wie man Erwartungen überhaupt untersuchen kann? Den teilnehmenden Versuchspersonen wurden kleine Modellräume präsentiert, die sich in Größe, Form u. Ausstattung unterschieden, z.B. mit und ohne Raumteiler usw. Danach erklärte man ihnen, dass diese Räume verschiedene Funktionen zu erfüllen hätten, so sollte ein Raum z.B. eine Wartehalle, ein Lesesaal oder ein Partyraum sein. Die Versuchspersonen erhielten nach der Funktionszuteilung kleine Modellfiguren, die sie in diese Räume einsetzen sollten, bis nach deren subjektivem Gefühl der jeweilige Zustand der Beengung vorlag. Das Beengungserleben wurde dabei über die Anzahl der eingesetzten Modellfiguren definiert.
>
> Das Ergebnis der Studie bestätigte die Existenz der oben beschriebenen Erwartungen. Die Versuchspersonen hatten folglich die Anzahl der Modellfiguren nicht nur in Abhängigkeit zur Größe, Form und Ausstattung der Modellräume eingesetzt, sondern sie berücksichtigten auch deren vorher zugeschriebene Funktionen. Dies zeigte sich darin, dass die Teilnehmer der Untersuchung eine deutlich höhere Figurenanzahl in den Modellraum positionierten, wenn dieser die Funktion eines Partyraums erfüllen sollte. Im Vergleich dazu war die verwendete Figurenanzahl bei der Bedingung Wartehalle u.Ä. wesentlich geringer. Diese Untersuchungsergebnisse lassen den Schluss zu, dass wir für verschiedene Aktivitätsmuster bzw. Funktionen eines Raumes differierende Erwartungen über die Dichte haben. Durch einen internen IST-SOLL-Vergleich des Individuums wird die jeweilige Situation bewertet und als Resultat kann ein Beengungsgefühl entstehen oder auch nicht.

Simulationsstudie zur Verletzung normativer Erwartungen

General Incongruity Adaption Level (GIAL)

Specific Incongruity Adaptation Levels (SIAL)

STREUFERT (1980) bietet eine ähnliche Erklärungsmöglichkeit an, um Crowding zu erklären. Er bezieht sich auf die allgemeine Theorie des *General Incongruity Adaption Level (GIAL)*. Dieses äußerst komplexe System enthält neben einer Vielzahl anderer *Specific Incongruity Adaption Levels (SIAL)* auch eines, das dichtespezifisch ist (in der Abb. 5 dunkel markiert). Dieses dichtespezifische SIAL soll sich durch Erfahrung von verschiedenen Dichtesituationen herausgebildet haben. Wenn sich eine Person in einer spezifischen Situation befindet, die von ihrem dichtespezifischen SIAL abweicht, so kann das gesamte System, das GIAL, diese Inkongruenz zum Teil ausgleichen. Ist diese Abweichung allerdings zu groß, d.h., die Situation ist einfach zu neu oder nur äußerst schlecht vorhersagbar oder es gibt gleichzeitig Abweichungen in anderen SIALs, so kann diese Toleranz nicht mehr kompensiert werden. Das Ergebnis wäre das Erleben der Dichte als Stress.

Dieses Modell ist recht plausibel und zeichnet sich dadurch aus, dass es dichtespezifische Erfahrungen eines Individuums mit in der Entstehung von Beengung berücksichtigt. Leider erklärt diese Konzeption nicht die Kernaspekte, die die dichtespezifischen SIALs begründen und beeinflussen. Nach dieser Theorie wären demnach Schlussfolgerungen zulässig, die im ersten Augenblick ganz plausibel erscheinen. Zum Beispiel sollten sich Personen, die in hohen Dichtesituationen aufgewachsen sind, in wiederum solchen Situationen nicht beengter fühlen als diejenigen, die über weniger Dichteerfahrung verfügen.

Abb. 5: Vereinfachte Darstellung der allgemeinen Theorie des General Incongruity Adaption Level (GIAL) in Bezug auf den Verlauf einer Dichtesituation (eigene Darstellung)

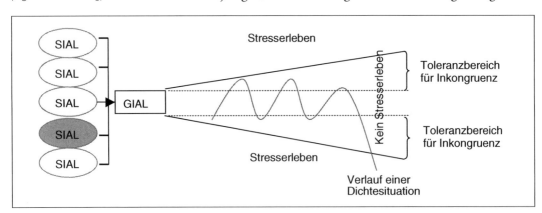

Feldstudie zur Theorie des GIAL

Da diese Theorie kaum empirisch überprüft wurde, liegen nur wenige Befunde vor, die solche Schlussfolgerungen tatsächlich unterstützen. Ein Beleg konnte durch WOHLWILL & KOHN (1973) erbracht werden, wonach sich Personen aus einer Kleinstadt in einer Großstadt beengter fühlten als Personen aus einer anderen Großstadt.

13.3.2.4 Das Überbesetzungsmodell

Ein nächster Ansatz, um Crowding zu erklären, stammt von WICKER (1973). Er konzipierte das Überbesetzungsmodell auf der Grundlage der Arbeiten von BARKER und seinen Mitarbeitern, zu denen WICKER gehörte. Diese Arbeitsgruppe analysierte „behavior settings", wie z.B. Schulen, Vereine, Kirchen oder Kneipe. Der Focus dieser Untersuchungen war es, Aufschluss darüber zu geben, wie sich das Verhalten der Mitglieder in einem solchen Setting verändert, wenn es unterbesetzt war *(vgl. Kap. Der Behavior-Setting-Ansatz).*

Behavior setting

Von BARKER und WRIGHT (1971) eingeführte Bezeichnung für natürliche, d.h. nicht künstlich für die Forschung hergestellte oder ausgegrenzte Einheiten von zeitlich-räumlich-dinglichen Verhaltensobjekten und Verhaltensmustern, die unabhängig von der Teilnahme ganz bestimmter Individuen immer wieder ähnlich anzutreffen sind. Stationäre Bsp.: Unterricht in der Schulklasse, Gottesdienst in der Kirche, Sprechstunde beim Arzt; mobile Beispiele: Angelpartie, Ballspiel der Kinder auf der Straße. Es besteht eine *synomorphe Beziehung** zwischen den Verhaltensobjekten und den Verhaltensmustern.

*Aufeinanderabgestimmtsein von konkretem Verhalten und seiner unmittelbaren Umgebung (DORSCH, 1998, S. 110)

Der Regelfall ist nun der, dass die Rollen oder Positionen in solchen Settings nicht einfach wegfallen, sondern durch Mitglieder doppelt besetzt werden. Und diese Doppelbesetzung von Rollen und Funktionen kann u.a. zu Veränderungen im Selbstbild, im Erleben von Kompetenz und in der sozialen Integration führen.

WICKER entwickelte aus diesem Unterbesetzungskonzept ein vergleichbares, aber entgegengesetztes Konzept, das Überbesetzungsmodell. Settings mit hoher Dichte würden sich dadurch auszeichnen, dass sie überbesetzt wären. Dies entspricht einem Mangel an Positionen, Rollen oder Ressourcen für Personen in dem jeweiligen Setting. Aus

---

So haben ROHE & PATTERSON (1974) in einer Feldstudie zeigen können, dass in einer Kinderspielgruppe gesteigerte Aggressionen zu beobachten waren, die nur dann auftraten, wenn neben der Bedingung einer hohen Dichte auch die Ressource (Spielzeug) verknappt wurde. An dieser Stelle wird auch eine Parallele zum vorher dargestellten Störungsmodell sichtbar, denn dort wird die Verknappung von Ressourcen als Störung betrachtet. Der Nachteil dieses Modells ist auch hier der, dass es sich nur auf einen Aspekt der Dichtebedingungen bezieht und somit nicht als generelles Modell zur Erklärung von Crowding geeignet ist.

Feldstudie zum Überbesetzungsmodell

dem Mangel soll eine Wahrnehmung resultieren, die zu einer geringeren sozialen Beteiligung, zu einer verminderten Gruppenzugehörigkeit und zum Gefühl des nicht mehr Gebrauchtwerdens führt.

Nach diesem Überbesetzungsmodell führt die Dichte nur dann zu negativen Effekten, wenn parallel dazu auch wichtige Ressourcen verknappt werden. Für diese Annahme gibt es empirische Unterstützung.

13.3.2.5 Kontrollverlust

Beengungsstress durch Kontrollverlust

Das nächste Modell, das hier in seinen Grundzügen vorgestellt werden soll, stammt aus einer Reihe von kontrolltheoretischen Erklärungsansätzen. Das Kontrollmodell von BARON & RODIN (1978) geht in seiner zentralen Annahme davon aus, dass es zur Entstehung von *Beengungsstress* nur dann kommt, wenn hohe soziale und/oder räumliche Dichte zu einem *Kontrollverlust* eines Individuums führt. Unter Kontrollverlust versteht man in diesem Modell die Fähigkeit, zwischen den eigenen Intentionen und den umweltbezogenen und umweltbeeinflussten Konsequenzen des eigenen Verhaltens einen Zusammenhang herzustellen.

Welche Gründe gibt es für die Entstehung von Kontrollverlust? Zunächst kann es zur Einschränkung oder zum Verlust der Kontrolle in den Wahlmöglichkeiten zwischen den Handlungszielen oder zwischen den Wegen, die Ziele zu erreichen, kommen. Des Weiteren kann auch das Vorhandensein wichtiger Ressourcen vermindert oder die tatsächliche Zielerreichung selbst gestört sein. Das Modell beschreibt die Genesis – von Kontrollverlust durch hohe Dichte zum Erleben von Beengung – als eine Prozesskette. Innerhalb eines solchen Prozesses werden die folgenden Phasen durchlaufen.

Abb. 6: Phasen des Kontrollverlustmodells (eigene Darstellung)

Entstehungsphase

Entstehungsphase: In dieser Phase findet eine Dichteveränderung statt, die wiederum zu einer Veränderung des Umweltpotentials (Gesamtheit aller spezifischen Einzelfaktoren aus der Umwelt, die das Erreichen eines Zieles erleichtern oder erschweren) führt. Auf diese Veränderung des Umweltpotentials folgt eine Veränderung der Kontrollanforderungen des einzelnen Individuums. Wenn es um eine Erhöhung der Anforderungen geht, wird das Individuum mit gesteigerten Aufmerksamkeits- und Erregungsprozessen antworten, allerdings entsteht hierbei noch kein Beengungsstress. Das Individuum stellt nun einen Vergleich an, welche Umweltanforderungen vorliegen und über welche

Möglichkeiten es verfügt, darauf zu reagieren. Der Vergleich endet mit einer Beurteilung, ob durch die Reaktion ein Verlust an Kontrolle droht. Wenn an diesem Punkt die Wahrnehmung durch die Angst eines Kontrollverlusts geprägt ist, dann entsteht das Gefühl der Beengung.

Antizipatorische Bewältigungsphase: Wenn eine Kontrollbedrohung wahrgenommen wird, dann wird die Situation nochmals auf Kontrollverlust geprüft. Dies konnte dann durch Prozesse der Ursachenzuschreibung geschehen (z.B. die Überlegung, ob eine Störung absichtlich oder unabsichtlich entstanden ist oder ob sie häufig und/oder von langer Dauer ist). STOKOLS (1978) geht davon aus, dass die Zuschreibung der Beeinträchtigung zu räumlichen Bedingungen oder anderen Personen von großer Bedeutung ist. Nach seinen Ausführungen würde man erst dann auf die Raumgröße attribuieren, wenn die Gruppengröße als Reizbedingung nicht mehr so hervortritt.

Antizipatorische Bewältigungsphase

Verändernde Bewältigungsphase: Wenn es nicht möglich ist, eine angemessene Kontrollwahrnehmung aufrechtzuerhalten, dann hat das Individuum zwei Handlungsalternativen. Entweder es werden die kontrollrelevanten Umweltanforderungen soweit reduziert, dass kein Kontrollverlust mehr wahrgenommen wird (z.B. durch Rückzug aus der jeweiligen Situation), oder es wird versucht, eine Verbesserung der eigenen Verhaltensmöglichkeiten zu erreichen (z.B. durch Schaffung persönlicher Beziehungen zu anderen).

Verändernde Bewältigungsphase

Phase nach der Konfrontation mit der Dichteerhöhung: Sowohl das erfolgreiche Bewältigungsverhalten als auch der dazu benötigte Aufwand sind entscheidend darüber, inwiefern psychologische Kosten in Form von negativen Nacheffekten (z.B. kognitive oder motivationale Defizite, physiologische Funktionsstörungen usw.) entstehen.

Phase nach der Konfrontation

BARON & RODIN (1978) fokussieren in ihrer Darstellung besonders auf die Unterscheidung zwischen sozialer vs. räumlicher Dichte, denn hier sollen verschiedene Stress- und Bewältigungsprozesse stattfinden. Die räumliche Dichte wird in Bezug auf den Kontrollverlust als weniger belastend wahrgenommen, da sie weniger als persönliche Bedrohung, sondern eher materiell fixiert erlebt wird. Anders ist das bei der sozialen Dichte. Der Kontrollverlust wird zwar wesentlich intensiver wahrgenommen, aber zugleich gestattet eine solche soziale Dichtesituation den Betroffenen mehr Handlungsmöglichkeiten für eine bessere Bewältigung (z.B. Gruppen- oder Territorienbildung, um soziale Umweltbedingungen besser kontrollieren zu können).

Wenn man das Kontrollmodell als Vertreter der kontrolltheoretischen Erklärungsmodelle betrachtet, so scheint es – wie die anderen, hier vorgestellten Erklärungsansätze – nicht in der Lage zu sein, das Gesamtphänomen Crowding restlos zu erklären. Es verbleibt ein unklares Bild, welche konkreten Bedingungen, außer dem Aspekt des Kontrollverlusts, noch für das Entstehen von Beengung notwendig sind. Eine empirische Überprüfung des Modells konnte in Ansätzen vorgenommen werden, z.B. in den Untersuchungen von SHERROD (1974), RODIN et al. (1978) und LANGER & SAEGERT (1977). All diese Arbeiten untersuchten das Erleben und die Bewältigung von hoher Dichte, bezogen auf die wahrgenommene Kontrolle.

13.3.3 Auswirkungen von Beengungsstress

Mit welchen Konsequenzen muss man bei Exposition mit einer Dichtesituation oder bei Erleben von Beengung gerechnet werden?

Zunächst erscheint einsichtig, dass die Folgen unter anderem von der Dauer der Exposition abhängig sind. Die tägliche Busfahrt im Berufsverkehr mag durchaus jedes Mal als beengend empfunden werden, hat jedoch kaum einen dauerhaften und schädigenden Einfluss auf das Individuum. Die betroffenen Personen könnten sich jedoch für eine andere Beförderungsmöglichkeit entschließen, zum Beispiel mit dem eigenen Pkw, was wiederum zu Umweltproblemen und Staus führen mag. Anders sind die Folgen hoher sozialer und räumlicher Dichte und daraus resultierender Beengung jedoch bei schlechten Wohnverhältnissen. Hier ist ein Ausweichen (z. B. Wegzug), wie bei der Busfahrt, nicht ohne weiteres möglich. Auf welchen Ebenen zeigen sich in diesem Fall Veränderungen?

Mögliche subjektive Folgen von Crowding-Situation

- Hohe soziale Dichte verursachte in verschiedenen Studien negative affektive Gefühlszustände (nach Evans, 1975; Sundstrom, 1975)
- Dichte und Beengung stehen im Zusammenhang mit physiologischen Massen von Erregung, wie zum Beispiel Hautleitwiderstand, Blutdruck und endokriner Aktivität. In einer britischen Längsschnittuntersuchung zeigten Berufspendler in öffentlichen Verkehrsmitteln Herzfrequenzen und Blutdruckwerte, wie sie bei Kampfpiloten in besonderen Stresssituationen auftreten (Braun, 2005).
- Des Weiteren gibt es Hinweise, dass negative Affekte und Übererregung vermehrt zu Krankheiten bzw. negativen Konsequenzen für die Gesundheit führen (nach Baum & Paulus, 1991).
- Ein weiteres Forschungsfeld war die Wechselwirkung von Dichtesituationen, Beengungserleben und Leistungen beim Lösen von Aufgaben. Hier ergeben sich sehr heterogene Befunde. Allerdings gibt es Hinweise, dass Crowding die Leistung mindert, besonders bei komplexen Aufgaben. (nach BAUM & PAULUS, 1991)

13. DICHTE UND ENGE

Besonders augenfällig sind Verhaltensänderungen aufgrund hoher Dichte und erlebter Beengung. Da Crowdingerleben per definitionem ein soziales Phänomen darstellt, müssen sich unterschiedliche Dichtesituationen zwangsläufig im interpersonalen Verhalten widerspiegeln. Zwei Möglichkeiten von Verhalten treten dabei häufig auf: Vermeidungsverhalten und aggressives Verhalten.

- Das *Vermeiden* von Kontakt ist eher in Situationen anzutreffen, in denen viele Menschen präsent sind und damit eine hohe Frequenz von Sozialkontakten möglich ist. BAUM & VALINS (1977) konnten in ihrer Studie zeigen, dass Studenten infolge häufiger ungewollter Interaktionen mit Nachbarn im Studentenwohnheim den Kontakt vermieden. Vermeidungsverhalten zeigt sich weiterhin auch im Vermeiden von Blickkontakt, als Indikator für soziale Interaktionen. Beobachten Sie Ihr Verhalten in einem vollen Wartezimmer! Schauen Sie tatsächlich allen Wartenden lange in die Augen und mustern sie? Sind Sie etwa nicht dankbar für jede Ablenkung, sei es ein Bild an der Wand oder eine Zeitschrift zum Lesen, die Ihre Blicke auf sich ziehen?

- Die zweite häufig anzutreffende Reaktion auf Dichtesituationen ist *Aggression*. Aggressives Verhalten kommt vor allem in Situationen hoher räumlicher Dichte vor. Denken Sie an die eingangs erwähnte Situation der Busfahrt. Auch besonders unter Bedingungen knapper Ressourcen zeigt sich vermehrt aggressives Verhalten.

Grundtypen von Verhaltensmustern in Crowding-Situationen: Vermeidung oder Aggression

SCHULTZ-GAMBARD fasst unterschiedliche Studien zu den Auswirkungen von Beengungsstress wie folgt zusammen: „Gemeinsames Ergebnis ist, dass durch hohe Dichte gekennzeichnete Lebensbedingungen im allgemeinen schädigende Auswirkungen auf physiologische Prozesse (erhöhte Daueraktivierung bis hin zu funktionalen Störungen) sowie auf affektive (z.B. negative subjektive Befindlichkeit), kognitive (z.B. Leistungsdefizite) und soziale (z.B. sozialer Rückzug) Prozesse haben. Die Auswirkungen generalisieren auch über den Bereich, in dem die Beengung unmittelbar erlebt wird, hinaus auf andere Bereiche. Besonders beeinträchtigt scheinen Personengruppen mit eingeschränkten Handlungsalternativen – und damit geminderten Bewältigungsmöglichkeiten – wie z. B. Kinder, alte Leute oder – im Extrem – Strafgefangene" (SCHULTZ-GAMBARD, 1990, S. 344).

Da sich in Ländern und Regionen mit hoher Dichte die skizzierten Verhaltensmuster – wie Rückzug und Vermeidung – stabilisieren, sprechen verschiedene Autoren bereits von einer so genannten „*Crowding-Kultur*". Ausdruck dieser Kultur ist nicht nur der Rückzug in die eigene Wohnung, sondern auch die mentale Selbstisolation in der Öffentlichkeit, wie sie beispielsweise durch das ständige Tragen der Kopfhö-

Crowding-Kultur

ARCHITEKTURPSYCHOLOGIE

rer von MP 3-Playern möglich ist. Es bleibt abzuwarten, welche Folgen derartige nach innen gekehrte Verhaltensmuster – auch als „Cocooning" bezeichnet – für menschliches Zusammenleben in der Zukunft haben werden.

13.3.4 Integration

Lassen Sie uns im Folgenden die vorher erwähnten Modelle, die das Zustandekommen von Crowding erklären wollen, in einem größeren Zusammenhang betrachten: Die in Abbildung 7 oberhalb der gestrichelten Linie dargestellten Sachverhalte versuchen das Auftreten von

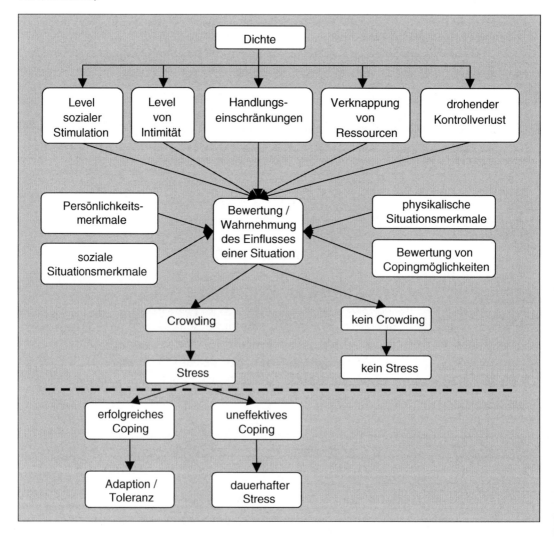

Abb. 7: Integratives Modell zur Erklärung von Crowding (nach BAUM & PAULUS, 1991, modifiziert)

Crowding als Produkt eines Bewertungsprozesses zu erklären. Dies kennen wir bereits aus dem Kapitel „Differenzierung zwischen Dichte vs. Beengung". Dazugekommen ist die feinere Differenzierung von Dichte, wie sie in den vorangegangenen Kapiteln beschrieben wurde. Unterhalb der gestrichelten Line in Abbildung 7 werden die Konsequenzen von Beengungserleben und dem daraus erwachsenden Stress betrachtet.

Auf die Möglichkeiten der Bewältigung (Coping), wie zum Beispiel visuelle Ablenkung durch Vermeidung von Augenkontakt in Situationen hoher sozialer Dichte oder das vermehrte Zeigen von aggressiven Verhaltensweisen in Situationen hoher räumlicher Dichte wurde bereits bei der Betrachtung der Auswirkungen von Beengungsstress eingegangen. Diese Verhaltensweisen können je nach Person und Situation zielführend im Sinne einer Minderung des Beengungserlebens sein oder nicht. Die Folgen dauerhaften Stresses, der unter sehr ungünstigen Lebensbedingungen, wie zum Beispiel in Gefängnissen oder Asylbewerberheimen, auftritt, sind bereits in vorangehenden Abschnitten beschrieben worden.

13.4 Wirkungen baulicher Bedingungen

Es stellt sich nun die Frage, welche Situationsmerkmale eher zu einem Erleben von Beengung beitragen. Hierbei wollen wir uns ausschließlich auf Aspekte der bebauten oder gestalteten Umwelt beschränken. Im Folgenden sollen stichpunktartig einige empirische Befunde zusammengestellt werden.

- Bei geringer Deckenhöhe verstärktes Bedürfnis nach mehr Raum bei männlichen Versuchspersonen (SAVINAR, 1975).
- Quadratischen Räumen wird mehr erlebte Beengung zugeordnet (DESOR, 1972). Als Grund führen SADALLA & OXLEY (1984) die Möglichkeit der Wahl größerer Interaktionsdistanzen in rechteckigen Räumen an.
- Unter freiem Himmel werden in der Regel kürzere Interaktionsdistanzen gewählt. Es wird angenommen, dass die optische Weite die räumlichen Distanzbedürfnisse kompensiert (nach SCHULTZ-GAMBARD & HOMMEL, 1987).
- Fenster und Türen vermindern Beengungsempfinden (MCCLELLAND & AUSLANDER, 1976).
- Visuelle Ablenkungsmöglichkeiten, wie zum Beispiel Bilder, reduzieren Beengungsgefühle bei hoher sozialer Dichte (WORCHEL & TEDDLIE, 1976).

Empirische Belege zur Wirkung baulicher Bedingungen

Abb. 8: Beispiel für eine Wohnumwelt, die das Beengungserleben fördert

- In Abhängigkeit von der Funktion des Raumes führt das Schaffen von abgegrenzten Zonen durch Raumteiler einerseits zu Beengungsgefühlen, andererseits haben sie eine beengungsreduzierende Wirkung (nach SCHULTZ-GAMBARD & HOMMEL, 1987). „Schützt" ein Raumteiler in einer Cafeteria, indem er intime Separees schafft oder beim Arzt die Anmeldung vom Warteraum trennt, so wird ein Raumteiler in Situationen oder an Orten, an denen man darauf angewiesen ist die Übersicht zu behalten, als störend empfunden. Eine Unterteilung eines Warteraumes beim Arzt durch Stellwände beschneidet die Möglichkeit der „Kontrolle", welcher andere Wartende noch vor einem dran ist und wer erst später, so dass man notfalls bei widerfahrender Ungerechtigkeit rechtzeitig intervenieren kann.
- STOKOLS (1976) erwähnt, dass Crowding durch ein Optimum an Flexibilität reduziert werden kann, indem man sich an ändernde Dichtebedingungen durch flexible und bewegliche Trennwände und Decken anpasst.

13. DICHTE UND ENGE

In Abbildung 9 würde ein Sicht- bzw. Schallschutz um den Münzfernsprecher eine Art „Raumteiler" darstellen und so eventuell eher dazu beitragen, dass das Telefon benutzt wird. Darüber hinaus ist die Anordnung des Münzfernsprechers zwischen einem Briefkasten der Post und einem Papierkorb ein Zeichen für schlechtes Design und trägt so wahrscheinlich zu einem vermehrten Erleben von Beengung bei Benutzung des Telefons oder der Nichtnutzung des Telefons bei *(vgl. Pkt. Erklärungsmodell für Beengung durch die Verletzung normativer Erwartungen in Bezug auf Interaktionsdistanzen).*

Abb. 9: Schlechtes Design im Alltag kann zu Beengungserleben oder Nichtinanspruchnahme führen

ARCHITEKTURPSYCHOLOGIE

- SAEGERT UND KOLLEGEN (1975) weisen darauf hin, dass klare Orientierungen in High-Density-Bereichen notwendig sind. Es sollte eine geringe Anzahl an Wahlmöglichkeiten und Verzweigungspunkten geben und keine Überfüllung mit Hinweisschildern.

- WENER & KAMINOFF (1983) betonen den Zusammenhang von Orientierungsmöglichkeiten und dem Erleben von Beengung. Sie argumentieren, dass hohe soziale Dichte unsere Wahrnehmung handlungsrelevanter Informationen wie zum Beispiel Hinweisschilder erschwert. Auf diese Weise können auch großzügig geplante Räumlichkeiten unübersichtlich und verwirrend werden und dergestalt Beengungsgefühle bewirken.

- RAPOPORT (1975) erörtert, dass die Reduktion von Reizen, die auf Crowding hindeuten bzw. vermeintlich hindeuten, das Beengungserleben vermindern können. So vermitteln höhere Häuser eher ein Gefühl von Crowding. Die Verfügbarkeit von nichtbewohnten Bereichen wie Parks, Pubs oder Geschäften in Angrenzung an Wohnzonen reduziert dagegen das Beengungserleben.

Abb. 10: Wohngebiete mit viel natürlichem Grün werden als weniger dicht empfunden

13.5 Was bringt uns das Wissen für die Praxis

Welche Schlüsse lassen sich für Architekten, Designer und Planer von bebauter Umwelt hinsichtlich des Vermeidens von Crowding ziehen?

Zunächst lässt sich grob unterscheiden, ob man bereits im Vorfeld, das heißt in der Planungsphase, präventiv eingreift oder erst nach der Inanspruchnahme durch die Nutzer interveniert *(vgl. Kap. Nutzungsorientierte Planung und Gestaltung gebauter Umwelten sowie Kap. Ausgewählte Studien und Methoden).*

13.5.1 Planungsphase

Hier sollten die bereits erwähnten empirischen Befunde, wie Beachtung der Deckenhöhe, Raumgröße, Helligkeit, Vorhandensein von Fenstern, Türen etc., berücksichtigt werden.

SCHULTZ-GAMBARD & HOMMEL (1987) schlagen die in Abbildung 11 dargestellte Checkliste zur Planung baulicher Umwelt mit dem Fokus auf Bedingungen von Crowding vor.

13.5.2 Intervention

Stellvertretend für eine große Anzahl an Interventionsstudien in der Crowdingforschung soll auf der übernächsten Seite noch einmal auf die Untersuchung von BAUM & VALINS (1977) verwiesen werden. An diesem Beispiel wird die Rolle von Erkenntnissen aus psychologischer Forschung im praktischen Planen von Designer und Architekten deutlich *(vgl. auch Kap. Das Drei-Ebenen-Konzept der Mensch-Umwelt-Regulation).*

Darüber hinaus ist darauf hinzuweisen, dass die Forschung zu Dichte und Enge permanent vorangetrieben wird. So zum Beispiel mit laborexperimentellen Arbeiten von HUSEMANN (2005) sowie BRUCKS & VAN DER MEER (2007), die sich theoretisch fundiert und differenziert mit der Wirkung von Außen- und Innendichte in Stadtquartieren auseinandersetzen.

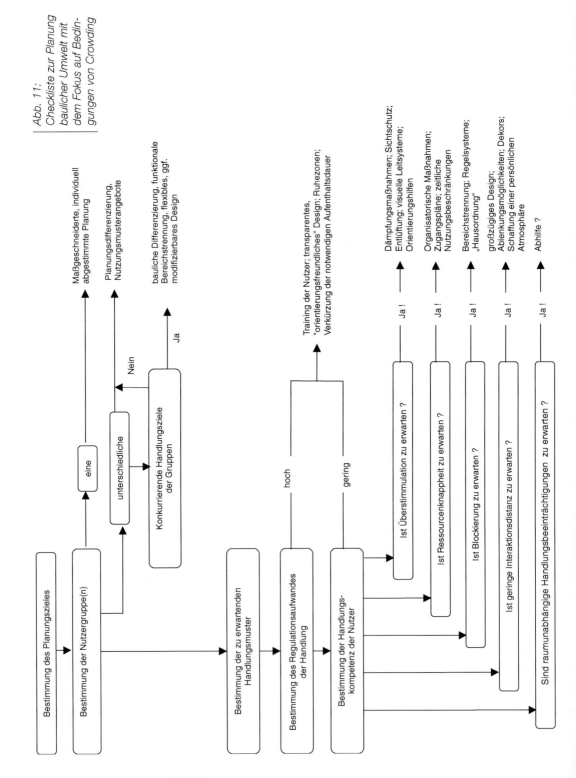

Abb. 11: Checkliste zur Planung baulicher Umwelt mit dem Fokus auf Bedingungen von Crowding

13. DICHTE UND ENGE

> BAUM & VALINS (1977) untersuchten die Auswirkungen von Crowding auf das Erleben und Verhalten von Studenten, die in unterschiedlichen Wohnheimen lebten. Zum einen gab es das so genannte „Korridor-Design", bei welchem 34 benachbarte Einzelzimmer von einem langen Flur abgingen, zum anderen gab es das Appartement-Design, bei dem sich je 3 Zimmer ein Bad und einen Aufenthaltsraum teilten. Die Wohnbedingungen unterschieden sich nicht in der Wohndichte für die zwei Designs. Man nahm aber an, dass die Korridorbewohner aufgrund vermehrter ungewollten Kontakte und Störungen mehr Beengung erleben. Die Teilnehmer wurden intensiv befragt und nahmen als Versuchspersonen auch in Laborexperimenten teil.
>
> Grob zusammengefasst berichteten die Flurbewohner mehr Beengungserleben, gaben an, öfter unerwünschte Interaktionen zu haben, und äußerten einen größeren Wunsch, andere zu meiden. In fingierten Laborexperimenten zeigten sie weniger Bereitschaft zur Aufnahme sozialer Kontakte als Appartementbewohner (nach SCHULTZ-GAMBARD & HOMMEL, 1987).
>
> Das Verhalten der Flurbewohner kann demzufolge als eine Art Copingverhalten interpretiert werden, das darauf abzielt einem Zuviel an sozialer Dichte durch Rückzug zu begegnen. Durch die Teilung eines langen Flures mittels einer Tür in zwei kürzere Flure kann die Anzahl ungewollter Interaktionen deutlich reduziert werden. BAUM & DAVIS (1980) zeigten, dass diese architektonische Intervention negative Ergebnisse reduzieren kann.

13.6 Wissens- und Verständnisfragen

1. Warum führt eine Dichtebedingung nicht notwendigerweise zu einem Gefühl von Crowding bzw. Beengungserleben? Welche Beispiele aus Ihrem Alltag fallen Ihnen dazu ein?

2. Skizzieren Sie kurz die wichtigsten Phasen der so genannten Crowdingforschung!
Was versteht FREEDMAN unter einem „Mechanismus zur Intensivierung"? Fällt Ihnen dazu eine Situation ein?

3. Begründen Sie, warum es sinnvoll ist, zwischen Dichte und Beengung zu unterscheiden!

4. Schildern Sie an einem eigenen Beispiel die einzelnen Phasen im Kontrollverlustmodell von BARON & RODIN (1978)!

5. Welche Aspekte sind kennzeichnend für eine Störung laut dem „Störungsmodell" von SCHOPLER & STOCKDALE (1977)?

6. Viele Forschungsergebnisse wurden mit Simulationsstudien, wie z. B. der Simulationsstudie zur Verletzung normativer Erwartungen von DESOR (1972) belegt. Welche Argumente sprechen gegen dieses methodische Vorgehen?

7. Mit welchem Modell lässt sich das Verhalten von Menschen im Sommerschlussverkauf, z. B. an Wühltischen, gut erklären?

8. Nennen Sie die zwei typischen Verhaltensweisen von Menschen in Dichtesituationen!

9. Gehen Sie vor Ihrem geistigen Auge einige Ihnen vertraute Räumlichkeiten bzw. Situationen durch. Welche von diesen sind Ihrer Meinung nach unter Berücksichtigung architekturpsychologischer Erkenntnisse besonders gut/schlecht gestaltet?

10. Wie würden Sie als Architekt einen Warteraum für Patienten einer Notfallaufnahme optimal gestalten? Skizzieren Sie Ihre Überlegungen im folgenden Kasten oder auf einem getrennten Blatt. Orientieren Sie sich dabei an der Checkliste zur Planung baulicher Umwelt (modifiziert nach SCHULTZ-GAMBARD & HOMMEL, 1987) und den im Text dargestellten Forschungsergebnissen.

13.7 Literatur

Barker, R. G. & Wright, H. F. (1971). Midwest and its children. Hamden: Shoe String.

Baron, R. & Rodin, J. (1978). Personal control and crowding stress: Processes mediating the impact of spatial and social density. In: Baum, A., Singer, J. E. & Valins, S. (Eds.), Advances in environmental psychology. Hillsdale, Lawrence Erlbaum.

Baum, A. & Davis, G. E. (1980). Reducing the stress of high-density living: An architectural intervention. Journal of Personality and Social Psychology, 38, 471-481.

Baum, A. & Paulus, P. B. (1991). Crowding. In: Stokols, D. & Altman, I. (Hrsg.), Handbook of environmental psychology. Vol 1. Krieger Publishing Company. Malabar, Florida.

Baum, A. & Valins, S. (1977). Architecture and social behaviour: Psychological studies of social density. Hillsdale, NJ: Erlbaum.

Braun, W. (2005). Leben wie ein Kampfpilot. Psychologie Heute, 6, 10.

Brehm, J. W. (1966). A theory of psychological reactance. New York: Academic Press.

Brehm, J. W. (1972). Responses to loss of freedom: A theory of psychological reactance. Morristown: General Learning Press.

Brucks, M. & van der Meer, E. (2007). Wahrnehmung und Bewertung von verdichteten Stadtquartieren: Bottom-up- versus Top-down-Einflüsse? In: Wender, K. F., Mecklenbräuker, S., Rey, G. D. & Wehr, Th. (Hrsg.), Beiträge zur 49. Tagung experimentell arbeitender Psychologen. Trier, 26.-28.3. Lengerich: Pabst Science Publishers.

Burkhardt, H. G. & Laage, G. (1993). Zur Zusammenarbeit von Psychologen und Planern. In: Harloff, H. J. (Hrsg.), Psychologie des Wohnungs- und Siedlungsbaus: Psychologie im Dienste von Architektur und Stadtplanung. Verlag für Angewandte Psychologie. Stuttgart, Göttingen.

Cohen, S. (1978). Environmental load and the allocation of attention. In: Baum, A. & Valins, S. (Eds.), Advances in the environmental psychology (pp. 1-29). Hillsdale. NJ: Erlbaum.

Desor, J. A. (1972). Toward a psychological theory of crowding. Journal of Personality and Social Psychology, 21, 79-83.

Evans, G. W. (1975). Behavioral and physiological consequences of crowding in humans. Unpublished doctoral dissertation, University of Massachusetts.

Freedman, J. L. (1975). Crowding and Behavior. San Francisco: Freeman.

Gifford, R. (2002). Environmental Psychology: Principles and Practise. 3rd ed. Optimal books.

Husemann, A. A. (2005). Die Wahrnehmung und Bewertung von verdichteten Stadtquartieren. Dissertationsschrift. Berlin: Humboldt-Universität.

Langer, E. J. & Saegert, S. (1977). „Crowding and Cognitive Control." Journal of Personality and Social Psychology, 35(3), 175-182.

McClelland, L. & Auslaender, N. (1976) Determinants of perceived crowding and pleaseantness in public settings. Paper presented at the Seventh Annual Environmental Design Research Association Conference, Vancouver.

Rapoport, A. (1975). Toward a redefinition of density. Environment and Behavior, 7, 133-158.

Rohe, W. & Patterson, A. H. (1974). The effects of varied levels of resources and density on behaviour in a day care center. Paper presented at the meeting of the Environmental Design Research Association, Milwaukee.

Saegert, S., MacIntosh, E. & West, S. (1975). Two studies of crowding in urban public spaces. Environment and Behavior, 1, 159-184.

Sadalla, E. K. & Oxley, D. (1984). The perception of room size: The rectangularity illusion. Environment and Behavior, 16, 394-405.

Savinar, J. (1975). The effect of ceiling height on personal space. Man-environment systems, 5, 321-324.

Schopler, J. & Stockdale, J. E. (1977). An interference analysis of crowding. Environmental Psychology and Nonverbal Behavior, 1, 81-88.

Schultz-Gambard, J. (1985a). Räumliches Verhalten. Kurseinheit 2. Crowding: Dichte und Enge in der ökopsychologischen Forschung. Hagen: Fernuniversität.

Schultz-Gambard, J. (1985b). Crowding: Sozialpsychologische Erklärungen der Wirkung von Dichte und Enge. In: Frey, D. & Irle, M. (Hrsg.), Theorien der Sozialpsychologie, Bd. 3, Motivations- und Informationsverarbeitungstheorien. Bern: Huber.

Schultz-Gambard, J. (1990). Dichte und Enge. In: Kruse, L., Graumann, C-F. & Lantermann E.-D. (Hrsg.), Ökologische Psychologie: ein Handbuch in Schlüsselbegriffen. PVU. München.

Schultz-Gambard, J. & Hommel, B. (1987). Sozialpsychologie und Umweltgestaltung: der Beitrag der Crowdingforschung. In: Schultz-Gambard, J. (Hrsg.), Angewandte Sozialpsychologie: Konzepte, Ergebnisse, Perspektiven. PVU. Weinheim, München.

Sherrod, D. R. (1974). Crowding, perceived control, and behavioral aftereffects. Journal of Applied Social Psychology, 4, 171-186.

Streufert, S., Nogami, G. Y. & Streufert, S. C. (1980) Crowding and incongruity adaptation. In: Sarason, I. & Spielberger, C. (Eds.), Stress and Anxiety, Vol. 7 (pp. 185-202). Washington, Hemisphere.

Stokols, D. (1972). On distinction between density and crowding: Some implications for future research. Psychological Review, 79, 275-278.

Stokols, D. (1976). The experience of crowding in primary and secondary environments. Environment and Behavior, 8, 49-86.

Stokols, D. (1978). A typology of crowding experiences. In: Baum, A. & Epstein, Y. M. (Eds.), Human response to crowding (pp. 219-255). Hillsdale, NJ: Erlbaum.

Sundstom, E. (1975). An experimental study of crowding: Effects of room size, intrusion, and goal-blocking on nonverbal behaviours, self-disclosure, and self-reported stress. Journal of Personality and Social Psychology, 32, 645-654.

Wener, R. & Kaminoff, R. D. (1983). Improving environmental information: Effects of signs on perceived crowding and behavior. Environment and Behavior, 15, 3-20.

Wicker, A. W. (1973). Undermanning theory and research: Implications for the study of psychological and behavioral effects of excess human populations. Representative Research in Social Psychology, 4 (1), 185-206.

Wohlwill, J. F. & Kohn, I. (1973). The environment as experienced by the migrant: An adaptation level view. Representative Research in Social Psychology, 4, 135-164.

Worchel, S. & Teddlie, C. (1976). The experience of crowding: A two factor theory. Journal of Personality and Social Psychology, 34, 30-39.

Witte, E. (1989). Sozialpsychologie. München: PVU.

Zlutnik, S. & Altmann, I. (1972). Crowding and human behavior. In: Wohlwill, J. & Carson, D. (Eds.), Environment and the Social Sciences. Washington, APA.

14. Aneignung von Raum

Roswitha Rump & Peter G. Richter

14.1 Der Raum als gelebter Raum

Räume entstehen als geistige Konzepte schon in frühen Entwicklungsphasen in der Kindheit. Sie schaffen als Träger von Emotionen, Werten und Normen eine lebenslang soziale Identität. Der Psychoanalytiker BACHELARD (1987) spricht von der Poetik des Raumes – eine ganz bestimmte Türklinke oder das Knarren einer Stiege, und schon fühlen wir uns wieder wie im Elternhaus (KEUL, o. J.). Raum ist also subjektiv mehr als Länge x Breite x Höhe *(vgl. Kap. Raumsymbolik).*

Als gelebter Raum wird der Ort bezeichnet, welcher sich durch Bewegung, Verhalten und Erleben einer Person erschließt und manifestiert

In diesem Kapitel geht es weder um den mythischen, symbolischen oder soziokulturellen Raum, noch um den geometrischen Raum, sondern um den gelebten Raum, das heißt darum, wie wir uns einen Raum aneignen und uns in diesem bewegen. Die psychologischen Konstrukte „Bewegung" und „Raum" definieren sich dabei aus der Art und Weise, wie sie erfahren und erlebt werden.

Der gelebte Raum wird durch den Stand- und Blickpunkt des jeweiligen Individuums begrenzt und ist somit personenbezogen. Er ist – im Gegensatz zum homogenen, kontinuierlichen und isotropen (= sich in alle Richtungen gleich erstreckend) geometrischen Raum – inhomogen, diskontinuierlich und anisotrop. Bildlich gesprochen stellt der gelebte Raum keine Kugel um die Person dar, sondern eine Wolke, welche sich in alle Richtungen verschieden ausdehnt.

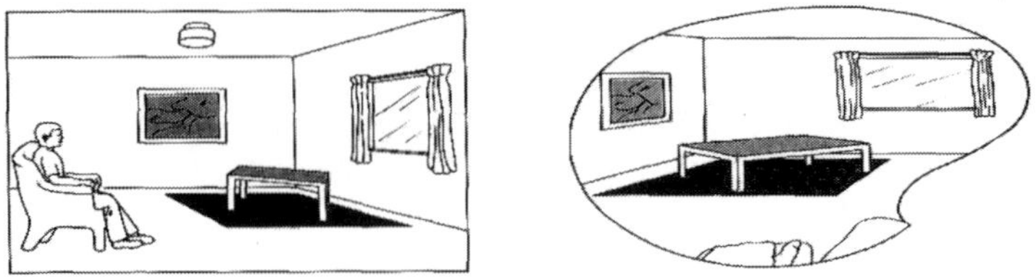

Abb. 1: Abstrakte Darstellung des geometrischen Raumes und des gelebten Raumes (nach ZIMBARDO, 1988)

Die Ungleichheit der Raumausdehnung lässt sich insbesondere bei der visuellen Wahrnehmung sehr gut feststellen: Blickt man von einem Turm hinunter, erscheinen die Menschen auf dem Marktplatz weiter entfernt als der benachbarte Dachgiebel. Menschen neigen dazu, Entfernungen in der senkrechten Ebene als weiter einzuschätzen als die gleiche Entfernung in der waagerechten. Diese Wahrnehmungsverzerrungen sind vermutlich der Evolution geschuldet, da sich Primaten hauptsächlich in der horizontalen und weniger in der vertikalen Ebene bewegen.

14.1.1 Struktur des Raumes

Der gelebte Raum ist ein Zusammenspiel von Wegen, Richtungen und Orten, die personenbezogen durch ein Voreinander, Nebeneinander, Nähe, Ferne und Erreichbarkeit strukturiert sind

Struktur erhält der gelebte Raum einerseits durch die verschiedenen Standpunkte des Individuums (ich bin hier vs. das ist dort) und den damit verbundenen Distanzen zu Objekten und andererseits durch die Bewegungsrichtung des Individuums (hin vs. weg).

Die Bewegungsrichtungen werden durch die drei Dimensionen Oben-Unten, Vorn-Hinten und Rechts-Links charakterisiert und haben qualitativ verschiedene Bedeutung: oben, vorn und rechts zeichnen sich gegenüber unten, hinten und links aus (Kruse et al., 1990). Die Werbepsychologie weiß, dass es nicht egal ist, was an welcher Stelle auf einem Plakat steht.

Die qualitativ verschiedenen Bedeutungen der Bewegungsrichtungen spiegeln sich in der Ausdehnung der individuellen Pufferzone (Horowitz, 1974) wider: Im Gedränge stellt sich ein Mensch so, dass vor ihm und rechts von ihm deutlich mehr offener Raum als hinter oder links von ihm ist. Auch erscheint beispielsweise ein Hund zu Füßen einer Person (=unten) weniger bedrohlich als ein Vogel nahe des Kopfes (=oben) *(vgl. Kap. Territorialität und Privatheit).*

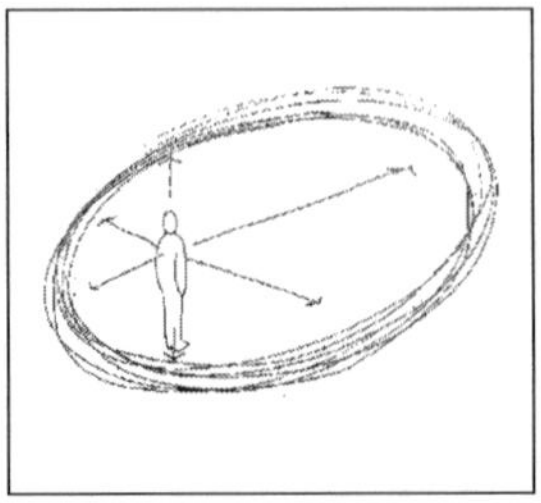

Abb.2: Individuelle Pufferzone (BRANZELL & KIM, 1995, S.7)

14.1.2 Merkmale des Raumes

KRUSE et al. (1990) unterscheiden zwei Merkmale des gelebten Raumes, auf welche im Folgenden näher eingegangen werden soll.

14.1.2.1 Der orientierte Raum

Der orientierte Raum ist der Raum unseres alltäglichen Daseins, das heißt, der Raum, in dem wir uns bewegen und leben. Ihn nimmt man mit seinen verschiedenen Werten und Eigenschaften wahr (Wahrnehmungsraum), welche zum zielgerichteten Handeln veranlassen (Handlungsraum). Im gelebten Raum befindet sich die Person unabhängig von ihrem tatsächlichen Standpunkt immer im Zentrum, da Bewegungen von einem „Hier" (des Individuums) zu einem „Dort" (Ort, Objekt) ausgehen.

Der Wahrnehmungsraum
Ein wichtiger Aspekt des Wahrnehmungsraumes ist die *Entfernung* zwischen der Person (hier) und anderen Orten, Objekten oder Personen (dort). So kann räumliche Nähe z. B. als Zusammengehörigkeit oder Crowding wahrgenommen werden: Kommt auf der Straße eine Menschenmenge entgegen, die deutlich als Gruppe zu erkennen ist, wird um diese Gruppe herumgegangen, ist sie jedoch als nicht zusammengehörend erkennbar, wird man sich durch sie hindurchschlängeln.

Auch die *Lokalisation* von Dingen oder Orten entscheidet darüber, wie eine Situation wahrgenommen wird: Das eigene Fahrrad stört im Hausflur weniger als fremde Räder.

Ebenfalls bedeutsam für die Wahrnehmung eines Raumes ist *Strukturiertheit* der darin befindlichen Objekte. LYNCH (1968) konnte zeigen, dass die Einfachheit, mit der einzelne Teile einer Stadt erkannt und zu Einheiten („kognitive Karte") verbunden werden können, mit der Strukturiertheit des Stadtbildes steigt. Die Bedeutung der kognitiven Karten für die Orientierung in der Stadt und deren emotionale Beurteilung wurde von Lynch anhand der amerikanischen Städte Los Angeles, Bosten und Jersey City untersucht und nachgewiesen *(vgl. Kap. Kognitive Karten).*

> Vom Wahrnehmungsraum wird gesprochen, wenn eine Person sinnlich (visuell, auditiv, haptisch, olfaktorisch, schmeckend) wahrnimmt, ohne dass sie handelnd innehält

ARCHITEKTURPSYCHOLOGIE

> Im Gegensatz zu einem Roboter erlebt der Mensch den Raum nicht nur visuell in Farbe, Form, Tiefen- und Horizontstruktur und Bewegung, sondern mit allen fünf Sinnen. Zwischen den Sinnesgebieten gibt es Interaktionen, Synästhesien genannt, die zu komplexen Informationen über den Raum führen. „Bei einer Ausstellung im Süden von Salzburg legten die Planer über die Öffnung einer Zwischendecke drei Stockwerke hoch über dem Boden eine Schicht Panzerglas. Bei der Vernissage tanzten dort nur wenige. Die „visuelle Klippe" ist ein angeborenes Gefahrensignal, das auch Tiere kennen." (KEUL, o.Jg). Ein weiteres Beispiel sind spiegelblank geputzte Bodenbeläge, bei denen insbesondere geh- und sehbehinderte Menschen Bodenlosigkeit und Unsicherheit fühlen.

Der Handlungsraum

Was im Wahrnehmungsraum als nah oder fern vom eigenen Standpunkt wahrgenommen wird, erscheint im Handlungsraum dem Handelnden direkt greifbar, potentiell erreichbar oder unerreichbar: Der Baum auf der anderen Straßenseite wird als näher liegend als das dahinterstehende Haus wahrgenommen, beides ist jedoch vom Standpunkt des Betrachters nicht direkt greifbar, sondern nur potentiell erreichbar, die in der Ferne untergehende Sonne gar unerreichbar.

Im Handlungsraum sind Orte, Objekte oder andere Personen Ausgangspunkt, Mittel und Ziel von Handlungen.

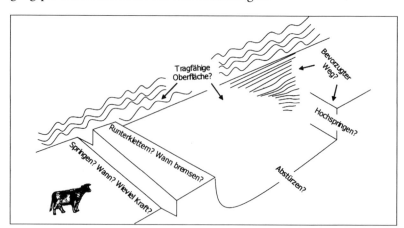

Abb.3: Der Handlungsraum (nach GUSKI, 1989)

Gliederung des Handlungsraumes

Zum momentanen Handlungsraum zählt der unmittelbare Handlungsbereich, den SCHÜTZ (1971, zitiert nach KRUSE et al., 1990) als Bereich der *aktuellen Reichweite* bezeichnet. Dabei steht die Person im Mittelpunkt einer Welt, die räumlich und zeitlich um sie herum ange-

Aktuelle Reichweite

ordnet ist und auf die sie unmittelbar einwirken kann. Der unmittelbare Handlungsbereich verändert sich mit jeder Bewegung des Individuums. Als Bereich der *wiederherstellbaren* Reichweite bezeichnet Schütz jene Orte, an denen eine Person gewesen ist und jederzeit zurückkehren kann. Bereiche in *erlangbarer Reichweite* schließlich sind Orte, an denen eine Person noch nicht war, die aber potentiell erreichbar erscheinen, wie beispielsweise fremde Länder.

Wiederherstellbare Reichweite

Erlangbare Reichweite

Eine rein verhaltensbezogene Einteilung des Handlungsraumes nimmt TOLMAN (1958, zitiert nach KRUSE et al., 1990) vor. Er unterscheidet zwischen:

- *discriminanda* (Merkmale, anhand derer Objekte unterschieden werden): Grün und groß ist ein Baum, grün und klein ein Grashalm
- *manipulanda* (Eigenschaften von Objekten, durch die diese genutzt werden): Papier kann beschrieben, gefaltet, verbrannt ... werden
- *utilitanda* (Merkmale und Eigenschaften von Objekten, die als Mittel zum Zweck zu weiteren discriminanda und manipulanda führen): Werkzeuge oder Zeichen mit weiterführendem Charakter

Discriminanda

Manipulanda

Utilitanda

Diese Unterscheidungen beziehen sich auf die Werthaftigkeit und den Nutzen der Objekte für die jeweiligen Handlungsabsichten eines Individuums.

> LEWIN (1926) spricht in diesem Sinne vom „Aufforderungscharakter", den die Umwelt haben kann, in dem sie zu bestimmten Handlungen auffordert: Ein blauer Bergsee lockt zum Baden, während man vor einer Flutwelle lieber davonläuft. Positiven Aufforderungscharakter haben Sachverhalte, zu denen hin Bewegung und Verhalten gerichtet sind, negativen Aufforderungscharakter haben Sachverhalte, von denen Verhalten und Bewegung weggerichtet sind, von denen man sich also abwendet. Der Aufforderungscharakter ist ausschlaggebend für die Handlungsrichtung und ist erlernbar (z.B. auf die eigenen Kinder übertragene Phobien der Eltern), kulturell geprägt und individuell verschieden (viele haben Angst vor Schlangen, andere halten sie als Haustier). Möglich ist auch eine Ambivalenz (z.B. die Lust und Angst beim Bergsteigen) *(vgl. das Kapitel zur Feldtheorie)*.

14.1.2.2 Der gestimmte Raum

Der gestimmte Raum ist unzentriert, richtungslos und nicht personenbezogen, sondern stimmungsbezogen

Der gestimmte Raum wird nicht in seinen einzelnen spezifizierbaren Eigenschaften (Form, Farbe, Größe) erlebt, sondern in seinem Ausdruck, seiner Atmosphäre (feierliche Kirche, gemütliches Zimmer, belebte Gasse). Dabei wird oft die eigene Gestimmtheit (Stimmung) auf die des Raumes übertragen: Dem fröhlichen Menschen erscheint seine Wohnung schön, den traurigen wird sie erdrücken, ihm wird die „Decke auf den Kopf fallen". Doch nicht nur die eigene Stimmung prägt die Gestimmtheit des Raumes, sondern die Gestimmtheit des Raumes beeinflusst ebenso unser Verhalten: In einer Kirche verhält und bewegt man sich anders als auf einem Jahrmarkt.

Emotionales Raumerleben (beispielsweise auf einer Party) besitzt eine einheitliche Qualität; die Eindrücke verschmelzen zu einem Gesamtbild, in das die eigene Stimmung einfließt. Dieses Raumerleben besitzt eine spezifische Intensität und einen zeitlichen Verlauf – dabei kommt es zur Ortsbindung, zum raumbezogenen Identitätserleben (Keul, o. J.).

Der gestimmte Raum ist – im Gegensatz zum orientierten Raum – unzentriert und richtungslos, das heißt, die Person steht nicht im Zentrum, sondern nimmt wechselnde Standpunkte ein, ohne dass sich die Gestimmtheit ändert: Egal wo man in einer Kirche steht, sie wird immer eine feierliche Atmosphäre haben.

Nähe und Ferne gibt es im gestimmten Raum nicht metrisch, sondern nur in ihrer direkten Wirkung auf die Gestimmtheit: In einer Bar werden die Menschen nicht als maximal 0,5 m voneinander entfernt stehend wahrgenommen, sondern je nach individueller Gestimmtheit wird die Bar als leer, gut besucht oder überfüllt wahrgenommen.

14.1.3 Bewegung im Raum

Lokomotion

LEWIN (1969) definiert Bewegung – er spricht von „*Lokomotion*" – als jede Veränderung der Position eines Individuums relativ zu seinem Umfeld. Positionsveränderungen können physischer (z.B. weggehen), sozialer (z.B. Karriereaufstieg) oder begrifflicher (z.B. erst über Indien sprechen, dann über Island) Art sein *(vgl. Kap. Die Feldtheorie)*.

Bewegungsspielraum

Das, was von einer Position zugänglich ist, wird *Bewegungsspielraum* genannt. Dieser kann von sozialen (Verbote), physischen (z.B. Körpergröße) oder psychischen Barrieren (mangelnde Fähigkeiten) beschränkt werden.

14. ANEIGNUNG VON RAUM

Merkmale von Bewegung

LEWIN (1935) unterscheidet Bewegungen anhand ihres *Realitätsgrads*. Es gibt tatsächliche oder irreale (geplante, antizipierte, erträumte) Bewegung. Während auf der Ebene der realen Bewegungen unüberwindbare Barrieren auftreten können, sind diese auf der Ebene der irrealen Bewegungen leichter zu vergessen oder wegzuträumen. So kann ein im Rollstuhl Sitzender sich Hürdenlauf zwar erträumen, aber nicht tatsächlich ausführen.

Realitätsgrad

> Irreale Bewegung ist nicht nur uneingeschränkt möglich, sondern auch die schnellste Bewegungsart. Schließen Sie einmal die Augen und stellen Sie sich vor, Sie wären auf dem Mond oder an einem Palmenstrand auf Hawaii. Wenn Sie über eine gute Vorstellungskraft verfügen, können solche irrealen Ortswechsel auch an unerreichbare Orte in Sekundenschnelle erfolgen.

- Ein weiteres Merkmal ist die *Geschwindigkeit* der Bewegungen. Gangarten (wie beispielsweise Bummeln oder Hasten) haben unterschiedliche soziale Valenzen und können für verschiedene Orte und Gelegenheiten mehr oder weniger passend sein: In einer Kirche wird nicht gerannt.

Geschwindigkeit

Zusätzlich kann die Bewegungsgeschwindigkeit für verschiedene soziale Rollen charakteristisch oder untypisch sein: Ein Vorstandsvorsitzender „gammelt" nicht herum.

SCHMITT & ATZWANGER (1995) zeigen in einer Studie, dass bei Männern eine Korrelation zwischen Gehgeschwindigkeit und sozialem Status existiert. Danach bewegen sich statushöhere Männer zu Fuß signifikant schneller als statusniedrigere. Bei Frauen zeigte sich dieser Zusammenhang dagegen nicht. Es ist hier nicht der Ort, derartige Geschlechtsdifferenzen zu erklären. Möglicherweise gibt es dafür Ursachen, die in der menschlichen Evolution begründet sind (vgl. Buss, 2004).

In unserem Zusammenhang ist die Frage interessanter, ob und inwieweit die Bewegungsgeschwindigkeit des Menschen von bestimmten Merkmalen der gebauten Umwelt abhängig ist.

Aus verkehrspsychologischen Untersuchungen ist bekannt, dass breite, übersichtliche Straßen zur erhöhten Geschwindigkeit beim Autofahren führen (vgl. TRIMPOP, 2005). Vergleicht man die beiden Bilder von Dresdener Straßen, so ist leicht vorstellbar, dass dies auch für Fußgänger gelten kann: In einer optisch angereicherten Umgebung (links) wird man wahrscheinlich eher schlendern als in einer einförmigen und öden Umgebung (rechts).

Louisenstraße *Zellescher Weg*

Grundlage für eine derartige Modulation des Verhaltens ist ein biopsychologischer Mechanismus, der ein optimales Erregungsniveau zum Ziel hat. RAJU (1981) entwickelte in Anlehnung an BERLYNE (1974) einen Zwei-Komponenten-Ansatz zur Erklärung. Das aktuelle Erregungspotential ist danach zurückzuführen auf die novelty component (positiv eingeschätzte Merkmale wie Neuartigkeit, Überraschungswert, etc.) und die conflict component (negative Merkmale wie Unsicherheit, Ambiguität, Inkongruenz, etc.). Das optimale Erregungsniveau – i. d. R. ein Zustand entspannter Wachheit – erlaubt nicht nur die effektive Verarbeitung von Informationen aus der Umgebung, sondern ist auch mit positiven Gefühlen verbunden. Eine bestimmte Umgebung vorausgesetzt, kann der Mensch durch die Wahl seiner Bewegungsgeschwindigkeit versuchen, sein jeweils *optimales biopsychologisches Erregungsniveau* zu erreichen.

Zielgerichtetheit
- Bewegungen lassen sich auch durch ihre *Zielgerichtetheit* charakterisieren. Mangelnde oder ausgeprägte Zielgerichtetheit charakterisieren sowohl Bewegungsarten (Gehen, Bummeln, Joggen) als auch bestimmte Typen von Menschen: der hastende Städter, das bummelnde Kind, der spazieren gehende Großvater.

Häufigkeit, Dauer und Reichweite
- *Häufigkeit, Dauer* und *Reichweite* sind weitere Merkmale von Bewegungen, welche sich mit zunehmender Verbreitung öffentlicher und privater Verkehrsmittel permanent verändern. Die Mobilität reicht dabei vom Berufsalltag (Jet-Setter) bis zum Lebens- und Freizeitalltag, bei dem man wie eine Schnecke sein „Haus" (Wohnwagen oder Auto) überallhin mit sich führt. Wahrgenommene Bewegungshäufigkeit,

-dauer und -reichweite können dabei jedoch auch zu Überlastung, wie Stress oder Crowding, führen. Ein bekanntes, alltägliches Wegenetz verstärkt dagegen die Ortsidentität und die subjektiv wahrgenommene Kontrolle im Wohngebiet.

• Bewegung kann *aktiv* (als Fußgänger, Rad- oder Autofahrer etc.) oder *passiv* (als Mitfahrer im Auto oder anderen öffentlichen Verkehrsmitteln) geschehen. Aktives Sichbewegen oder passives Bewegtwerden führt zu unterschiedlichem Erleben: Eine selbst abgegangene Strecke merkt man sich leichter als eine gefahrene (FUCHS, 2006). Kontrollverlust beim passiven Bewegtwerden erzeugt Missbehagen, das sich bei der Flugangst bis zur Panik steigern kann. Aktive Bewegungen machen Spaß. Sie sind für den Körper lebenswichtig (STORCH, 2006).

Aktive vs. passive Bewegung

> Die Bedeutung von aktiver Bewegung wird in den Experimenten von KOHLER (1951) und HELD & HEIN (1961) besonders deutlich, wo sich die durch Umkehrbrillen (Prismenbrillen) auf den Kopf gestellte Wahrnehmung nur bei den Probanden wieder normalisierte, die sich aktiv in der Umwelt bewegen konnten, nicht jedoch bei passiv mittels Rollstühlen bewegten Probanden.
>
> Bei einem sechs Tage dauernden Versuch sahen die Versuchspersonen in den ersten Tagen durch die Prismenbrillen alles verkehrt herum von unten nach oben hängend, machten ständig Greiffehler und waren in ihren Bewegungen höchst unsicher. Konnten sie sich selbst aktiv bewegen, wurden nach drei Tagen die Bewegungen sicherer, und sie konnten am vierten an einer Fahrradtour und am letzten sogar an einem kleinen Skiausflug teilnehmen. Wurden die Versuchspersonen dagegen passiv bewegt, dauerte die Anpassung der Wahrnehmung deutlich länger.

„Kling, klang, die Straße entlang..."
KEIMZEIT

Abb. 4: Die Umkehrbrille unter einer Schirmmütze verborgen und aktive Bewegung mittels Umkehrbrille nach einigen Tagen

Freiheitsgrade
- Jede Bewegung hat verschiedene *Freiheitsgrade*, welche durch die Möglichkeiten des Körpers (Fahrrad oder Auto, behindert oder nicht) und durch eine freie Wahl der Wege (z.B. Reiseverbot) beschränkt werden. Freiheitsgrade einer Bewegung hängen von der Differenziertheit und dem Umfang der kognitiven Karten eines Individuums ab: Mit zunehmender Größe und Differenziertheit des kognitiven Raumes einer Person wachsen auch dessen Bewegungsmöglichkeiten *(vgl. Kap. Kognitive Karten)*.

Bewegungsmittel
- Ein letztes Merkmal der Bewegung ist das *Bewegungsmittel*. Je nach Entfernung, Situation und Kulturkreis wird auf verschiedene öffentliche oder private Verkehrsmittel zurückgegriffen, um sich zu bewegen oder bewegt zu werden.

14.2 Kennenlernen des Raumes

Das Kennenlernen eines Raumes ist ein fundamentales Bedürfnis, durch Identifizierung und Markierung von Gegenständen, Ortsbestimmung, der Abschätzung von Distanzen etc., die uns umgebende Umwelt zu kennen und zu erkennen. Das Wissen über einen Raum erleichtert die Anpassung eines Individuums an seine Umwelt. Gleichzeitig bildet es die Basis für die soziale Integration einer Person, da in Abhängigkeit von Situation, Raum und Zeit Verhaltensweisen erworben werden. „Jedes Kennenlernen führt zu einer Verhaltenskoordination, die ihrerseits auf die Gesamtheit der Elemente einer zu erforschenden Umwelt gerichtet ist." (PIAGET, 1976, in: FISCHER, 1990)

14.2.1 Erkundung und Symbolische Bewertung

Erkundung
Die *Erkundung* der spezifischen Gegebenheiten einer Umwelt ist die erste Form des Kennenlernens, bei der Kenntnisse über einen Raum erworben werden.

In dieser Phase ist die Markierung und Bedeutung markanter Punkte im Raum besonders wichtig. So orientiert man sich an fremden Orten an Gebäuden (Museum, Kirche...) und öffentlichen Plätzen (Straßen, Parks...), die eindeutige Unterscheidungsmerkmale aufweisen oder die eine besondere Bedeutung für einen haben (Lieblingsbäcker, Treffpunkt mit Freunden...). Bei der Markierung werden vorhandene Zeichensysteme (Straßennamen, Schilder) zu Hilfe genommen.

Symbolische Bewertung
Eine weitere Form des Kennenlernens ist die *symbolische Bewertung* von Räumen. Durch sie wird im Laufe des Sozialisationsprozesses einer

Person ein Repertoire an räumlichen Qualifikationen erworben und je nach Situation interpretiert *(vgl. Kap. Raumsymbolik)*.

Das Kennenlernen des Raumes geschieht auf einer kognitiven und einer affektiven Ebene. Erstere ermöglicht die Bildung von Strategien, Decodierungen und Interaktionen für den Gebrauch eines Raumes und die Vertrautheit mit ihm. Letztere Ebene gestattet es, sich mit den kulturellen Verpflichtungen eines Raumes zu identifizieren und sie zum Aufbau individueller Interaktionscodes zu nutzen.

14.2.2 Phasen des Kennenlernens

Der Entwicklungspsychologe PIAGET fand bei seinen Studien zum Kennenlernen des Raumes bei Kindern drei Stufen einer Realitätskonstruktion, die auf unterschiedlichen Entwicklungsniveaus der Raumvorstellung basieren.

Entwicklungskonzept nach PIAGET (1971)

Im Stadium der *topologischen Raumvorstellung* besteht eine Unfähigkeit zur Synthese bei Mengen mehrerer Elemente. Ein Beispiel dafür sind Kinderzeichnungen aus diesem Stadium, deren Bildelemente einfach aneinandergereiht und nicht kontinuierlich verbunden sind; Augen sind beispielsweise außerhalb des Gesichts, die Nase am Kinn etc.

Topologische Raumvorstellung bis zu einem Alter von 4 Jahren

Räume werden rein qualitativ – in Form von Gefühlen der Vertrautheit oder Fremdheit, der Zusammengehörigkeit oder des Bruchs – erlebt. Es gibt keine euklidischen Relationen wie Entfernung, Proportionen, Dimensionen und perspektivische Relationen. In dieser Phase wird bei der Konstruktion der Realität nicht wirklich zwischen dem Raum und den darin befindlichen Objekten unterschieden, der Raum ist erlebter Raum.

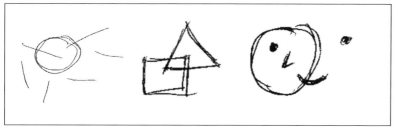

Abb. 5: Kinderzeichnungen im Stadium der topologischen Raumvorstellung: Sonne, Haus, Gesicht (eigene Darstellung)

Das Stadium der *repräsentativen Raumvorstellung* ist geprägt durch die Bemühungen des Kindes, sich die Realität bildlich vorzustellen und zu imitieren. Bei der Konstruktion eines perspektivischen Raumes werden Objekte zunehmend einer Anordnung unterworfen und räumlich wahrgenommen.

Repräsentative Raumvorstellung bis zu einem Alter von 8 Jahren

Abb. 6: Kinderzeichnungen im Stadium der repräsentativen Raumvorstellung: Kopf, Rumpf und Extremitäten sind von vorn gemalt, die Füße jedoch im Profil (eigene Darstellung)

„Der Wahrnehmungsraum ist hinsichtlich Perspektiven oder Entfernungen nicht strukturiert, d.h. in dem die Blickwinkel nicht koordiniert sind und in dem es keine allgemeine Koordination gibt." (PIAGET, 1971, S.77).

In Kinderzeichnungen dieser Altersstufe bilden beispielsweise Rumpf und Extremitäten eine Einheit (integrierende Betrachtungsweise), jedoch gibt es unvereinbare Blickwinkel.

Projektive/ Euklidische Raumvorstellung von 8-9 Jahren bis zum jungen Erwachsenenalter

In der Phase der *projektiven* oder *euklidischen Raumvorstellung* werden Operationen erlernt, die es ermöglichen, einem Punkt im Raum einen bestimmten Punkt auf einer Geraden oder Ebene zuzuordnen. Im Gegensatz zur topologischen Raumvorstellung, bei der jedes Objekt für sich betrachtet und behandelt wird, ist die projektive Raumvorstellung dadurch gekennzeichnet, dass Positionen von Linien und Punkten in Beziehung zueinander betrachtet werden und Perspektiven, Proportionen und Entfernungen berücksichtigt werden. In dieser Stufe werden auch zum ersten Male metrische Beziehungen verwendet. Kinder dieser Altersstufe erkennen die Gleichheit von Seiten und Winkeln geometrischer Figuren und schreiben sich entfernenden oder nähernden Objekten konstantbleibende Größen zu.

14.3 Aneignung des Raumes

Als Aneignung des Raumes werden Verhaltensweisen bezeichnet, welche durch Zugriff, Kontrolle und psychische oder physische Herrschaft über einen Ort gekennzeichnet sind (PROHANSKY, 1976; in: FISCHER, 1990)

Durch die psychische (gedankliche) oder physische *Aneignung* der Umwelt wird diese verändert (z.B. durch das Aufhängen von Bildern oder das Deponieren persönlicher Gegenstände zur Kennzeichnung des Anspruchs auf den Raum) oder von der aneignenden Person verändert wahrgenommen. Ergebnis dieser Veränderung ist eine neue Identität des Raumes: Es ist nicht mehr irgendein Raum, sondern mein (unser...) Raum.

Der Prozess der Aneignung variiert abhängig von der handelnden Person (z.B. sozialer Status), der Natur des Raumes und den zur Verfügung stehenden Mitteln und Ressourcen. Aneignung kann kollektiv (z.B. militärische Aneignung Tibets durch China), in kleinerer Gruppe (z.B. Stammtisch in der Kneipe) und auch individuell (z.B. Bezug einer neuen Wohnung) erfolgen.

14. ANEIGNUNG VON RAUM

Abb. 7: Verunziert oder personifiziert? (eigene Darstellung)

Vermutlich haben sich viele Menschen schon einmal über beschmierte und zerkratzte Schulbänke, U- und Straßenbahnen oder mit Graffiti verunstaltete Häuserwände geärgert. Was in den Augen der einen Vandalismus ist, bedeutet jedoch für den Verursacher die Aneignung von Dingen oder Räumen. Immer wenn eine bemalte Bahn vorbeifährt, kann der Verursacher sagen: „Dich kenne ich, du bist meine Bahn.". Es ist der Versuch, eine persönliche Welt in einer physischen Realität zu verankern, die Anonymität aufzuheben und Vertrauen zu schaffen, d.h. die Umwelt zu personifizieren (LERUP, 1977). Diese Handlungen stellen Zerstörungen der Dinge bei gleichzeitigem Bedeutungs- und Qualitätsgewinn für den Verursacher dar. Der Verursacher zerstört, indem er es für sich selbst erschafft *(vgl. Kap. Territorialität und Privatheit).*

14.3.1 Aneignung durch Markierung

Charakteristischstes Merkmal des Aneignungsprozesses ist die *Markierung* des Raumes. Diese ermöglicht seine spezifische Kennzeichnung und schafft dadurch einen persönlichen Raum über materielle Begrenzung hinaus: Die Grenze zweier Staaten bildet nicht nur eine materielle Abgrenzung voneinander, sondern auch eine Begrenzung der sozialen Interaktion seiner Bewohner. Diese Barrieren dürfen nur nach festgelegten Regeln durchbrochen werden.

GOFFMAN (1973, in: FISCHER, 1990) unterscheidet drei Typen von Zeichen, die zur Markierung eines Territoriums genutzt werden können:

- *Zentrale Markierungszeichen* werden an strategisch bedeutsamen Punkten platziert und bekunden dadurch ihren Besitzanspruch (z.B. das Hissen der amerikanischen Flagge beim erstmaligen Betreten des Mondes oder Graffiti-Tags).

Zentrale Markierungszeichen

Grenzzeichen

– *Grenzzeichen* dienen als Trennlinie zwischen angrenzenden Gebieten (z.B. die Berliner Mauer, der Gartenzaun um das eigene Haus).

Signierte Markierungszeichen

– *Signierte Markierungszeichen* sind mit einer Unterschrift, Stempel oder Ähnlichem versehen und bekunden den Besitzanspruch des Unterzeichners (z.B. „Diese Tasse gehört Anna").

> Die Beziehung zwischen Raum und Handelnden ist niemals neutral und kann sich durch den Prozess der Aneignung und der damit verbundenen Neugestaltung verändern: Eine Ansammlung von Zimmern wird durch Inbesitznahme zur neuen Wohnung und zur neuen Heimat. Voraussetzung für eine Aneignung sind jedoch individuelle und soziale Ressourcen des oder der Handelnden: Die Kolonialisierung vergangener Zeiten war nur durch die militärische und finanzielle Überlegenheit der Kolonialstaaten möglich.
>
> Der Prozess der Aneignung verändert nicht nur den Raum, sondern ist auch ein Prozess der persönlichen Veränderung, da die Intervention auf den Raum auch den Intervenierenden verändert: Die Zeitgeschichte zeigt, dass Personen mit (räumlicher) Macht zu Diktatoren wachsen können.

14.3.2 Geschlechterspezifische Raumaneignung

Untersuchungen zur Raumaneignung und zum Spielverhalten von Kindern und Jugendlichen (u.a. FLADE et al., 1993, 1996) belegen, dass sich Mädchen und Jungs öffentliche Räume auf unterschiedliche Weise aneignen.

> Rotkäppchen trifft auf dem Weg zu ihrer Großmutter den Wolf, der sie vom Wege abbringen will. Dies erzählt sie später ihrer Großmutter: „Komm, sagte die Großmutter, wir wollen die Türe verschließen, dass er nicht herein kann." (Brüder Grimm 1819, in: FLADE 1996a, S. 9). „Hänschen klein, ging allein in die weite Welt hinein, Stock und Hut steh'n ihm gut, Hänschen ist wohlgemut. Aber Mutter weinet sehr, hat ja nun kein Hänschen mehr. Hänschen klein geht allein in die weite Welt hinein." (Volkslied 1818, in: FLADE 1996a, S. 9).

14. ANEIGNUNG VON RAUM

Tab. 1: Unterschiede im Spielverhalten von Jungen und Mädchen und die Konsequenzen (in Anlehnung an Lever, *1976)*

Geschlechtspezifische Unterschiede in der Sozialisation und im Spielverhalten	Konsequenzen
– Jungen halten sich häufiger im Freien auf und haben einen ausgedehnteren Lebensraum, weil: – Mädchen stärker in die Hausarbeit eingebunden sind: 43% der Mädchen, aber nur 23% der Jungen sind täglich bzw. mehrmals in der Woche an der Hausarbeit beteiligt (Studie des Deutschen Jugendinstituts, 1992, in: Pfarr, 1993). – Mädchen ihre Freizeit öfters in institutionalisierten Angeboten, wie Kunst- oder Sportzirkeln verbringen (Kröner, 1997). – Mädchen aufgrund der Angst der Eltern vor sexueller Belästigung ihrer Kinder mehr Spielorte als den Jungen verboten sind.	⇒ Die weibliche Sozialisation verläuft weitaus kontrollierter und enger an das Elternhaus gebunden als die männliche. Dadurch haben Jungen intensivere Erfahrungen mit Dingen, Situationen und anderen Menschen als Mädchen.
– Jungen setzen ihre körperlichen Kräfte stärker ein, ihr Spielverhalten ist rauer und raumgreifender. Sie spielen in größeren Gruppen (Flade, 1993), spielen mehr Regelspiele und sind mehr auf Wettstreit ausgerichtet (z.B. Fußball, Basketball und Tischtennis). Auch bevorzugen sie mobilitätsfördernde Spielgeräte (z.B. Klettergerüste). – Mädchen spielen lieber in kleineren Gruppen und ihre Spiele sind weniger auf Wettstreit und Konkurrenz ausgerichtet (Flade, 1996b).	⇒ Jungen sind im Hinblick auf Mädchen im Vorteil beim Meistern von Herausforderungen und der Entwicklung von Selbstbewusstsein. Sie haben mehr Erfahrungen im Umgang mit Regeln und dem Treffen von Entscheidungen in Streitfällen.
– Jungs nutzen öffentliche Freiflächen häufiger als Mädchen, haben einen größeren Aktionsraum und sind in der Regel auch mobiler. Sie verwenden zum Beispiel das Fahrrad wesentlich häufiger als Verkehrsmittel, während Mädchen öfter zu Fuß gehen als Jungen (Kustor, 1996).	⇒ Die Spiele von Jungen sind eine Vorbereitung „auf die Rolle als 'Außenvertreter', 'Hauptverdiener' und Akteur im außerhäuslichen Bereich" (Flade, 1996b, S. 24), während Mädchen eher auf ihre Rolle im Wohn- und Familienbereich eingestimmt werden.
Die Spiele der Jungen dauern länger und erfordern eine größere Aufmerksamkeitsspanne.	⇒ Jungen erwerben frühzeitiger Durchhaltevermögen als Mädchen

Diese Beispiele veranschaulichen geschlechterspezifische Sozialisationsmuster und Raumaneignungsformen, wie sie auch heute noch zu finden sind: „Das Mädchen wird ins Haus geholt und vor der gefährlichen Welt beschützt. Der Junge erobert hingegen die Welt." (FLADE, 1996a, S.9). Die männliche Raumerfahrung bezieht sich stärker auf die Präsenz in der Öffentlichkeit, während sich die weibliche an den Erfordernissen des Wohn- und Familienbereichs orientiert. Die in der folgenden Tabelle 1 dargestellten Untersuchungsergebnisse belegen die Hypothese.

14.3.3 Probleme bei der Aneignung des Raumes

Der Mensch verbringt den größten Teil seines Lebens in einem künstlichen Umfeld. Dieses Umfeld ist in der Regel nicht auf die spezifischen Bedürfnisse der Benutzer zugeschnitten, sondern für keine konkreten Nutzer konzipiert. Häufig stimmen die Bedürfnisse mit den Planungen der Architekten einigermaßen überein, und es kommt zu einer problemlosen Aneignung des gebauten Raumes *(vgl. Kap. Nutzungsorientierte Planung und Gestaltung gebauter Umwelten)*.

Ein Beleg dafür, dass die Architektur von Gebäuden Aneignungsprozesse unterstützen kann, wurde von PETMECKY (2006) geliefert. Sie verglich acht Kindertagesstätten hinsichtlich ihrer Entwurfsqualität (Experten-Rating zu Sichtbeziehungen, farblicher Differenzierung, räumlicher Komplexität, etc.) und ihres pädagogischen Konzeptes (situationsorientierte vs. Reggio-Pädagogik). Insgesamt wurden 244 Kinder in diesen Einrichtungen zur Umweltaneignung befragt (Benennung und Zuordnung architektonischer Elemente der Gebäude). Nach den Untersuchungsergebnissen lässt sich sowohl der Einfluss des pädagogischen Konzeptes als auch der Entwurfsqualität auf das Ausmaß der Aneignung nachweisen. Nach Einschätzung der Untersucherin ist der Einfluss der Architektur sogar stärker als der Einfluss der Pädagogik.

Es gibt jedoch auch Fälle, in denen die Planung des Architekten mit den Bedürfnissen der Nutzer nicht übereinstimmt. Von einer erfolgreichen Anpassung kann dann nicht gesprochen werden, denn unpassende Raumkonfigurationen erzeugen psychischen Widerstand. Der Wille zum kürzesten Weg setzt sich z.B. gegen bepflanzte Inseln, Zäune gegebenenfalls mit Zerstörung durch. Doch auch gebaute Räume sind davon betroffen. Typische Beispiele dafür sind Krankenhäuser, welche aufgrund ihrer Benutzung sauber, hell und funktionell gestaltet werden. Helligkeit und Funktionalität können jedoch von den Benutzern

– den Patienten – schnell als kühl, abweisend, unmenschlich und beängstigend empfunden werden. Empfindungen, die dem Heilungsprozess wenig dienlich sind.

Weitere Beispiele sind Hochhaussiedlungen, wie sie in jeder größeren Stadt zu finden sind. Die in den 70er Jahren in bester Absicht geplanten Plattensiedlungen zur Schaffung preiswerten Wohnraums verwandeln sich mit der Zeit in Wohngebiete, in denen nur wenige Menschen bereit sind zu wohnen. Architektonische Merkmale solcher Siedlungen – kaum Grünflächen, fehlende Freiräume für Kinder und fehlende Begegnungsorte für sozialen Austausch – führen zu einer negativen Gestimmtheit des Raumes „Siedlung" und zu einem geringen Wohnwert. Wer es sich leisten kann, zieht aus und verstärkt damit eine soziale Entmischung der Bewohner. Die Siedlungen verwahrlosen weiter, es ist ein Teufelskreis, aus dem nur eine radikale Neugestaltung der Siedlungen unter Beachtung der Nutzerbedürfnisse führen kann.

Ein letztes Beispiel, welches sicherlich Verwunderung hervorruft, ist das von Friedensreich Hundertwasser 1985 in Wien errichtete Hundertwasser-Haus. Es wurde als besonders organisch und menschengerecht konzipiert. Bald nach Einzug der ersten Bewohner stellte sich heraus, dass das Haus anders als geplant auf seine Bewohner wirkte. „Die hochindividuell und sehr künstlerisch ausgestalteten Räume boten den Mietern nur wenig Möglichkeiten, ihrem Wohnraum eine eigene Note zu verleihen, ihn sich anzueignen, wie Architekturpsychologen es nennen. Viele Bewohner waren deutlich unzufrieden, weil sie sich den sehr speziellen Gegebenheiten des Hauses unterordnen mussten." (LEISING, 2002, S. 35).

14.3.4 Exkurs

14.3.4.1 Sozialökologische Sichtweisen der Raumaneignung

Über die architekturpsychologische Sichtweise der räumlichen Umwelt hinausgehend beschäftigt sich die sozialökologische Sichtweise mit den Wechselwirkungen von Umwelt und Handeln. Sozialökologen sprechen dabei von *Lebenswelten*, worunter nicht nur die räumliche Umwelt, sondern der gesamte Erfahrungsraum (räumlich, zeitlich, sozial, biographisch) eines Individuums verstanden wird *(vgl. Teil II des Buches)*.

Lebenswelt

Im Laufe der psychosozialen Entwicklung eignet sich jeder Mensch unterschiedliche Lebenswelten an, welche seine Handlungs- und Erfahrungsräume beschreiben.

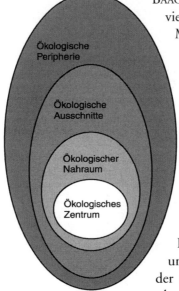

Home-Range-Konzept (BAACKE, 1993)

BAACKE (1993) als ein Vertreter beschreibt vier ökologische Zonen, die sich der Mensch mit zunehmender Reichweite erschließt und in denen er sich durch Interaktion mit der Umwelt auseinandersetzt.

Das *ökologische Zentrum* ist die alltägliche, unmittelbare Umgebung eines Menschen, sein Zuhause und seine Familie. Hier werden die Voraussetzungen für Emotionen und Kognitionen gebildet.

Der *ökologische Nahraum* wird durch die Nachbarschaft definiert. Jüngere Kinder finden hier Spielkameraden und werden sich auf Spielplätzen nahe der elterlichen Wohnung aufhalten. Mit zunehmendem Alter dehnt sich der ökologische Nahraum auf den gesamten Stadtteil aus: Parks, Innenhöfe, Kneipen etc. bilden den Aktionsradius.

Die Zone der *ökologischen Ausschnitte* ist durch funktionsbestimmende Beziehungen gekennzeichnet. Dazu gehören beispielsweise Schule und Jugendeinrichtungen. Im Gegensatz zum ökologischen Nahraum, der keine Raumnutzung definiert, werden in den ökologischen Ausschnitten sozialpsychologische Prozesse – wie die Bildung von Freund- und Feindschaften – initiiert.

Die äußerste Zone wird durch die *ökologische Peripherie* gebildet. Dieser Raum steht nur zeitweise zur Verfügung (ferngelegene Freizeitangebote, saisonbedingte Ferienorte etc.).

Ein weiterer Vertreter ist BRONFENBRENNER (1981). Er definiert Umwelt nicht linear wahrnehmbar, sondern systemisch. Dabei unterscheidet er folgende Ebenen:

Mikro-, Meso-, Exo- und Makrosystem (BRONFENBRENNER, 1981)

Das *Mikrosystem* bildet das erste und naheliegendste System. Es schließt die Gesamtheit aller Wechselbeziehungen zwischen den anderen, im konkreten Lebensbereich anwesenden Personen (Freunde, Nachbarn, Kollegen, Verwandte etc.) ein. Das wichtigste Mikrosystem ist die Familie, innerhalb dieser aber auch Dyaden wie Mutter – Kind.

Das *Mesosystem* umfasst Umwelten, die zu bestimmten Zeitpunkten aufgesucht werden (Freizeit, Weiterbildung etc.).

Als *Exosysteme* werden jene Bereiche bezeichnet, an denen die Person nicht aktiv teilnimmt, die aber trotzdem einen Einfluss auf die Geschehnisse der unmittelbaren Umgebung haben, z. B. Bildungs-, Verkehrssystem, Medien.

Das *Makrosystem* umfasst den gesamtgesellschaftlichen Kontext. Dazu gehören kulturelle und subkulturelle Normen, Weltanschauungen und Ideologien.

ZEIHER & ZEIHER (1994) gehen in ihrem *Inselmodell* im Gegensatz zu BAACKE und BRONFENBRENNER nicht von einem in konzentrischen Kreisen/Ellipsen wachsenden Handlungsraum aus. Ihr Ansatzpunkt ist, dass die räumliche Wohnumwelt keine Einheit mehr bildet, sondern durch Straßen und Funktionszentren (Schule, Freizeit, Einkauf...) unterbrochen und zerteilt wird. Im Zentrum des Inselmodells befindet sich der Wohnraum, von dem aus die anderen Inseln angestrebt werden. Die Folge ist, dass die Kinder und Jugendlichen bei der Raumaneignung eine Auswahl treffen müssen. „Die Kinder springen von Insel zu Insel, von Gelegenheitsort zu Treffpunkt, alle Orte liegen in einem Gesamtraum, der als solcher aber von den Kindern nicht mehr erfahren werden kann" (BÖHNISCH, 1996, S. 158).

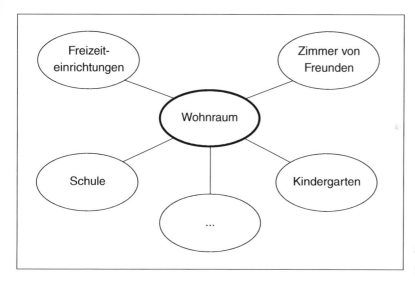

Inselmodell
(ZEIHER & ZEIHER, 1994)

14.3.4.2 Räumliche Aneignung ohne physische Präsenz

In unserem Zeitalter der globalen Vernetzung ermöglichen Telekommunikations- und Informationstechnologien Arbeits- und Lebensformen, in denen räumliche und zeitliche Bedingungen weitgehend selbstbestimmbar sind. Von (fast) jedem Punkt der Erde kann zu jeder Zeit kommuniziert werden. Menschen, die diesen Lebensstil praktizieren, nennt Bonß (1999, in: KESSELRING, 2001) „immobil Mobile". Sie sind zwar nicht mobil im herkömmlichen Sinn, jedoch verfügen sie oft über komplexe soziale und professionelle Netzwerke, in welchen sie Berufs- und Privatleben organisieren (KESSELRING, 2001).

ARCHITEKTURPSYCHOLOGIE

Soziale Mobilität gleichzusetzen mit räumlicher Mobilität ist mittlerweile fragwürdig geworden. Soziale Mobilität ist ohne tatsächliche Bewegung möglich: Für das Einkaufen gibt es virtuelle Berater; Wissen über andere Länder, Sitten und Gebräuche ist leicht bei Online-Recherchen zu finden und für tiefsinnige Gespräche oder Kaffeeklatsch gibt es für jede Zielgruppe Chatrooms. Damit entfällt bei der Aneignung eines (Lebens-)Raumes die früher notwendige physische Präsenz. Allein durch virtuelle Anwesenheit können Räume erkundet, bewertet und angeeignet werden.

Es stellt sich in diesem Zusammenhang die Frage, welchen Einfluss die Computerspiele und die Lebensmöglichkeit in virtuellen Realitäten auf die Sozialisation und die damit verbundene Raumaneignung zukünftiger Generationen haben. Derzeit sind dazu jedoch keine Untersuchungsbefunde bekannt.

14.3.4.3 Räumliche Aneignung und multilokales Wohnen

Im Gegensatz zu den „Immobil Mobilen", die kaum ihr Heim verlassen, verläuft die Entwicklung zum multilokalen Wohnen: Während noch zu Beginn der industriellen Revolution Wohn- und Arbeitsort nah beieinander lagen, sind heute längere Anfahrten zur Arbeit keine Seltenheit. Dazu kommt zunehmend eine räumliche Abspaltung der Freizeitmöglichkeiten, das bilokale Lebensmuster (Wohnen und Arbeiten) wird zu einem multilokalen Lebensmuster (Wohnen, Arbeiten, Freizeit an verschiedenen Orten). Es entstehen multilokale Wohnräume: Gewerbegebiete, Wohnsiedlungen, Einkaufszentren und Freizeitpark. Als Folge kommt es zu steigender Automobilität, insbesondere auch in der Freizeit, denn Defizite im Wohnbereich werden durch Mobilität in der Freizeit kompensiert (FUHRER & KAISER, 1994).

Abb. 8: Immobil Mobile vs. Mobilisten
(MAX SPRING, in: FUHRER & KAISER, 1994, S. 10)

Das soll mit einem abschließenden Beispiel etwas ausführlicher illustriert und erläutert werden: FUHRER, KAISER & STEINER (1993) analysierten in einer umfangreichen Untersuchung die Freizeitmobilität in zwei Wohnquartieren der Stadt Bern. Bei insgesamt 540 Personen erfassten sie neben soziodemografischen Daten mit Befragungsverfahren die Bindung an das Zuhause. Zusätzlich mussten die Untersuchungspartner in einem Tagebuch in jeweils einer Winter- und Sommerwoche ihr Mobilitätsverhalten (Ausgangspunkt, Wegezeit, Zielort, Verkehrsmittel, Tätigkeit am Zielort, etc.) protokollieren.

Es zeigte sich, dass die Freizeitmobilität umso geringer ausfällt, je stärker die emotionale Bindung an das Zuhause ist. Diese Ortsbindung steigt mit zunehmendem Alter, mit der Aufenthaltszeit daheim (z.B. Rentner, Hausfrauen) und der Wohndauer am Ort, sie sinkt bei Menschen mit instabilen Beziehungen (z.B. Ledige, Geschiedene).

Ebenso wie bei EISNER, LAMPRECHT & STAMM (1993) dienten 60% der Freizeitmobilität der Pflege sozialer Kontakte. Daneben spielt auch die emotionale Bedeutung des zur Verfügung stehenden Fahrzeuges (Auto) eine Rolle.

Allerdings konnten FUHRER, KAISER & STEINER (1993) auch belegen, dass Merkmale der gebauten Umwelt die Mobilität in der Freizeit signifikant modulieren. In diesem Zusammenhang sind insbesondere drei Effekte relevant:

- *Der Verkehrseffekt*
  Die Personen, die an Straßen mit hoher Verkehrsdichte wohnen, legen in der Freizeit und am Wochenende die größten Distanzen zurück.
- *Der Garteneffekt*
  Diejenigen Personen, die den Außenraum vor den Wohnbauten (z.B. in Form eines eigenen Gartens, Terrasse, Balkon, etc.) nicht selbst gestalten können, fahren in der Freizeit bevorzugt mit dem Auto in die Ferne.
- *Der Stockwerkseffekt*
  Wer in größeren Wohn- und Hochhäusern weiter oben wohnt, ist in der Freizeit und am Wochenende mobiler als jene Personen, die in den unteren Etagen von Gebäuden wohnen.

Der Verkehrseffekt

Der Garteneffekt

Der Stockwerkseffekt

Unter Berücksichtigung weiterer Untersuchungen zu diesem Problemfeld, ziehen FUHRER & KAISER 1994 folgenden Schluss: „Das Zuhause muss sich wieder kultivieren lassen, damit sich seine Bewohner kultivieren können ... Wir fahren von Zuhause weg, weil wir im Auto und an alternativen Orten mehr Möglichkeiten finden, um Spuren zu hinterlassen, in denen wir uns wiedererkennen, mit denen wir uns auch anderen mitteilen und unsere Emotionen regulieren können." (FUHRER & KAISER, 1994, S. 172).

Will man Aneignungsmöglichkeiten und -prozesse im Wohnumfeld fördern, bedeutet dies nach FUHRER & KAISER, dass vielfältiger gebaut werden sollte: konventionell (um Zusammengehörigkeit zu pflegen) und individuell zugleich (um Eigenheiten zu pflegen). Die Räume zwischen den Gebäuden bilden Übergangsräume zwischen Innen und Außen. Sie sind demzufolge wichtige Sozial- und Identifikationsräume. Der Übergang sollte gestuft erfolgen, der Außenraum zu einem Teil des Innenraumes gemacht werden *(vgl. Kap. Territorialität und Privatheit)*. Schließlich sollte unfertig gebaut werden und den Bewohnern die Möglichkeit gegeben werden, gemeinsam mit ihrem Gebäude zu wachsen.

In letzter Konsequenz wird damit auf Umgestaltungserfordernisse hingewiesen, wie sie bei den Ansätzen zur Umnutzung und Re-Urbanisierung skizziert wurden *(vgl. Kap. Mensch-Umwelt-Einheiten als Gegenstand der Architekturpsychologie)*.

14.4 Wissens- und Verständnisfragen

1. Was bedeutet der *gelebte Raum* im Gegensatz zu anderen Merkmalen von Räumen?

2. Warum erscheinen uns stehende Bäume im Wald höher als abgeholzte am Wegesrand liegende?

3. Können Sie sich vorstellen die Welt auf dem Kopf stehend zu sehen und sich trotzdem sicher darin zu bewegen?
Stellen Sie sich ein geistiges Umklappen der Wahrnehmung vor, das in Ihrem Bewusstsein stattfindet. Einen ähnlichen Vorgang können Sie erleben, wenn Sie die Treppe (Umklappfigur) auf zwei verschiedene Weisen wahrnehmen.

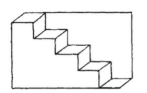

Abb. 9: optische Täuschung: Umklappfigur Treppe (eigene Darstellung)

4. Was konnten die Versuche von KOHLER (1951) sowie HELD & HEIN (1961) zeigen?

5. Was heißt *Realitätsgrad* von Bewegungen? Welche weiteren Merkmale besitzt die Bewegung im Raum?

6. Schauen Sie sich Kinderzeichnungen an und versuchen Sie daraus die Entwicklungsstufe der Raumvorstellung zu schlussfolgern.

7. Beobachten Sie das Spielverhalten von Kindern und Jugendlichen. Finden sich geschlechtsspezifische Muster darin?

8. Was glauben Sie, wie wird sich die „Computerspielgeneration" durch die Präsenz von virtuellen Realitäten auf die Raumaneignung auswirken?

9. In Anbetracht der vielen Autokolonnen auf unseren Straßen stellt sich die Frage, warum unsere Gesellschaft so mobil in ihrer Freizeit ist. Was können Städteplaner und Architekten tun, damit wir uns daheim wohler fühlen?

10. Wie kann man erklären, dass die Bewegungsgeschwindigkeit des Menschen von der Komplexität der Umwelt abhängig ist? Was könnte man durch Gestaltung der Umwelt tun, um die Geschwindigkeit von Autofahrern zu verlangsamen?

14.5 Literatur

Baacke, D. (1993). Jugend und Jugendkulturen. Darstellung und Deutung. Weinheim, München: Juventa.
Baacke, D., Schäfer, E. & Volkmer, I. (1995). Aspekte sozialökologischer Lebenswelterkundung. Opladen: Westdeutscher Verlag.
Berlyne, D. E. (1974). Novelty, complexity and interestingness. In: Berlyne, D. E. (Ed.), Studies in the New Experimental Aesthetics. Washington D.C.: Hemisphere.
Böhnisch, L. (1996). Pädagogische Soziologie. Eine Einführung. Weinheim, München: Juventa.
Branzell, A. & Kim, C. K. (1995). Visualising the Invisible. School of Architecture Chalmers, Göteborg: University of Technology.
Bronfenbrenner, U. (1981). Die Ökologie der menschlichen Entwicklung. Natürliche und geplante Experimente. Stuttgart: Klett-Cotta.
Buss, D. M. (2004). Evolutionäre Psychologie. München u.a.: Pearson.
Fischer, G. N. (1990). Psychologie des Arbeitsraumes. Frankfurt, New York: Campus.
Fisner, M., Lamprecht, M. & Stamm, H. (1993). Freizeit und Freizeitmobilität in der modernen Gesellschaft. In: Führer, U. (Hrsg.), Wohnen mit dem Auto. Zürich: Chronos.
Flade, A. & Kustor-Hüttl, B. (1993) (Hrsg.). Mädchen in der Stadtplanung. Bolzplätze – und was sonst? Weinheim: Deutscher Studien Verlag.
Flade, A. & Kustor, B. (Hrsg.). Raus aus dem Haus. Mädchen erobern die Stadt. Frankfurt/New York: Campus.

Flade, A. (1996). Sozialisation – das Hineinwachsen in die weibliche und männliche Lebenswelt. In: Flade, A. & Kustor, B. (Hrsg.), Raus aus dem Haus. Mädchen erobern die Stadt. Frankfurt/New York: Campus.

Fuchs, Th. (2006). Das Gedächtnis unseres Körpers. Psychologie Heute, 6, 25-27.

Fuhrer, U., Kaiser, F. G. & Steiner, J. (1993). Automobile Freizeit: Ursachen und Auswege aus Sicht der Wohnpsychologie. In: Fuhrer, U. (Hrsg.), Wohnen mit dem Auto. Zürich: Chronos.

Fuhrer, U. & Kaiser, F. G. (1994). Multilokales Wohnen: Psychologische Aspekte der Freizeitmobilität. Bern: Huber.

Guski, R. (1989). Wahrnehmung. Stuttgart: Kohlhammer.

Held, R. & Hein, A. (1961). Movement-produced Stimulation in the Development of Visually Guided Behavior. The Journal of Comparative & Physiological Psychology, 56, 1, 33-37.

Kesselring, S. (2001). Beweglichkeit ohne Bewegung. Mitbestimmung, 9, 10-14.

Kohler, I. (1951). Über Aufbau und Wandlungen der Wahrnehmungswelt. Sitzungsberichte der Österreichischen Akademie der Wissenschaften, 227 Band 1.

Kröner, S. (1997). „Hier dagegen ist das anders" – Bilanz einer innovativen Praxisforschung. In: Henkel, U. & Kröner, S. (Hrsg.), Und sie bewegt sich doch! Sportwissenschaftliche Frauenforschung – Bilanz und Perspektiven. Pfaffenweiler: Centaurus.

Kruse, L., Graumann, C.-F. & Lantermann, E.-D. (Hrsg.) (1990). Ökologische Psychologie (S. 313-324). München: Psychologie Verlags Union.

Kustor, B. (1996). Das Verschwinden der Mädchen aus dem öffentlichen Raum. In: Flade, A. & Kustor, B. (Hrsg.), Raus aus dem Haus. Mädchen erobern die Stadt. Frankfurt/New York: Campus.

Leising, D. (2002). Die Macht der Räume. Psychologie Heute, 1, 34-37.

Lerup, L. (1986). Das Unfertige bauen. Architektur und menschliches Handeln. Braunschweig: Vieweg & Sohn.

Lever, J. (1976). Sex differences in the games children play. Social Problems, 1976.

Lewin, K. (1935). A dynamic theory of personality. New York: McGraw-Hill.

Lewin, K. (1969). Grundzüge der topologischen Psychologie. Bern: Huber.

Lewin, K. (1926). Vorsatz, Wille und Bedürfnis. Psychologische Forschung, 7, 294-385.

Lynch, K. (1968). Das Bild der Stadt. Gütersloh: Bertelsmann.

Nissen, U. (1998). Kindheit, Geschlecht und Raum. Sozialisationstheoretische Zusammenhänge geschlechtsspezifischer Raumaneignung. Weinheim, München: Juventa.

Petmecky, A. (2006). Architektur von Kindertagesstätten: Entwurfsqualität und pädagogisches Konzept als Einflussfaktoren auf die Umweltaneignung von Kindern. Poster. 45. Kongress der Deutschen Gesellschaft für Psychologie. Nürnberg: 17.-21. September 2006.

Pfarr, H. (1993). Mädchen in der Stadtplanung. In: Flade, A. & Kustor-Hüttl, B. (Hrsg.), Mädchen in der Stadtplanung. Bolzplätze – und was sonst? Weinheim: Deutscher Studien Verlag.

Piaget, J. & Inhelder, B. (1971). Die Entwicklung des räumlichen Denkens beim Kinde. Stuttgart: Ernst-Klett-Verlag.

Raju, P. S. (1981). Theories of exploratory behavior: Review and consumer research implications. In: Sheth, J. N. (Ed.), Research in marketing. A research annual, 4, 223-249.

Schmitt, A. & Atzwanger, K. (1995). Walking fast – ranking high: A sociobiological perspective on pace. Evolution and Human Behavior, 16, 451-462.

Storch, M. (2006). Der vernachlässigte Körper. Psychologie Heute, 6, 20-24.

Trimpop, R. (2005). 100 Jahre Psychologie: Verkehrspsychologie. In: Rammsayer, Th. & Troche, S. (Hrsg.), Reflexionen der Psychologie. Göttingen u.a.: Hogrefe.

Zeiher, H. J. & Zeiher, H. (1994). Orte und Zeiten der Kinder. Soziales Leben im Alltag von Großstadtkindern. Weinheim/München: Juventa.

Zimbardo, P. G. (1995). Psychologie. Augsburg: Weltbildverlag.

www.corp.at 45. Zur Psychologie der Raumrepräsentation: Subjektiver Raum und Identität. Prof. Dr. Alexander Keul, Institut für Psychologie, Universität Salzburg, Hellbrunnerstr.34, 5020 Salzburg, email: alexander.keul@sbg.ac.at

15. Exkurs: Psychologie des Zwischenraumes

Peter G. Richter & Caroline Hahn

15.1 Einleitung

Beinahe jeder wird einmal die folgende Erfahrung gemacht haben: Sie sind in den engen Gängen des Finanzamtes oder einer vergleichbaren Institution auf dem Weg zu Ihrer Sachbearbeiterin und sehen vor sich zwei oder mehr ebenfalls wartende Personen, die sich gegenüberstehen und unterhalten. Können Sie sich vielleicht noch daran erinnern, wie sie es empfanden, zwischen den Personen hindurchzugehen? War es Ihnen angenehm oder unangenehm? Grüßten Sie freundlich oder lächelten Sie leicht? Hoben Sie beim Gehen Ihren Blick und sahen die Personen im Vorübergehen an, oder blickten Sie woanders hin?

In der Abbildung 1 ist eine vergleichbare Situation dargestellt.

Abb. 1: Drei Arten von Zwischenraum

ARCHITEKTURPSYCHOLOGIE

Zwei Personen stehen sich an die Wand eines Ganges gelehnt gegenüber und unterhalten sich. Eine dritte Person möchte an ihnen vorübergehen. In dieser Situation sind drei Arten von Zwischenraum erkennbar:

- Ein erster wird durch den selbst gewählten Abstand zwischen den Personen gebildet, durch die eingenommene *interpersonelle Distanz (IPD)*. Das so genannte „proxemic phenomenon" wurde im Kapitel „*Territorialität und Privatheit*" behandelt.

Interpersonelle Distanz (IPD)

- Dieser Abstand wird jedoch durch einen weiteren begrenzt, der im Fokus dieses Kaptitels steht: den festen Abstand zwischen gebauten Objekten, den wir als *Interobjektdistanz (IOD)* bezeichnen. Im Beispiel ist das die fixe Breite des Ganges.

Interobjektdistanz (IOD)

- Schließlich ist bei den beiden Personen im Vordergrund ein weiterer Zwischenraum erkennbar, die *Person-Objekt-Distanz (POD)*. Dieser wird durch den Abstand bestimmt, den die Person zum Bauwerk einnimmt. Im Beispiel stehen die beiden Personen fast mit dem Rücken zur Wand.

Person-Objekt-Distanz (POD)

Die psychologischen Mechanismen werden deutlich, wenn man sich in die dritte Person versetzt. Wird sie weitergehen, zwischen den beiden im Vordergrund hindurch, und damit das Gespräch kurzzeitig unterbrechen? Wahrscheinlich wird sie das nur mit einem gewissen Unbehagen tun. Auf der anderen Seite können die Personen im Gespräch in dem engen Gang nur näher aufeinander zugehen, um hinter sich einen Weg für die dritte Person zu lassen. Damit müssten die beiden Personen, die in dieser Situation angezeigte soziale Distanz unterschreiten. Das wäre eine Verletzung des persönlichen Raumes. In den Kapiteln „*Territorialität und Privatheit*" sowie „*Dichte und Enge*" wurden die damit verbundenen negativen Auswirkungen skizziert. In der Folge sollen die psychologisch relevanten Mechanismen noch etwas näher beleuchtet werden.

15.2 Der urbane Platz

15.2.1 Definitionen Raum/Zwischenraum

Bevor wir uns mit der Psychologie des Zwischenraumes befassen, erscheint es notwendig, einige Erkenntnisse bezüglich der Eigenschaften, die ein Raum bzw. Zwischenraum innehat, zusammenzutragen. Für unsere Zwecke möge die folgende Definition genügen. Nach PIERRE VON MEISS (1994) wird architektonischer Raum definiert durch sogenannte raumbildende Elemente. Elemente, die einen *Raum*

Raum

bilden, können Objekte (Punkte, Spitzen), Grenzen (Linien, Kanten) und Grundflächen (Oberflächen) sein.

Orientiert man sich an einer Definition, wie sie im Duden erscheint, so wird *Zwischenraum*, einzig aus architektonischer Sicht, definiert als „freier Raum zwischen zwei Dingen". Darüber hinaus spricht man dem Zwischenraum eine sogenannte Drittqualität des Raumes zu. Neben der des öffentlichen und des privaten Raumes harmonisiert ein Zwischenraum nämlich die Beziehung zwischen Menschen und Bauten, Menschen und Freiraum und Bauten und Freiraum. Dabei trägt die Qualität des verbindenden Zwischenraumes maßgeblich zur Interaktion zwischen Mensch und gebauter Umwelt bei.

Zwischenraum

In Bezug auf Zwischenraum werden *drei Maßstäbe* unterschieden: Die *Mikroebene* (Verhältnis zwischen zwei Räumen), die *Mesoebene* (Architektur- und Stadtgestaltungsebene) und die *Makroebene* (Stadtplanungsebene, Regionalebene). Zudem differenziert man verschiedene *Typen von Zwischenraum*.

Typ 1: Zwischenraum, der einseitig direkt an die Außenwand oder das Dach eines Gebäudes angrenzt; z.B. Balkon, Terrasse, Arkade, Vorgarten, Wintergarten

Typen von Zwischenraum

Typ 2: Zwischenraum zwischen Außenwänden gegenüberliegender Gebäude; z.B. Gasse, Straße, Passage, Promenade, Mall, Kanal, Fluss

Typ 3: Raum, der von drei und mehr Außenwänden bzw. Außeneinrichtungen umschlossen ist; z.B. Platz, Innenhof, Atrium

Typ 4: selbständiger Zwischenraum im Außenraum mit innenräumlichem Charakter; z.B. Pavillon, überdachte Gänge, Pergola

Sequenz: gestaltete Zwischenräume in voneinander abhängigen Straßenraumfolgen, z.B. Allee, Promenade, Passage, Fußgängerzone, Flussufer

ALFRED LANG's Arbeit umfasst neben Forschung zu Wahrnehmung, Motivation und Handeln auch die Beschäftigung mit der Umwelt- und Kulturpsychologie. Hierbei geht es um die Beziehungen zwischen Mensch sowie Wohnumwelt und kulturellem Umfeld. Was nach LANG (1987) das Psychologische des Zwischenraumes – im Besonderen des urbanen Platzes – ausmacht, sei im Folgenden dargestellt.

15.2.2 Zwischenraum aus Perspektive der Wahrnehmungspsychologie

Besser überschrieben wäre dieses Unterkapitel mit der Fragestellung: Wie wird aus einem Zwischenraum ein Etwas? Aus der Wahrnehmungspsychologie sind – neben anderen – insbesondere zwei Prinzipien bekannt, nach denen ein Zwischenraum seine Bedeutung erhält *(vgl. auch Kap. Prinzipien und Phänomene der Wahrnehmung).*

Betrachten Sie einmal die Figur in Abbildung 2:

Abb. 2: RUBIN'scher Becher

Sie erkennen entweder einen Becher oder aber zwei Gesichter im Profil. In Abhängigkeit der Distanz beider Objekte nimmt man in der Figur entweder den bekannten Becher oder zwei sich einander zugewandte Gesichter wahr.

Figur-Grund-Unterscheidung

Was hier spielerisch veranschaulicht wurde, ist innerhalb der Wahrnehmungspsychologie unter dem Begriff der *Figur-Grund-Unterscheidung* oder Figur-Grund-Prinzip bekannt geworden. Dieses Phänomen beinhaltet, dass zu einem Zeitpunkt immer nur eine Interpretation des Reizmusters möglich ist. Also entweder zwei sich näherkommende Gesichter oder der Becher. Es ist also nahezu unmöglich bzw. sehr schwierig, beide Lösungen simultan zu sehen. Dabei gilt die

Gute Gestalt

Gesetzmäßigkeit der Tendenz zur *„guten Gestalt"*: Mit einer gewissen Nähe scheint die Gestalt „besser" zu sein, wenn man in den Figuren einen Becher wahrnimmt. Die oben erwähnten raumbildenden Elemente, hier Grenzen und Kanten der Gesichter, lassen den Zwischenraum zu einem Etwas werden. Bezogen auf unser Thema heißt das Folgendes:

> Sobald Konturen so zueinander liegen, dass sie miteinander in Beziehung treten können, dann konstituieren sie ein Neues, eine Figur, eine Gestalt – in gebauten Strukturen den Platz.

15. PSYCHOLOGIE DES ZWISCHENRAUMES

Ähnlich verhält es sich in der folgenden Abbildung.

Selbstverständlich ist das Dreieck nicht da. Trotzdem sehen wir es. Automatisch erzeugen wir visuelle Kanten, wo physikalisch gesehen keine reale Kante existiert. Auch das hat Konsequenzen für die Wahrnehmung von dreidimensionalem Raum.

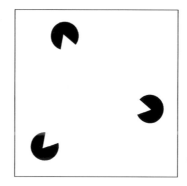

Abb. 3:
Dreieck von Kanisa

> Wo Konturen nur noch angedeutet sind, entsteht unter gewissen Bedingungen im Zuge visueller Vervollständigung etwas Neues – im betrachteten Zusammenhang ein Platz.

Konturillusion

Überträgt man diese Erkenntnisse aus der Wahrnehmungspsychologie auf den Umgang mit städtischem Raum, so lässt sich nach LANG (1987) eine Typologie urbaner Plätze entwerfen.

15.2.3 Typologie von Plätzen

Gesetzmäßigkeiten der Wahrnehmung sorgen also dafür, dass unter gewissen Bedingungen aus einem Zwischenraum ein bedeutsames Etwas wird. Dabei entsprechen den Bedingungen die beiden oben genannten Prinzipien der Wahrnehmung. Diese beiden Prinzipien bestimmen das Erleben städtischer Räume, bei der in der Realität unverbundene Elemente einander zugeordnet und in ein Ganzes eingebunden werden.

Der Schweizer Psychologe LANG (1987) nimmt eine Unterscheidung in zwei Platztypen vor: in den so genannten *Ventrikelplatz* und in den sogenannten *Fokusplatz*. Wodurch sich diese beiden Platztypen im Wesentlichen auszeichnen bzw. wodurch sie sich hinsichtlich des Erlebens und Verhaltens unterscheiden, soll im Folgenden dargestellt werden.

Ventrikelplatz vs. Fokusplatz

15.2.3.1 Der Ventrikelplatz

Beim Ventrikelplatz spricht man von Platzbildung durch „Bauchung". Denn hier kommen Konturen, Grenzen, Ränder anderer Gebiete so zu liegen, dass ein Zwischenraum bleibt (Abb. 4). Strenggenommen handelt es sich bei Dielen, Küchen und anderen Wohnräumen, die von Privatzimmern umgeben sind, gleichfalls um bauchige Raumstrukturen. Durch die Wände angrenzender Zimmer wird ein Zwischenraum, ein Platz gebildet, der keinem Familienmitglied eindeutig zugehört. Dieser Raum ist allen zugänglich. So verhält es sich auch analog dazu in unten aufgeführten Beispielen.

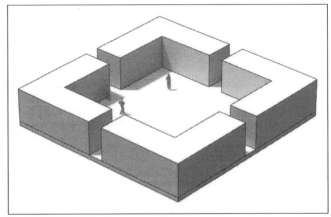

Abb. 4: Ventrikelplatz (schematisch) (nach LANG, 1987)

Zeichnung: K. HOFMANN

Abb. 5: Post Office Square (Boston)

15. PSYCHOLOGIE DES ZWISCHENRAUMES

Unter gewissen Bedingungen entsteht ein Zwischenraum, der einen neuen Charakter bekommt und einen Ventrikelplatz konstituieren kann. Dabei entspricht die Raumstruktur den *Strukturen sozialer Beziehungen*. Der Ventrikelplatz stellt ein neutrales Territorium dar, in dem die Auseinandersetzung zwischen Gleichwertigen möglich ist. Somit ist der psychosoziale Träger dieses Platztypus die Idee des Austausches – sei es der Austausch von Gütern (Markt, vgl. Abb. 6) oder der von Meinungen, wenn man sich an die lebhaften Diskussionen auf dem Forum Romanum erinnert.

Strukturen der sozialen Beziehungen

Die hier praktizierbare und praktizierte Politik entspricht im weitesten Sinne der Demokratie, innerhalb derer theoretisch alle Teilnehmenden gleichgestellt und gleichberechtigt sind. Damit bietet ein reiner Ventrikelplatz Raum für Politik bzw. Demonstrationen, die auf gesellschaftliche Missstände aufmerksam machen wollen und eventuell einen politischen Umsturz zur Folge haben können (Abb. 7).

Abb. 6: Altmarkt (České Budějovice)

Abb. 7: Montagsdemonstration „Wir sind das Volk!", Leipzig, Okt. 1989

Dem Ventrikelplatz fehlt die innere Ordnung, die Kontrolle. So kann der Intention des Austricksens auf dem Markt durchaus nachgegangen werden. Nach Lang (1987) bestehen hier vielfältige weitere Möglichkeiten der Interaktion zwischen Mensch und Umwelt bzw. zwischen Menschen untereinander. Damit ist Verhalten durch die räumlichen Strukturen eines Ventrikelplatzes nur geringfügig determiniert.

Beispiel Platzpolitik

> An dieser Stelle sei für den Interessierten auf ein Kuriosum deutscher Platzpolitik aufmerksam gemacht (Platzpolitik: Interaktion zwischen Mensch und Umwelt als ein spezieller Ausdruck sozialer Beziehungen): In der ehemaligen Hauptstadt Bonn existierte in unmittelbarer Nähe des Bundestages kein öffentlicher Platz, auf dem man seine Meinung äußern, d.h. demonstrieren im eigentlichen Sinne, konnte. Bundestag, Bundesrat und andere politische Institutionen, wie Landesvertretungen, waren in der parkähnlichen Rheinaue lokalisiert. So mussten Demonstrationen weitab, auf anderen städtischen Plätzen stattfinden. Daher blieben Parlament und Regierung weitestgehend ungestört. Häufig erfuhren die Abgeordneten von den Kundgebungen in Bonn erst mit der nächsten Tageszeitung am Morgen. Dazu beigetragen hat auch das Bannmeilengesetz, das im näheren Umkreis des Parlaments jede Versammlung verbietet. Wer in der Bannmeile protestiert – und dazu genügen nach Bonner Justiz schon fünf Menschen, die das Gleiche tun – wird verurteilt. Und das sogar, wenn der Bundestag in fraglicher Zeit gar nicht tagte. Nach dem Umzug des Parlaments in die neue Hauptstadt Berlin konnten sich die Berliner erfolgreich gegen das ursprüngliche Vorhaben, beide Spreeseiten für die Öffentlichkeit zu sperren, wehren. Quelle: CONRADI, P. (1994). Plätze in der Stadt. (Hrsg.). Ostfildern-Ruit: Hatje

15.2.3.2 Der Fokusplatz

Bei diesem Platztyp kommt das zweite platzkonstituierende Prinzip, das oben erläutert wurde, zum Tragen: das Fokusprinzip bzw. die Figur-Grund-Unterscheidung. In Abhängigkeit vom persönlichen Fokus nimmt man in einem Reizmuster unterschiedliche Figuren wahr. Entweder zwei einander zugewandte Gesichter oder aber einen Becher. Bezogen auf den urbanen Platz, lässt sich Folgendes formulieren: Ist im Raum etwas Figurhaftes gegeben, so hat es in der Wahrnehmung die Tendenz, auf seine Umgebung auszustrahlen, sich einen Hof zu bilden. Innerhalb der Gestaltpsychologie spiegelt sich dieses Phänomen im *„Gesetz der Prägnanz"* (METZGER, 1966) wider. Nach dem Prägnanzprinzip werden Objekte so wahrgenommen, dass sich eine einfache Interpretation ergibt *(vgl. Kapitel „Prinzipien und Phänomene der Wahrnehmung")*.

15. PSYCHOLOGIE DES ZWISCHENRAUMES

Um solch einen Fokus kann sich unter bestimmten Umständen ein Platz bilden (Abb. 8). Nach MAERTENS (1884) ist eine wichtige Bedingung der *optimale Betrachtungsabstand*, der nach dem Strahlensatz der Optik zweimal die Ausdehnung der längsten Dimension (z.B. die Höhe des Objektes) beträgt.

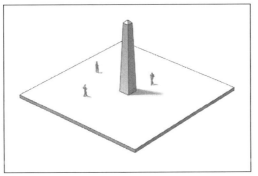

Abb. 8:
Fokusplatz (schematisch)
(nach LANG, 1987)

Zeichnung: K. HOFMANN

In seiner ursprünglichsten Form mag der Fokus eine große allein stehende Linde gewesen zu sein, die auf ihre Umgebung ausstrahlte und Leute anzog. Dies war meist der Ort für gesellschaftliche Strukturierungsrituale wie Verkündung oder Tagung des Gerichts.

Der hier angesprochenen zentrumsorientierten Raumstruktur entspricht natürlich auch eine *Sozialstruktur*, die sich an einem Zentrum orientiert. Nach seinem Bildungsprinzip entspricht der Fokusplatz somit einem typischen Herrschaftsplatz, auf dem Begegnung zwischen Ungleichen stattfindet; sei es die Begegnung zwischen Mensch zu weltlicher oder zu außerweltlicher Instanz.

Struktur sozialer Beziehungen

Als Platzpolitik wird Autokratie gelebt, innerhalb derer sich damals Knechte unter ihre Herren bzw. Bürger unter eine weltliche (Abb. 9) oder religiöse Macht unterwarfen.

Abb.9: Schloss von Versailles

Nicht selten besitzen Herrschaftsplätze auch mehrere Dominanten: eine weltliche, die zum Beispiel durch ein Rathaus repräsentiert wird, und eine religiöse, die meist wesentlich ältere Kirche. Interessanterweise liegen sich beide meist gegenüber und bilden sozusagen einen Gegenfokus. Symbolisiert ist hier die Konkurrenz zwischen Kirche und Staat in einer Dualität von Kirchenplatz und Rathausplatz.

Fokusplätze weisen häufig eine stärkere innere Struktur auf als Ventrikelplätze; oft resultiert aus einem Fokus eine Radialstruktur der gesamten städtischen Umgebung. So zum Beispiel in Karlsruhe, wo unter Markgraf Karl Wilhelm (1679 – 1783) begonnen wurde, eine auf das Schloss ausgerichtete Stadt zu errichten (Abb. 10, 11).

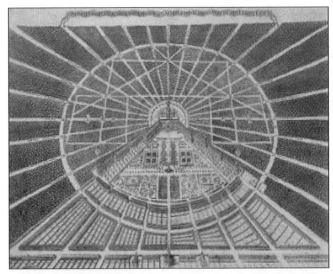

Abb. 10:
Karlsruher Stadtansicht,

Kupferstich von
H. SCHWARZ (1721)

Abb. 11:
Karlsruher Schloss

Luftaufnahme von
C. HAHN

15. PSYCHOLOGIE DES ZWISCHENRAUMES

Unter bestimmten Umständen werden auch Fokusplätze gestaltet, deren Wirkung – zumindest symbolisch – noch weiter reicht. Das kann für den „Großen Stern" im Berliner Tierpark gelten. Dieser wurde Ende des 17. Jahrhunderts unter Kurfürst Friedrich III. (später König Friedrich I. von Preußen) angelegt. Nach den Siegen in den Kriegen gegen Dänemark (1864) und Österreich (1866) wurde die Siegessäule auf diesem Platz errichtet, die zwei Jahre nach der Gründung des Deutschen Reiches 1871 in ihrer jetzigen Form eingeweiht wurde. Dieser Fokus stand in der Mitte des damaligen Deutschen Reiches und strahlte radial in gewisser Weise bis zu dessen Grenzen (Abb. 12, *vgl. Kap. Raumsymbolik*).

Abb. 12:
Die Siegessäule in Berlin, hist. Postkarte

Die hier dargestellten Überlegungen von Alfred LANG (1987) sind theoretischer Natur. Empirische Untersuchungen bzw. Belege fehlen bisher weitgehend. Allerdings existiert eine Reihe von Studien, die für die Gestaltung von Zwischenräumen unterschiedlicher Art relevant sind. Eine Auswahl soll im nächsten Punkt dargestellt werden.

15.3 Untersuchungen zum Zwischenraum

15.3.1 Untersuchungen zur Gestalt des Städtischen Raumes

BIRGIT WOLTER (2006) widmete sich in ihren Untersuchungen der Frage, warum manche Stadträume funktionieren, andere nicht. Zur Beantwortung dieser Frage verfolgt sie zwei Ziele:
1. Die *Aufbereitung und Integration der Theorien*, die in verschiedenen Disziplinen zu diesem Problemfeld existieren.
2. Die systematische Untersuchung zur *Wahrnehmung von urbanen Plätzen*.

Schwerpunkt ihrer Arbeit sind Räume vom Typ Ventrikel *(s.o.)*.

15.3.1.1 Theoretischer Hintergrund

In einer ganzheitlichen Betrachtung von Mensch und städtischer Umwelt lassen sich nach dem „Project for Public Spaces" (www.pps.org) vier Eckpfeiler guter städtischer Räume definieren (Abb. 13).

Abb. 13:
Die vier Eckpfeiler guter städtischer Räume, Project for Public Spaces,

zit. n. WOLTER, 2006

Neben der Möglichkeit zum sozialen Austausch (WHYTE, 1980) sollten urbane Plätze möglichst vielfältige weitere Handlungsangebote bieten *(vgl. Exkurs zur Handlungsregulationstheorie)*. Zugänglichkeit und gute Verknüpfung mit anderen öffentlichen Räumen sind ebenso von Bedeutung, wie eine gepflegte Erscheinung, die für ein positives Image steht. Unter Bezug auf die Gestaltpsychologie integriert Wolter diese vier Eckpfeiler und leitet daraus ihre zentrale These ab.

These zum Funktionieren des städtischen Raumes

> Die Gestalt eines städtischen Raumes trägt wesentlich zu dessen „Erfolg" als öffentlicher Raum bei. Die physischen Eigenschaften einer räumlichen Gestalt rufen eine wertende Reaktion beim Betrachter hervor und erzeugen oder drosseln dadurch das Bedürfnis, sich an dem jeweiligen Ort aufzuhalten. Dadurch wird das Entstehen von öffentlichem Leben direkt beeinflusst. (WOLTER 2006, S. 30)

Innerhalb dieses heuristischen Rahmens bereitet WOLTER verschiedene Theorien zum städtischen Raum auf. Insbesondere bezieht sie formalistische (Form, Proportion, Geometrie, etc.), funktionalistische (Zweckdienlichkeit, Funktionstrennung, Flexibilität, etc.) und semantische (Bedeutung, Symbolik, Ortsidentität, etc.) Konzepte in ihre Überlegungen ein. Nach einem umfangreichen Exkurs in Theorien und Erkenntnisse zur räumlichen Wahrnehmung wird eine Differen-

15. PSYCHOLOGIE DES ZWISCHENRAUMES

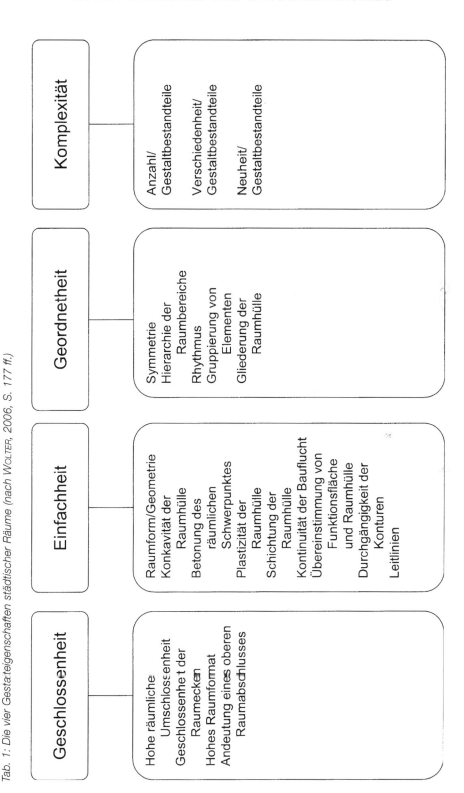

Tab. 1: Die vier Gestalteigenschaften städtischer Räume (nach WOLTER, 2006, S. 177 ff.)

zierung von vier Gestalteigenschaften städtischer Räume vorgenommen (Tab. 1).

15.3.1.2 Wahrnehmungspsychologische Untersuchung

Dieses umfassende Konzept wird von WOLTER in einer Pilotstudie erstmals überprüft.

Pilotstudie: Bewertung von drei unterschiedlichen Stadträumen

Anliegen des Experiments

Anliegen der Pilotstudie war es, den Einfluss der Geschlossenheit, Einfachheit und Komplexität auf die Bewertung von drei Plätzen zu untersuchen. Dazu wurden drei Fotoserien (9 Bilder/Serie, Schwarz-Weiß-Postkarten 10x15 cm) von städtischen Plätzen erstellt, die hinsichtlich ausgewählter Kriterien variierten. Die mittels Computer erzeugten Fotos wiesen Unterschiede in der räumlichen Umschlossenheit, Geschlossenheit der Raumecken, dem Raumformat, der Durchgängigkeit der Konturen, etc. auf (vgl. Tab.1).

Untersuchungsmaterial

Zentrum, Vällingby   *Pariser Platz, Berlin*   *Hauptplatz, Wien*

Durchführung

39 Testpersonen (22 Laien, 17 Experten) hatten die Aufgabe, eine individuelle Sortierung jeder Serie nach dem Beurteilungskriterium „schön" vorzunehmen. Es wurde keine zeitliche Beschränkung vorgenommen. Die Auswertung ergab eine mittlere Rangreihe nach Häufigkeit der Nennung.

Ergebnisse

Die Veränderung der Raumeigenschaften in den drei Dimensionen Geschlossenheit, Einfachheit und Komplexität führte zu eindeutigen Reaktionen in der Bewertung. Besonders günstig wurden jeweils die Varianten aller drei Serien bewertet, die eine Kombination von geordneter und geschlossener Gestalt mit großer innerer Komplexität aufwiesen.

Zur Abhängigkeit von Raumgestalt und Architektur gab es folgende Ergebnisse: Je vielfältiger die Architektur, desto besser wurde räumliche Geschlossenheit bewertet. Je einheitlicher die Architektur, desto besser wurde die Öffnung des Raumes bewertet.

Es konnte kein signifikanter Einfluss der Expertise auf die Bewertung festgestellt werden.

15.3.1.3 Schlussfolgerungen

BIRGIT WOLTER kann mit ihrer Pilotstudie für das komplexe Gebilde eines städtischen Raumes belegen, dass es einen allgemeinen überindividuellen Zusammenhang zwischen dessen Gestaltung sowie der Wahrnehmung und Bewertung durch die Studienteilnehmer gibt. Das ist ein Hinweis darauf, dass die Gesetze der Wahrnehmung, wie sie in der Gestaltpsychologie abgeleitet wurden, prinzipiell auch für dreidimensionale Zwischen-Räume gelten.

Eine als einfach und angenehm empfundene räumliche Gestalt erhöht die Qualität eines Stadtraumes als Wahrnehmungsraum. Dieser etabliert sich dadurch leichter als Handlungsraum für das öffentliche Leben.

Für die praktische Gestaltung von Stadträumen ist von Belang, dass eine Kombination von räumlicher Geschlossenheit mit Geordnetheit und Gliederung der Raumhülle besonders positiv bewertet wird. Hieraus können in weiteren und differenzierenden Schritten Empfehlungen für den Entwurf von funktionierenden Stadträumen abgeleitet werden (vgl. Tab. 1).

15.3.2 Untersuchungen zum Abstand zwischen Menschen und Objekten

Bereits beim einführenden Beispiel wurden die unangenehmen Gefühle erwähnt, die entstehen, wenn man gezwungenermaßen zwischen zwei in ein Gespräch vertiefte Personen hindurchgeht. Auch wurde dargestellt, dass bestimmte Platzformen mit einer besonderen Herrschaftsform konform gehen bzw. einmal gingen. So sind die prächtig gestalteten Plätze des Sonnenkönigs in Versailles zum einen Ausdruck verschwenderischen Lebensstils, zum anderen spiegeln sie das Ungleichgewicht zwischen Herrschendem und Beherrschten wider. Architektur im Allgemeinen, städtebauliche Gestaltungskonzepte bzw. einzelne Bauwerke üben einen Einfluss auf die Umwelt und damit auf den Menschen aus.

Dahinter liegt die Annahme, dass Objekte unsichtbare Kraftfelder induzieren, die Menschen in ihrem Verhalten im Raum beeinflussen. Dieser Thematik dem Sichtbarmachen des Unsichtbaren widmet sich unter anderem die Forschungsarbeit von ARNE BRANZELL & YOUNG CHUL KIM (1995). Sie konzentrieren sich bei ihren Untersuchungen auf den Zwischenraum zwischen Objekten und Personen *(POD)*, untersuchten aber auch die *IOD (s. o.)*.

Person-Objekt-Distanz (POD)

Abstand zwischen Objekten (IOD)

15.3.2.1 Theoretischer Hintergrund

Zur Veranschaulichung des von BRANZEL und KIM gewählten Untersuchungsgegenstandes lassen Sie uns wiederum mit einem kleinen Gedankenexperiment beginnen:

Sie erinnern sich sicher an eines der meist vorgeführten Experimente im Rahmen Ihres früheren Physikunterrichts; als man Sie nämlich mit dem Phänomen der Magnetfelder vertraut machte. Mittels zahlreicher kleiner Stahlspäne konnten Magnetfelder sichtbar gemacht werden. Denn die Stahlspäne, die in die Nähe eines Magneten gebracht wurden, arrangierten sich in einem speziellen Muster.

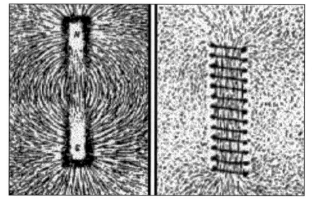

Abb. 14:
Magnetfelder
aus: Brockhaus-Enzyklopädie, 20.A., B.14, S.30. Leipzig/Mannheim 1998

Analog zu Magnetfeldern vermuten BRANZEL und KIM, dass auch von Objekten im Raum eine Wirkung auf ihre Umgebung ausgeht, da sie ein unsichtbares Feld von Kräften induzieren. Allein die Gegenwart eines Objektes übt auf seine Umgebung einen Einfluss aus, bezüglich dessen, wie sich eine Person im Raum fühlt und wie sie sich verhält.

Prinzipiell gibt es zwei Arten, wie Menschen Zwischenraum begreifen: quantitativ und qualitativ. Zum einen wird Raum bzw. Zwischenraum beschrieben als ein Set messbarer *Quantitäten* von Ausbreitung. Die Ausbreitung wird in messbaren Distanzen, Flächen und Volumina wiedergegeben. Damit wird Zwischenraum als homogener und neutral leerer Raum beschrieben. Dieser Aspekt scheint wesentlich im praktischen Leben, wenn man zum Beispiel an ein zu errichtendes Gebäude denkt oder daran, wie Gepäck in einem Schrank verstaut wird.

Quantitative Raumwahrnehmung

Unter dem *qualitativen* Aspekt hingegen beschränkt sich die Existenz eines Objektes nicht ausschließlich auf seine physikalische Größe. Hier wird Zwischenraum als ein dynamisches Feld beschrieben, das von materiellen Objekten abhängig ist. Analog zum Feldkonzept in der Physik wirkt ein Objekt auf seine Umgebung, indem es ein unsichtbares Feld von Kräften induziert. Menschen erfahren ein Kraftfeld, indem sie zum Objekt hingezogen werden oder aber von ihm

Qualitative Raumwahrnehmung

Anliegen der Studie

fernbleiben. Dieser qualitative Aspekt ist Forschungsgegenstand von BRANZEL und KIM.

Das *zentrale Anliegen der verschiedenen Studien* besteht darin, dieses für unser Auge verborgene Feld sichtbar zu machen. Das soll anhand des von Personen in der Untersuchungssituation gezeigten Verhaltens geschehen, da vermutet wird, dass objektinduzierte Felder sich darauf auswirken, welche Position im Raum im Verhältnis zu einem Objekt von Personen eingenommen wird.

Seit den psychologischen *Gestaltgesetzen* wissen wir, dass materielle Formen nicht unabhängig voneinander wahrgenommen werden, sondern als ein organisiertes Ganzes. Gemäß den Gestaltgesetzen von Nähe, Ähnlichkeit und Geschlossenheit *(vgl. Kap. Prinzipien und Phänomene der Wahrnehmung)* lassen zwei Punkte im zweidimensionalen Raum eine Linie vorstellen bzw. lassen vier Punkte eine vierseitige Figur vorstellen. Bezogen auf den dreidimensionalen Raum lassen Objekte wie zum Beispiel vier Säulen in der Wahrnehmung des Beobachters einen viereckigen Raum vorstellen.

Gestaltgesetze

Zudem liegt die Vermutung nahe, dass das von Hall (1966) untersuchte *„proxemic phenomenon"* (IPD) sich nicht ausschließlich auf interpersonale Beziehungen beschränkt, sondern auch im Raum mit seinen Objekten gewissermaßen Geltung besitzt. Hypothetisch gesprochen erfährt ein Beobachter in einem von einem Objekt induzierten Kraftfeld solange Anziehung oder Zurückweisung, bis er eine optimale Distanz zu dem Objekt gefunden hat. Dabei sind Ausmaß und Richtung der Kräfte, die innerhalb des Feldes auf eine Person wirken, nicht universell. Jede Person bevorzugt eine spezielle Distanz, die ihr in Relation zu einem Objekt im Raum am angenehmsten erscheint. Mit zunehmender Abweichung von dieser individuellen Idealdistanz ändert sich auch das Empfinden (Comfort-Level) der Person *(vgl. Kap. Territorialität und Privatheit sowie Dichte und Enge)*.

proxemic phenomenon, IPD

Dass das Kräftefeld sich keineswegs uniform in alle Richtungen gleichermaßen erstreckt, geht auf Beobachtungen von SOMMER (1969) zurück. Referenz dafür ist die körperliche Orientierung oder die Blickrichtung des Beobachters. So können zum Beispiel Menschen die Nähe eines Fremden einfacher tolerieren, wenn er neben ihnen und nicht direkt vor ihnen steht. Solch ein *nonsphärisches Feld* wird auch in der vorliegenden Untersuchung angenommen (Abb. 15).

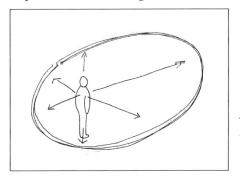

Abb. 13: nonsphärisches Feld (nach BRANZELL & KIM, 1995)

Weiterhin bedeutsam sind Variablen, die außerhalb der Objekte selbst liegen, die einerseits mit der physischen Umwelt zusammenhängen (Lichtverhältnisse etc.) und die andererseits den Beobachter betreffen können (Bedürfnisse, Stimmung). Sie können ebenfalls einen Effekt darauf haben, wie Personen ein feldinduzierendes Objekt wahrnehmen.

Variablen der Studie: Größe, Form, Anordnung von Objekten

In den vorgestellten Experimenten werden hauptsächlich *Größe, Form* und die gruppierte *Anordnung von Objekten* betrachtet. So wird erwartet, dass ein größeres Objekt auch ein größeres Feld induziert, womit die Stärke eines Feldes von einem Objekt bei gegebener Distanz proportional ist zur Größe des Objektes. Durch die Größe des Objektes kann auch der emotionale Charakter eines Feldes bzw. das emotionale Erleben des Beobachters modifiziert werden: Ein großes Objekt wirkt eher überwältigend, wohingegen ein kleines Objekt eher zugänglich erscheint.

15.3.2.2 Ausgewählte Experimente

Im Folgenden soll eine Auswahl aus den insgesamt acht Experimenten von BRANZELL & KIM (1995) vorgestellt werden, die zum einen den Nachweis für die Existenz von sogenannten objektinduzierten Kraftfeldern bringen sollten. Andererseits galt es die Hypothesen zu prüfen, inwieweit die Größe, die Form eines Objektes bzw. inwieweit gruppierte Anordnungen von Objekten die von der Testperson gewählte Position im Raum in Relation zum Objekt/zu Objekten beeinflussen.

15. PSYCHOLOGIE DES ZWISCHENRAUMES

Experiment 1: Raum zwischen zwei Pfeilern

Das *Anliegen dieses Experimentes* war es, die Distanz zwischen zwei Säulen (IOD) von 2,40 m Höhe zu bestimmen, bei der beobachtende Personen von einem festen Punkt aus beginnen bzw. aufhören, zwischen den beiden Objekten einen Raum wahrzunehmen. Damit lautete die Hypothese, dass aufgrund säuleninduzierter Spannung zwischen zwei Säulen ein Zwischenraum wahrgenommen wird.

Anliegen des Experimentes

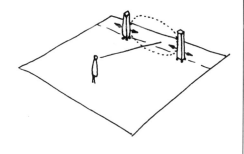

Zur Ermittlung dieser Distanz waren 10 Testpersonen in vier Durchgängen dazu aufgefordert, auf Rollen befestigte Säulen von Helfern jeweils aufeinander zu bzw. voneinander weg bewegen zu lassen, bis die Testpersonen begannen, die Säulen so wahrzunehmen, als ob sie zwischen sich einen Raum bilden. Der Betrachtungsabstand entsprach dabei – orientiert an MAERTENS (1884) – einem Vielfachen der Säulenhöhe, nämlich 8,15 m.

Abb. 16: Untersuchungsdesign Experiment 1

Durchführung

Von den 10 Personen wurden unterschiedliche Distanzen ermittelt; allerdings unterschieden diese sich innerhalb der vier Durchläufe nicht wesentlich. Das heißt, jede Person besaß eine eigene Distanz, ab der ein Zwischenraum zwischen den beiden Objekten wahrgenommen wurde.

Ergebnisse

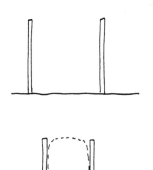

Abb. 17: Säulendistanz ohne wahrgenommene Spannung

Beim ersten Durchlauf war die Distanz zwischen den Säulen so groß, dass keine Spannung zwischen beiden Säulen von den Testpersonen wahrgenommen wurde.

Abb. 17: Säulendistanz mit wahrgenommener Spannung

Mit zunehmender Annäherung, bei einem Gruppenmittelwert von 402 cm, begannen die Testpersonen, „einen Raum dazwischen" zu fühlen. Nach den Gestaltgesetzen könnte das Gesetz der Nähe und das der Geschlossenheit (closure) einen Einfluss auf die Wahrnehmung der Testpersonen gehabt haben.

ARCHITEKTURPSYCHOLOGIE

Experiment 2: Raum um einzelne Objekte mit verschiedenen Formen

Anliegen des Experimentes

In diesem Experiment wurde untersucht, welchen Standort Personen gegenüber verschieden geformten Objekten einnehmen und wie sie sich bezogen auf das jeweilige Objekt orientieren.

Durchführung

10 Testpersonen waren aufgefordert, sich so zu einem der 5 möglichen Objekte (Abb. 19) zu positionieren, dass es ihnen angenehm ist. Zudem sollte unter Zuhilfenahme eines Pfeils die Blickrichtung angegeben werden.

Ergebnisse

In den Ergebnissen wird der unterschiedliche Einfluss der verschieden geformten Objekte auf die Entscheidung der Testpersonen offensichtlich:

Im Fall der runden Säule und der ebenen Wand verteilten sich die Testpersonen annähernd symmetrisch um das Objekt. Bei den übrigen Objekten hingegen positionierten sich die Testpersonen eher asymmetrisch um das Objekt herum, was unter Umständen auf ihre ebenfalls asymmetrische Form zurückzuführen ist.

Insgesamt schienen die eher gewöhnlich geformten Objekte wie Säule und Wand die Testpersonen weniger anzuziehen. Die ungewöhnlicher geformten Objekte hingegen veranlassten dagegen die Testpersonen, sich für eine dem Objekt nahe Position zu entscheiden. Dabei war das Objekt mit dem Überhang das attraktivste Objekt. Dieses Objekt erinnerte an ein Haltestellenhäuschen, wie man es an vielen Orten finden kann.

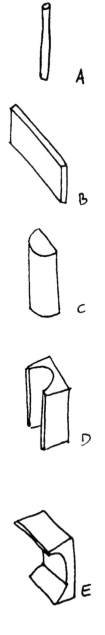

Abb. 19: Die fünf Objekte im Experiment 2

15. PSYCHOLOGIE DES ZWISCHENRAUMES

Experiment 3: Raum um zwei verschieden geformte Objekte herum und Raum zwischen zwei verschieden geformten Objekten

In diesem Experiment sollte untersucht werden, wie sich Personen gegenüber einer gruppierten Anordnung von zwei Objekten mit unterschiedlicher Form verhalten. Das Anliegen hier war also zu untersuchen, wie sich Personen im Verhältnis zu einer Kombination unterschiedlich geformter Objekte positionieren. Dabei wurden die zuvor bereits erwähnten Objektformen in sechs verschiedenen Kombinationen eingesetzt.

Anliegen des Experimentes

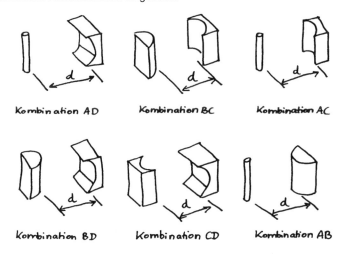

Abb. 20: mögliche Objektkombinationen in Experiment 3

Abermals waren 10 Testpersonen dazu aufgefordert, sich an einen Ort zu stellen, der ihnen am angenehmsten war. Zur Veranschaulichung der Ergebnisse dient ein Kategoriensystem: Es konnten drei verschiedene *Verhaltensweisen* beobachtet werden: Diese sind die eines so genannten *„Outsiders"*, eines *„Borderliners"* oder eines *„Insiders"*. Unter der Annahme, dass Objekte unsichtbare Felder um sich herum induzieren, können Personen sich entweder außerhalb dieses Feldes positionieren (Outsiders), sich auf der Grenzlinie dieses Feldes bewegen (Borderliners) oder aber eine Position aufsuchen, die sich innerhalb dieses Feldes befindet (Insiders).

Durchführung und Ergebnisse

Allgemein erscheint der Platz zwischen zwei Objekten, die sich einander gegenüberstehen, anziehender. Bezüglich der allgemeinen Attraktivität von Objektformen (gleich in welcher Kombination) lassen sich die verwendeten Objektformen in folgende absteigende Reihenfolge bringen: *Überhang (E), konkave Form (D), konvexe Form (C), Säule (A)*. Bei Vorhandensein vom Objekt mit Überhang (E) in einer Kombination wählten die Testpersonen einen Platz näher an der Form mit Überhang als an der entsprechenden anderen Form; bei der Kombination Objekt mit Überhang/konkave Form (CD) fühlten sich die Testperson von dem Objekt mit Überhang (E) mehr angezogen. Resultierend aus dieser Reihenfolge ergeben sich auch die Spannungen zwischen den jeweiligen Objekten innerhalb einer Kombination.

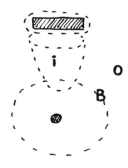

Kombination AD

Abb. 21: potentielle Verhaltensweisen (Insiders, Borderliners, Outsiders)

15.3.2.3 Schlussfolgerungen

Die Ergebnisse dieser Experimente scheinen die Hypothesen von ARNE BRANZELL & YOUNG CHUL KIM (1995) zu bestätigen: Raum um Objekte herum und Raum zwischen Objekten wird als eine Art Kraftfeld bzw. als Region mit zunehmender Dichte und Spannung begriffen. So wie der Mensch betrachtet werden kann als jemand, der ein Kraftfeld um sich herum in seinen interpersonellen Beziehungen trägt, so induzieren offenbar auch Objekte wahrnehmbare Felder von Kräften. Diese Felder beeinflussen die Entscheidung von Menschen darüber, wie Objekte im Raum organisiert sein sollten und/oder wie Menschen sich selbst im Verhältnis zu Objekten platzieren. In den Experimenten konnte gezeigt werden, dass die Größe und Stärke des vermuteten Feldes in Abhängigkeit von den Merkmalen Größe, Form und Organisation der Objekte variiert.

Replikationsstudien liegen bisher nicht vor. Damit ist die Verallgemeinerbarkeit der Ergebnisse (zunächst) eingeschränkt. Dennoch können erste Schlussfolgerungen für die Wirkung der untersuchten Objektmerkmale in realen Bedingungen gezogen werden, beispielsweise für symmetrisch vs. asymmetrisch gestaltetes Stadtmobiliar. Allerdings sind vor der Übertragung in die Praxis weitere Untersuchungen notwendig, musste doch von BRANZELL & KIM der Grad der Komplexität räumlicher Strukturen unter Laborbedingungen weitgehend außer Acht gelassen werden.

15.3.3 Untersuchungen zu Flucht und Panik

Abschließend soll kurz auf einige neuere Untersuchungen zu einem Zwischenraum der besonderen Art eingegangen werden. Es handelt sich um Lücken oder Durchlässe in gebauten Strukturen. Ob Sie sich Türen oder Tore vorstellen, an Ausfahrten oder Straßen denken, die von Plätzen abgehen – alle diese Zwischenräume bekommen eine besondere Bedeutung, wenn viele Menschen in kurzer Zeit durch sie hindurch wollen. In Paniksituationen ist das der Fall. Aus handlungspsychologischer Sicht wird dabei die intellektuelle, bewusste Steuerung des Verhaltens fast vollkommen ausgeschaltet – angeborene Fluchtreflexe, die auf der unbewussten automatisierten Regulationsebene ablaufen, werden dagegen aktiviert *(vgl. Exkurs zur Theorie der Handlungsregulation).*

Theorien und Untersuchungen aus der Chaosforschung sind für diese Situationen ebenso relevant wie Tierexperimente. DIRK HELBING et al. (2000, 2001) entwickelten Computermodelle, welche für Paniksituationen bei Menschen angewandt werden können (Abb. 22).

15. PSYCHOLOGIE DES ZWISCHENRAUMES

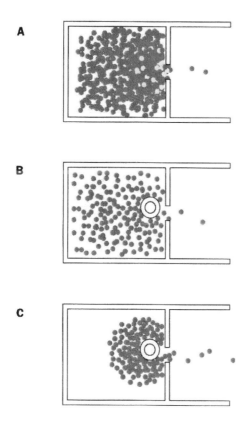

Abb. 21:
Die drei Bilder zeigen eine computersimulierte Flucht von 200 Menschen aus einem Raum (www.helbing.org; www.panics.org). Jeder kleine Punkt steht für eine Person. Oben ist ein Raum ohne Säule vor dem Notausgang dargestellt, in der Mitte ein Raum mit einer Säule, jeweils 10 Sekunden nach Ausbruch eines Feuers. Jeder Mensch würde spontan vermuten, dass eine Säule vor dem Ausgang den Fluchtweg blockiert. Insekten haben uns jedoch gelehrt, dass das Gegenteil der Fall ist.
Die vermeintliche Blockade schafft Orientierung. Die untere Abbildung zeigt den Raum mit Säule nach 45 Sekunden: In diesem Fall konnten 72 Menschen fliehen und keiner wurde verletzt. Fehlt die Säule – wie in der oberen Abbildung – so hätten im gleichen Zeitraum nur 44 Menschen fliehen können und fünf Personen wären verletzt worden.
(zit. nach HEUER, 2003, S. 107)

In derartigen Computersimulationen bestätigt sich, was u. a. auch eine Forschergruppe um CEASAR SALOMA von der University of the Philippines im Jahr 2003 an einem Experiment mit sechzig wasserscheuen Mäusen zeigen konnte: Weniger Möglichkeiten zur Flucht, weniger Tore sind günstiger. Die Tiere mussten in einem Bassin schwimmend eine rettende Plattform erreichen. Den Weg ins Trockene versperrte jedoch eine Wand mit einem oder mehreren Toren. Am schnellsten gelang den Mäusen die Flucht, wenn nur ein – zudem recht schmales – Tor offen stand. In diesem Fall schlängelten sich die Nager eins nach dem anderen hindurch. Standen mehrere Tore zur Verfügung, wurde hektisch und rücksichtslos gedrängelt und gedrückt.

Beide Untersuchungen zeigen, wie durch Gestaltung von Türen und Toren die Sicherheit in derartigen Extremsituationen zu erhöhen ist. Darüber hinaus wird im Rahmen eines DFG-Projektes systematisch untersucht, wie große Menschenströme kanalisiert werden können, um verbesserte Designlösungen für Architekturen von Bahnhöfen, Flughafenterminals, Museen, Stadien, Einkaufszentren, Hotels, Kreuzfahrtschiffen, etc. abzuleiten (HELBING & SCHLAG, 2005-2007).

15.4 Fazit

Insgesamt lässt sich feststellen, dass die Untersuchung und Gestaltung von Zwischenräumen unterschiedlichster Art und auf unterschiedlichen Ebenen von großer theoretischer und praktischer Relevanz ist. Ob es sich um den urbanen Platz in seinen verschiedenen Ausprägungen handelt oder um die Gestaltung einzelner Elemente im öffentlichen Raum, die zugrunde liegenden Wirkmechanismen werden sukzessive transparent.

Gerade die letztgenannten Studien stehen prototypisch für moderne interdisziplinäre Ansätze. Aus einer integrativen systemtheoretischen Sicht sind nicht nur für die künftige Gestaltung von Zwischenräumen neue Erkenntnisse zu erwarten.

```
RAUMRAUMRAUMRAUMRAUMRAUM
RAUMRAUMRAUMRAUMRAUMRAUM
RAUMRAUMRAUMRAUMRAUMRAUM
RAUMRAUMRAUMRAUMRAUMRAUM
RAUMRAUMRAUMRAUMRAUMRAUM
RAUMRAUMRAUMRAUMRAUMRAUM
RAUMRAUMZWISCHENRAUMRAUM
RAUMRAUMRAUMRAUMRAUMRAUM
RAUMRAUMRAUMRAUMRAUMRAUM
RAUMRAUMRAUMRAUMRAUMRAUM
RAUMRAUMRAUMRAUMRAUMRAUM
RAUMRAUMRAUMRAUMRAUMRAUM
RAUMRAUMRAUMRAUMRAUMRAUM
```

Gedicht von TIMM ULRICHS

Möglicherweise gibt es auch für weitere Bereiche der Architektur und Psychologie Verbindungen, die in Zukunft theoretisch und praktisch zum Tragen kommen, so wie das STEVEN JOHNSON (2002) in seinem Buchtitel andeutet: „Emergence – The Connected Lives of Ants, Brains, Cities and Software".

15.5 Literatur

Anders, G. (1998). Stadt in der Öffentlichkeit – Zum Stadtbau. Frankfurt a. Main: Haag + Herchen.

Branzell, A. & Kim, Y. C. (1995). Visualising the invisible. Field of perceptual forces around and between objects. Göteborg: School of Architecture Chalmers University of Technology.

Conradi, P. (1994). Demonstrationen im öffentlichen Raum/Platz für Politik. In: Aminde, H.-J. (Hrsg.), Plätze in der Stadt. Ostfildern-Ruit: Verlag Gerd Hatje.

Hall, E. T. (1966). The hidden dimension. New York: Doubleday.

Helbing, D. (2004). Sicherheit in Fußgängermengen bei Massenveranstaltungen. In: Freyer, W. & Groß, S. (Hrsg.), Sicherheit in Tourismus und Verkehr. Dresden: FIT.

Helbing, D., Farkas, I. & Vicsek, T. (2000). Simulating dynamical features of escape panic. Nature, 407, 9, 487-490.

Helbing, D., Molnar, P., Farkas, I. & Bolay, K. (2001). Self-organizing pedestrian movement. Environment and Planning B: Planning and Design, 28, 361-383.

Helbing, D. & Schlag, B. (2005-2007). Computersimulation und Management von Fußgängerströmen bei besonderen Belastungen und kritischen Bedingungen an konkreten Beispielen. DFG-Projekt. 03/2005-02/2007.

Heuer, S. (2003). Ins Schwärmen geraten. McK Wissen, 05, 104-109.

Johnson, S. (2002). Emergence – The Connected Lives of Ants, Brains, Cities and Software. Washington: Touchstone.

Lang, A. (1987). Wahrnehmung und Wandlungen des Zwischenraums – Psychologisches zum urbanen Platz. Vortrag beim Schweizerischen Werkbund, Sektion Bern. 25. Februar 1987.

Maertens, H. (1884). Der optische Maßstab oder die Theorie und Praxis des ästhetischen Sehens in den bildenden Künsten. Berlin: Wasmuth.

Metzger, W. (1975). Gesetze des Sehens (3. Auflage). Frankfurt: Kramer.

Nie, J.-W. (2001). Form, Element und Ordnung von Zwischenraum. Theoretische und konzeptionelle Grundlagen für eine postindustrielle Zwischenraumgestaltung. Städtebau-Institut der Universität Stuttgart.

Sommer, R. (1969). Personal space: the behavioral basis of design. Prentice-Hall, Englewood Cliffs, N.J.

Von Meiss, P. (1994). Elements of Architecture – From Form to Place. London / New York.

Webb, M. (1990). The city square – a historical evolution. London: Thames and Hudson.

Whyte, W. H. (1980). The Social Life of Small Urban Spaces. Washington: The Conversation Foundation.

Wolter, B. (2006). Die Gestalt des städtischen Raumes. Dissertationsschrift. TU Dresden. Fakultät Architektur.

www.helbing.org
www.panics.org
www.pps.org
www.diacenter.org/newmediacollb01-02/joshipalinkos/oldcities.htm
www.unix-ag.uni-kl.de/~lippold/montagsdemo.gif
www.globalgeografia.com/album/francia/versailles.jpg

Teil IV

METHODEN DER ARCHITEKTURPSYCHOLOGIE

16. Exkurs: Konzept der mentalen Modelle nach NORMAN

Jöran Ehmig & Peter G. Richter

16.1 Einführung

Lassen Sie uns mit einem kleinen Experiment beginnen:

Ein kleines Experiment

Betrachten Sie bitte dieses Objekt.

Was sehen Sie? Wozu könnte es dienen? Zu welchem Zweck würden Sie es benutzen?
Bitte notieren Sie auf den folgenden Zeilen Ihre Ideen und Vermutungen über das Objekt.

_____
_____
_____
_____
_____
_____

Die Auflösung finden Sie auf der nächsten Seite.

Auflösung:

Im vorliegenden Fall gibt es keine richtige Lösung. Es handelt sich um ein fiktives Objekt. Das Objekt könnte genauso gut ein Heizkörper sein, wie ein Radio. Es könnte ein Gebäude sein oder ein Schrank.

Die von Ihnen entwickelten Vermutungen über das Objekt sind jedoch nicht vollkommen frei entstanden. Sie entstehen auf der Basis von Hypothesen, die Sie bei der Beantwortung der Frage beispielsweise über die Größe des Objektes entwickelt haben. Hatten Sie die Vermutung, dass es sich um ein großes Objekt handeln müsse, dann sind Sie vielleicht zur Lösung „Gebäude" gekommen, dachten Sie an ein kleineres Objekt, dann war für Sie eventuell die Lösung „Radio" nahe liegender.

Die für die Beantwortung der Fragen entwickelten Hypothesen entstehen häufig, ohne dass sie uns bewusst werden.
Ihre Basis sind so genannte mentale Modelle. Diese Modelle sind für die Orientierung und Handlung in der Umwelt von enormer Bedeutung. In Weiterführung der Überlegungen von GIBSON *(vgl. Exkurs zum Affordanzkonzept)* hat DONALD NORMAN (1988, 1989) dazu wesentliche Überlegungen entwickelt. SCHRECKENBERG & HEINE (1996) haben auf dem Hintergrund dieses Konzeptes eine interessante Studie vorgelegt, die Effekte der kontextabhängigen Passung von mentalen Modellen bei der Wahrnehmung einer so genannten Fahrradstraße zeigt *(vgl. Kap. Ausgewählte Studien und Methoden)*.

16.2 Mentale Modelle

Mentale Modelle So genannte konzeptuelle oder *mentale Modelle* sind Denkmodelle, die Menschen von den sie umgebenden Dingen entwickeln. Sie sind eine spezifische Ausprägung menschlicher Wissensstrukturen. Flankierende Begriffe sind semantische Netze oder mentale Schemata (SCHÖNPFLUG & SCHÖNPFLUG, 1997). Mentale Modelle sind die Basis für Vermutungen und Hypothesen, die Menschen über ihre Umwelt entwickeln.

Das gedankliche Modell eines Gegenstandes wird hauptsächlich von dessen wahrgenommenen Funktionsweisen und dessen sichtbarer Struktur gebildet.
Stellen Sie sich z.B. eine Treppe vor: Eine Anzahl von gleichförmigen und im gleichen Abstand übereinander gestapelten viel breiteren als langen Betonquadern, meist verbunden mit einer schräg nach oben

16. KONZEPT DER MENTALEN MODELLE

verlaufenden Stange an der Seite. Jeder Mensch weiß sofort, wie eine Treppe zu benutzen ist, weil sich in diesem Fall das konzeptuelle Modell leicht erstellen lässt: Die zu benutzenden Teile sind sichtbar und die Funktionsweisen deutlich.

Nach den Überlegungen von NORMAN geben neben sichtbaren Gebrauchseigenschaften auch die Einschränkungen Hinweise darauf, wie ein Umweltelement zu benutzen ist, wie es funktioniert.

So ist eine Treppe immer dort angebracht, wo Höhenunterschiede zu überwinden sind: in Häusern zwischen den Etagen oder an steilen Hängen. Es ist also offensichtlich, dass Treppen die *Gebrauchseigenschaft* einer Aufstiegshilfe (oder Abstiegshilfe) haben. Diese Eigenschaft wird möglicherweise noch deutlicher wahrnehmbar, wenn neben der Treppe in Griffhöhe ein Geländer angebracht ist.

Gebrauchseigenschaften

Abb. 1: Eine Treppe ist als Umweltmerkmal i. d. R. einfach zu erkennen, sie hat bestimmte Gebrauchseigenschaften und bietet eine Reihe von Einschränkungen

Die Konstruktion einer Treppe bietet aber auch viele *Einschränkungen*. Durch das Vorhandensein der Stufen verbietet sich die Benutzung als schiefe Ebene. Niemand wird ernsthaft versuchen mit einem Rollstuhl eine Treppe hoch- oder herunterzufahren.

Einschränkungen

Durch den Abstand der Treppenstufen wird gleichzeitig die Schrittgeschwindigkeit nahe gelegt: Die allermeisten Treppen sind so gestaltet, dass sie von erwachsenen Menschen ohne große Anstrengung mit normaler Geschwindigkeit begangen werden können. Anders ist das z.B. bei Treppen in barocken Anlagen, wie Sanssouci: Dort sind Treppen viel flacher, sie laden zum langsamen Schreiten ein.

ARCHITEKTURPSYCHOLOGIE

Die Neigung der Treppe und die Beschaffenheit der Stufen kanalisieren die Erwartungen im Vorfeld sowie die Handlungen bei der Benutzung. Das funktioniert immer dann problemlos, wenn wenige logische Schritte zur Interpretation notwendig sind, m. a. W. wenn einfache tradierte mentale Modelle angesprochen werden.

Die Treppe als ein wenig komplexes und transparentes Element gebauter Umwelt macht es jedem Menschen möglich, ein einfaches konzeptuelles Modell anzuwenden und die Treppe ohne Probleme richtig zu benutzen.

Bei anderen Elementen gebauter Umwelt erschließen sich Gebrauchseigenschaften und Einschränkungen nicht ohne weiteres und unmittelbar. Hier sind oft bewusste logische Operationen nötig, um die richtige Bedienung zu erkennen.

Denken Sie nur einmal an bestimmte Türen an öffentlichen Gebäuden. Wie oft steht man vor Türen und probiert, wie man sie öffnen kann: Man schiebt und zieht, wartet – vielleicht öffnet sie automatisch? – drückt links, drückt rechts. Nach einigen Fehlversuchen gelingt dann das Öffnen.

Sobald es sich nicht um traditionelle Türen mit Klinken an einer Seite handelt, kann es Interpretationsprobleme geben. Häufig fehlen sichtbare Hinweise darauf, in welche Richtung die Türen öffnen. In extremen Fällen ist nicht einmal sofort erkennbar, an welcher Seite der Tür man anfassen muss, um die Tür richtig zu bedienen. Nachträglich angebrachte Schilder sind oft ein Hinweis darauf, dass die Gestaltung zu wenig an einfachen tradierten mentalen Modellen der Nutzer orientiert ist.

Das soll an den zwei folgenden Beispielen verdeutlicht werden:

Im ersten Fall handelt es sich um die Tür einer kürzlich eröffneten, von zahlreichen Menschen benutzten Bibliothek. Die Türen des – im Übrigen mit einem Architekturpreis ausgezeichneten – Gebäudes sind mit Knäufen versehen, an denen nicht erkennbar ist, in welche Richtung sie zu bewegen sind. Um den Besuchern eine Interpretationshilfe zu geben und Fehlbedienungen zu vermeiden, wurden zusätzliche Schilder angebracht.

16. KONZEPT DER MENTALEN MODELLE

Abb. 2: Detail an den Eingangstüren einer Bibliothek, die Bewegungsrichtung der Türflügel erschließt sich ohne die zusätzlichen Schilder nicht unmittelbar

Noch kritischer ist das zweite Beispiel einzuschätzen. Hier müsste der Benutzer ohne die angebrachten Zusatzschilder bei der Annäherung mehrere Überlegungen anstellen, notfalls auch mehrere Fehlversuche unternehmen, ehe sich die Bedienung der Tür richtig erschließt.

Abb. 3: Eingangstüren eines öffentlichen Gebäudes, ohne die nachträglich angebrachten Schilder wäre weder die Stelle, an der die Griffstange anzufassen ist, noch die Bewegungsrichtung der Tür erkennbar

ARCHITEKTURPSYCHOLOGIE

Kommunikation

Mit dem Blick auf die dreistellige Relation zwischen Designer, gestaltetem System und Nutzer wird eine Spezifik in der *Kommunikation* angesprochen, welche in der Mehrzahl aller Fälle zu gelten scheint: Der Austausch zwischen Gestalter und Benutzer eines künstlichen Systems geschieht nur indirekt (Abb. 4).

Wechselseitige Fehlannahmen auf dem Hintergrund unterschiedlicher mentaler Modelle sind vor allem dann wahrscheinlich, wenn sich Systementwickler (Architekten, Designer, Konstrukteure ...) und Benutzer hinsichtlich bestimmter Merkmale, wie kulturelle Zugehörigkeit, Geschlecht, Lebensalter, Bildungsgrad, etc. sehr stark unterscheiden.

Konzept der mentalen Modelle

Drei verschiedene Arten von Denkmodellen (Norman 1988, 1989)

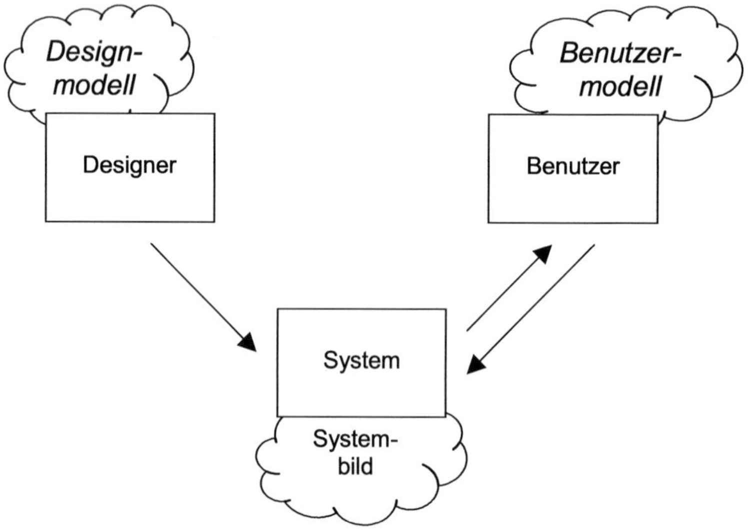

Abb. 4: Drei verschiedene Arten von Denkmodellen (nach NORMAN, 1989, mod.)

Das Designmodell ist das mentale Modell des Designers. Das Benutzermodell entspricht dem konzeptuellen Modell des Benutzers und das Systembild stellt die tatsächliche physische Struktur des Systems dar. Im Allgemeinen erwartet der Designer, dass sein Modell mit dem des Benutzers übereinstimmt. Beide kommunizieren aber nur über das gestaltete System. Macht das Systembild das Designmodell nicht deutlich genug, oder ist das Designmodell zu weit vom Benutzermodell entfernt, kann das System nicht richtig interpretiert werden.

In der Architektur kommt es nicht selten vor, dass die Konzepte der Experten nicht mit denen der Nutzer übereinstimmen. Neben potentiellen Unterschieden in den skizzierten mentalen Modellen über die Gebrauchseigenschaften von Umweltmerkmalen scheint das auch auf ästhetische Konzepte zur Beurteilung von Architektur zuzutreffen.

Nach RAMBOW (2000) muss man von grundsätzlichen Unterschieden in der Perspektive zwischen Architekten (Experten) und Nutzern (Laien) ausgehen *(vgl. Kap. Nutzungsorientierte Planung und Gestaltung gebauter Umwelten).*

Es kann angenommen werden, dass ein wichtiges Element dieser Perspektivenunterschiede auch unterschiedliche *ästhetische Standards* von Experten und Laien sein können. Solche Standards können als Erwartungen darüber angesehen werden, wie beispielsweise ein „schönes" Haus oder ein „attraktives" Gebäude auszusehen hat. Insofern kann man vermuten, dass sie Element mentaler Modelle sind und ähnlich wirken.

Ästhetische Standards

Für das Verständnis dieser Unterschiede ist es von Belang, deren Entstehung zu betrachten.

16.3 Entwicklung mentaler Modelle und ästhetischer Standards

Vieles spricht dafür, dass die betrachteten mentalen Modelle als eigene innere Erkenntnisstrukturen bereits in sehr frühen Lebensphasen erworben werden. Dies geschieht nach JEAN PIAGET (1950/1974) zunächst über die unmittelbare Auseinandersetzung in der physischen Welt. Er vermutet, dass die von außen übernommenen Schemata zunehmend kognitiv verarbeitet und zu inneren Modellen umgeformt werden. Diese sind dann abstrakter, flexibler und umfassender in ihrer Geltung *(vgl. Kap. Aneignung von Raum).*

Eine entscheidende Frage ist, wie stabil solche konzeptuellen Modelle sind, und wie sie verändert werden können.

Sehr früh erworbene Modelle über die Beschaffenheit der physischen Umwelt können möglicherweise ein Leben lang stabil bleiben. Dies vor allem dann, wenn bestimmte Umweltelemente (wie z. B. die oben betrachteten Treppen) überall auf der Welt vorkommen und von gleicher Form sind. Dennoch sind solche Hypothesensysteme grundsätzlich veränderbar, da sie mit fortschreitender Entwicklung bewusster und rationaler betrachtet werden können. Es ist allerdings zu vermuten, dass dies langfristiger Intervention bedarf.

Entwicklung ästhetischer Standards

Auch für die *Entwicklung ästhetischer Standards* sind diese Fragen relevant. So konnte FLURY (1992) in einer retrospektiven Analyse bei jungen Erwachsenen zeigen, dass die ästhetische Beurteilung eines Objektes offensichtlich von Umweltmerkmalen bei Heranwachsenden abhängig ist.

Er ließ in seinen Untersuchungen natürliche und gebaute Umgebungen auf einer Skala beurteilen, die mit den Polen „schön" ... „nicht schön" gekennzeichnet war.

Neben dem Haupteffekt – alle Beurteiler empfinden natürliche Umgebungen gegenüber gebauten als schöner – zeigte sich eine signifikante Wechselwirkung mit der Umgebung, in der die Untersuchungspartner aufgewachsen waren. Untersuchungspartner, die überwiegend in städtischen Gebieten aufgewachsen waren, empfanden gebaute Umwelten relativ schöner als Personen, die überwiegend auf dem Land gewohnt und gelernt hatten. Nach den Untersuchungsergebnissen von FLURY scheint vor allem die Wohnumgebung im Alter zwischen 3 und 6 Jahren einen signifikanten Einfluss auf das ästhetische Empfinden zu haben (vgl. Kasten S. 355).

Da ästhetische Urteile häufig unreflektiver und unbewusster abgegeben werden als rational basierte Bewertungen von Funktionen, ist es besonders interessant, inwieweit sie verändert werden können.

Sozialisation

Wie das Beispiel nach NERDINGER (Kasten S. 356) zeigt, ist das offenbar auch noch in späteren Phasen der *Sozialisation* möglich.

Als Sozialisation wird dabei ein umfassender tiefgreifender Prozess des sozialen Lernens bezeichnet (WISWEDE 1998). In diesem Prozess werden nicht nur soziale Normen und Rollen erworben, sondern auch grundsätzliche Wertvorstellungen. Die Lernprozesse laufen dabei häufig implizit und unreflektiert ab. Im Allgemeinen werden drei Phasen der Sozialisation unterschieden, nämlich die primäre (Vorschulalter), die sekundäre (Schule und Ausbildung) und die tertiäre (Berufsleben). Im höheren Lebensalter sind durchaus weitere Sozialisationsphasen denkbar. Inwieweit auch in späteren Lebensabschnitten ästhetische Präferenzen verändert werden (können), ist bislang kaum untersucht.

16. KONZEPT DER MENTALEN MODELLE

Sozialisation ästhetischer Präferenzen I

NÜCHTERLEIN (2005) konnte die Ergebnisse der Pilotstudie von FLURY (1992) zum frühen Erwerb von ästhetischen Präferenzen an einer Stichprobe von 304 jungen Erwachsenen mit vergleichbarem Material reproduzieren. Diese Stichprobengröße war notwendig, um eine angemessene statistische Prüfung der interessierenden Einflussfaktoren vornehmen zu können.

Entsprechend der Savannenhypothese (BUSS, 2004) wurden auch in dieser Untersuchung (jeweils 12) Fotos von natürlichen Umwelten hochsignifikant schöner beurteilt als die Fotos von gebauten Umwelten (Abb. 5).

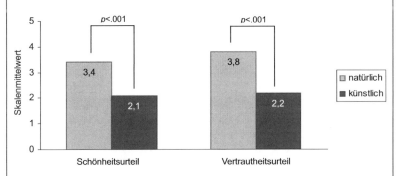

Abb. 5:
Schönheits- und Vertrautheitsurteile in Bezug auf natürliche und künstliche Bildinhalte
(nach NÜCHTERLEIN, 2005)

Multiple lineare Regressionsanalysen zeigten nur für die Vorschulphase (nicht jedoch für das Schulalter: 7-12 und 13-18 Jahre) einen signifikanten Einfluss auf das aktuelle Schönheitsurteil. Über 30% des Schönheitsurteils und etwa 12% der Bewertung von Vertrautheit im jungen Erwachsenenalter können durch die biografische Umwelt der Untersuchungsteilnehmer im Lebensalter zwischen 0 und 6 Jahren vorhergesagt werden.

Die große Korrelation zwischen Schönheits- und Vertrautheitsurteil (r=.616, $p<.001$) verweist auf einen Erklärungsansatz. Natürliche Umwelten werden von allen Untersuchungspartnern gegenüber künstlichen generell als vertrauter eingeschätzt. Das Schönheitsurteil könnte damit im Sinne des so genannten *mere-exposure-effect* (BORNSTEIN & D'AGOSTINO, 1994) beeinflusst sein. Insbesondere die in der frühen Kindheit assimilierten Merkmale der natürlichen Lebensumwelt könnten demzufolge besonders nachhaltige Wirkung haben, getreu dem Motto: was vertraut ist, gefällt (RICHTER, 2005). Auch wenn das sicher nicht der einzige Erklärungszusammenhang ist, sind die Konsequenzen in Bezug auf den potentiellen Einfluss unbewusster und impliziter Lernprozesse bei der ästhetischen Geschmacksbildung bedenkenswert (JACOBY & KELLEY, 1992).

mere-exposure-effect

Gleiches gilt für die von NÜCHTERLEIN gefundenen hochsignifikanten Geschlechtsunterschiede ($p<.001$). Weibliche Untersuchungspartner differenzieren sowohl im Schönheits- als auch im Vertrautheitsurteil künstliche von natürlichen Umwelten in stärkerem Maße als männliche. Auch hier ist weiterführend zu fragen, wo die Ursachen für die größere Sensitivität liegen. Sind dafür (angeborene) evolutionär bedingte Bedingungen verantwortlich oder/und ist das ebenfalls ein Effekt geschlechtsspezifischer Sozialisationsprozesse (RICHTER & NÜCHTERLEIN, 2006)?

ARCHITEKTURPSYCHOLOGIE

Sozialisation architektonischer Präferenzen II

NERDINGER (1999) stellt dar, wie die Unterschiede bei der Beurteilung von Architektur zwischen Architekten und Laien entstehen. Wahrscheinlich werden diese Unterschiede während der Ausbildung zum Architekten gelegt. In einer Studie (WILSON 1996) wurden Architekturstudenten verschiedener Jahrgänge zweier englischen Universitäten Fotos verschiedener zeitgenössischer Gebäude vorgelegt, die nach eigenen Vorstellungen kategorisiert und bewertet werden mussten. Dabei zeigte sich, dass sich Studenten verschiedener Hochschulen zu Anfang ihres Studiums einfacherer Konzepte bedienen als ihre Kommilitonen späterer Jahrgänge. Die Entwicklung dieser Konzepte geht einher mit der Ausbildung bestimmter Präferenzen, die von der Ausrichtung der jeweiligen Hochschule abhängt. Wie in Abbildung 6 dargestellt, ähneln sich die Präferenzwerte für das Gebäude Gallaratese 2 von Aldo Rossi in Mailand von Studenten zweier englischer Universitäten in den ersten Jahren der Ausbildung, sie wurden offenbar vor dem Studium ähnlich sozialisiert. Im letzten Teil des Architekturstudiums wird dann der Einfluss der besonderen Schulen in den beiden Universitäten sichtbar: Die Präferenzen beginnen sich zu unterscheiden.

Präferenzwerte für Gallaratese 2 von Aldo Rossi

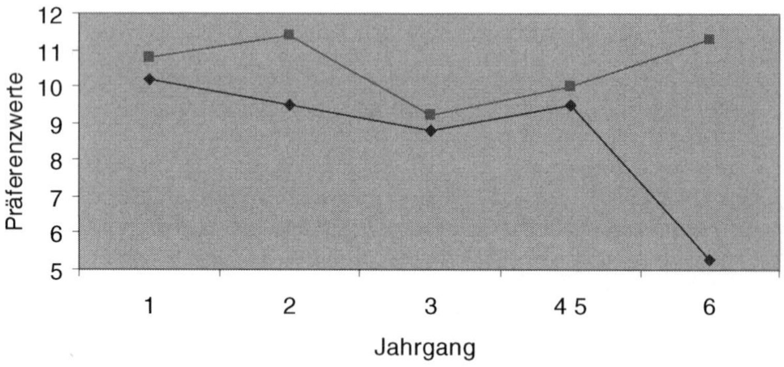

Abb. 6:
Präferenzwerte für ein
Gebäude von Aldo Rossi
bei verschiedenen
Jahrgängen zweier
englischer Universitäten
(nach WILSON, 1996)

Zusammenfassend lässt sich sagen, dass sich die Architekturstudenten am Ende des Studiums mehr oder weniger deutlich von ihren noch Laien ähnlichen Kommilitonen aus dem ersten Studienjahr unterscheiden, aber ebenso durch die spezielle architektonische Ausrichtung ihrer Universität geprägt werden.

16.4 Fazit

NORMAN hat mit seinem Konzept der mentalen Modelle Probleme angesprochen, die bei der Wahrnehmung, der Interpretation und beim Umgang mit der künstlichen, gestalteten Umwelt auftreten können. In unterschiedlichem Kontext erworbene Wissensstrukturen und ästhetische Beurteilungseigenheiten bereiten nicht nur bei Bau und Nutzung von Gebäuden Schwierigkeiten.

Die Ursachen dafür können sowohl in unterschiedlichen Sozialisationsbedingungen (physische Lebensumwelt, Kulturen, Religionen, etc.) als auch in personenbezogenen Bedingungen (Alter, Geschlecht, Bildungsgrad, etc.) von Experten und Laien liegen.

Nutzungsorientierte Planung und Gestaltung im Bereich der Architektur muss dies berücksichtigen. Der so genannte *partizipative Ansatz* beim Bau von Gebäuden (manchmal auch als Laienarchitektur bezeichnet) und eine generelle Verbesserung der *Kommunikation zwischen Experten und Laien,* Architekten und Nutzern sind sicherlich sinnvolle Wege, um Differenzen zwischen den unterschiedlichen Perspektiven zu erkennen und in konstruktiver Weise zu bewältigen *(vgl. Kap. Nutzungsorientierte Planung und Gestaltung gebauter Umwelten).*

Partizipativer Ansatz

Kommunikation zwischen Experten und Laien

Grundsätzlich sollte jedoch davon ausgegangen werden, dass frühzeitig erworbene tradierte mentale Modelle und Beurteilungseigenheiten sehr stabil sein können. Sie müssen bei der Gestaltung von Umweltelementen durch alle Experten (Architekten, Designer, Konstrukteure, etc.) stärker Berücksichtigung finden, als das bislang der Fall ist.

16.5 Literatur

Buss, D. M. (2004). Evolutionäre Psychologie. München: Pearson.

Bornstein, R. F. & D'Agostino, P. R. (1994). The attribution and discounting of perceptual fluency: Preliminary tests of perceptual fluency/attributional model of the mere exposure effect. Social Cognition, 12, 103-128.

Flury, P. (1992). Lerneinflüsse auf das Schönheitsempfinden gegenüber Umweltinhalten. Forschungsbericht. Universität Zürich, Abteilung Sozialpsychologie.

Jacoby, L. L. & Kelley, C. (1992). Unconscious influences of memory. In: Milner, D. A. & Rigg, M. D. (Eds.), The neuropsychology of consciousness. London: Academic Press.

Nerdinger, F. W. (1999). Die Sozialisation architektonischer Präferenzen. Der Architekt, 10, 24-27.

Norman, D. A. (1988). The Psychology of Everyday Things. New York: Basic Books.

Norman, D. A. (1989). Dinge des Alltags: Gutes Design und Psychologie für Gebrauchsgegenstände. [Deutsche Übersetzung von Katherine Cofer]. Frankfurt/Main, New York: Campus.

Nüchterlein, P. (2005). Einflüsse auf das Schönheitsempfinden von Umweltinhalten. Diplomarbeit. Dresden: TU Dresden.

Piaget, J. (1950). La construction du réel chez l'enfant. Neuchatel: Delachaux & Niestle.

Piaget, J. (1974). Der Aufbau der Wirklichkeit beim Kinde. Stuttgart: Klett.

Rambow, R. (2000). Experten-Laien-Kommunikation in der Architektur. Münster, New York, München, Berlin: Waxmann.

Richter, P. G. & Weber, R. (1999). Subjektive Beurteilung von Straßenzügen. Der Architekt, 10, 32-38.

Richter, P. G. (2005). Konsequenzen vermutlich – Zur Reaktion von Menschen auf mutige Architektur. In: Ohlhauser, G. (Hrsg.), mut.mass – Denk.werkstatt 2004. Darmstadt: Resopal.

Richter, P. G. & Nüchterlein, P. (2006). Einflüsse auf das Schönheitsempfinden von natürlicher und künstlicher Umwelt. Poster. 45. Kongress der Deutschen Gesellschaft für Psychologie. Nürnberg: 17.-21. September 2006.

Schönpflug, W. & Schönpflug, U. (1997). Psychologie. Weinheim: PVU.

Schreckenberg, D. & Heine, W.-D. (1996). Die Fahrradstraße als Verhaltensangebot für eine umweltfreundliche Verkehrsmittelnutzung. In: Schlag, B. (Hrsg.), Fortschritte der Verkehrspsychologie. Bericht zum 36. Kongress des BdP. Bonn: deutscher Psychologen Verlag.

Wilson, M. A. (1996). The socialisation of architectural preferences. Journal of Environmental Psychology, 16, 33-44.

Wiswede, G. (1998). Soziologie. Landsberg/Lech: Verlag Moderne Industrie.

17. Nutzungsorientierte Planung und Gestaltung gebauter Umwelten

Luise Eisenkolb & Peter G. Richter

17.1 Einleitung

Die Planung und Gestaltung von Gebäuden und Anlagen wird in der Regel dem Gestaltungsexperten bzw. Architekten und seinen ästhetischen und funktionellen Vorstellungen bezüglich der zu bauenden Umwelt überlassen. Dabei wird aber übersehen, dass die Akzeptanz von Seiten der Bevölkerung und die Nutzung der gebauten Umwelt ganz entscheidend von den nutzerorientierten Qualitäten der Anlage abhängt. In den USA musste 1972 in St. Louis beispielsweise eine komplett neu errichtete und mit mehreren Architekturpreisen ausgezeichnete Wohnsiedlung namens Pruitt-Igoe wieder abgerissen werden, da die Mieter schon nach kurzer Zeit aufgrund katastrophaler Wohnbedingungen ihre Verträge kündigten und die Siedlung letztendlich leer stand. Soziale Faktoren wurden in diesem Fall stark vernachlässigt.

Abb.1: Pruitt-Igoe Wohnsiedlung (Bild aus MACIONIS, J. (1998))

Abb. 2: Der Eiffelturm

Auch der Eiffelturm von Paris, der anlässlich der Weltausstellung 1889 von dem Bauingenieur GUSTAVE EIFFEL entworfen und dann erbaut wurde, löste heftige Proteste in der Bevölkerung und Pariser Society aus.

Darin wurde der Eifelturm als „unnötige Phantasterei eines Konstrukteurs" verurteilt, er sei von „geradezu frappierender Hässlichkeit" und zeuge von einer „absoluten Geschmacksverirrung". Zunächst sollte er bereits 1909 wieder abgerissen werden, man ließ ihn jedoch stehen, als man erkannte, dass der Turm eine ideale Plattform für die zu errichtenden Radio- und Fernsehantennen war. Heute ist Paris als Stadt ohne ihn undenkbar *(vgl. Kap. Ortsidentität und Ortsbindung)*.

Diese beiden Beispiele verdeutlichen, in welchem Spannungsfeld sich die Planung und Gestaltung gebauter Umwelten bewegt.

Aus psychologischer Sicht ist bei vielen neuen und markanten Bauwerken Widerstand zu erwarten. Dies ist nicht etwa durch eine generell konservative Grundhaltung von großen Bevölkerungsgruppen begründet. Vielmehr sind hier eine Reihe von psychologischen Mechanismen zu beachten, die nicht nur für die Akzeptanz von Neubauten gelten. Vor allem muss bedacht werden, dass alle Arten von Neuerungen in vielerlei Hinsicht Unsicherheiten stiften können.

Diffusion von Innovationen

Die psychologische Forschung zur *Diffusion von Innovationen* hat aufzeigt, welche Merkmale einer Neuerung deren Ausbreitung befördern und welche sie eher behindern können.

Nach RODGERS (1962) beeinflussen folgende Merkmale die Akzeptanz von Neuerungen positiv:

- relative Nützlichkeit gegenüber dem vorherigen Zustand
- Kompatibilität in Hinsicht auf das technische und soziale System
- Durchschaubarkeit und Transparenz
- Teilbarkeit i. S. der stufenweisen Einführung
- Mitteilbarkeit der Vorzüge

17. NUTZUNGSORIENTIERTE PLANUNG

MEIßNER (1989) oder STAEHLE (1990) haben auf Ursachen für Widerstände bei der Einführung von Neuerungen hingewiesen:

- zu großer Neuigkeitsgrad
- zu große Komplexität und Undurchschaubarkeit
- Ungewissheit über den Ausgang des Wandels
- Konfliktgehalt i. S. des Vorteils für einige und Nachteils für andere Betroffene.

Aus solchen Überlegungen ist das so genannte *Prinzip der optimalen Neuerung* abgeleitet worden. Dieses besagt, dass offenbar ein mittlerer Neuigkeitsgrad von Vorteil für die Akzeptanz von Neuerungen ist.

Prinzip der optimalen Neuerung

Bezogen auf die Gestaltung von künstlichen Umwelten läuft dies auf das Verhältnis zwischen kontextuellem Bauen und der Schaffung von markanten Neubauten hinaus. Dabei sind auf der einen Seite Eigenheiten der Wahrnehmung wie die so genannten Gestaltgesetze zu beachten *(vgl. Kap. Prinzipien und Phänomene der Wahrnehmung)*, auf der anderen Seite die wichtige Funktion, die markante Bauten für die Orientierung in der Umwelt übernehmen können *(vgl. Kap. Kognitive Karten)*.

Darüber hinaus ist insbesondere beim Neubau von markanten Gebäuden abzuleiten, dass betroffene Bevölkerungsgruppen und künftige Nutzer möglichst frühzeitig in den Planungsprozess einbezogen werden müssen, um die o. g. Widerstände zu minimieren. In der Arbeitswelt gibt es eine lange Tradition der *Mitwirkung* von Beschäftigten bei der Planung und Umsetzung von Gestaltungsmaßnahmen (NEUBERT & TOMCZYK, 1986). Auch neuere Untersuchungen in diesem Bereich belegen immer wieder, dass die langfristige *Akzeptanz* von Veränderungen in erster Linie durch Mitwirkung erreicht werden kann (REICH, 2004). Die im Folgenden dargestellten partizipativen Ansätze der Planung und Gestaltung bieten gleichzeitig den Vorteil, dass Architekten Bedürfnisse künftiger Nutzergruppen besser berücksichtigen können (WELTER u.a., 1996).

*Die Lösung **für** jemanden kann nur die Lösung **mit** jemandem sein.*
JÜRGEN NEUBERT

Die Nutzung und Zufriedenheit mit einem Gebäude oder einer Anlage basieren vor allem auf deren „nutzerfreundlichen" Qualitäten.

Die *Programmentwicklung (PE)*, die *Nutzer Bedürfnisanalyse (UNA)* sowie die *Nutzerorientierte Evaluation (POE)* nach Inbetriebnahme sind drei Verfahren, die zu einer nutzer- bzw. nutzungsorientierten Planung und Gestaltung von Gebäuden und Anlagen beitragen können. Die Anwendung von PE, UNA und POE kann dabei einander ergänzend erfolgen. Beispielsweise prüft eine Evaluation (POE) eines Gebäudes, ob und in welchem Maße die Gestaltungsmaßnahme Ziele

PE
UNA
POE

und Kriterien aus Nutzersicht, die während der Programmentwicklung (PE) definiert wurden, erreicht hat. Darüber hinaus kann eine POE Aussagen darüber treffen, inwieweit die mittels einer Nutzer-Bedürfnis-Analyse (UNA) ermittelten Wünsche und Bedürfnisse der potentiellen Nutzer erfüllt werden.

Im Anschluss an eine nähere Betrachtung dieser drei methodischen Ansätze werden Probleme der Kommunikation zwischen Laien und Experten sowie Lösungsansätze dieser allgemeinen Problematik am Beispiel der Nutzerbeteiligung im Gestaltungsprozess diskutiert.

17.2 Nutzerorientierte Programmentwicklung (PE)

Die nutzerorientierte Programmentwicklung ist ein Verfahren, in dem sich die Bauherren und Architekten schon vor der Planung zu einer Neuerrichtung bzw. Umgestaltung einer gebauten Umwelt auf ein Programm verständigen. Dabei sollen, wenn möglich, die späteren oder potentiellen Nutzer in den Planungsprozess mit einbezogen bzw. am Prozess selbst beteiligt werden.

Im Rahmen dieser Programmentwicklung werden Ziele, Wünsche und Erfordernisse sowohl von Seiten des Bauherrn als auch aus der Perspektive der potentiellen Nutzergruppen erhoben und analysiert.

Nutzeranforderungen — Ausgehend von dieser Analyse und den Entscheidungen über bestimmte *Nutzeranforderungen*, die das zu planende Projekt erfüllen soll, werden Gestaltungsaufgaben definiert und Strategien zu ihrer Lösung vorgeschlagen und in einem Programm festgehalten.

Dabei stehen sowohl die Schaffung bzw. Änderung physischer als auch sozialer Umwelten im Mittelpunkt. Das heißt, eine Wohnsiedlung wird z.B. nicht nur aus architektonischer Sicht geplant und gestaltet, sondern es werden vor allem auch psychologische Prozesse des Zwischenmenschlichen berücksichtigt, die bei der Gestaltung von Umwelten und somit auch bei der Planung eine wichtige Rolle spielen. Bei einem Wohnhaus könnten beispielsweise ein gut einsehbarer Spielplatz sowie andere halbprivate Räume geplant werden, die die Möglichkeit zur Entstehung sozialer Kontakte bieten würden. Nach YANCY (1972) trägt eine soziale Ordnung innerhalb „traditioneller Unterschicht-Viertel" zur Zufriedenheit der Bewohner mit einer Wohnsiedlung bei.

Mensch-Umwelt-Einheiten — Ziel der nutzerorientierten Programmentwicklung ist demzufolge das Funktionieren kompletter *Mensch-Umwelt-Einheiten (vgl. Teil I des Buches)*.

Die nutzerorientierte Programmentwicklung ist als Entscheidungsverfahren an jedem Punkt des Gestaltungsprozesses einsetzbar, z.B. bei

17. NUTZUNGSORIENTIERTE PLANUNG

der Präzisierung des Bauvorhabens, beim schematischen Entwurf, der Detailplanung *(vgl. das folgende Beispiel: Nutzerorientierte Entwurfsevaluation „Pre-Occupancy Evaluation")* und später auch in Form einer Evaluation der gebauten Umwelt nach Inbetriebnahme *(siehe Punkt 4).*

Die Programmentwicklung und der Entwurf vom Architekten sind getrennte Prozesse einer geplanten Maßnahme, die jedoch stark ineinandergreifen. Das heißt, das Programm gibt Vorgaben im Sinne von Leistungsanforderungen bezüglich der Umwelt, denen der architektonische Entwurf gerecht werden sollte.

Bei der Bewertung des Entwurfes hinsichtlich der zusammengetragenen Leistungsanforderungen nimmt der Programmentwickler eine unterstützende Position ein.

Damit schränken die Vorgaben des Programmentwicklers zwar den Lösungsraum des Entwerfers ein, nehmen ihn jedoch nicht vorweg.

Anwendung findet die nutzerorientierte Programmentwicklung in sehr vielfältiger Weise. So kann sie bei Neuerrichtungen, Neueinrichtungen oder Erweiterungen von Gebäuden, Gebäudeteilen oder Außenanlagen eingesetzt werden. Darüber hinaus stellen Umbau, Sanierung, Umgestaltung und Umorganisation von Umwelten Anwendungsbereiche dar, z.B. bei der Planung einer veränderten Raumnutzung.

Konkrete Umwelten, die bei einer Programmentwicklung in Betracht kommen, wären z.B. Schulen, Krankenhäuser, Pflegeheime, Bürogebäude, Wohnhäuser bzw. Wohnsiedlungen, aber auch Spielplätze oder andere Freizeitanlagen.

Das von Bauherren, Architekten und Nutzern erarbeitete Programm ist in ein Funktions- und ein Raumprogramm gegliedert.

Im *Funktionsprogramm* verständigen sich die Beteiligten darüber, was in Zukunft in dem Gebäude und seinem Umfeld geschehen soll und kann. *Funktionsprogramm*

Dabei geht es um die Entwicklung von Nutzungsvorstellungen, die einerseits den Zielstellungen des Bauherrn, andererseits den Wünschen und Bedürfnissen der Nutzer entsprechen sollen.

Beispielsweise soll ein Freizeithallenbad errichtet werden. In diesem Fall geht es darum, die kommerziellen oder Image-Interessen des Bauherrn mit den Wünschen der potentiellen Badegäste wie Eltern, Kleinkinder, Sportler, Behinderte und jugendliche Cliquen, aber auch Bademeister und Reinigungskräfte abzustimmen.

Im *Raumprogramm* geht es um die Erarbeitung der physischen Umweltmerkmale, die den nutzerorientierten Leistungsanforderungen entsprechen. Dabei werden die räumlichen Größenanordnungen und die Anzahl der benötigten Areale aufgelistet, um ihnen im nächsten Schritt Nutzungsfunktionen zuzuordnen. Dabei entsteht das Raum- *Raumprogramm* nutzungsprogramm. Darüber hinaus enthält das Raumprogramm noch weitere Vorgaben. Darunter zählen beispielsweise die Gebäudeform, die Verteilung von Nutzungsmöglichkeiten innerhalb des Gebäudes z.B. über mehrere Stockwerke, die Anordnung von Räumlichkeiten unter Berücksichtigung der Faktoren Nähe/Distanz, Zugänglichkeit, Einsehbarkeit und die Qualität einzelner Räume, d.h. räumlicher Zuschnitt, Platzierung der Fenster und Türen, räumliche Ausstattung u.v.m.

Wie verbreitet ist die nutzerorientierte Programmentwicklung?

Einen professionellen Zusammenschluss von Programmentwicklern, die meist aus dem Bereich der Sozialwissenschaften oder Umweltpsychologie stammen, existiert in Nordamerika in Form eines Netzwerkes der „Environmental Design Research Association (EDRA)". In Europa fehlt eine solche Vereinigung, nicht zuletzt, weil nutzerorientierte Programmentwicklung hierzulande noch in den Kinderschuhen steckt. Europäische Programmentwickler sind zum Großteil an Universitäten gebunden und selten freiberuflich tätig.

Vorteile der PE Worin bestehen die *Vorteile* einer nutzerorientierten Programmentwicklung?

Der wesentliche *Vorteil* besteht wohl in erster Linie in der gesteigerten *Effektivität und Effizienz* der gebauten Umwelt bezüglich seiner eigentlichen Funktionen und Leistungsanforderungen. Dieser Punkt wird sich letztendlich vor allem in der Zufriedenheit der Nutzer und des Bauherrn bzw. Klienten bemerkbar machen, indem das System Mensch und Umwelt bestmöglich funktioniert.

Darüber hinaus werden Zeit und Kosten gespart, in dem notwendige Veränderungsarbeiten im Nachhinein vermieden werden.

Eine vorherige Aufgabenklärung sowie eine Strukturierung des Planungsverfahrens und der Kommunikation zwischen Bauherrn, Nutzergruppen und Gestaltungsexperten durch den Programmentwickler führt insgesamt zu einer beschleunigten, fundierten und einvernehmlichen Entscheidungsfindung innerhalb des Planungsprozesses. Dabei kommt hinzu, dass eine fundierte Planung die Kalkulation der Bau- und Betriebskosten erleichtert.

Verständnishilfe Zusätzlich kann das Funktions- und Raumprogramm, das während des Planungsprozesses erarbeitet wurde, dem späteren Nutzer als *Verständnishilfe* und „Gebrauchsanweisung" dienen.

Natürlich sind vor allem bei der Nutzerbeteiligung mögliche Konfliktpotentiale zu beachten. Zum einen können Interessengegensätze in der Sache an sich auftreten, die eine Programmentwicklung schon im Vorfeld blockieren können. Dazu kann Uneinigkeit über das weite-

17. NUTZUNGSORIENTIERTE PLANUNG

re Vorgehen den Planungsprozess erheblich behindern. Streit um Zuständigkeiten und Entscheidungsbefugnisse sind neben zwischenmenschlichen und persönlichen Schwierigkeiten weitere Faktoren, die bei einer Nutzerbeteiligung nachteilig wirken können.

Trotzdem scheint eine Beteiligung der potentiellen oder späteren Nutzer und Nutzergruppen lohnend, wenngleich wohl das „Wie" in jedem einzelnen Fall genau bedacht sein sollte. Beispielsweise macht es einen Unterschied, ob geistig behinderte Heimbewohner, Schüler eines Gymnasiums oder Mitarbeiter eines mittelständischen Betriebes am Planungsprozess einer Umgestaltungsmaßnahme des derzeitigen Wohn- bzw. Arbeitsumfeldes beteiligt werden sollen.

Grundsätzlich können bei einer Nutzerbeteiligung sehr verschiedene *Techniken* zur Anwendung kommen. Beispielsweise können einzelne Nutzervertreter in verschiedene Projektteams integriert werden, die dann neben den Gestaltungsexperten und Programmentwicklern direkt am Planungsprozess beteiligt sind.

Techniken der Nutzerbeteiligung

In Workshops, Umfragen mittels Fragebögen bzw. Interviews oder öffentlichen Anhörungen können Nutzungsvorstellung, Wünsche und Bedürfnisse der Nutzer gesammelt bzw. erhoben werden. Darüber hinaus können per Brainstorming, Collagen mit Bildern, Zeichnungen und Texten der Nutzer Gestaltungsideen generiert und illustriert werden. Letztendlich ist auch eine Nutzerbeteiligung im Rahmen einer Beurteilung oder Gewichtung verschiedener vorgefertigter Planungs- oder Gestaltungsinhalte eine mögliche Technik.

Was sind die Bausteine der nutzerorientierten Programmentwicklung?

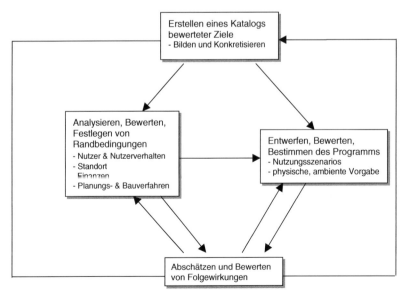

Abb.3: Bausteine einer nutzerorientierten PE (Quelle: DIECKMANN, F. u.a., 1998. Psychologie gebauter Umwelten, S. 125)

17.2.1 Erstellen eines Katalogs bewerteter Ziele

Erstellen eines Zielkataloges

In Zusammenarbeit mit der Trägerorganisation werden Leitideen für die Nutzung und Gestaltung des Gebäudes oder der Anlage aufgestellt und konkretisiert. Dazu gehört, die Trägerorganisation kennen zu lernen, indem beispielsweise die einzelnen Funktionsbereiche, die Organisationsstruktur, Kommunikationsprozesse und Handlungsprogramme innerhalb der Organisation erfasst werden. Darüber hinaus spielen Wertorientierungen und das Image, inner- und außerhalb der eigenen Mauern, eine Rolle. Einen ganz entscheidenden Einfluss auf die inhaltlichen Aspekte des Zielkatalogs hat jedoch das Wissen über die Un- bzw. Zufriedenheit mit dem gegenwärtigen Zustand oder Erscheinungsbild der Trägerorganisation. Hieraus lassen sich direkt Veränderungspunkte ableiten, die dann im *Zielkatalog* für die neu oder umzugestaltende Umwelt formuliert werden können.

Informationserhebung

Auch im Rahmen dieser *Informationserhebung* können mehrere Techniken zur Anwendung kommen. Beispielsweise geben Interviews, Hospitationen, Beobachtungen, Dokumentenanalysen oder auch mündliche oder schriftliche Beschreibungen des Organisationsalltages Aufschluss über die gegenwärtigen Bedingungen. Um gestellte Zielsetzungen zu gewichten und Prioritäten zwischen den verschiedenen Anforderungen zu finden und zu setzen, können Beurteilungsaufgaben und Rangordnungsverfahren eingesetzt werden.

17.2.2 Analysieren, Bewerten und Festlegen von Randbedingungen

Randbedingungen

Neben einer Standortanalyse, der Klärung des rechtlichen Rahmens und der Finanzierung der Gestaltungsmaßnahme wird der Analyse der potentiellen Nutzergruppen und deren Nutzungsverhalten eine große Bedeutung beigemessen. Hierbei werden die potentiellen Nutzer zunächst zahlenmäßig erhoben und zu verschiedenen Nutzergruppen differenziert. Beispielsweise wird bei einem geplanten Neubau eines Altenpflegeheimes die Anzahl der Pflegebetten und damit die Anzahl der Nutzer aus der Gruppe der Bewohner festgelegt. Darüber hinaus muss z.B. die Anzahl des Pflegepersonals geklärt werden, eine zweite differenzierte Nutzergruppe usw.

Im Planungsprozess müssen dann alle Nutzergruppen gemäß ihren flächenmäßigen und nutzungsspezifischen Anforderungen berücksichtigt werden, d.h. es müssen z.B. neben Pflegezimmern und Aufenthaltsräumen für die Altenheimbewohner auch Räume und sanitäre Anlagen für das Pflegepersonal geplant werden.

Um eine *vergleichende Bewertung* möglicher Alternativen vorzunehmen, kann das Verfahren zur Gewichtung von Zielen eingesetzt werden. Im folgenden Beispiel wird ein solches Entscheidungsverfahren vereinfacht dargestellt. Es geht dabei um die Frage, ob Wohnungen für geistig behinderte Erwachsene in einem Altbau eingerichtet oder neu gebaut werden. Dabei sollen die Kriterien „nutzungsangemessene Binnenaufteilung" und „geeignet für altenpflegerische Maßnahmen" doppelt ins Gewicht fallen. Zusätzlich wird für beide Standortalternativen und für jedes Kriterium das Ausmaß der erwarteten Zielerreichung angegeben (Ziel vollständig erreicht = 1, Ziel überhaupt nicht erreicht = 0), die auf der Einschätzung gründlicher Voruntersuchungen beruhen.

Vergleichende Bewertung

Gestaltungsziele	Binnenaufteilung der Wohnungen	Geeignet für Altenpflege	städtebauliche Einpassung	Summe der gewichteten Ziele
Zielgewicht	2	2	1	
Lösungsalternativen: Altbau Neubau	0,25 1	0,5 1	1 1	2,5 4

Bei diesen Kriterien, deren Gewichtung und den eingeschätzten Zielerreichungsmaßen wäre einem Wohnungsneubau der Vorzug zu geben.

Tab.1: Vergleich von 2 Standortalternativen für Wohnungen für geistig Behinderte (Quelle: DIECKMANN, F. u.a. (1998). Psychologie gebauter Umwelten. S. 127)

17.2.3 Entwerfen, Bewerten und Bestimmen des Programms

Auf der Grundlage des Zielkataloges und der Randbedingungen lassen sich *Nutzungsszenarien* erstellen. Dabei werden Geschehensabläufe vorweggenommen und das Nutzungsgeschehen mit den Akteuren, Handlungsabläufen, Kommunikationswegen und Verhaltensobjekten konkret an Modellen simuliert oder über Rollenspiele veranschaulicht. Die Methode der Computeranimation bietet neben der bildlichen Simulation der Nutzungsbedingungen darüber hinaus die Möglichkeit, z.B. virtuelle Spaziergänge durch das geplante Objekt zu erleben.

Zu diesen Nutzungsszenarien gehören sowohl häufige, alltägliche Abläufe als auch seltene, jedoch für die Nutzer äußerst wichtige Geschehnisse wie z.B. Feueralarm, das Sterben eines Bewohners im

Nutzungsszenarien

ARCHITEKTURPSYCHOLOGIE

Altenheim, ein Überfall auf eine Bank oder auch Überbelegung im Krankenhaus.

Auf der Grundlage des Zielkataloges, der Analyse der Randbedingungen und der Aufstellung realistischer Nutzungsszenarien werden dann organisatorische, physische und ambiente Entwurfsvorgaben *Entwurf* abgeleitet und Lösungsideen für den *Entwurf* vorgeschlagen.

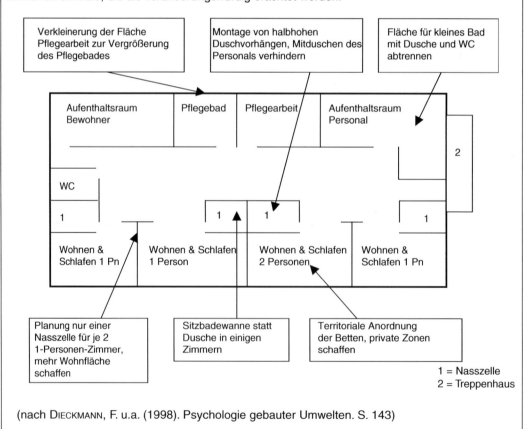

Beispiel: Nutzerorientierte Entwurfsevaluation

In der Entwurfsphase oder nach Vorlage eines bereits fertigen Entwurfes ist es Aufgabe des Programmentwicklers, den oder die verschiedenen Entwürfe unter den jeweiligen Nutzungsgesichtspunkten zu begutachten, und wenn nötig, Veränderungen vorzuschlagen. Bei dieser sogenannten „Pre-Occupancy Evaluation" handelt es sich also um eine Entwurfsbewertung vor der endgültigen Gestaltung und Ingebrauchnahme des Objektes.

Kommentierte Entwurfspläne vom Programmentwickler geben einen schnellen Überblick über Entwurfsmerkmale, die als veränderungswürdig erachtet werden:

(nach DIECKMANN, F. u.a. (1998). Psychologie gebauter Umwelten. S. 143)

Zur Bewertung der Entwürfe sollten neben den im Beispiel gezeigten Grundrissen oder anderen traditionellen Hilfsmitteln möglichst moderne *Methoden der Veranschaulichung* eingesetzt werden, die es sowohl Laien als auch Experten erlauben, fundierte Bewertungen abzugeben (UHLMANN, 1995). Dies ist im Bereich der Architektur schon deshalb besonders notwendig, weil die traditionellen Hilfsmittel in der Regel Probleme bei der Darstellung in menschgerechter Perspektive bereiten. Selbst Experten – insbesondere aber Laien – fällt es schwer, anhand von Grundrissen oder stark verkleinerten Architekturmodellen von Häusern oder Stadtteilen angemessene Raumvorstellungen zu entwickeln.

Methoden der Veranschaulichung

Je nach Fortschritt des Entwurfsprozesses bieten sich zur Abbildung von Raumstrukturen Methoden der Virtual Reality (5-Seiten-CAVE, www.tu-dresden.de), videogestützte Modellsimulationen (FRANKE, u. a. 2002; KARDOS, 2003) oder der Aufbau begehbarer 1:1-Raummodelle an, wie sie in der Forschung verwendet werden (TSCHUPPIK, 1998; MARTENS, 1999) oder beispielsweise im Bereich der Gestaltung von Küchen entwickelt wurden (www.kuechelive.24.de).

Allerdings sind mit der Anwendung dieser Simulationsmethoden zwei grundsätzliche *Probleme* verbunden:

Auf der einen Seite erfordert die Erstellung von realen oder virtuellen Modellen im Entwurfsprozess zusätzlichen *Aufwand*. Dieser zusätzliche Aufwand kann mit der Weiterentwicklung von computergestützten virtuellen Technologien zur Modellerstellung sicher verringert werden. Er ist aber nicht vollständig zu vermeiden, da für die Entwurfsbewertung durch größere Personengruppen immer ausreichend Zeit benötigt wird.

Probleme bei der Veranschaulichung

Auf der anderen Seite besteht – abgesehen von physischen 1:1-Modellen – bei der Simulation permanent die *Gefahr der verzerrten Darstellung*. Die Möglichkeit der geschönten und täuschenden Abbildung künftiger Realität ist gerade bei computergestützter Simulation immer gegeben und kann damit die notwendigen Bewertungsprozesse beeinflussen (vgl. REICHE, 1998, MELZER, 2008).

17.2.4 Abschätzen und Bewerten von Folgewirkungen

Jede Gestaltungsmaßnahme hat Auswirkungen auf das bestehende Mensch-Umwelt-System. Das heißt, die Folgewirkungen einer Maßnahme auf individuelle oder soziale Systeme, ob beabsichtigt oder unbeabsichtigt, müssen vorausschauend abgeschätzt und bewertet werden. Beispielsweise führt die Errichtung eines Wohnheimes für geistig

ARCHITEKTURPSYCHOLOGIE

Behinderte in einem ländlich gelegenen Dorf dazu, dass die Anwohner z.T. mit ungewohnten Verhaltensweisen konfrontiert werden und auch die Betreuer in der Herkunft, Einstellung und Lebensführung sich von den ursprünglichen Einwohnern unterscheiden. Darüber hinaus werden sich die ansässigen Läden und Arztpraxen an den neuen Kundenkreis anpassen müssen, und auch Vereine usw. können Neubewohner integrieren oder Abwehr signalisieren.

Abb. 4 dient zur Veranschaulichung der kompletten Programmentwicklung für eine bauliche Sanierung von Wohnhäusern:

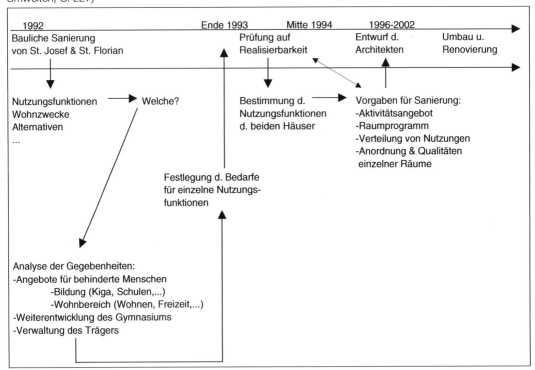

Abb.4:
Programmentwicklung für die Gebäude St. Florian und St. Josef (nach DIECKMANN, F. u.a. (1998). Psychologie gebauter Umwelten, S. 227)

17.3 Nutzer-Bedürfnisanalyse (user-needs analysis: UNA)

UNA — UNA ist ein „Sammelbegriff für Verfahren (...), die darauf abzielen, in frühen Planungsstadien mittels empirischer Methoden die Bedürfnisse, Präferenzen und Wünsche prospektiver Nutzer eines zu gestaltenden Umweltbereiches zu erfassen" (SCHUEMER, 1998).

Das Ergebnis dieser Informationserhebung liegt zum Ende in Form einer geordneten Liste von Wünschen und Präferenzen vor, die die Nutzungsanforderungen der Betroffenen widerspiegeln. Diese Liste von Anforderungen, die mit der geplanten Umwelt geleistet werden sollen, werden dann in den Prozess der Programmentwicklung integriert oder direkt der Entwurfgestaltung des Architekten zu Grunde gelegt. Die Nutzer-Bedürfnisanalyse ist also als ein Abschnitt innerhalb der Programmentwicklung zu verstehen.

Sinn der UNA ist, dass die Nutzer selbst, die nach Linneweber (1993) die eigentlichen *„Nutzungsexperten"* sind, ihre Bedürfnisse und Präferenzen artikulieren und nicht sogenannte Planungsexperten über die tatsächlichen oder vermeintlichen Bedürfnisse der potentiellen Nutzer urteilen.

Nutzungsexperten

Je nach Art der Fragestellung kann eine Nutzer-Bedürfnisanalyse eher *explorativ* oder gezielt erfolgen. Ersteres sollte zur Anwendung kommen, wenn beispielsweise über die Bedürfnisse und Präferenzen wenig bekannt ist oder ein neuartiger Settingtyp in Planung ist. Hierbei sollen die Nutzer die Möglichkeit bekommen, von sich aus Gedanken und Ideen bezüglich nutzungsspezifischer Aspekte zu äußern. Liegt jedoch schon eine Zahl von Informationen vor oder geht es nur noch darum, die späteren Nutzer zwischen bestimmten alternativen Gestaltungsmöglichkeiten wählen zu lassen, bietet sich eine eher gezielte und auf bestimmte Gestaltungsaspekte *fokussierte* Bedürfnis- und Präferenzanalyse an. Hierbei wird der Spielraum des Nutzers, seine Wünsche und Vorlieben zu äußern, auf die verschiedenen Optionen eingeschränkt.

Explorative vs. fokussierte Analyse

In Fällen, bei denen die zukünftigen Nutzer noch nicht feststehen oder in der Phase der Programmentwicklung nicht zur Verfügung sind, erfolgt die Informationserhebung über die Befragung von Nutzern ähnlicher Settings. Dies kann auch häufig von Vorteil sein, da diese Menschen schon eine gewisse Erfahrung mit dem zu planenden Settingtyp haben. Die artikulierten Bedürfnisse und Wünsche beruhen teilweise auf jahrelangem Umgang und Leben in solch einer Umwelt. Beispielsweise würden bei der Programmentwicklung für ein Alten- und Pflegeheim sinnvollerweise aktuelle Bewohner eines ähnlich angelegten Heimes befragt werden. Denn erstens stehen die zukünftigen Nutzer, die erst in ein paar Jahren nach der Fertigstellung der Baumaßnahme einziehen würden, noch nicht fest, andererseits hätten diese prospektiven Nutzer wahrscheinlich größtenteils keine Erfahrung im Bewohnen eines solchen Heimes, sondern würden erst dann aus ihren privaten Unterkünften übersiedeln. Sie können also noch gar nicht wissen, welche Gestaltungsaspekte im Detail hilfreich oder wünschenswert wären oder nicht.

Methoden Die zahlreichen *Methoden* zur Erhebung solcher Informationen werden möglichst einander ergänzend eingesetzt, um jeweilige Schwächen auszugleichen.

In Workshops können beispielsweise Ziele, Funktionen und Stellenwerte dieser Funktionen eines Settings diskutiert und festgelegt werden, wobei z.B. Umweltpsychologen (Programmentwickler) als Mediatoren bei unterschiedlichen Interessen wirken können.

Zur Erfassung von Meinungen, Gefühlen und Wahrnehmungen der Nutzer eignen sich hingegen die Methoden des Interviews oder der Befragung, wobei der Grad der Standardisierung (wenig strukturiert – voll standardisiert) sowohl von der Art der Fragestellung (explorativ oder fokussiert) als auch von ökonomischen und fähigkeitsbezogenen Faktoren der Nutzer abhängig ist *(vgl. folgendes Beispiel, weitere Methoden werden u.a. im Kap. Dichte und Enge sowie Kap. Ausgewählte Methoden erläutert).*

Sind prospektive Nutzer nicht artikulationsfähig oder -bereit, wie beispielsweise Bewohner psychiatrischer oder geriatrischer Einrichtungen oder auch kleinere Kinder, so sind Informationen mittels Beobachtungsmethoden zu erheben. Aber auch bei Umgestaltungs-, Umzugs- oder Neuerrichtungsmaßnahmen spielt die Methode Beobachtung eine wesentliche Rolle. Im Allgemeinen können dabei zurückgelegte Wege, Handlungsabläufe, aber auch das Kommunikationsverhalten innerhalb eines Settings, z.B. wer muss mit wem wie oft wo sprechen o.Ä., Gegenstand der Beobachtung sein. Eine weitere Möglichkeit, Informationen über das Geschehen in einer Umwelt zu erheben, bietet die Analyse von Abnutzungserscheinungen oder Gebrauchsspuren auf Fußbodenbelägen oder größeren Einrichtungsgegenständen. Auch auf dieser Wissensgrundlage können durch Umgestaltungsmaßnahmen die ablaufenden Aktivitäten optimal unterstützt und ein reibungsloser Ablauf ermöglicht werden. Rangordnungs-, Beurteilungs- und Skalierungsverfahren sind weitere Methoden zur Informationsgewinnung, wobei der Schwerpunkt dieser Techniken in der Ordnung unterschiedlicher Bedürfnisse und Ziele nach deren Priorität liegt.

Grenzen der UNA Wo liegen die *Grenzen* einer Nutzer-Bedürfnisanalyse?

Ein entscheidender Nachteil der UNA liegt, wie schon einmal angedeutet, dort, wo zukünftige Nutzer keinerlei Erfahrung mit der geplanten Umwelt haben. Auch wird es nicht immer leicht sein, ein ähnliches, vergleichbares Setting mit vergleichbaren Nutzern zu finden, die gestaltungs- und nutzungstechnisch brauchbare Informationen liefern können.

NUTZUNGSORIENTIERTE PLANUNG

Beispiel: Methoden, wie sie zur Bewertung von Architektur eingesetzt werden können. Modifiziert nach RICHTER & WEBER (1998) – Eine Erhebung zur subjektiven Beurteilung von Straßenzügen:

1) Semantisches Differential zur ästhetischen Bewertung (Auszug):

Bitte geben Sie auf den folgenden Skalen durch einen senkrechten Strich an, wie Sie die Straße beurteilen!

übersichtlich	verwirrend
bedrückend	befreiend
lebhaft	ruhig
eindrucksvoll	nichtssagend
persönlich	unpersönlich
hell	dunkel
fremdartig	vertraut

2) Erhebungsbogen zum Image (Auszug):

Kreuzen Sie bitte das Kästchen an, was Ihrer Meinung nach die Straße am zutreffendsten charakterisiert!

	überhaupt nicht zutreffend	zutreffend	ein wenig zutreffend	sehr zutreffend	kann ich nicht einschätzen
traditionell	❑	❑	❑	❑	❑
gemütlich	❑	❑	❑	❑	❑
jugendlich	❑	❑	❑	❑	❑

3) Erhebungsbogen zu Nutzungsmöglichkeiten:

Was würden Sie am ehesten in dieser Straße tun? Bitte kreuzen Sie nur eine Möglichkeit an!

- ❑ Wohnen
- ❑ Einkaufen
- ❑ Erholen, z.B. Café
- ❑ mit Freunden abends in die Kneipe gehen
- ❑ Kinder spielen lassen

Fallen Ihnen noch andere Möglichkeiten ein, was man in dieser Straße tun könnte?

_____
_____
_____

Oft haben potentielle Nutzer nur unklare Vorstellungen von einer möglichen Umwelt. Hinzu kommt, dass die Wünsche und Bedürfnisse nicht immer bewusst oder zu selbstverständlich sind, als dass sie immer richtig oder überhaupt mitzuteilen sind. Nachteilig ist auch, dass sich beispielsweise die Befragungen auf einen hypothetischen und noch wenig konkreten Sachverhalt richten, d.h. es werden Wünsche und Bedürfnisse bezüglich dessen erfragt, was noch gar nicht existiert.

Ein weiterer Punkt, bei dem UNA an seine Grenzen stößt, ist die Tatsache, dass über die Informationserhebung beim zukünftigen Nutzer Illusionen und falsche Erwartungen bei den Betroffenen bezüglich der Erfüllung der Wünsche geweckt werden. Bei widersprechenden Wünschen, die naturgemäß nicht vermeidbar sind, werden zudem nur Kompromisse bei der Umsetzung der Wünsche und Vorstellungen möglich sein. Hier bedarf es einer Aufklärung der Nutzer, die zum einen den Betroffenen verständlich macht, dass nicht alle Punkte berücksichtigt werden können, zum anderen jedoch motiviert, trotzdem so gut und detailliert wie möglich Wünsche und Bedürfnisse zu artikulieren, die der Nutzung und der Zufriedenheit mit der gebauten Umwelt zu Gute kommen würden.

„Trotz solcher Probleme kann die UNA ein effizientes Instrument sein, um Nutzer- und Nutzungsgesichtspunkte in einem frühen Planungsstadium – insbesondere im Rahmen der Programmentwicklung – einzubeziehen" (SCHUEMER, 1998).

UNA-Anwendungsbeispiel: „Grüne Mitte Maintal"

Das Institut für Architektur- und Umweltpsychologie PSY:PLAN bekam von der Stadt Maintal den Auftrag, ein Bürgerbeteiligungsprojekt zur Nutzungsplanung eines großen Landschaftsschutzgebietes in der Stadt Maintal durchzuführen. Im November 2001 fanden drei eintägige „Zukunftswerkstätten" statt. Insgesamt beteiligten sich 75 Einwohner/innen, die in die Nutzergruppen ‚Jugendliche', ‚Eigentümer, Anlieger, Betroffene' und ‚interessierte Bürger' unterteilt wurden. Im Rahmen dieses Partizipationsprozesses wurden zunächst im Anschluss an eine ausgiebige Ortsbesichtigung per Brainstorming sämtliche Ideen gesammelt, die eine zukünftige Nutzung der Grünfläche betrafen. In Kleingruppenarbeit und Diskussionsrunden wurden dann von den Nutzergruppen verschiedene Kernprojekte konkretisiert, die die Wünsche, Bedürfnisse und Vorstellungen der zukünftigen Nutzer widerspiegelten. In Abstimmung mit den zuständigen Landschaftsplanern, die vor allem mit der Klärung der rechtlichen und organisatorischen Rahmenbedingungen beauftragt waren, wurden dann die erarbeiteten Projekte, wie z.B. ein Grillplatz, ein Steg am Surfsee sowie eine Wegesanierung dem Stadtparlament in Form von schriftlichen Dokumentationen und Landschaftskarten als Entscheidungsempfehlung vorgelegt. In einer Tagung im April 2002 entschied das Parlament die vollständige Umsetzung der vorgeschlagenen Planungs- und Bauprojekte bis auf wenige Ausnahmen.

(Quelle: www.psyplan.de)

17.4 Nutzerorientierte Evaluation (post-occupancy evaluation: POE)

Eine nutzungsorientierte Evaluation *(POE)*, d.h. eine beurteilende Bewertung der gebauten Umwelt nach Inbetriebnahme, stellt eine sinnvolle Ergänzung zu einer erfolgten Nutzer-Bedürfnisanalyse (UNA) für das zu gestaltende Setting dar. Mittels POE kann geprüft werden, inwieweit das Setting den zuvor bei der UNA erkundeten Bedürfnissen tatsächlich gerecht geworden ist. Die Nutzer-Bedürfnisanalyse liefert demnach die Kriterien, nach denen später die Evaluation des Settings unter Nutzungsgesichtspunkten vorgenommen werden soll, und zwar gleichermaßen vom Nutzer selbst. Es geht also hierbei keineswegs um die Beurteilung formal-ästhetischer Qualitäten, sondern ausschließlich darum, wie die Gestaltung der Umwelt die darin ablaufenden Aktivitäten unterstützt oder sie zumindest nicht behindert.

POE

Ziel einer solchen POE ist es, „den Planern und Erbauern das Feedback über die Wirkung einer gestalteten Umwelt auf die Nutzer zu liefern und damit die Voraussetzungen für ihre Verbesserung oder das Planen und Gestalten ähnlicher Umwelten in der Zukunft zu schaffen" (SCHUEMER, 1998).

Seit den 80er Jahren ist eine zunehmende Anwendung der nutzerorientierten Evaluation von gebauten Umwelten im außerakademischen Bereich zu verzeichnen. POE entwickelt sich zunehmend zu einem eigenständigen Forschungs- und Anwendungsbereich mit wachsender Professionalisierung und Kommerzialisierung (s. PREISER et al., 1988).

Die meisten POE-Konzeptionen beruhen auf der Bestimmung der sogenannten *„Gebäudeperformanz"* (PREISER et al., 1988; PREISER & VISHER, 2005).

Gebäudeperformanz

> Unter Gebäudeperformanz versteht man das Ausmaß, „in dem ein Gebäude bestimmte, genau spezifizierte Funktionen erfüllt bzw. bestimmten Leistungs- oder Funktionsansprüchen, insbesondere aus Nutzersicht, genügt" (SCHUEMER, 1998).

Im Evaluationsprozess werden dabei aus den Zielen, Bedürfnissen und Vorstellungen der Nutzer, die beispielsweise über eine Nutzer-Bedürfnisanalyse erhoben werden, Performanzkriterien formuliert und mit der tatsächlichen, objektiv oder subjektiv messbaren Gebäudeperformanz verglichen.

Nach ZEISEL (1989) spielen neben den „allgemeinen" Performanzkriterien, die jeder Gebäudetyp erfüllen muss, die „kritischen" Performanzkriterien eine besondere Rolle. Darunter sind all jene Kriterien zu verstehen, „bei deren Nichterreichung das jeweilige Setting seine spezifische Zweckbestimmung und Funktion nicht erfüllen kann". Da bei einer Evaluation eines gesamten Settings nicht alle möglichen Performanzkriterien berücksichtigt werden können, soll der Bestimmung und Bewertung der „kritischen" Performanzkriterien einer gebauten Umwelt besondere Beachtung gewidmet werden.

Grundlegend kann eine nutzerorientierte Evaluation auf sehr unterschiedliche Arten und Größenordnungen von Settings angewendet werden. Dabei besteht einerseits die Möglichkeit, sich nur der Bewertung bestimmter Gestaltungsaspekte zu widmen (fokussierte POE), andererseits sich bei der Evaluation auf möglichst viele Gesichtspunkte zu konzentrieren.

Evaluationskriterien Welche Klassen von möglichen *Evaluationskriterien* sind zu unterscheiden?

Eine erste Klasse besteht aus der Bewertung technischer Elemente der gebauten Umwelt. Hierunter fallen sowohl sämtliche Leistungen der technischen Systeme, wie beispielsweise Beleuchtungs- oder Schallschutzanlagen, als auch Sicherheits- und Gesundheitssysteme.

Diesbezüglich gilt es, z.B. Sanitäreinrichtungen und Belüftungsanlagen sowie Maßnahmen zur Brandbekämpfung oder Evakuierung des Settings hinsichtlich der entwickelten Kriterien zu bewerten. Eine zweite Klasse beschäftigt sich mit der Evaluation funktionaler Elemente. Bewertet wird hierbei die Passung zwischen Nutzeraktivitäten und Gebäudemerkmalen. Beispielsweise geht es um die Frage, inwieweit ein Raumkonzept angemessen ist. Die Bewertung eines mit einer großen Terrasse ausgestatteten Zimmers für Intensivpflegepatienten eines Altenheimes sollte demzufolge nur wenig positiv ausfallen.

Verhaltens- bzw. psychologische Elemente stellen eine letzte Klasse von Evaluationskriterien dar. In die Bewertung gehen dabei insbesondere die Erfüllung der Bedürfnisse der Nutzer sowie auf das Gebäude bezogene Wahrnehmungen und Gefühle ein. Faktoren wie Dichtewahrnehmung, Möglichkeiten zur Orientierung und Personalisierung sowie Unterstützung sozialer Interaktion oder Privatheit werden bewertet. Letztendlich spiegelt vor allem diese Klasse von Evaluationskriterien die subjektive Zufriedenheit der Nutzer mit der gebauten Umwelt wider.

17. NUTZUNGSORIENTIERTE PLANUNG

> Moos & Lemke (1992): Dimensions- und Itembeispiele aus dem Fragebogen zu räumlich-dinglichen Merkmalen aus einem umfassenden Instrumentarium zur vergleichenden Evaluation von Wohn- und Pflegeheimen für Ältere Menschen (**M**ultiphasic **E**nvironmental **A**ssessment **P**rocedure – MEAP):
>
> Raumangebot:
> – Gibt es pro 40 Bewohner je einen Aufenthaltsraum?
>
> Sicherheitseinrichtungen:
> – Sind Notrufknöpfe in den Badezimmern?
> – Gibt es Rauchmelder in Fluren/Zimmern?
>
> Orientierungshilfen:
> – Sind Flure/ Stockwerke farblich jeweils unterschieden?
> – Haben App./Zimmer Namensschilder?
> – Ist eine Liste des Personals ausgehängt? Mit Fotos?
>
> Prothetische Hilfen:
> – Ist Zugang zum Gebäude barrierefrei?
> – Öffnet/Schließt Eingangstür automatisch?
> – Sind Zimmer-Duschen rollstuhlgerecht?
> – Haben Flure Geländer?
>
> Ausstattung für Freizeit und Kontakte
> – Ist Eingangsbereich zum Ausruhen od. für Unterhaltungen geeignet?
> – Gibt es kleine (>6), aber auch große (<6) Tische?
>
> Anbindung an Gemeinde
> – Ist Haltestelle öffentlicher Verkehrsmittel in der Nähe?
> – Sind umliegende Straßen beleuchtet?
> – Welche Einrichtungen sind in der Nähe: Supermarkt, Apotheke, Zahnarzt, Kirche, Post, Bank, Seniorentreff?

Auch die *Anwendungsbereiche* für eine POE sind sehr verschieden. Zunächst einmal kann eine POE für unterschiedliche Arten von Settings angewendet werden. Wohnhäuser, Hotels, Pflegeeinrichtungen, Gefängnisse, Parks oder Spielplätze sind nur einige Beispiele gebauter Umwelten, die nutzungsorientiert evaluiert werden. Zweitens kann eine POE in unterschiedlichen Phasen der Umgestaltung zur Anwendung kommen und dort als Input für die Planung und Erstellung eines weiteren Gebäudes des gleichen Typs dienen. Bei einer zweckmäßigen Unterscheidung zwischen verschiedenen POE-Projekten lässt sich drit-

POE-Anwendungsbereiche

POE-Anwendungsbeispiel: Evaluation eines neuen Spielplatzes

Artmann und Flade gingen 1989 der Frage nach, ob ein neu errichteter Spielplatz mit ca. 4500 qm Ausmaß entsprechend intensiv genutzt und „angenommen" worden ist, d.h. ob er besucht wird, wie vielfältig er besucht wird, ob der Platz positiv beurteilt wird und inwiefern eine Hauptstraße zwischen dem Spielplatz und dem angrenzenden Wohngebiet eine Barriere zur Nutzung darstellt? Angesichts nicht unbeträchtlicher Investitionen in die neue Anlage (1qm Fläche eines Spielplatzes für 6-12-Jährige kostete ca. 40 Euro) schien eine solche Bewertung angebracht.

Zur Evaluation des Spielplatzes, der aus 4 Teilbereichen für jeweils unterschiedliche Altersgruppen und Aktivitäten bestand, wurden Beobachtungs- und Befragungsdaten von 63 Personen, darunter 41 Kinder bzw. Jugendliche und 22 Erwachsene, erhoben.

Mittels eines Beobachtungszeitplanes wurde das Nutzungsverhalten über die Anzahl der Besucher pro 15-minütigen Momentaufnahmen, differenziert auf Teilgebiete der Anlage, Altersgruppen und Geschlecht der Besucher, erfasst.

Die Befragung der Spielplatzbesucher orientierte sich an einem Interviewleitfaden, der bezüglich der Adressaten, d.h. Fragen an die Begleitperson oder Fragen an Kinder und Jugendliche, variierte. Fragen an Begleitpersonen betrafen unter anderem die Häufigkeit und Dauer der Spielplatzbesuche, Verbesserungsvorschläge für die Anlage und den Wohnort zur Erfassung des Einzugsgebietes. Kindern und Jugendlichen wurden beispielsweise Fragen gestellt wie „Triffst du dich hier mit anderen?", „Was machst du hier?" oder „Was gefällt dir an dem Platz?".

Das Ergebnis der Evaluation erbrachte, dass der neue Spielplatz während der Nachmittagsstunden gut besucht war, wobei die 6-12-Jährigen mit 60% die stärkste Besuchergruppe darstellen. Ältere Kinder und Jugendliche waren am wenigsten vertreten. Bezüglich der Geschlechts- und Aufenthaltsverteilung auf der Anlage zeigte sich, dass nur ein Drittel der Besucher Mädchen waren, die sich größtenteils auf nur 2 Teilgebieten (Platz mit Karussell und Teilbereich mit großem Spielraumnetz zum Klettern) bewegten. Ein Ballspielplatz und eine Tischtennisplatte erwiesen sich als „Jungen"-Orte.

Die Befragungsdaten ergaben, das 39% der Besucher auf der gegenüberliegenden Straßenseite wohnen. Trotz einer gewissen Barrierewirkung überquerten damit jedoch mehr Personen als erwartet die stark befahrene Hauptverkehrsstraße. Grund dafür schien die extra eingerichtete Fußgängerampel in Höhe des Spielplatzes zu sein. (Kritisch zu sehen ist jedoch, dass der Prozentsatz der 'potentiellen' Besucher aus dem gegenüberliegenden Wohngebiet, bei denen möglicherweise die Hauptverkehrsstraße eine Barriere darstellt, nicht berücksichtigt bzw. nicht erhoben wurde!).

Insgesamt stellte der Spielplatz für 85% der Besucher einen wichtigen Treffpunkt dar.

Das Fazit der Evaluation lautete, dass der Spielplatz gut besucht wird und ein wichtiger Treffpunkt ist, so dass sich die Investition gelohnt hat.

(Quelle: ARTMANN, D. & FLADE, A., 1989. Der neue Spielplatz)

tens eine ganze Reihe von Anlässen unterscheiden. Zum einen kann eine POE durch das Aufzeigen von Schwachstellen der gebauten Umwelt zur besseren Anpassung der Räumlichkeiten an den Nutzer dienen. Darüber hinaus ist die nutzungsorientierte Evaluation eine Methode, mit der systematisch Informationen für spätere Planungen oder zur Klärung grundsätzlicher Fragen von Mensch-Umwelt-Beziehungen gesammelt werden können. Ein wesentlicher Zweck einer POE ist jedoch die abschließende Bewertung einer gebauten Umwelt und der damit verbundenen Analyse des Nutzungsverhaltens bzw. der Zufriedenheit der Nutzer mit dem Ergebnis der Intervention.

Die Methoden der nutzungsorientierten Evaluation unterscheiden sich nicht wesentlich von denen der Nutzer-Bedürfnisanalyse (UNA). Auch hier kommen Workshops, mündliche, schriftliche oder telefonische Befragungen, Einzel- oder Gruppeninterviews, Fragebögen, Ratingskalen, Beobachtungsverfahren oder Analysen kritischer Ereignisse zum Einsatz. Darüber hinaus bedienen sich Evaluatoren häufig des sogenannten *Rundganginterviews*, eines speziellen Verfahrens, bei dem eine Befragung der Nutzer mit einem Gebäuderundgang kombiniert wird. Dabei haben erstens die Nutzer die Möglichkeit, zu den verschiedenen Gebäudeteilen und den von ihnen genutzten Räumlichkeiten Stellung zu nehmen, und zweitens können dadurch die Evaluatoren physische Eigenschaften des Settings erfassen und hinsichtlich Nutzungsgesichtspunkten einschätzen.

Rundganginterviews

17.5 Probleme der Experten-Laien-Kommunikation

Ein grundlegendes Problem, welches sich bei der Programmentwicklung UNA und POE unter der Beteiligung der potentiellen Nutzer auftut, beruht auf einer *unterschiedlichen Perspektive*, die der Gestaltungsexperte gegenüber dem Laien besitzt.

Differenzen der Perspektive

> RAMBOW (2000) beschreibt die spezielle Sicht von Fachleuten mit den folgenden Worten: „Sie verfügen über mehr *Wissen* als die Laien. Sie benutzen *Worte*, die Laien nicht kennen. Sie denken in *Konzepten*, die Laien fremd sind. Sie sehen andere *Probleme* als Laien. Sie sehen andere *Lösungen* als Laien. Sie haben vielleicht andere *Einstellungen* und *Überzeugungen* als Laien. Kurz: Ihre *Perspektive* unterscheidet sich grundlegend von der eines Laien." (RAMBOW, 2000, S.3)

ARCHITEKTURPSYCHOLOGIE

Das folgende Beispiel soll verdeutlichen, wie Konzepte und Formulierungen aus der Fachsprache der Architektur das räumliche und ästhetische Denken des Gestaltungsexperten ausdrücken:

> „Der bestehenden Anlage aus den Fünfzigern wird ein eigenständiger Kubus hinzugefügt, der sich selbstbewusst zur Hauptstraße präsentiert. Eine gläserne Fuge vermittelt zwischen Alt- und Neubau, nimmt die innere Wegeverknüpfung auf und integriert im Erdgeschoss die Erschließung zum Hof. Dem Kubus ist hier eine aufgeständerte Raumspange vorgelagert, die so eine Übergangszone zwischen Innen- und Außenraum schafft" (DECHAU, 1997, S.74).

Auffällig ist, dass diese Passage kaum Fachbegriffe im engeren Sinne enthält, also fast ausschließlich alltagstaugliche Begriffe verwendet werden. Basierend auf der spezifischen Perspektive des Architekten unterscheidet sich jedoch die Art der Verwendung der Begriffe erheblich von der Alltagssprache.

RAMBOW (2000) versteht Perspektive als ein Konstrukt, das ein miteinander verwobenes Bündel aus allen Wahrnehmungen, Einstellungen und Wissensinhalten bezeichnet, die sich auf die Inhalte einer bestimmten Domäne (in diesem Falle der Architektur) beziehen. Er ist gleichwohl der Ansicht, dass die unterschiedlichen Perspektiven, die bei der Kommunikation zwischen Experten und Laien aufeinandertreffen und zu erheblichen Verständnisschwierigkeiten führen können, durch ein „systematisches und über lange Zeit erworbenes *Wissensungleichgewicht*" gekennzeichnet sind.

Wissensungleichgewicht

Damit der Experte die Kommunikation auf den Laien abstimmen kann, ist es notwendig, vorliegendes Wissen sowie Auffassungen und Einstellungen auf Seiten des Laien zu erfassen. Der Gestaltungsexperte sollte also eine gewisse Vorstellung von der Perspektive des Laien haben, um abschätzen zu können, auf welchen „gemeinsamen Referenzrahmen er seine Äußerungen beziehen kann", ohne dass Verwirrung und Missverständnisse entstehen.

Zur Erhebung des Laienwissens entwickelte RAMBOW (2000) im Rahmen einer Untersuchungsreihe den *Fragebogen zum architektonischen Grundwissen (FAG)*. Mit dessen Hilfe soll das Allgemeinwissen des Laien erfasst werden, was sich auf Architektur bezieht.

Fragebogen zum architektonischen Grundwissen (FAG).

Es hat sich gezeigt, dass der FAG ein geeignetes Verfahren ist, das Sachwissen von Laien über Architektur detailliert und nach verschiedenen Themen gegliedert zu beschreiben.

17. NUTZUNGSORIENTIERTE PLANUNG

> **Beispiel-Items des FAG:**
> 1. Wie nennt man einen Dachvorsprung mit Fenster?
> 2. Welcher Architekt baute die Oper in Dresden?
> 3. Bitte nennen Sie ein typisches Element des gotischen Baustils.
> 4. Wo befindet sich das höchste Bürogebäude der Welt?
> 5. Wer ist für die Genehmigung von Bauanträgen zuständig?
> 6. Aus welchen Bestandteilen wird Beton hergestellt?
> 7. Was bedeutet „Brutalismus"?
> 8. Wie bezeichnet man ein mehrgeschossiges Wohnhaus, bei dem pro Geschoss jeweils drei Wohnungen an das Treppenhaus anschließen?
>
> (aus RAMBOW, 2000)

Aber sind es nur die unterschiedliche Perspektive und Wissenslücken, die die Kommunikation zwischen Laien und Experten problematisieren?

Ein drittes Problem, welches wahrscheinlich auch das am schwierigsten zu umgehende darstellt, basiert auf der unterschiedlichen *Motivation* für eine Gestaltungsmaßnahme zwischen Architekt und Nutzer. Das Anliegen des Architekten ist es, künstlerisch und ästhetisch zu wirken, wobei der Laie fast ausschließlich an nutzerspezifischen Qualitäten orientiert ist. Dabei ist diese Ausrichtung meistens mit einer eher konservativen Einstellung bezüglich gestaltungstechnischer Maßnahmen verbunden. Nach Schulz von Thun, der Kommunikation in vier verschiedene Ebenen unterteilt, bewegen sich Experten und Laien in ihrer Kommunikation auf zwei dieser unterschiedlichen Ebenen. Der Gestaltungsexperte arbeitet und kommuniziert auf der Beziehungsebene, das heißt, er versucht mit der Art und Weise seiner Gestaltung der Umwelt etwas auszudrücken, er beabsichtigt im künstlerischen Sinne bestimmte Wirkungen auf das Umfeld, die Menschen und die Nutzer. Der Laie hingegen bewegt sich vornehmlich auf der sogenannten Sachebene. Das Gebäude bzw. die Anlage wird zum Großteil auf die Nutzungsgegebenheiten und notwendigen Nutzungsbedingungen, d.h. auf funktionale und technische Aspekte „beschränkt". Zum Beispiel wird eine Bibliothek vom Nutzer nicht über künstlerische und ästhetische Baumerkmale beurteilt, sondern darüber, inwieweit beispielsweise genügend Lesesäle mit entsprechenden Lichtverhältnissen und ausreichende Computerarbeitsplätze mit Internetanschluss vorhanden sind, möglichst unter der Verwendung schalldämpfender Maßnahmen zur Ruhesicherung.

Motivation

Diese motivationalen Differenzen zwischen Laien und Architekten spiegeln sich in unterschiedlichen Präferenzen für Architekturstile wider.

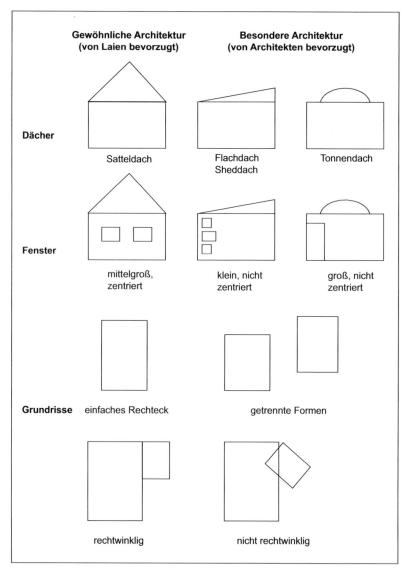

Abb. 5:
Bevorzugte Stile von
Laien und Architekten
(nach STAMPS & NASAR,
1997, S. 28, mod.)

Die auch von anderen Autoren nachgewiesene Bevorzugung traditioneller Architekturstile durch Laien steht nicht unbedingt für eine konservative Grundhaltung.

Wie am Beispiel des so genannten kontextuellen Bauens erkennbar, ist die Präferenz für tradierte Merkmale von Gebäuden durch Gesetzmäßigkeiten der Gestaltwahrnehmung zu begründen *(vgl. Kap. Prinzipien und Phänomene der Wahrnehmung)*.

Darüber hinaus kann die Orientierung an tradierten – oft regional verankerten – Formen und Farben auch Ausdruck des Bemühens um soziale Integration sein *(vgl. Kap. Ortsbindung und Ortsidentität)*.

17. NUTZUNGSORIENTIERTE PLANUNG

Schließlich ist auch eine denkpsychologische Erklärung möglich. Wie im *Exkurs zu den mentalen Modellen* argumentiert, könnten auch die in der Kindheit erworbenen kognitiven Schemata ästhetische Urteile modulieren. Für die Mehrheit kann man davon ausgehen, dass die gebauten Umwelten in der Kindheit jeder Generation durch eher traditionellere Architektur gekennzeichnet waren.

Mit anderen Worten, hinter den Präferenzunterschieden zwischen Laien und Experten verbirgt sich eine Kluft, die nicht ohne weiteres zu überwinden sein dürfte (RICHTER 2005, BENZ 2008).

Dies verweist auf eine generelle Grenze von Mehrheitsentscheidungen in Bezug auf Architektur. Nicht von ungefähr gibt es im Volksmund die Redewendung „*Über Geschmack lässt sich streiten*". Es ist generell zu fragen, ob ästhetische Bewertungen in Bezug auf Bauwerke im Sinne quantitativer Urteilscharakteristika sinnvoll sind und welche Konsequenzen bei deren Realisierung abgeleitet werden können und/oder sollen (WILL, 2007).

Über Geschmack lässt sich streiten

Da es sich bei Geschmacksurteilen prinzipiell um Bewertungen qualitativer Natur handelt, ist aus unserer Sicht generell ein Prozess der detaillierten inhaltlichen Diskussion vorzuziehen. Auch dieser stößt bei sehr großen Bevölkerungsgruppen rasch an Grenzen, ist aber bei entsprechend großem methodischem und zeitlichem Aufwand beherrschbar.
So wurde in Erwägung gezogen, vom geplanten Neubau des Gewandhauses in Dresden ein begehbares 1:1-Modell zu errichten (Abb. 6). Damit sollte der kontroversen öffentlichen Diskussion über dieses moderne Gebäude an einem sensiblen Ort eine bessere Basis gegeben werden.

Abb. 6:
Entwurf für das neue Gewandhaus am Dresdner Neumarkt, 2007
Architekten:
Cheret & Bozic

Doch wie ist nun mit all diesen Problemen in der Experten-Laien-Kommunikation umzugehen?

Fortbildungskonzept

RAMBOWS erster Lösungsansatz bezieht sich auf ein *Fortbildungskonzept* zur Thematik Experten-Laien-Kommunikation, welches im Rahmen der verpflichtenden kontinuierlichen fachlichen Fortbildung in der Berufsordnung der Architekten zu integrieren wäre. Eine solche Maßnahme, die etwa zwei Tage dauern sollte, könnte wie folgt aufgebaut sein:

Zunächst sollte in einer Einführungsveranstaltung ein „grundlegendes Verständnis für die Problematik der Experten-Laien-Kommunikation geweckt und die Rolle der Perspektivität für die Kommunikation deutlich gemacht" werden. Im Mittelteil sieht Rambow vor, konkretes Wissen über die Laienperspektive auf Architektur in Abhebung zur professionellen Sichtweise zu vermitteln. Dabei sind die Ergebnisse der Untersuchungsreihe von Rambow zur Illustration wichtiger Merkmale der Laienperspektive von großem Nutzen. Beispielsweise erwiesen sich die Ergebnisse gut geeignet, zu veranschaulichen, wie stark Gestaltungsexperten die „Vertrautheit der Laien mit dem aktuellen Architekturgeschehen" überschätzen.

Im abschließenden Teil der Fortbildung sollten dann einige einprägsame Regeln an geeigneten Beispielen geübt werden, „wie in der Kommunikation auf die Bedürfnisse der Laien besser eingegangen werden kann".

Was vielen gefallen soll, muss von vielen gestaltet werden.
VITTORIO MAGNAGO LAMPUGNANI

Darüber hinaus haben MOCZEK (1996), RAMBOW, MOCZEK und BROMME (1996) begonnen, auf der Seite des Rezipienten im Kommunikationsprozess zwischen Experten und Laien Möglichkeiten der Verständigungsoptimierung zu untersuchen. Beispielsweise wurde gefunden, dass ein begleitender Erläuterungstext zwar nicht die Bewertung, jedoch das Verständnis des Entwurfs verbesserte. Dabei bringen vor allem funktionale und technische Argumente einen Informationsgewinn auf Seiten der Laien und führen somit zu einer „umfassenderen Repräsentation des Entwurfs". Die Erläuterung ästhetischer Merkmale, wozu viele Architekten hauptsächlich neigen, führte bei Laien zu eher kritischen Reaktionen und es zeigte sich, dass bei der künstlerischen Beurteilung „die Argumente der Architekten und die spontane Wahrnehmung der Laien leicht in Konflikt geraten".

Die eben skizzierten Details verweisen – wie das bisher in diesem Kapitel insgesamt Dargestellte – darauf, dass es sich bei der Experten-Laien-Kommunikation um ein äußerst komplexes und kompliziertes Problemfeld handelt, welches innerhalb einer nur wenige Tage dauernden Fortbildung nur ansatzweise bearbeitet werden kann. Will man dieses Feld in ausreichender theoretischer Fundierung und mit dem entsprechenden Methoden- und Praxisbezug angehen, so ist wesentlich größerer Aufwand notwendig. Es ist deswegen sehr zu begrüßen, dass mit dem *Masterstudiengang Architekturvermittlung* an der TU Cottbus seit dem Jahr 2007 ein entsprechendes Angebot existiert, welches für Planungsexperten entwickelt wurde (www.architektur-vermittlung.de). Innerhalb eines viersemestrigen Vollzeitstudiengangs können hier Absolventen einschlägiger Fächer wichtige Kompetenzen erwerben, die für die erfolgreiche nutzungsorientierte Planung und Gestaltung gebauter Umwelten notwendig sind.

Masterstudiengang Architekturvermittlung

17.6 Fazit

In demokratisch verfassten Gesellschaften gewinnen die dargestellten Ansätze der Planung und Gestaltung weiter an Bedeutung.

Zwei in ganz Deutschland und darüber hinaus bekannt gewordene Fälle verdeutlichen nicht nur die politische *Brisanz des Bauens in einer zunehmend vernetzten Welt:* Gemeint sind die UNESCO-Entscheidungen um den Weltkulturerbestatus der Stadt Köln (geplante Hochhäuser) und des Dresdener Elbtales (geplante Waldschlösschenbrücke). Nach einer langjährigen Diskussion auf unterschiedlichen Ebenen und unter wechselnder Beteiligung verschiedener Bevölkerungsgruppen sowie Institutionen wird schlaglichtartig erhellt, dass die Errichtung von Gebäuden in ein umfangreiches Netz von unterschiedlichen Auffassungen und Interessen eingebunden ist. Im Extremfall kann ein einziges Bauwerk globale Bedeutung erlangen. Daraus lässt sich ableiten, welche Verantwortung von einzelnen Architekten und anderen Planungsexperten übernommen werden muss und welche Anforderungen an einen erfolgreichen Planungsprozess gestellt werden.

Brisanz des Bauens in einer zunehmend vernetzten Welt

Bauen wird deshalb in Zukunft noch mehr von der angemessenen Handhabung einschlägiger Methoden der Nutzerbeteiligung abhängen.

Gelingt dies, so liegt hier ein enormes *Potenzial für Innovationen*, welches durch die Nutzung unterschiedlicher Perspektiven erschlossen werden kann. Dieses Potenzial wird vor allem dann ausgereizt, wenn sich jeder einzelne Beteiligte – auch der so genannte Laie! – als engagierter, aber zurückhaltender Experte versteht und in den Gesamtprozess einbringt.

Potenzial für Innovationen

Ein derartiges Vorgehen ist gleichzeitig wichtige Voraussetzung für die *erfolgreiche Lösung komplexer Probleme*, wie sie die Realisierung eines größeren Bauwerkes in der Regel darstellt. Nur wenn es gelingt, einen ausgewogenen interdisziplinären Prozess der Gestaltung gebauter Umwelt zu organisieren, sind potentielle Planungs- und Ausführungsfehler, wie sie u. a. von DÖRNER (1989) beschrieben werden, vermeidbar.

Erfolgreiche Lösung komplexer Probleme

17.7 Wissens- und Verständnisfragen

1. Inwieweit können die Programmentwicklung (PE), die Nutzerbedürfnisanalyse (UNA) und eine Nutzerorientierte Evaluation im Planungs- und Gestaltungsprozess einander ergänzend eingesetzt werden?
2. Überlegen Sie, bei welchen Bauten in Ihrer Umgebung eine Planung und Gestaltung unter Nutzerbeteiligung sinnvoll gewesen wäre. Diskutieren Sie Gründe, sowie Vor- und Nachteile einer solchen Nutzerbeteiligung!
3. Erarbeiten Sie ansatzweise ein Funktions- und Raumprogramm für ein fiktives Bauvorhaben einer bestimmten Einrichtung (beispielsweise einer Schule o.Ä.)!
4. Worin sehen Sie Konfliktpotential bei einer Beteiligung künftiger Nutzer am Planungs- und Gestaltungsprozess? Diskutieren Sie Lösungs- oder Kompensationsmöglichkeiten!
5. Welche Methoden oder Techniken sind bei der Nutzerbedürfnisanalyse (UNA) bzw. einer Nutzerorientierten Evaluation (POE) einsetzbar? Wo liegen die Stärken und Schwächen der einzelnen Verfahren?
6. Was versteht man laut Preiser et al. (1988) unter dem Begriff „Gebäudeperformanz"?
7. „Ein grundlegendes Problem bei der Nutzerbeteiligung am Planungs- und Gestaltungsprozess beruht auf einer unterschiedlichen Perspektive zwischen dem Laien und dem Gestaltungsexperten." (nach Rambow, 2000). Erläutern Sie diese Aussage!
8. Wieso wird von Laien in der Regel traditionelle Architektur bevorzugt? Nennen und erläutern Sie drei mögliche Gründe. Diskutieren Sie auf diesem Hintergrund, wie bei Laien größere Offenheit gegenüber moderner Architektur erreicht werden kann.

17.8 Literatur

Artmann, D. & Flade, A. (1989). Der neue Spielplatz. Eine exemplarische Spielplatzuntersuchung. Darmstadt: Institut Wohnen und Umwelt.

Benz, I. (2008). Ansichtssache Sichtbeton: Vergleich der Experten- und Laienperspektive zum Einsatz von Sichtbeton in der Architektur. Diplomarbeit. Dresden: TU Dresden.

Canter, D. (Hrsg.) (1973). Architekturpsychologie – Theorie, Laboruntersuchungen, Feldarbeit. Düsseldorf: Bertelsmann Fachverlag.

Dechau, W. (1997). Architektenjargon. Maßnahmen sind am Bau zu prüfen. Hohl-, Holz-, Ab- und Ausweg. Stuttgart: Deutsche Verlags-Anstalt.

Dieckmann, F., Flade, A., Schuemer, R., Ströhlein, G. & Walden, R. (1998). Psychologie und gebaute Umwelt – Konzepte, Methoden, Anwendungsbeispiele. Darmstadt: IWU.

Dörner, D. (1989). Die Logik des Misslingens – Strategisches Denken in komplexen Situationen. Reinbeck: Rowohlt.

Franke, R., Obenaus, M. & Scholz, M. (2002). Die Videogestützte Modellsimulation – eine Arbeitsmethode für die architektonische Gestaltung. Wiss. Z. der TU Dresden, 51, 4/5, 100-106.

Kaminsky, G. (Hrsg.) (1976). Umweltpsychologie Perspektiven, Probleme, Praxis. Stuttgart: Klett.

Kardos, P. (2003). Model Simulation Support Creativity. Alfa Spectra STU, 7, 1, 53-58.

Linneweber, V. (1988). Wer sind die Experten? – „User needs analysis" (UNA), „post occupancy evaluation" (POE) und Städtebau aus sozial- und umweltpsychologischer Perspektive. In: Harloff, H. J. (Hrsg.), Psychologie des Wohnungs- und Siedlungsbaus. Psychologie im Dienste von Architektur und Stadtplanung. Göttingen, Stuttgart: Verlag für angewandte Psychologie.

Macionis, J. J. & Parrillo, V. N. (1998). Cities and urban life. Upper Saddle River, N.J.: Prentice Hall.

Martens, B. (1999) (Ed.). Full-Scale Modeling and the Simulation of Light. Wien: ÖKK-Verlag.

Meißner, W. (1989). Innovation und Organisation. Stuttgart: Springer.

Melzer, W. (2008). Rhetorik als Vernunftgebrauch – Handreichung für Selbstdenker. Norderstedt: BoD.

Moczek, N. (1996). Experten-Laien-Kommunikation: Über die sprachliche Vermittlung der Qualitäten eines architektonischen Entwurfs am Beispiel eines Einfamilienhauses. Diplomarbeit. Frankfurt/M.: Johann Wolfgang Goethe-Universität.

Moos, R. H. & Lemke, S. (1992). Multiphasic Environmental Assessment Procedure (MEAP) – User's Guide. Center for Health Care Evaluation, Stanford University. Palo Alto (Cal.).

Neubert, J. & Tomczyk, R. (1986). Gruppenverfahren der Arbeitsanalyse und Arbeitsgestaltung. Berlin: Deutscher Verlag der Wissenschaften.

Preiser, W. F. E., Rabinowitz, H. Z. & White, E. T. (1988). Post-occupancy evaluation. New York: Van Nostrand Reinhold.

Preiser, W. F. E. & Vischer, J. C. (2005). Assessing Building Performance. Elsevier: North Holland.

Rambow, R. (2000). Experten-Laien-Kommunikation in der Architektur. Münster, New York, München, Berlin: Waxmann.

Rambow, R., Moczek, N. & Bromme, R. (1996, April). Experten-Laien-Kommunikation: Über die sprachliche Vermittlung der Qualitäten eines architektonischen Entwurfs. Vortrag auf der 38. Tagung experimentell arbeitender Psychologen (TeaP), Eichstätt.

Reich, D. (2004). Akzeptanz und Mitwirkung – Durch Beteiligung zum Wohlfühlbüro. BüroSpezial, 6, 22.

Reiche, J. (1998). Macht der Bilder. In: Stiftung Haus der Geschichte der BRD (Hrsg.), Bilder, die lügen – Begleitbuch zur Ausstellung. Bonn: Bouvier.

Richter, P. G. (2005). Konsequenzen vermutlich – Zur Reaktion von Menschen auf mutige Architektur. In: Ohlhauser, G. (Hrsg.), mut.mass – denk.werkstatt 2004. Darmstadt: Resopal Verlag.

Richter, P. G. & Weber, R. (1998). Subjektive Bewertung von Straßenzügen. Forschungsbericht. Dresden: TU Dresden.

Rodgers, E. M. (1962). Diffusion of innovations. New York: Riley.

Schuemer, R. (1995). Nutzungs-orientierte Bewertung gebauter Umwelten. – Post-occupancy evaluation – POE. Teil I: Einführung in POE und POE-Grundlagen. Hagen: FernUniversität, Fachbereich Erziehungs-, Sozial- und Geisteswissenschaften.

Schulz von Thun, F. (1992). Miteinander Reden. Bd. 1 und Bd. 2. Reinbek bei Hamburg: Rowohlt Taschenbuch Verlag.

Stamps, A. E. & Nasar, J. (1997). Design Review and Public Preferences: Effects of Geographical Location, Public Consensus, Sensation Seeking, and Architectural Styles. Journal of Environmental Psychology, 17, 11-32.

Tschuppik, O. W.-M. (1998). Die andere Realität. Zur Gestalt der realmaßstäblichen Simulation in der Architektur. Wien: ÖKK-Verlag.

Uhlmann, J. (1995). Design für Ingenieure. Bd. 1. Dresden: TU Dresden.

Welter, R., Sinnen, R. & Helwing, K. (1996). Anders alt werden: Mitreden – Mitplanen. Heidelberg: Carl Auer.

Will, T. (2007). Architektur ist kein Kostümfest. Sächsische Zeitung, 5. September 2007, S. 10.

Yancey, W. L. (1972). Architecture, interaction, and social control: The case of a large-scale housing project. In: Wohlwill, J. F. & Carson, D. H. (Eds.), Environment and the social sciences: perspectives and applications (pp. 126-136). Washington, D.C.: APA.

Zeisel, J. (1989). Towards a POE paradigm. In: Preiser, W. F. E. (Ed.), Building evaluation. New York: Plenum.

www.architekturpsychologie.org
www.architekturpsychologie-dresden.de
www.architektur-vermittlung.de
www.kuechelive.24.de
www.postoccupancy.com
www.psyplan.de
www.tu-dresden.de

18. Ausgewählte Studien und Methoden

Peter G. Richter

18.1 Einleitung und Überblick

Innerhalb der Psychologie existiert eine unüberschaubare Anzahl von methodischen Ansätzen und Verfahren. Diese Methoden wurden im Rahmen verschiedenster sozialwissenschaftlicher Fachdisziplinen adaptiert, spezifiziert und modifiziert.

So auch im Kontext der Architekturpsychologie. Auf einige dieser interessanten und originären Anwendungen wurde in den anderen Kapiteln dieses Buches bereits eingegangen.

Erinnert sei beispielsweise an
- die Studie von ULRICH (1984) zum Heilungsprozess von Patienten in Abhängigkeit vom Blick aus dem Krankenzimmer
- die Einzelfallstudien von LANG (1992) zur Möblierung von Räumen in Abhängigkeit vom Lebensalter der Person(en)
- die Analyse des Sozialverhaltens von Studenten in unterschiedlichen Wohnheimen von BAUM & VALINS (1997)
- die Experimentalstudie zur Bewertung von Straßenzügen auf dem Hintergrund des kontextuellen Bauens (RICHTER & WEBER, 1999)
- die Untersuchung zur Differenziertheit kognitiver Karten in Abhängigkeit von der Verkehrsmittelwahl durch DREESSEN (2003)
- die Studien zur Sitzplatzwahl von CANTER (1973)
- die Checkliste für Bedingungen von Crowding nach SCHULTZ GAMBARD & HOMMEL (1987)
- die Experimente zum räumlichen Verhalten in Bezug auf bestimmte Umweltelemente von BRANZELL & KIM (1995)
- die Analyse des architekturbezogenen Wissens von Laien durch RAMBOW (2000) sowie
- den Ansatz zur Farbgestaltung im Büro von VENN (o. J.).

Darüber hinaus fanden in den Teilen I bis III des Buches aktuellere Studien ihre Aufnahme. So zum Beispiel
- die Analyse zum Einfluss der Fassadenstruktur auf die Höhenwahrnehmung von Gebäuden von HOFFMANN & HÖHNOW (2006)
- die Studie zur Genese der Formarchetypen Takete und Maluma (RICHTER & HENTSCH, 2003)
- die Wahrnehmungsexperimente zur Gestalt des städtischen Raumes von WOLTER (2006) oder
- die Untersuchung zur Sozialisation ästhetischer Präferenzen in frühen Lebensphasen (NÜCHTERLEIN, 2005).

Methodische Details für diese Untersuchungen finden sich auch unter www.architekturpsychologie-dresden.de. Für andere neu aufgenommene Studien – beispielsweise zum Kriterienkatalog Demenzfreundliche Architektur (SCHMIEG & MARQUARDT, 2007), zu Gebäudegrundriss und Nutzerorientierung (BASKAYA et. al., 2004), zum Heimvorteil in Verhandlungssituationen (GOERIGK & KÜHNEN, 2006) – sei auf die Originalarbeiten verwiesen.

Das vorliegende Kapitel verfolgt – ebenso wie die Tabelle auf der nächsten Seite – nicht das Ziel, einen vollständigen und erschöpfenden Überblick über einschlägige Verfahren und Methoden zu geben.

Vielmehr sollen einige wenige u. E. bedeutsame Aspekte angesprochen werden:

Auf der einen Seite soll exemplarisch verdeutlicht werden, dass die von der Psychologie entwickelten Methoden mit Erfolg in allen Bereichen angewandt werden können, die für die Architekturpsychologie relevant sind.

Universelle Anwendbarkeit von Methoden

Man kann davon ausgehen, dass die in der Überblickstabelle zusammengestellten Verfahren in allen künstlichen (und natürlichen) Umgebungen Verwendung finden können. Die folgenden Beispiele sind deshalb nicht nur nach ihrer methodischen Originalität ausgewählt worden, sondern auch aus verschiedensten Bereichen gebauter Umwelten. So gesehen, stellen die folgenden Teilkapitel auch Fallbeispiele aus verschiedenen Umwelten dar.

Darüber hinaus ist anzumerken, dass diese Methoden nicht nur geeignet sind, subtile Analysen von gebauten Umwelten i. S. der oben skizzierten post-occupancy evaluation (POE) nach der Inbesitznahme von Bauwerken durchzuführen. Wie alle Analyseverfahren sind sie natürlich auch tauglich, *im Vorfeld, während und bei der Umsetzung* von Planung künstlicher Umwelten eingesetzt zu werden. Dies wird

18. AUSGEWÄHLTE STUDIEN UND METHODEN

Analysemethoden		Autoren
Erleben von Umwelten		
A	- Semantisches Differential	Osgood et. al.(1967), Fischer (1990), Ritterfeld (1996)
AI	- Fragebögen, Check-Listen	Giese & Uhlmann (1982), Gerlach & Apolinarski (1996), Richter & Weber (1999)
AI	- Experimente	Hill (1973), Flury (1992), Schreckenberg & Heine (1996)
A	- Autophotographie	Hormuth (1990)
A	- freies Assoziieren	Morgan & Murray (1935)
A	- Semantische Analyse	Lannoch und Lannoch (1987)
Verhaltenskartographie		
I	- Erfahrungs-Stichproben ESM	Hormuth (1990)
I	- behavioral mapping	Baum & Valins (1977), Branzell & Kim (1995), Lang (1992)
I	- Mobilitätsanalyse/-matrix	Fischer (1990)
I	- Nutzung Territorium	Riger & Lavrakas (1981), Fischer (1990)
I	- Kooperations-Cluster	Schneider (1982)
Einrichtungs-/Ausstattungsanalysen		
EI	- cognitives mapping	Lynch (1960), Dreessen (2001)
EI	- Möblierungsstudien	Lang (1992)
EI	- Nestbau	Fischer (1990)
EI	- Modellbau/Simulation	Dutke, Schönpflug & Wischer (1992), Obenaus & Richter (1999)
EI	- Markierungsanalyse	Sommer (1969), Fischer (1990)
EI	- Spurensicherung	Webb u. a. (1975, 1981)
Interventionsmethoden		**Autoren**
AEI	- Projektgruppenarbeit i. S. nutzerorientierter Programmentwicklung PE (mit Hilfe von Modellen/Simulationen)	Dieckmann u.a.(1998), Welter (1985/96), Baarsz (1987)
AEI	- Leitfaden zur (Arbeits-) Umweltgestaltung	Richter (1995)
AI	- semantischer Transfer	Lannoch und Lannoch (1987)
A	- Farbergonomie	Venn (o. J.)
I	- Dichte und Enge	Schultz - Gambard & Hommel (1987)
A =Aktivierung, E = Entwicklung, I = Interaktion, vgl. Lang u.a. (1987)		

Überblick über Methoden der Analyse und Intervention

vor allem bei dem im Teilkapitel 2.5. dargestellten Ansatz von WELTER (1985) deutlich, der mittlerweile auch in anderen Bereichen angewandt und weiterentwickelt wurde.

Auf der anderen Seite soll nicht nur Interesse für die Anwendung dieser und weiterer Methoden im Rahmen der oben beschriebenen interdisziplinären partizipativen Ansätze geweckt werden *(vgl. Kap. Nutzungsorientierte Planung und Gestaltung gebauter Umwelten)*. Es geht auch darum, den Leser für einen bestimmten Typus von psychologischen Methoden zu sensibilisieren.

Indirekte Verfahren und Methoden

Jenseits von den gebräuchlichen direkten Befragungs- und Skalierungstechniken (z. B. OSGOOD et al., 1967) im oberen Teil des Methodenüberblickes sind auch *indirekte Verfahren* von Belang. Interessant sind u. a. so genannte projektive Verfahren in der Tradition von MORGAN & MURRAY (1935). Sie lassen bei sensibler Anwendung und vorsichtiger Ergebnisinterpretation sehr differenzierte Aussagen zu. Solche assoziativen Techniken wurden beispielsweise von LANNOCH & LANNOCH (1987) angewandt, um die Semantik von Innenräumen zu analysieren (s. u.).

Interessant sind aber auch auf indirekten Beobachtungsverfahren basierende verhaltenskartografische Ansätze. So analysierten z. B. BAUM & VALINS (1977) in ihrer mehrfach zitierten Studie das Interaktionsverhalten u. a. dadurch, dass sie über Drucksensoren auf einer Bank den gewählten Sitzabstand unbemerkt von ihren Probanden registrierten.

Auch andere Methoden der teilnehmenden oder indirekten Beobachtung haben in einzelnen Studien zu verwertbaren Ergebnissen geführt. Beispielsweise war es möglich, die Attraktivität von Ausstellungsgegenständen in Museen durch den Abnutzungsgrad des Fußbodens vor den Vitrinen zu bestimmen (WEBB et al., 1981).

Indirekte Methoden bieten häufig den Vorteil der unverfälschten rückwirkungsfreien Messung, auch wenn deren Anwendung u. a. nach ethischen Gesichtspunkten nicht unproblematisch ist (LAMNEK, 1995 a, b).

Interdisziplinäre Ansätze der Methodenentwicklung

Schließlich soll darauf hingewiesen werden, dass *interdisziplinäre Ansätze der Methodenentwicklung* offenbar besonders fruchtbar waren und sind.

Bezeichnenderweise handelt es sich bei den folgenden Beispielen überwiegend um Studien, an denen neben Architekten und Psychologen auch Vertreter anderer Fachdisziplinen beteiligt waren, so aus der Soziologie sowie aus den Ingenieur- und Erziehungswissenschaften.

18.2 Originäre Studien und Methoden

18.2.1 SCHRECKENBERG & HEINE (1997): Wahrnehmung von Elementen einer Straße

Schreckenberg und Heine beschäftigen sich in ihrer Untersuchung mit einem speziellen Typ von Straße, der so genannten Fahrradstraße.

Vor dem Hintergrund des Konzeptes der mentalen Modelle nach NORMAN gingen sie der Frage nach, inwieweit verschiedene Gruppen von Benutzern das Verhaltensangebot dieses Straßentyps erkennen (vgl. *Exkurse zum Affordanzkonzept und zum Konzept der mentalen Modelle*).

Von besonderem Interesse für die Autoren war dabei, inwieweit neben dem nach StVO verbindlichen Schild „Fahrradstraße" deren weitere Ausstattungselemente – in der Architektur häufig als „Möblierung" bezeichnet – geeignet sind, ein angemessenes Benutzermodell aufzubauen. Mit anderen Worten, es war zu fragen, inwieweit die von den Gestaltern der Straße zusätzlich realisierten räumlichen Merkmale die durch das Schild intendierten Verhaltensempfehlungen – beispielsweise die besondere Rücksichtnahme von Autofahrern gegenüber Radfahrern – bereits in den frühen Phasen des Wahrnehmungsprozesses aktivieren. Die Gegenannahme wäre, dass durch diese speziellen Ausstattungselemente Verhaltensmuster nahe gelegt werden, die eher in anderen Kontexten – z. B. allgemeinen Langsamfahrzonen oder verkehrsberuhigten Wohngebieten – relevant sind.

Schild „Fahrradstraße" nach § 237 StVO

Deswegen wurden zwei unterschiedliche Fahrradstraßen im Ruhrgebiet untersucht:

Eine nur durch das Schild gekennzeichnete (unmöbliert) und eine Fahrradstraße, die zusätzlich mit mehreren verschiedenen Ausstattungselementen, u. a. Aufpflasterungen auf der Fahrbahn versehen war (möbliert).

ARCHITEKTURPSYCHOLOGIE

Die untersuchten Fahrradstraßen: unmöbliert (links) und möbliert (rechts) (nach SCHRECKENBERG & HEINE, 1997)

Die Untersuchung fand als Laborexperiment statt. Dabei wurden die Wahrnehmungsbedingungen weitgehend den realen Verhältnissen angepasst.

Die Fotos der Straßen wurden über Diaprojektor so dargeboten, dass sie der realen Größe entsprachen. Den unterschiedlichen Annäherungsgeschwindigkeiten der beiden Nutzergruppen (Autofahrer vs. Radfahrer) entsprach die jeweilige Präsentationsdauer der Bilder (1,25 s vs. 3,6 s, *siehe Versuchsplan*).

Als abhängige Variable wurde die Übereinstimmung zwischen dem Planungsmodell der Gestalter und dem Benutzermodell untersucht. Im Planungsmodell sind laut StVO bestimmte Verhaltensregeln für diesen Straßentyp vorgegeben. Dieses Modell enthält – wie oben angedeutet – erweiterte Handlungsspielräume für Radfahrer und Verhaltensbegrenzungen für Autofahrer.

Versuchsplan (nach SCHRECKENBERG & HEINE, 1997)

Mittels Befragungstechnik (fünfstufige Skalen zur Verhaltensbeschreibung von Autofahrern und Radfahrern) wurde geprüft, ob diese richtig wahrgenommen werden.

Zeit Kontext		1,25 s		3,6 s	
		Schillerstraße (unmöbliert)	Goethestraße (Möblierung)	Schillerstraße (unmöbliert)	Goethestraße (Möblierung)
Verkehrs-zeichen	Vorhanden				
	Nicht vorhanden				

Abhängige Variable: Planungs-Benutzermodell-Übereinstimmung

18. AUSGEWÄHLTE STUDIEN UND METHODEN

48 Probanden sollten aus der Perspektive von Autofahrern einschätzen, inwieweit diese Verhaltensmuster durch die jeweilige Ausstattungsvariante nahe gelegt werden. Relevante Kovariablen wie Führerscheinbesitz, Kenntnis der StVO etc. wurden kontrolliert.

Mittels dreifaktorieller Varianzanalyse konnte statistisch geprüft werden, welche Ausstattungselemente für den Aufbau eines angemessenen Benutzermodells förderlich oder hinderlich sind. Signifikante Wechselwirkungen zwischen den Variablen konnten nicht nachgewiesen werden.

Es resultieren zwei *Hauptergebnisse:*

1. Die Beschilderung von Fahrradstraßen mit dem Zeichen 237 StVO und dem Zusatzzeichen „Kfz frei" bzw. „Kfz-Verkehr frei" lässt den verkehrsrechtlich erweiterten Handlungsspielraum des Radverkehrs aus Autofahrersicht prinzipiell erkennen.
2. Die Bildung eines adäquaten Benutzermodells einer Fahrradstraße wird durch den möblierten Straßenkontext gehemmt. Insbesondere der spezifisch in Fahrradstraßen geltende erweiterte Handlungsspielraum des Radverkehrs wird in der möblierten Fahrradstraße im Vergleich zur nicht möblierten Straße weniger erkannt.
   Die aus NORMAN'S Modellvorstellungen zur Übereinstimmung der Planungs- und Benutzermodelle ableitbare Forderung nach *widerspruchsfreier Wahrnehmung des Handlungsspielraumes* sämtlicher Verkehrsteilnehmergruppen ist in der möblierten Fahrradstraße nicht erfüllt.

<small>Widerspruchsfreie Wahrnehmung des Handlungsspielraumes</small>

Aus architekturpsychologischer Sicht ist insbesondere das zweite Ergebnis von Bedeutung.

Die von den Straßenbauingenieuren angezielte Unterstützung der Ausschilderung durch entsprechende Möblierungselemente erweist sich teilweise als kontraproduktiv.

Nach der Interpretation von SCHRECKENBERG & HEINE ist das u. a. dadurch begründet, dass einige der gewählten Ausstattungselemente (z.B. die Aufpflasterungen) in einem anderen *Verhaltenskontext* (Langsamfahrbereiche, verkehrsberuhigte Wohngebiete) verwendet werden und in ein diesem Kontext entsprechendes *mentales Modell* integriert worden sind. In Bezug auf den Kontext Fahrradstraße stehen sie im Konflikt.

<small>Einbettung des mentalen Modells in den Verhaltenskontext</small>

Angemessener, und dem Verhaltenskontext Fahrradweg/Radfahren näher, wäre nach Auffassung der Autoren eine Lösung, die mit farbig (rot) markierten Fahrbahnflächen und Piktogrammen auf der Fahrbahn arbeitet. Diese Lösung wäre im vorliegenden Fall möglicherweise auch kostengünstiger zu realisieren gewesen.

18.2.2 FISCHER (1990): Aneignung von Arbeitsräumen in einer Fabrik

GUSTAVE NICOLAS FISCHER beschäftigt sich in seinen umfangreichen Studien mit Fragen der Architekturpsychologie in Bezug auf Arbeitsräume.

Unter anderem haben er und seine Mitarbeiter in einer mittelgroßen französischen Textilfabrik differenzierte Analysen durchgeführt, die die Aneignung von Räumen durch die Angestellten im Detail verdeutlichen *(vgl. Kap. Territorialität und Privatheit sowie Kap. Aneignung von Räumen)*.

Diese – auch methodisch interessanten Studien – sollen auszugsweise dargestellt werden.

Mobilität von Angestellten in Arbeitsräumen

Ein Teil der Analysen betraf die *Mobilität der Angestellten* in der Firma.

FISCHER verwendete u.a. die Methode des Beobachtungsinterviews, um das Mobilitätsverhalten von Männern und Frauen zu analysieren *(Ergebnisauszug siehe nächste Seite)*.

Die Ergebnisse belegen, dass der Mobilitätsgrad der weiblichen Angestellten deutlich niedriger ist als bei den Männern. Dieser Unterschied zeigt sich unabhängig vom Arbeitsort der Angestellten im Unternehmen.

Mit großer Wahrscheinlichkeit besteht hier ein Zusammenhang zur Tätigkeit der Angestellten. Während die männlichen Angestellten mit den anspruchsvollen Tätigkeiten – teilweise inklusive Führungsfunktionen – betraut sind, sind weibliche Angestellte überwiegend mit einfachen, die Ausführung lediglich einfacher Verrichtungen beinhaltenden Arbeiten betraut.

Damit verbunden lassen sich hohe oder niedrige Anforderungen an die Mobilität erkennen. Diese Mobilität wird auch über tätigkeitsbezogene Anforderungen hinaus genutzt: „Je mehr Mobilität aus rein beruflichen Gründen theoretisch möglich ist, desto mehr wird diese Möglichkeit auch tatsächlich genutzt – aus Gründen, die nicht mehr rein beruflicher Natur sind." (FISCHER, 1980, S. 152).

Aus architekturpsychologischer Sicht ist bedeutsam, dass von den weiblichen Angestellten gegen diese durch die Tätigkeit erzwungene Immobilität subtiler Widerstand geleistet wird.

18. AUSGEWÄHLTE STUDIEN UND METHODEN

	Männer						Frauen						
	Kontrolleur	Schneider	Bügler	Probenehmer	Operateur	Endfertiger	Kontrolleurin	Handlangerin	Büglerin	Probenehmerin	Näherin	Endfertigerin	
		●○			●○		●○		●	●	●	●	linear
	●○	●○	●○	●○			●○		●○				nicht linear
	●○	●○		●○			●○	●○	●○				sehr häufig (1-5 mal in 10 Min.)
			●○		●				●○				häufig (1-5 mal pro Stunde)
										●	●	●	selten (1-5 mal pro Tag)
	●○			●○			●○		●○				große Entfernung (mehr als 15 m)
	●○	●○	●○	●○	●		●○	●○	●○				mittlere Entfernung (5-15 m)
			●○						●○	●	●	●	kurze Entfernung (weniger als 5 m)
	●○			●○	●		●○		●				andere Abteilung
	●○	●○	●○	●○	●		●○	●○	●○	●○			von einem Platz zum anderen
			●○		●○				●○	●	●	●	in die Nähe des eigenen Platzes
	●○			●○	●		●○	●○	●○	●			im Zentrum
	●○	●○	●○	●○	●		●○		●○			●	an der Peripherie

● Positive Antwort für eine realisierte Ortsveränderung, deren Merkmale beobachtet wurden

○ Positive Antwort für eine geplante Ortsveränderung, deren Merkmale vorprogrammiert sind

☐ Negative Antwort. Weder programmierte noch beobachtete Merkmale

Geplante und realisierte funktionelle Ortsveränderungen von Angestellten (nach FISCHER, 1990, S.150)

Das gelingt insbesondere in den peripheren Abteilungen der Firma. Die dezentral angeordneten Arbeitsplätze bieten dafür häufiger Anlässe als die im Zentrum befindlichen (s. u.). FISCHER konnte zwei besonders häufige Arten des Ortswechsels identifizieren: „Die Arbeiterinnen, die am Rande arbeiten, sind in den Pausen relativ mobil, ohne sich allerdings in andere Abteilungen als die ihre zu begeben. Dagegen ist die Mobilität der im Zentrum arbeitenden Arbeiterinnen während der Arbeit wie während der Pausen sehr viel eingeschränkt." (FISCHER 1990, S. 151/152).

Interaktion zwischen Arbeitsinhalt und Arbeitsort

In Bezug auf die Mobilität in der Arbeitswelt kann aufgrund dieser Untersuchungsdaten eine deutliche *Interaktion zwischen Arbeitsinhalt und Arbeitsort* vermutet werden. Für mobilitätsbezogene Gestaltungsansätze ist es deshalb wichtig, funktionelle (aus der Arbeitsaufgabe resultierende) und nicht funktionelle (selbst gewählte) Anlässe zu unterscheiden.

Markierung der Territorien

Diese Dialektik ist offensichtlich auch für die Aneignung von Räumen in der Arbeitswelt durch *Markierung der Territorien* von Bedeutung.

FISCHER und seine Kollegen erfassten diese Markierungen in allen Räumen des untersuchten Unternehmens durch Beobachtung.

	Standort	**Gegenstände**
Arbeitsplatz Werkstatt	Ecken, Kopfseite, Vorderseite	Humoristische Zeichnungen, Zigarettenschachteln, Schutzbrillen oder Schutzhelme (die nicht wegen der Sicherheit, sondern aus anderen Gründen benutzt werden)
Arbeitsplatz Büro	Auf bzw. in Schreibtisch und Schublade	Reproduktionen von Landschaften und Blumen, Postkarten mit Ferien- und Erotikmotiven, humoristische Sprüche, Kosmetika, Pflanzen, Kalender
Sozialraum Kantine	Ruheplatz (fest, mobil, gewohnheitsmäßig)	Reproduktionen von Landschaften
Garderobe Toilette	Innentürplatte, Unterteil des Waschbeckens	Erotische Reproduktionen, Familienphotos, Graffiti
Verkehrsräume	Doppeltür, an der ein Schlüssel für die anderen Räume hinterlegt ist	Graffiti, Plakate, Flugblätter

Charakteristik von Aneignungsformen für verschiedene Arbeitsräume (nach FISCHER, 1990)

18. AUSGEWÄHLTE STUDIEN UND METHODEN

Aus derartigen Analysen lassen sich ebenfalls Art und Ausmaß der Markierung ableiten, die auf unterschiedliche Tätigkeiten und/oder *berufliche Positionen* in der Firma *Bezug* nehmen: „Zum Beispiel charakterisieren die Postkarten den Aneignungsstil der Arbeiter und Angestellten; Graphiken und Kunstgegenstände findet man in den Büros der Manager und Direktoren, die damit ihren Rang und ihre Kultur demonstrieren." (FISCHER, 1990, S. 159).

Bezug zu beruflichen Positionen

Dichte von Markierungen in Arbeitsräumen einer Textilfabrik (nach FISCHER, 1990)

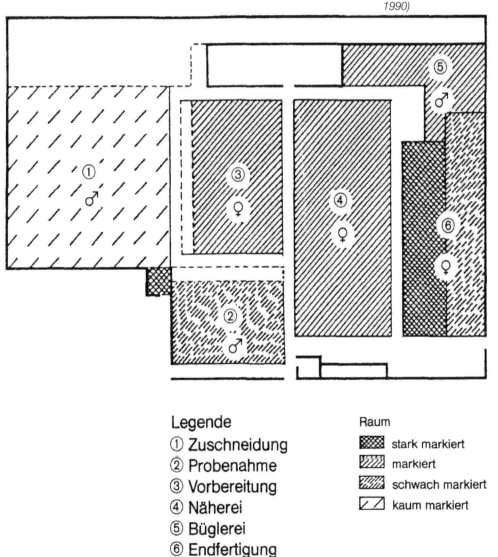

Geschlechtsspezifische Unterschiede Darüber hinaus finden sich auch bei der Markierung von Territorien wiederum *geschlechtsspezifische Unterschiede:*

> „Bei den Frauen konnten wir eine größere Menge und Vielfalt an Markierungszeichen finden als bei den Männern. Dies mag entweder an der spezifischen Form ihrer Sozialisation liegen, auf die wir bereits hingewiesen haben, oder an einem Bedürfnis nach Sicherheit und Kompensation, das umso stärker empfunden wird, je dominanter die reale Enteignung ist, die sie während ihrer Arbeit erfahren." (FISCHER, 1990, S. 156).

In dieser Aussage ist durch den Autor nicht nur ein Erklärungsansatz für geschlechtsspezifische Formen des Markierungsverhaltens angedeutet. Es wird auch auf die allgemeine Funktion von Markierungen verwiesen, die in der Arbeitswelt – gegenüber der privaten Lebenswelt – von besonderer Bedeutung zu sein scheint.

Gestaltungsspielraum für Individualisierung Markierung dient hier vor allem der *Individualisierung*, der Abhebung von anderen in einer standardisierten, vereinheitlichten Umgebung. Aus Perspektive sowohl der Arbeits- und Organisationspsychologie als auch der Architekturpsychologie wäre ein wesentliches Ziel, auch für diesen Bereich einen ausreichenden *Gestaltungsspielraum* zu liefern und damit eine echte Aneignung von Arbeitsräumen und Arbeitsaufgaben zu unterstützen (vgl. FRIELING & SONNTAG, 1999, ULICH, 2001).

18.2.3 DUTKE, SCHÖNPFLUG & WISCHER (1992): Angst im Krankenhaus

Bei dieser Studie handelt es sich um einen Teil eines interdisziplinären Forschungsprojektes, in dem der Zusammenhang zwischen Krankheit, Angst und Krankenhausarchitektur untersucht wurde.

Verschiedene Untersuchungen widmeten sich dem Befinden von Patienten im Vorfeld und nach operativen Eingriffen. Feldstudien gingen beispielsweise der Frage nach, inwieweit in verschiedenen Krankenhaussettings *(vgl. Kap. Der Behavior Setting-Ansatz)* wahrgenommene Handlungsspielräume vor der Operation die positiven und/oder negativen Emotionen der Patienten beeinflussen.

Aus Sicht der Architekturpsychologie ist vor allem ein Befund von Interesse: Der emotionale Zustande der Patienten scheint vor der Operation stärker von der Situation in den einzelnen Stationen sowie von der Art des Eingriffs abhängig zu sein. *Nach* der Operation verlieren

18. AUSGEWÄHLTE STUDIEN UND METHODEN

diese Faktoren für Patienten offenbar an Bedeutung, die Selbstaufmerksamkeit richtet sich dann offenbar mehr auf den Fortschritt individueller körperlicher Erholung.

Vor diesem Hintergrund ging die Forschungsgruppe in einer *Simulationsstudie* der Frage nach, inwieweit räumliche Merkmale das Erleben von Angst im Zusammenhang mit operativen Eingriffen modulieren können.

Simulationsstudie

Dies wurde untersucht, indem zwei Gruppen von Studenten Videos der Fahrt in den Operationssaal vorgeführt wurden. Das Angsterleben wurde sowohl mit verschiedenen standardisierten psychologischen Erhebungsinstrumenten als auch mit offenen Fragen erfasst.

Vorgeführt wurden zwei Filme, die aus der Perspektive eines Patienten gefilmt waren.

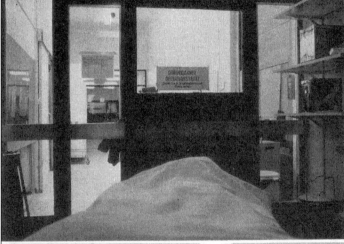

Ausschnitt aus den Videos der Simulationsstudie: Tür zum OP-Bereich in der Klinik ALT (oben) und NEU (unten) aus Perspektive der Patienten (nach DUTKE u.a., 1992)

ARCHITEKTURPSYCHOLOGIE

Diese Videos bildeten den Weg der Patienten in den OP-Bereich zweier verschiedener Kliniken ab (NEU vs. ALT).

Als zentrales räumliches Merkmal in der neugestalteten Klinik scheint insbesondere die halbautomatische Schleuse vor dem OP-Bereich wirksam *(weitere Details siehe Tabelle unten)*.

Situation	Merkmale NEU	Merkmale ALT
1: Blick aus dem Krankenzimmer durch die geöffnete Tür auf den Gang.	Lichtschalter, sonst leere Wände.	Im Zimmer ein Handwaschbecken, Papierhandtücher usw. Auf dem Flur: Tisch und Stuhl
2: Blick in einen langen Gang, Personen sind zu sehen	Gang durch Deckenlampen erleuchtet, tätige Personen.	Gang dunkel, am Ende eine schattenhafte Gestalt.
3: Das Bett wird rechts in einen anderen Gang gefahren.	Tageslicht im neuen Gang, Reinigungsgeräte an der nächsten Ecke.	Leere Wand im Blickfeld, kein Tageslicht.
4: Blick in einen langen Gang, von dem viele Türen abgehen, eine Uhr an der Wand.	Tätige Personen, Wegweiser an der Decke und an den Wänden.	Der Gang ist leer, keine Hinweisschilder.
5: Wenige Meter vor dem Eingang zum OP-Bereich.	Tageslicht durch Außenfenster.	Dunkel, hinter der geöffneten Tür stehen Kästen und Kartons.
6: Tür zum OP-Bereich im Mittelpunkt	Hell und ordentlich, außer einer Uhr, geschlossenen Wandfächern und einem Türschild ist nichts zu sehen.	Dunkler. Offenes Wandregal mit Kästen, ein Mülleimer.
7: Perspektivenwechsel, ein Patient bei der Übergabe in den OP-Bereich.	Patient, auf einer Trage angeschnallt, wird durch die haltautomatische Schleuse in den OP-Bereich gehoben. Dahinter: Personen mit Mundschutz.	Der Patient liegt auf einer fahrbaren Trage und wird über eine Bodenmarkierung in den OP-Bereich gerollt.

*Beschreibung des Weges in den OP-Bereich zweier Kliniken (nach D*UTKE *u.a., 1992)*

Die Ergebnisse der Untersuchung werden von den Autoren vorwiegend auf der Basis der qualitativen Untersuchungsdaten diskutiert. Diese abgewogene Diskussion verdeutlicht noch einmal den methodischen Aufwand einer derartigen Untersuchung, die in den Bereich der *Post-Occupancy-Evaluation (POE)* eingeordnet werden kann *(vgl. Kap. Nutzungsorientierte Planung und Gestaltung gebauter Umwelten).*

Post-Occupancy-Evaluation (POE)

Obwohl die Autoren im Vergleich der beiden Stationen keine Hypothesen im engeren Sinn testen, ergeben sich im Detail teilweise unerwartete Ergebnisse.

Es ist beispielsweise keineswegs so, dass die neugestaltete Station aus Sicht der Hauptnutzer – der Patienten – positiver wahrgenommen und bewertet wird. Einen ähnlichen Befund legten kürzlich LIPPOK & SÜNDERHAUF (2002) vor. Sie wiesen beim Vergleich eines neugestalteten Zimmers einer Intensivstation sowohl bei Patienten als auch beim Personal gegenüber der alten Gestaltungslösung ebenfalls kritischere Einschätzung nach.

Merkmale gebauter Umwelten sind damit immer nur im komplexen Umfeld des gesamten Settings einzuordnen und ihre Wirkung zu analysieren. Das wird im ausführlichen Fazit von DUTKE u.a. (1992) deutlich:

„Weder in den Feld- noch in den Laborstudien sind architektonische Merkmale identifiziert worden, die «an sich» als angsterzeugend zu bezeichnen wären. Am ehesten könnte dies noch auf die Patientenschleuse im Krankenhaus NEU zutreffen. Doch selbst hier werden auch nicht-räumliche Situationsaspekte als beunruhigend genannt. Es ist nicht ein einzelnes Situationsmerkmal, das Angst auslöst, sondern die kognitive Interpretation der Gesamtsituation, wenn sie Bedrohung oder Verlust antizipieren lässt. Die unterschiedliche Bewertung von «Unordnung» ist ein anschauliches Beispiel: Der Mülleimer oder das überfüllte Wandregal selbst ist nicht furchterregend. Werden die Details jedoch als Bestandteil einer insgesamt «chaotischen» Situation wahrgenommen, können Zweifel an der Professionalität der dort Arbeitenden wach werden. Dennoch muss sich der Patient während der Operation unter vollständigem Kontrollverlust in die Obhut dieser Menschen begeben. Angstauslösend ist die Antizipation der daraus möglicherweise entstehenden Risiken, nicht die baulichen Merkmale selbst.

Das zweite Ergebnis, das es festzuhalten gilt, betrifft die Handlungsbedürfnisse des Patienten. Die untersuchten Patienten sind als zielstrebig regenerativ Handelnde charakterisiert worden: zum einen im Sinne des vorsätzlichen, kooperativen Zulassens und Unterstützens von Handlungen anderer an sich selbst, zum anderen im Sinne internalen und externalen selbstregulativen Handelns zur Bewältigung des Angsterlebens. Diese Handlungsziele können durch die räumliche Umgebung in unterschiedlichem Maße unterstützt werden. Dies spiegelt sich in den individuellen Bewertungsdimensionen bezüglich der Wege zum Operationsbereich deutlich wider:

Geborgenheit in sozialen Situationen: Architektonische Maßnahmen können Voraussetzungen dafür schaffen, dass sich soziale Situationen entfalten können: Erweiterungen in einem Flur, in dem sich Menschen aufhalten können, weil sie Sitzgelegenheiten oder Tische vorfinden, sind Beispiele hierfür. Räumlichkeiten, die keine Möglichkeit zum Verweilen lassen, behindern Versuche der emotionalen Selbstregulation durch sozialen Kontakt.

Auch das richtige Maß an «Unordnung» ist zunächst ein Produkt der Organisation und der Mitarbeiterbelastung. Doch kann die Architektur geeignete Rahmenbedingungen schaffen: So scheint kein übertriebener Perfektionismus bei der Gestaltung von Räumen gefragt zu sein, in denen eine kleinliche und unnatürliche Ordnung herrschen soll. Abgestellte Kartons mit Verbandsmaterial störten die von uns untersuchten Patienten und Versuchspersonen im Gegensatz zu pedantischer und kühl erscheinender Ordnung kaum, weil sie Merkmale einer «natürlichen» Situation sind.

Einige Probanden bevorzugen die Beschäftigung mit interessanten Umgebungsmerkmalen gegenüber einer intensiven gedanklichen Auseinandersetzung mit der Bedrohung. Abwechslungsreiche Farbgebung war eines der wichtigsten Unterscheidungsmerkmale zwischen den Wegen im alten und neuen Krankenhaus, das zu positiven Urteilen führte. Die Vermeidung «endlos» erscheinender Gänge, variierendes Tageslicht und wechselnde Raumaufteilungen können ablenkende Details bieten.

Kognitive Orientiertheit: Das angsterzeugende Potential einer Situation besteht häufig in ihrer Unbekanntheit oder Mehrdeutigkeit. Exploration zur Vermeidung von Unsicherheit über die Situation kann eine geeignete Bewältigungsstrategie sein und kann durch bauliche Maßnahmen unterstützt werden: Die räumliche Struktur sollte transparent sein. Auch Wegweiser und andere äußerlich sichtbare Hinweise auf die unterschiedlichen Zwecke von Räumen und Gebäudeteilen erhöhen die Orientiertheit." (DUTKE u. a.,1992, S. 352/353)

Die in den Spiegelstrichen festgehaltenen allgemeinen Empfehlungen für die Gestaltung von therapeutischen Settings widerspiegeln die Dialektik von *Mensch-Umwelt-Beziehungen*. Berücksichtigt man diese Dialektik, dann wird es auch in anderen Fällen möglich sein, eine begründete Kritik konkreter architektonischer Lösungen vorzunehmen und/oder spezifische Gestaltungsempfehlungen abzuleiten.

Dialektik von Mensch-Umwelt-Beziehungen

Darüber hinaus ist – wie in zahlreichen anderen zitierten Studien – zu konstatieren, dass es von entscheidender Bedeutung für die Evaluation von architektonischen Lösungen oder die Ableitung von Gestaltungsempfehlungen ist, eine möglichst umfassende und detaillierte Analyse der *Handlungsziele* von Nutzergruppen vorzunehmen *(vgl. Teil I des Buches).*

Handlungsziele

Patienten lassen sich – nicht nur im vorliegenden Fall – als zielstrebig regenerativ Handelnde charakterisieren. Die Kenntnis dieses Ziels gibt einen grundsätzlichen Bewertungsrahmen auch für Architekten vor:
   Alle diejenigen räumlichen Merkmale sind positiv zu bewerten, die den Heilungsprozess unterstützen: Im konkreten Fall die permanente kognitive Orientierung der Patienten über ihren Zustand und die nächsten Handlungsschritte *(vgl. Kap. Konzept der mentalen Modelle)* sowie emotionale Geborgenheit vor der Operation als Basis für Optimismus in Bezug auf deren Ausgang.

18.2.4 LANNOCH & LANNOCH (1987): Semantische Analyse und Transfer bei Innenräumen

Bei dem von LANNOCH & LANNOCH (1987) für das Produktdesign entwickelten Ansatz handelt es sich um einen, der neben analytischen Elementen auch spezifische Aspekte der Intervention, der Ableitung von Gestaltungslösungen beinhaltet. Die zentrale These der Autoren ist, dass zur Charakterisierung von Räumen geometrische Aspekte nicht ausreichen. Vor allem in Hinsicht auf die Interaktion des Menschen mit seiner räumlichen Umwelt zeigen sich die Grenzen geometrischer Beschreibung.

Der geometrische Raum (nach LANNOCH & LANNOCH, 1987, S. 12)

Illustration: Roy Lichtenstein, Artist's Studio - Look Mickey

Semantische Dimensionen

LANNOCH & LANNOCH schlagen deshalb vor, die geometrische Beschreibungsdimension um sechs weitere, so genannte *semantische Dimensionen* zu ergänzen, die sie wie folgt bezeichnen:

- Beschaffenheitsdimension
- Orientierungsdimension
- Zustandsdimension
- Relationsdimension
- Handlungsmöglichkeitsdimension
- Wert/Konventionsdimension

Diese Dimensionen wurden inhaltsanalytisch aus verbalen Beschreibungen von Räumen abgeleitet. Sie sind geeignet Räume u. a. hinsichtlich ihrer Symbolik *(vgl. Kap. Raumsymbolik)* und ihres Handlungsspielraumes *(vgl. Pkt. 2.5.)* zu analysieren.

Die in sechs Dimensionen gefassten sprachlichen Beschreibungen haben nach Auffassung der Autoren semantische Anteile, die allgemeine funktionsunabhängige Vorstellungen repräsentieren. Damit bieten sie die Grundlage für den semantischen Transfer als methodischen Ansatz.

Drei Schritte des Vorgehens

Beim semantischen Transfer wird in *drei Schritten* vorgegangen:

1. Zunächst wird begonnen, die *Umgangssprache* auf Wörter hin zu *untersuchen*, die die Interaktion von Menschen mit ihrer räumlichen Umwelt widerspiegeln. Beispiele dafür finden sich auf der vorhergehenden Seite.

18. AUSGEWÄHLTE STUDIEN UND METHODEN

Beschaffenheitsdimension

Orientierungsdimension

Zustandsdimension

Relationsdimension

Handlungsmöglichkeitsdimension

Wert/Konventionsdimension

Beispiele für die Beschreibung von Räumen (nach LANNOCH & LANNOCH, 1987)

2. Im nächsten Schritt werden diese Worte auf ihren semantischen Gehalt hin untersucht. Für diese *semantische Analyse* werden hermeneutische Techniken i.S. von OEVERMANN u.a. (1983) angewandt.

> **eng:** räumliche Eingrenzung, die dem Menschen wenig Bewegungsfreiheit lässt;
> **weit:** Räumlichkeit, die dem Menschen viel Bewegungsfreiheit lässt, d. h. in Relation zum Menschen groß dimensioniert ist.
>
> ***Eng* und *weit* erfahren:** Versuchen Sie einmal, die Worte »*eng*« und »*weit*« auszusprechen und auf ihren Klang zu achten. Sie werden sofort feststellen, dass der Klang »*ennngg*« Ihnen den Hals zuschnürt, ja dass es Sie geradezu danach dürstet, ein »*weeeiiit*« über Ihre Lippen gleiten zu lassen ...
>
> ***Eng* als Energiequelle?** Ein ruhig dahingleitender Fluss – lassen Sie uns dieses geradezu undiszipliniert bewegte Gewässer in ein enges Bett oder besser noch eine Röhre zwängen. Es findet eine Verdichtung statt, eine Disziplinierung des Fließens, Steigerung der Fließgeschwindigkeit, aus der sich nun auch Energie gewinnen lässt. Hieraus möchte ich eine erste These formulieren:
>
> ***Enge gibt physische, mechanische Kraft ...*** Diese Kraft wirkt von außen nach innen.
>
> **»Der Reiter, der Weite, das Abendrot«:**
> Was treibt uns angesichts dieses Bildes die Tränen in die Augen? Es ist die Melancholie der Einsamkeit, des Verlorenseins, der Hilflosigkeit des Reiters in der Mächtigkeit der Natur, der Weite. Es ist die Hoffnungslosigkeit des Menschen, der nicht in der Lage ist, die Weite körperlich zu durchschreiten: Der Reiter verliert sich in der Weite.
>
> ***Weite nimmt physische Kraft ...***
> Die Weite fordert vom Menschen seine körperliche Kraft, sie wirkt von innen nach außen. Trotzdem hat der Reiter das erhebende Gefühl der Freiheit, des Erhabenseins über die Natur.
>
> ***Weite gibt psychische Kraft ...***
>
> **Das Enge-Gehäuse:** Gefangensein im vollgestopften Lager. Viele Menschen (die sich in der Weite verlaufen würden) – geballte Energie: Wut, ausbrechen wollen aus der Enge. Hoher, bedrückender, enger Schacht. Hoffnungslosigkeit, jemals herauszukommen. Dunkel – aus der Ferne Licht
>
> ***Enge nimmt psychische Kraft ...***
> engstirnig ... weitsichtig

Beispiel einer semantischen Analyse der Begriffe „eng" und „weit" (Auszug)
(nach LANNOCH & LANNOCH, 1976)

3. „Dann folgt der eigentliche *semantische Transfer*. Die komplexe verbale Vorstellung eines Wortes wird ins Räumliche übertragen, indem Objekte geschaffen werden, die die Wortbedeutung repräsentieren, ohne auf konkrete funktionelle Aspekte hinzuweisen." (LANNOCH & LANNOCH, 1987, S. 14)

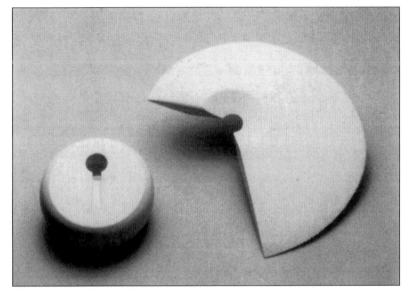

Beispiel für die Umsetzung der Begriffe „eng" und „weit" in eine Form (nach LANNOCH & LANNOCH, 1987)

Dieser Schritt dient dazu, den Prozess der Formfindung zu stimulieren und zu kanalisieren.

Insgesamt handelt es sich beim semantischen Transfer also nicht um eine systematische Methode der Gestaltung. Vielmehr geht es darum, gestalterische Ansätze und Tendenzen für den konkreten Fall und darüber hinaus abzuleiten. Dies wird aus dem Fazit der Autoren deutlich:

„So wie das *geometrische* Raummodell den Prozess der Gestaltung in eine bestimmte Richtung gelenkt hat, wird das *semantische* Raummodell auch eine über den einzelnen Entwurf hinausgehende gestalterische Tendenz hervorbringen." (LANNOCH & LANNOCH 1987, S. 14).

18.2.5 WELTER (1985): Ein Ansatz zur Förderung und Belebung des Wohnens und Betreuens in Heimen

WELTER (1985) legte in seiner Arbeit einen Ansatz vor, der sich dem oben genannten partizipativen Vorgehen bei der Umweltgestaltung zuordnen lässt *(vgl. Kap. Nutzungsorientierte Planung und Gestaltung gebauter Umwelten).*

Dieser Ansatz integriert verschiedene methodologische, theoretische und methodische Konzepte, die ihn über den zunächst getesteten Rahmen – die Gestaltung von therapeutischen Umwelten – hinaus einsetzbar machen.

Als methodologisches Grundprinzip ist die *zirkuläre Struktur* der Gestaltung zu nennen (siehe Abbildung).

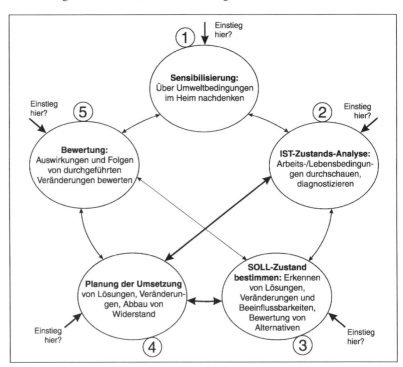

Zirkuläre Struktur der Gestaltung (nach WELTER, 1985, S. 11)

Wie aus der Abbildung hervorgeht, bietet das mehrere Vorteile.

Neben der Möglichkeit, an verschiedenen Punkten in den Gestaltungsprozess einzusteigen, ist vor allem zu sehen, dass der Prozess mehrfach durchlaufen werden kann. Damit ist, wie in der Gestaltungspraxis häufig zu beobachten, die iterative Annäherung an optimale Lösungen von vornherein angelegt. Neugestaltung von Bauwerken ist ebenso möglich wie Rekonstruktion und Umgestaltung. Der Autor spricht vom so genannten *Adaptiven Bauen.*

Adaptives Bauen

Es soll an dieser Stelle darauf hingewiesen werden, dass das von WELTER vorgeschlagene zirkuläre Grundprinzip der Lösungssuche in der Tradition von HEGEL zu verstehen ist.

Die theoretische Basis für den Gestaltungsansatz bietet ein Konzept, welches vor allem in der Arbeits- und Organisationspsychologie entwickelt und etabliert wurde (HACKER, 1998, ULICH, 2001). In diesem bereits mehrfach erwähnten *Konzept des Handlungsspielraumes* findet sich eine Vielfalt unterschiedlicher Facetten:

Konzept des Handlungsspielraumes

„Handlungs- bzw. Tätigkeitsspielraum, Freiheitsgrade, Kontrolle, Autonomie, Job decision latitude – so vielfältig die Terminologie und so nuancenreich die Konzepte auch sind: In der einschlägigen Literatur herrscht große Einmütigkeit, dass die Möglichkeit, Einfluss auf seine Angelegenheiten zu nehmen, über möglichst viele Aspekte seines Lebens – und somit auch seiner Arbeit – selbst zu entscheiden oder zumindest mit zu entscheiden, zu den Kriterien einer menschenwürdigen Lebensführung im Allgemeinen wie einer persönlichkeitsförderlichen Arbeitsgestaltung im Besonderen zu zählen ist." (SEMMER, 1990, S. 190).

Der rationale Kern dieses Konzeptes (Kontrolle über die eigenen Lebensumstände) und die angedeuteten vielfältigen Facetten ermöglichen dessen Anwendung über den Bereich der Arbeits- und Organisationspsychologie hinaus.

WELTER hat jeweils drei Dimensionen und Komponenten des Handlungsspielraumes zu einem heuristischen Rahmen integriert, der für viele Gestaltungsfelder geeignet scheint *(siehe Tabelle auf der nächsten Seite).*

Es wird deutlich, dass die drei Komponenten mit verschiedenen Gestaltungsansätzen respektive Fachdisziplinen in Beziehung stehen. Die Erfassung und Modifikation von Einstellung und Verhalten sowie die Entwicklung der organisationalen Bedingungen sind die Domäne der (Arbeits- und Organisations-) Psychologie. Hier sollen nur die architekturpsychologischen Aspekte kurz skizziert werden (grau hinterlegte Felder der Tabelle).

Betrachtet man die Dimensionen des Handlungsspielraumes, dann werden darin verschiedene Gestaltungsfelder abgebildet. Aus Sicht der Architektur ist vor allem zu fragen, wie räumliche Strukturen und

ARCHITEKTURPSYCHOLOGIE

		Dimensionen des Handlungsspielraumes		
		Bewegungs- und Beziehungsspielraum	Tätigkeits- und Aktivierungsspielraum	Entscheidungs- und Kontrollspielraum
Komponenten des Handlungsspielraumes	Architektur	**Prüfliste ①** Wie mit architektonischen Mitteln, geeigneter Anordnung von Möbeln, sinnvoller Nutzung von Räumen und Raumbegrenzungen der Bewegungs- und Beziehungsspielraum erweitert werden kann.	**Prüfliste ②** Wie mit architektonischen Mitteln, der eigenen Beteiligung bei der Einrichtung eines Zimmers, durch die Errichtung von Gruppenzonen und die Dezentralisierung von Einrichtungen und Dienstleistungen auf die Gruppen der Tätigkeits- und Aktivierungsspielraum erweitert werden kann.	**Prüfliste ③** Wie mit architektonischen Mitteln, Mitbestimmung bei der Gestaltung von Zimmern und Gruppenräumen, der Kontrolle über territoriale Grenzen der Entscheidungs- und Kontrollspielraum erweitert werden kann.
	Organisation	**Prüfliste ④** Wie mit organisatorischen Mitteln, mit einer bewussten Vorbereitung und Eingewöhnung ins Heim, mit geeigneten Gruppenstrukturen und Formen der Zusammenarbeit sowie der Überprüfung von Vorschriften und Reglementen der Bewegungs- und Beziehungsspielraum erweitert werden kann.	**Prüfliste ⑤** Wie mit organisatorischen Mitteln, der Überprüfung von Vorschriften, dem Zugänglichmachen von Einrichtungen, durch geeignete Informationen und die verbesserte Verknüpfung aller beteiligten Berufe (Aufhebung strikter Aufgaben- und Rollenteilung) der Tätigkeits- und Aktivierungsspielraum erweitert werden kann.	**Prüfliste ⑥** Wie mit organisatorischen Mitteln, Delegieren von Verantwortlichkeiten, Mitbeteiligung bei der Erstellung von Heimordnungen, Übernahme von Aufgaben und Rollen bzw. Mitbestimmung bei der Erarbeitung von Arbeitszielen, Arbeits- und Freizeitplänen sowie Aufgaben- und Rollenplänen der Entscheidungs- und Kontrollspielraum erweitert werden kann.
	Verhalten/Einstellungen	**Prüfliste ⑦** Wie durch die Überprüfung und „Korrektur" eigener Verhaltensweisen und Einstellungen, durch das Respektieren von Privatsphären, durch ein Bewusstmachen von Rollenverständnissen und gegenseitigen Erwartungen der Bewegungs- und Beziehungsspielraum erweitert werden kann.	**Prüfliste ⑧** Wie mit einer Überprüfung und „Korrektur" eigener Rollenverständnisse (z.B. mit statt für Bewohner/Mitarbeiter handeln), mit dem Einbezug der Bewohner/ Mitarbeiter in die Gestaltung des Tagesablaufes und dem Tolerieren unterschiedlicher Wohn- und Lebensstile der Tätigkeits- und Aktivierungsspielraum erweitert werden kann.	**Prüfliste ⑨** Wie durch Kenntnisse der Bedürfnisse und Fähigkeiten der Bewohner/Mitarbeiter, durch beratendes statt überwachendes Verhalten, der Überprüfung eigener Mitbestimmungsmöglichkeiten und der Übernahme von Eigenverantwortung der Entscheidungs- und Kontrollspielraum erweitert werden kann.

Komponenten und Dimensionen des Handlungsspielraumes (nach WELTER, 1985)

18. AUSGEWÄHLTE STUDIEN UND METHODEN

Bedingungen eines Bauwerkes zu gestalten sind, damit ausreichender Handlungsspielraum für die verschiedenen Nutzergruppen gegeben ist.

Vor diesem Hintergrund können grundsätzliche *Gestaltungsziele* abgeleitet werden:

- die Förderung von Kooperations- und Kommunikationsprozessen (Bewegungs- und Beziehungsspielraum) innerhalb und zwischen Nutzergruppen *(vgl. die Analysen von FISCHER, 1990)*.
- die Schaffung ausreichender Angebote für verschiedene Aktivitäten, die der Kompetenzentwicklung /mindestens Kompetenzerhaltung von Bewohnern dienen (Tätigkeits- und Aktivierungsspielraum).
- Voraussetzung dafür ist grundsätzlich die Bereitstellung von Entscheidungs- und Kontrollspielraum für die Nutzer von Bauwerken selbst. Das heißt auch, dass Experten für die Gestaltung (Architekten) einen Teil ihrer Kompetenz an Laien (Bewohner) abzugeben in der Lage sind. Nur so kann partizipative Neu- und Umgestaltung von künstlichen Umwelten gelingen.

Gestaltungsziele

RUDOLF WELTER hat in seinem Ansatz auch geeignete *Methoden* integriert.

Methoden

Für die Analyse des Ist-Zustandes räumlicher Bedingungen in Altenheimen wurden u.a. entsprechende *Prüflisten* entwickelt *(siehe nächste Seiten)*.

Diese Checklisten sind nicht nur dazu geeignet, Analysen von Ausgangszuständen und Evaluationen von Umgestaltungen vorzunehmen. Im Grunde können sie auch für die Spezifizierung von Soll-Zuständen, d. h. die Definition von Gestaltungszielen angewandt werden.

Für die Zielbestimmung sind allerdings auch andere Methoden anwendbar, wie sie im *Kapitel Nutzungsorientierte Planung und Gestaltung (Punkt Programmentwicklung, PE)* skizziert wurden.

Der Vorzug des Ansatzes von WELTER ist, dass derartige Methoden nahtlos integriert werden können, er ist offen gegenüber vielfältigsten Analyse- und Interventionsmethoden.

So haben er und seine Kollegen mit Unterstützung des Personals und der Heiminsassen auch einfache Techniken des Modellbaus angewandt, um die Ziele für die Umgestaltung von Räumen zu spezifizieren.

ARCHITEKTURPSYCHOLOGIE

Auszug aus Prüfliste ①:
Bewegungs- und Beziehungsspielraum/Architektur

7.1 Individueller Bereich

- Hat Bewohner genügend Platz für persönliche Dinge?
  - Abschließbare Schränke, Kommoden, Schubladen,
  - Tische, offene Gestelle,
  - Wände, an denen Bilder, Photographien u. Ä. aufgehängt werden können.
  - _____

- Sind die persönlichen Dinge zugänglich, erreichbar?
  - Für Rollstuhlgebundene: Höhe von Schubladen,
  - Tablars in Schränken, Tischen,
  - für Bettgebundene: Stellung und Verschließbarkeit von Möbeln am Bett (Beispiel 1a).
  - _____

- Kann man Betten und Möbel verschieben, anders anordnen (bessere Sichtkontakte, Geborgenheit)?
  - Zusätzliche Strecke installieren,
  - Verlängerungskabel verwenden,
  - bei Neubau: keine fest eingebauten Möbel fordern.
  - _____

- Hat der Bewohner einen eigenen begrenzten Bereich für sich (in Mehrbettzimmern)?
  - Nischen bilden mit Möbeln, Vorhängen, leichten Trennwänden,
  - ⇒ Privatsphärenregulation,
    vgl. Erläuterungen in Kapitel III, S. 42, Beispiele 1b), 1c), 1d).
  - _____

Auszug aus Prüfliste ②:
Tätigkeits- und Aktivierungsspielraum/Architektur

7.1 Gruppe/Station

- Gibt es genügend Raum, Flächen, Tische etc. für Gruppenaktivitäten?
  - Flurflächen dafür verwenden,
  - Zimmer dafür verwenden, d. h. Belegung in der Gruppe reduzieren.
  - _____

Prüflisten für die Analyse räumlicher Bedingungen (nach WELTER, 1985)

18. AUSGEWÄHLTE STUDIEN UND METHODEN

- Gibt es Einrichtungen, die für die Bewohner Aktivierung bedeuten würden (Waschmaschinen, Küche, Büros, Werkbänke etc.)?
  - Überlegungen, was in die Gruppe dezentralisiert werden könnte; (Beispiel 4a),
  - Bewohner selber Gruppenaktivitäten organisieren lassen.
  -

- Ist die Gruppenzone gemütlich eingerichtet? Gibt es Sitzecken?
  - Eigene Möbel von Bewohnern (keine Scheu vor Stilbrüchen, „Stilvermischung").
  -

Auszug aus Prüfliste ③:
Entscheidungs- und Kontrollspielraum/Architektur

7.1 Individueller Bereich
- Kann der Bewohner über die Einrichtungen mitbestimmen?
- Eigene Möbel erlauben,
- Hygienevorschriften „aufweichen".
-

- Kann der Bewohner mitentscheiden, in welches Zimmer und mit wem er zusammenkommt?
  - Nach Möglichkeit auf Wünsche eingehen;
  - wenn zu wenige Einbettzimmer, unbedingt den Planern mitteilen (Es werden immer noch Vierbettzimmer-Heime gebaut.).
  -

- Ist „Zimmerbesitztum" möglich?
  - Statt der Abgabe eines Pauschalbetrages an das Heim gesonderte Beträge für gewünschte Leistungen, z. B. Zimmermiete etc.
  -

- Hat der Bewohner einen eigenen begrenzten Bereich für sich (in Mehrbettzimmern)?
  - Nischen bilden mit Möbeln, Vorhängen, leichten Trennwänden,
  ⇒ Privatsphärenregulation,
  vgl. Erläuterungen in Kapitel III, S. 42, Beispiele 1b), 1c), 1d).
  -

Mittlerweile sind über den Kontext therapeutischer Umwelten hinaus zahlreiche weitere Projekte realisiert worden, die die Tauglichkeit des Konzeptes nachgewiesen haben, beispielsweise für die Gestaltung generationsübergreifender Wohnangebote in städtischen Siedlungen (WELTER u.a., 1996).

18.3 Fazit

So unterschiedlich die betrachteten Gestaltungsfelder auch sind und so spezifisch die eingesetzten Methoden in den fünf skizzierten Studien auch waren, es lässt sich eine Reihe von Übereinstimmungen erkennen.

So ist es u. E. kein Zufall, dass alle Autoren in irgendeiner Weise den Begriff des Handlungsspielraumes benutzen *(vgl. z.B. die „Handlungsmöglichkeitsdimension" bei LANNOCH & LANNOCH, Pkt. 2.4.).* Die Schaffung ausreichender Handlungs- und Verhaltensangebote und die Unterstützung vielfältiger Handlungsziele unterschiedlicher Naturgruppen von Bauwerken ist aus psychologischer Sicht das entscheidende Merkmal guter architektonischer Lösungen. Hier schließt sich der Kreis zur Theorie der Handlungsregulation *(vgl. den Exkurs im Teil I des Buches).*

Es sollte deutlich geworden sein, dass mit Hilfe psychologischer Methoden *Handlungsziele und Handlungsspielräume* sehr spezifisch erfasst werden können. Damit sind prinzipiell gute Voraussetzungen für eine fundierte Planung und Bewertung künstlicher Umwelten gegeben.

Mittlerweile liegen für (fast) alle denkbaren Bereiche künstlicher Lebensumwelten auch sehr detaillierte Untersuchungen und methodische Erfahrungen vor.

Diese Erfahrungen reichen von Spiel- und Lernumwelten für Kinder (z. B. Spielplätze) über solche für Erwachsene (z. B. Museen), über Arbeits- und Büroumwelten bis hin zu therapeutischen Umwelten für Alte und Kranke sowie so genannten correctional environments (z. B. Gefängnisse).

Ein Reihe interessanter Untersuchungsergebnisse sowie Hinweise auf methodische Details dazu finden sich u. a. in Sammelbänden wie KRUSE u. a. (1990), BELL et al. (1996) oder DIECKMANN u.a. (1998).

18.4 Wissens- und Verständnisfragen

1. Welche methodischen Vorteile bieten so genannte *indirekte Verfahren* der Verhaltensanalyse? Wie kann man aus Ihrer Sicht mit dem Dilemma zwischen unbemerkter Beobachtung und der Aufklärungspflicht gegenüber Untersuchungspartnern umgehen?

2. Suchen und analysieren Sie in Ihrer Umwelt ein Beispiel (Raum, Gegenstand, Gerät, etc.), bei dem das mentale Modell der Architekten, Designer oder Konstrukteure nicht mit Ihrem übereinstimmte. Wo lagen die Ursachen der Nichtübereinstimmung? Welche Probleme ergaben sich bei der Wahrnehmung oder Benutzung des Objektes? Wie hätte man die Differenz überwinden können?

3. In der modernen Arbeitswelt entstehen immer mehr so genannte flexible Büros. Diese sind u. a. dadurch gekennzeichnet, dass sich Angestellte einen Schreibtisch teilen (Desk-Sharing). Skizzieren Sie für diesen Fall Möglichkeiten der individuellen Markierung. Wie könnte man dadurch über längere Zeiträume eine Aneignung des Arbeitsplatzes unterstützen?

4. Warum kann „Unordnung" (z. B. das überfüllte Wandregal) einmal als Ausdruck von Chaos, das andere mal beispielsweise als Ausdruck von Gemütlichkeit wahrgenommen werden?

5. Wie könnte man einen fensterlosen Raum „weit" machen? Welche Möglichkeiten der Farbgebung, der Ausstattung mit sowie der Anordnung von Raumelementen unterstützen dies, welche eher nicht? *Vergleichen Sie dazu auch das Kapitel „Dichte und Enge".* Können Sie sich Fälle vorstellen, in denen es nötig ist, einen Raum „eng" zu machen?

6. Wie müssten die drei auf Architektur bezogenen Checklisten nach WELTER für Arbeitsumwelten (z.B. für ein Großraumbüro) aussehen? Welche Fragen und Items sollten sie enthalten? Welche räumlichen Merkmale sind in diesem Kontext von Bedeutung?

7. Ordnen Sie bitte die Arbeiten von BASKAYA et al. (2004), GOERIGK & KÜHNEN (2006) sowie SCHMIEG & MARQUARDT (2007) in den Überblick über Methoden der Analyse und Intervention am Beginn dieses Kapitels ein. Versuchen Sie dies auch für drei weitere Ihnen bekannte – und in diesem Kapitel/Buch nicht aufgeführte – Methoden. Welche Probleme bei der Zuordnung zu diesem Überblick treten auf und worin sind die Ursachen dafür zu sehen?

18.5 Literatur

Baarsz, A. (1987). Veranschaulichungsmittel im Arbeitsumweltdesign – Untersuchungen zum Vergleich von ausgewählten Veranschaulichungsmittelvarianten im Hinblick auf das interaktive Lösen ... in interdisziplinär zusammengesetzten Gruppen. Dissertation. TU Dresden.

Baskaya, A., Wilson, Ch. & Özcan, Y. (2004). Wayfinding in an Unfamiliar Environment – Differential Spatial Settings of Two Polyclinics. Environment and Behavior, 36, 6, 839-867.

Baum, A. & Valins, S. (1977). Architecture and social behaviour: Psychological Studies of social Density. Hillsdale M. J.: Erlbaum.

Bell, P. A., Greene, Th. C., Fisher, J. D. & Baum, A. (1996). Environmental Psychology. Forth Worth: Harcourt Brace.

Branzell, A. & Kim, Y. C. (1995). Visualising the invisible – Field of perceptual forces around and between objects. Göteborg: University of Psychology.

Canter, D. V. (1973). Sind die Benutzer von Gebäuden als Personen oder Gegenstände zu behandeln? In: Canter, D. V. (Hrsg.), Architekturpsychologie: Theorie, Laboruntersuchungen, Feldarbeit. Düsseldorf: Bertelsmann.

Dieckmann, F. u. a. (1998). Psychologie und gebaute Umwelt – Konzepte, Methoden, Anwendungsbeispiele. Darmstadt: Institut für Wohnen und Umwelt.

Dreessen, A. (2001). Fortbewegung und kognitive Karten. Forschungsbericht, Dresden: TU Dresden.

Dutke, S., Schönpflug, W. & Wischer, R. (1992). Angst im Krankenhaus: Ein interdisziplinäres Forschungsprojekt. In: Pawlik, K. & Stapf, K. (Hrsg.), Umwelt und Verhalten – Perspektiven und Ergebnisse ökopsychologischer Forschung. Bern, Göttingen, Toronto, Seattle: Huber.

Fischer, G. N. (1990). Psychologie des Arbeitsraumes. Frankfurt/M., New York: Campus.

Flury, P. (1992). Lerneinflüsse auf das Schönheitsempfinden gegenüber Umweltinhalten. Forschungsbericht. Zürich: Universität Zürich.

Frieling, E. & Sonntag, K.-H. (1999). Arbeitspsychologie. Bern, Göttingen, Toronto, Seattle: Huber.

Gerlach, P. & Apolinarski, I. (1997). Identitätsbildung und Stadtentwicklung. Frankfurt/M.: Peter Lang.

Giese, I. & Uhlmann, J. (1982). Fragebogen zur Beurteilung von Fertigungswerkstätten. Designprojekt Dresden (unveröffentlicht).

Goerigk, L. & Kühnen, U. (2006). „My home is my castle" – Gibt es einen Heimvorteil in Verhandlungssituationen? Poster. 45. Kongress der Deutschen Gesellschaft für Psychologie. Nürnberg: September 2006.

Hacker, W. (1998). Allgemeine Arbeitspsychologie. Bern, Göttingen, Toronto, Seattle: Huber.

Hill, A. R. (1973). Sicht und Privatheit: In: Canter, D. (Hrsg.), Architekturpsychologie: Theorie, Laboruntersuchungen, Feldarbeit. Düsseldorf: Bertelsmann.

Hoffmann, K. & Höhnow, J. (2006). Auswirkungen der Fassadenstruktur auf die Höhenwahrnehmung. Forschungsbericht. Dresden: TU Dresden.

Hormuth, S. (1990). The ecology of the self. Cambridge UK: Cambridge University Press.

Kruse, L., Graumann, C.-F. & Lantermann, E.-D. (1990). Ökologische Psychologie – Ein Handbuch in Schlüsselbegriffen. München: PVN.

Lamnek, S. (1995 a). Qualitative Sozialforschung – Band 1: Methodologie. München: PVU.

Lamnek, S. (1995 b). Qualitative Sozialforschung – Band 2: Methoden und Techniken. München: PVU.

Lang, A. (1992). On the knowledge in Things and Places. In: v. Cranach, M. et al. (Eds.), Social representations and the social basis of knowledge. Bern: Huber.

Lang, A., Bühlmann, K. & Oberli, E. (1987). Gemeinschaft und Vereinsamung im strukturierten Raum: psychologische Architekturkritik am Beispiel Altersheim. Schweizerische Z. f. Psychologie, 46, 3/4, 277-289.

Lannoch, H. & Lannoch, H.-J. (1987). Vom geometrischen zum semantischen Raum – Eine Methode zu neuen formsprachlichen Ansätzen im Produktdesign. form, 12-15.

Lippok, D. & Sünderhauf, M. (2002). Beurteilung eines ungestalteten Intensivstationszimmers durch Patienten und Personal. Forschungsbericht. Dresden: TU Dresden.

Lynch, K. (1960) The Image of the City. Cambridge, Mass.: MIT Press & Havard University Press.

Morgan, C. D. & Murray, H. A. (1935). A method for investigation phantasies: The Thematic Apperception Test. Archives of Neurology and Psychiatry, 34, 289-306.

Norman, D. A. (1988). The Psychology of Everyday Things. New York: Basic Books.

Norman, D. A. (1989). Dinge des Alltags: Gutes Design und Psychologie für Gebrauchsgegenstände. Frankfurt/M., New York: Campus.

Nüchterlein, P. (2005). Einflüsse auf das Schönheitsempfinden von Umwelteinhalten. Diplomarbeit. Dresden: TU Dresden.

Obenaus, M. & Richter, P. G. (1999). Gestaltung von Patientenzimmern in Kliniken. Wiss. Z. TU Dresden, 48, 5/6, 73-78.

Oevermann, U., Allert, T., Konau, E. & Krambeck, J. (1983). Die Methodologie einer „objektiven Hermeneutik". In: Zedler, P. & Moser, H. (Hrsg.), Aspekte qualitativer Sozialforschung. Opladen.

Osgood, C. E., Suci, G. & Tannenbaum P. H. (1967). The measurement of meaning. Urbana: University of Illinois Press.

Richter, P. G. (1995). IM AUGE DIE AUG oder DIE AUG IM AUGE – Ein pointiertes Hilfsmittel für den heuristisch orientierten partizipativen Prozess der Arbeitsumweltgestaltung. Dresden: TU Dresden.

Richter, P. G. & Weber, R. (1999). Subjektive Beurteilung von Straßenzügen. Der Architekt, 10, 32-38.

Richter, P. G. & Hentsch, N. (2003). Takete und Maluma – Eine Untersuchung zur Herkunft von (ikonischen) Vorstellungen in frühen Phasen des Produktentwurfes. Forschungsbericht. Dresden: TU Dresden.

Riger, S. & Lavrakas, P. (1981). Community ties: Patterns of attachment and social interaction in urban neighbourhoods. American Journal of Community Psychology, 10, 55-66.

Ritterfeld. U. (1996). Psychologie der Wohnästhetik. Weinheim: PVU.

Schmieg, P. & Marquardt, G. (2007). Kriterienkatalog Demenzfreundliche Architektur – Möglichkeiten der Unterstützung der räumlichen Orientierung in stationären Altenpflegeeinrichtungen. Berlin: Logos.

Schneider, M. (1982). Ein mehrdimensionaler Ansatz zur Lösung des Problems der Abteilungsbildung. Zfbf, 34, 6, 546-568.

Schreckenberg, D. & Heine, W.-D. (1997). Die Fahrradstraße als Verhaltensangebot für eine umweltfreundliche Verkehrsmittelnutzung. In: Schlag, B. (Hrsg.), Fortschritte der Verkehrspsychologie 36. BDP-Kongress, Bonn: Deutscher Psychologen Verlag.

Schultz-Gambard, J. & Hommel, B. (1987). Sozialpsychologie und Umweltgestaltung: der Beitrag der Crowdingforschung. In: Schultz-Gambard, J. (Hrsg.), Angewandte Sozialpsychologie. München: PVU.

Semmer, N. (1990). Stress und Kontrollverlust. In: Frei, F. & Udris, I. (Hrsg.), Das Bild der Arbeit. Bern: Huber.

Sommer, R. (1969) Personal Space. Englewood Cliffs, NJ.: Prentice Hall.

Ulich, E. (2001). Arbeitspsychologie. Stuttgart: Schaeffer-Poeschel, Zürich: VdF.

Ulrich, R. S. (1984). View through a window may inference recovery from surgery. Science, 224, 420-421.

Venn, A. (o. J.) Farbergonomie – Das Konzept für Mensch und Büro, Köln: Weko Büromöbelfabrik Wessel GmbH.

Webb, E. J., Gampbell, D. T., Schwartz, R. D. & Secrest, L. (1975). Nichtreaktive Messverfahren. Weinheim: Beltz.

Webb, E. T. et al. (1981). Nonreactive measures in the Social Sciences (2nd Ed.) Boston. Houghton Mifflin.

Welter, R. (1985). Anregungen zur Förderung und Belebung des Wohnens und Betreuens in Heimen – ein Arbeitsbuch. Zürich: Duttweiler Institut.

Welter, R., Simmen, R. & Helwing, K. (1996). Anders alt werden: Mitreden – Mitplanen. Heidelberg: Carl Auer.

Wolter, B. (2006). Die Gestalt des städtischen Raumes. Dissertationsschrift. Dresden: TU Dresden.

www.architekturpsychologie-dresden.de